院士的中学时代

• 第一辑 •

雷 宇 ◎ 编著

中国青年出版社

图书在版编目(CIP)数据

院士的中学时代. 第一辑 / 雷宇编著. —北京：中国青年出版社, 2021.5

ISBN 978-7-5153-6365-3

Ⅰ. ①院⋯ Ⅱ. ①雷⋯ Ⅲ. ①院士—生平事迹—中国 Ⅳ. ①K826.1

中国版本图书馆CIP数据核字(2021)第066513号

责任编辑：彭　岩

*

中国青年出版社 出版　发行

社址：北京东四十二条21号　邮政编码：100708

网址：www.cyp.com.cn

编辑部电话：(010)57350407　门市部电话：(010)57350370

三河市君旺印务有限公司　新华书店经销

*

710×1000　1/16　15.75印张　160千字

2021年5月北京第1版　2021年5月河北第1次印刷

全套定价：118.00元

本书如有印装质量问题，请凭购书发票与质检部联系调换

联系电话：(010)57350337

丛书顾问

杨叔子，原华中理工大学（现华中科技大学）校长，著名机械工程专家、教育家。教育部高等学校文化素质教育指导委员会主任。

章开沅，华中师范大学原校长，著名历史学家、教育家。

特别致谢

中青校媒

华中师范大学美术学院

编委会主任

张 坤　张桂华

编委会副主任

张 澍　陈 立　董 时

主　编

雷 宇　王 兵

副主编

彭四平　王美君　张 爱

编　委

贺茂林、陈思汉、胡　林、曾　佳、谢婷婷、郭　哲、王桑田、张　晗、刘振兴、姚　雪、汪　锐、龙俊逸、杨　林、陈　佩、刘　玥、漆秋豆、付　泉、黄阳旸、王雅兰、唐婉婷、石卓航、严　烨、宋志鑫、封智涵、蒲国鑫、庄　稼

序

团中央书记处书记　傅振邦

中学时代，是人生旅程中的黄金时代，是人生最宝贵的时期。她如同初春之花蕾、升腾之朝日，催发着青春的躯体，启迪人生的智慧，放飞人生的梦想。当走过这段黄金岁月，人们总会有难忘与怀念。

院士是我国科学技术界的杰出代表，是国家的财富、人民的骄傲、民族的光荣。长期以来，院士们胸怀报国为民的理想追求，发扬不懈创新的科学精神，秉持淡泊名利的品德风范，为推动我国科技进步、经济发展、人民生活水平提高、国防建设和优化国家决策做出了重大贡献。他们中的大多数人经历了幼年时期的清苦、中学时代的励志、青春年华的奋斗、事业成功的积淀，他们是星空中最闪耀的群星。实施创新驱动发展战略，他们是真正的明星。

"一年之计，莫如树谷；十年之计，莫如树木；终身之计，莫如树人。"青年时期是世界观、人生观、价值观形成的关键期，是进行理想信念和价值观教育最容易、最集中、持续时间最长、最为有效的时期。习近平总书记将青年时期的价值观养成比喻成"穿衣服扣扣子"，"如果第一粒扣子扣错了，剩余的扣子都会扣错。人生的扣子从一开始就要扣好"。榜样的力量是无穷的，朋辈教育非常有效。不平凡的人，必定有不平凡的人生，院士们成功的背后，必定有一部坚韧不拔的奋斗史。作为一个时代的佼佼者，他们的中学时代又是怎样的呢？

共青团湖北省委突出学校共青团在全团工作中的基础性、战略性、源头性地位，联合中国青年报开展"追寻院士中学时代"活动，以纪实访谈的形式，深度挖掘院士中学时代的励志故事，突出思想文化产品对青年成长的引领作用，将故事结集出版，使好内容有穿透力、影响力和覆盖力。该书以青年视角聚焦院士的青葱岁月，打破时空界限，触摸科学大师起航原点，追寻时代先锋的人生梦想，再现院士们胸怀报国理想追求、勇攀科技高峰的奋斗历程，再现院士们奋发向上、淡泊名利的时代风貌。在这些闪耀着耀眼光芒的科学明星中，有从初中便立志把用中国人名字命名的定理写在未来的数学书上，并为之不懈努力，把一生献给了数学研究事业，最终梦想成真的杨乐院士；有以国家需求为个人价值取向，半路出家、大器晚成，在年过古稀之际成为百年学府武汉大学唯一一名女院士的张俐娜；有中学时独自求学、开垦土地种红薯、点煤油灯看书，在油菜田里创造出举世瞩目的成就，被誉为"世界杂交油菜之父"的傅廷栋院士……他们虽然奋斗的历程不尽相同，但都有一个共同的特点，那就是在他们的中学时代，都有了克服艰苦环境的信心和信念，都有了勇于拼搏进取的志向和气魄，都有了改变现实困难的行动和韧劲，并最终通过努力，创造了不平凡的业绩，谱写了一篇篇熔铸理想和奋斗的华丽乐章。他们代表的是一种时代精神，影响的是一代又一代年轻人。

奋斗是青春的底色。没有奋斗，就不会有一切美好的东西。正如马克思所讲，"青春的光辉，理想的钥匙，生命的意义，乃至人类的生存、发展……全包含在（奋斗）这两个字之中……奋斗！只有奋斗，才能治愈过去的创伤；只有奋斗，才是我们民族的希望和光明所在"。青年学生处在人生起步期，最需要奋斗，最应该奋斗，奋斗的青春最美丽。希望广大青年学生以院士们为榜样，在院士们的中学时代中寻找到属于自己的励志航标；以院士们为楷模，从院士们的奋斗故事中升华精神层面的价值追求，与时代同呼吸共命运，自觉将个人理想融入中华民族共同理想，争做时代先锋、国家栋梁，用奋斗的青春为中华民族伟大复兴中国梦贡献磅礴青春力量。

孕育科学的土壤

资深教育研究专家　堵力

有多少孩子的第一个理想是当科学家，而最终成为科学家的为何少之又少？大科学家在高智商外，有什么共同的禀赋？有什么时代特征？现在的孩子智商多比父母高，如何不浪费他们的天赋，给他们恰到好处的培养，也能出人头地为国家甚至人类做贡献？

特别是当光刻机、芯片、航空发动机等核心技术不掌握在我们手中，真实的窒息感传来的今天，大家对解答人才培养、青少年自我塑造的问题就更迫切了。

其实，在科技和物资方面，领先国家对落后国家进行技术封锁，在新中国历史上屡见不鲜。基辛格曾说："中国总是被他们最勇敢的人保护得很好。"老一代院士的成功之路，恰恰是面对技术屏蔽，面对落后，靠勇敢和智慧走过的艰险之路苦痛之路。作者通过面对面的访谈，梳理了３１位院士的青葱岁月和学习方法，写成的这本《院士的中学时代》或许能用历史和案例回答大家的疑问。

书分三册，讲述了新中国成立至今的31位院士的故事，既有黄旭华、杜祥琬这样隐姓埋名的军工巨人，也有获得国家最高科技大奖、国际超导领军人物赵忠贤；既有沉浸数学之美的杨乐、王元、丘成桐，也有助力九天揽月星际穿越的戚发轫和欧阳自远……

这里面大多数科学家声名显赫，写他们的文章也是车载斗量，但他们仍在百忙之中，接受了中国青年报记者的专访，愿意将自己中学、大学时代不为人知的故事和研究方法公之于众。我想，一方面是认可作者才能和执着，另一方面是为了传承。亨廷顿在《文明的冲突》一书中说出了一个惊人观点："中国是一个伪装成国家的文明。"而中华文明的本质，在于一代代的传承。这些科学人的最大共同点，受益于现代科技，致力于探索和传播科技，而终身坚守科技报国的初心。从年龄上讲，他们大多生于抗战前后的中国，从很小就立志救民于水火。他们很多留学海外，接受了欧美先进科技与高水平的教育，也体验到其强权与霸道的一面，所以心中都憋着一股劲儿，要帮中国改天换地。

他们用自己的一生，在解答著名的"李约瑟难题"——"如果我的中国朋友们在智力上和我完全一样，那为什么像伽利略、托里拆利、斯蒂文、牛顿这样的伟大人物都是欧洲人，而不是中国人或印度人呢？为什么近代科学和科学革命只产生在欧洲呢？"

今天，他们倾尽心力追上，或者部分超越了西方近现代科学的水平，自己也与高速发展的中国一同崛起。功成名就的他们，却发现，另外一个难题自己这代人无法破解，只能等年轻一代发力了，那就是钱学森之问——"为什么我们的学校总是培养不出杰出的人才？"2020年9月15日美国技术对华为断供之后，任正非一个周末走访了4所高校，他在向中国的高等学府要人才。

人同此心，心同此理。院士们的童年时代，鲁迅先生曾在很多中小学演讲，推广"土壤理论"——"独有这培养天才的泥土，似乎大家都可以做。做土的功效，比要求天才还切近；否则，纵有成千成百的天才，也因为没有泥土，不能发达，要像一碟子绿豆芽。"如今的院士们愿意弯下身来，化作护花之泥，用自己的人生智慧，给互联网一代启迪和牵引。

科学探索也许不像士兵一样时刻面临生死、不像运动员一样要消耗大量的体能，但秘境中独行，更需虽九死无悔的勇气和毅力。同时，科学家的世界，并非无菌环境，面对一地鸡毛也是尘满面鬓如霜，能成功，除了上天赐予的机遇与基因，更多的是这个人的投入状态，是一种强烈的使命与动力。好几位院士坦承，自己中小学并不优秀，遇到过看上去迈不过去的坎。但因为下了很多笨功夫，那些难看的伤疤上最终开出了鲜花。

在如山的困境之中，着急没有用，口号没有用，也没有救世主降临。只有下笨功夫，比996更苦的007，1010365，然后就是一点点地改习惯改细节。因为无论时代如何变化，如何选课、如何抓主要矛盾，如何不唯书、不唯上、不贪恋功名，如何独立思考、理性质疑，如何补齐中国科技短板，如何做人生的超越——这些具体的方法论对今天立志成为科学家的学生们，依然有借鉴意义。

雷宇这套书的出版时机似乎在告诉我们——

这是个充满辩证法的世界。也许各种项目经费砸来压下，土壤却因为含金量过高而板结。而疫情困扰和高科技国际供应链的趋紧，反而让种子的根部有了更大的成长动力。

科学，更与自然规律相通。没有克服没有抗争，又如何成长？这一代年轻人是幸福的，前人为他们承担了物质匮乏的痛，他们可以站在巨人的肩膀上。但他们的使命却是前所未有的重大，他们要接下"为天地立心，为生民立命，为往圣继绝学，为万世开太平"的衣钵，打通文理纵贯东西，砸开应试的枷锁，去解"百年未有之大变局"这道题。

也许，这套书正是一级台阶。

敢有梦敢追逐

——中学校长读《院士的中学时代》后的寄语

全国优秀教育工作者　何欢

"博学而笃志，切问而近思"，这是《论语》的经典名言。坚定的梦想引领坚实的脚步。欧阳自远院士中学时代的天文梦，引领他在探月工程走向顶尖。杨乐院士中学时代的数学梦，引领他在数学的领域摘下累累硕果。施蕴渝院士中学时代的物理学家梦，引领她为中国结构基因组研究在国际上占有一席之地。梦想在那里起飞，生活在那里灿烂。青春在那里飞扬，人生在那里充实。知识在那里升华，前途在那里铸就。院士们怀揣梦想，勇于追逐。"勤奋学习，创新工作"是岂志涛院士的座右铭，也正是这一句话使得他从一个普通农民的孩子成长为著名的建筑专家。"苦难是成才的财富"，追忆往昔，宋振骐院士这样说。每天12个小时，他牢控时间，把知识的营养充实在年少的苦难生活中。不是每一个人都是天才，而是每一个天才都很勤奋。中学时独自求学、开地种红薯、点煤油灯看书的场景，半个多世纪后回想，傅廷栋院士仍觉历历在目。越是艰苦越向前，"农民院士"的"油菜人生"给了中学生们一堂生动的教育课。作为一名中学校长，我大声向我的学生们呼吁：孩子们，敢有梦，敢追逐。你，就是明天的院士！

干事从做人做起，成功从小事做起，改变从现在做起。这是院士们的中学时代给我们的成长之礼。同学们在崇尚学习、志存高远之时，《院士的中学时代》自然成为成长时期所需要的养料和阳光雨露！

时怀勤勉之心，做学习上的"勤快人"。认真做事可以把事情做对，用心做事可以把事情做好，认真就是素质，用心就是能力。凡是耐心，凡是宽容，凡是努力，凡是理解，都是学习进步的支柱。勤奋是学习优秀的金钥匙，是人生辉煌的通关石。

同学们，这是一个挑战与机遇并存的时代：少年曹原率领团队，用智慧和劳动，以坚定信念研发出超导电池。这是小我之奋斗，亦是劳动之心的传承。中美贸易战持续打响，鸿蒙系统与麒麟芯片是巨狮对老鹰的怒吼与反击，5G牌照的发放象征我国正引领时代潮流；"精准扶贫"让中国成为世界上每年脱贫人数最多的国家。曾经的弱国正成为无数国家脱贫事业的典范。这是大我之奋斗，引领万千劳动者在时代中曲折前行。

时怀创造之心，做有责任有担当的读书人。我们要打碎惰性思维，冲破习惯性思维，永远保持一颗好奇之心，向上之心。在学习中勇于求新求异，求变求索。在学习中学会大胆质疑，深入质疑，不断发现问题，提出问题。自觉在问中学，学中问，让自己的学习生活永远充满动力，充满活力。愿你克服困难，踩着荆棘，一路向前。

高山安可仰，徒此揖清芬。院士们之所以葆有永恒的精神光辉，就在于他们事无巨细、律己以严，在方方面面树立起标杆。教育需要榜样，教育需要奋进的力量。优秀学习标兵是榜样，为其他同学的学习指引了目标；班主任是榜样，身正为范，达者为先，为同学们的行路指示了规范；家长是榜样，言传身教，耳濡目染，为同学们的成长树立了形象；中学时代的院士们更是榜样，为迷茫的中学时代指明了方向，为懈怠的中学时代确定了"一勤天下无难事"。因为有了心中的榜样，属于我们的那一片天空才更加蔚蓝；因为有了心中的榜样，前面的道路才更加宽广。

在获得无比丰富的生命体验过程中，如果一帆风顺，那我们将失去一些发自内心深处的无上喜悦。只有穿越黑暗幽深的山谷，到达山顶的时候才会欣喜若狂。"光脚跑向学堂"的雷达专家贲德院士，因为条件的艰苦，因为心有向往，"强迫自己记住"，他的记忆力就是在没有办法的情况下锻炼出来的。"为了不要让自己的梦想睡去"，只上过一年半中学的杨焕明院士，在"上山下乡"运动中，四处找书、和人换书（每看完一本就立刻和别人交换）。在做民办教师的间隙，杨焕明自学完初高中的英语、数学、物理全部课程，把县城能找到的书全都读遍了。

追逐明天升起的太阳，追逐翱翔在天空中的希望。时间从来不能阻挡梦想的脚步，带着一份固执的坚持，学会让梦想每天一点点强壮。

院士们是科学界皇冠明珠的锻造者，也是我们身边的普通人。解读院士们的中学时代，掩卷而思，我们中学生要做的是什么？我用一个亲身的经历来回答。2006年我在蕲春县白水中学当校长，学校有一名叫何志豪的学生，在学校玩鞭炮被通报批评。我询问他缘由，他说他想知道鞭炮是怎么响的。我在他身上隐约看到了梦的火花。我告诉他说，鞭炮响不是玩出来的，这是一门化学课程。他红着小脸说："我一定要学好化学，搞清楚鞭炮是怎样响的。"从此他学习很刻苦，5年后考入了北京大学。"天行健，君子以自强不息"，每个人都有一个只属于自己的梦，你今天的每一个坚持，都是在为你未来的梦想大厦添砖加瓦。

年少的我们在追梦的过程中有迷茫的时候、难以选择的时候，甚至犯错迷失的时候，这个时候急需一盏灯塔照亮前行的路，在转弯处能够指点航向。《院士的中学时代》这套书就是一座灯塔，指引梦的方向。院士们虽然奋斗的历程不尽相同，但都有一个共同的特点，那就是在他们的中学时代，都有了克服艰苦环境的信心和信念，都有了勇于拼搏进取的志向和气魄，都有了改变现实困难的行动和韧劲，并最终通过努力，创造了不平凡的业绩，谱写了一篇篇熔铸理想和奋斗的华丽乐章。他们代表的是一种时代精神，影响的是一代又一代年轻学子。

同学们，学校是你们享受青春快乐和学习乐趣的学园，学校是你们放飞理想、快乐成长的乐园。我希望同学们勤奋地学习，自觉地遵规守纪，快乐地生活。以认真和负责去对待学习，以俭朴和节约去对待生活，以开朗和友善去对待同学，以勇敢和坚强去面对困难。学会做人、学会做事，让老师放心，让父母安心。只要我们从现在开始，从身边的小事做起，从每一个细节开始，与好习惯交朋友，每天进步一点点，每天收获一点点，你就会发现自己就是最快乐、最健康、最优秀的！

有梦的孩子们，让我们一起为人生画出一条美丽、闪亮的线条吧，无论最终是否绽放出灿烂的礼花，都要勇敢地尝试，以梦为马，一起去寻找那属于自己的梦！

相信，你的那片布满百合花的山谷就在前方不远处。

自强、自信、自立、
自爱，做国家栋梁
人才

李德仁
二〇二五年四月

勤奋学习，
创新工作。

吕志涛
2015.8.27

青年人 要有朝气
更要有拼搏精神！

　　　　　　奔腾

机遇，
　只给作好准备的人！

　　　　　　　傅廷栋
　　　　　　　2015.8.6日

掌握了良好学习
方法将会受益
终身。

郑永飞
2015.9.15.

院士的中学时代（第一辑）

杨乐院士：学习成才要像跑一场马拉松 …………………………… 1

王元院士：自由生长方能育精英 …………………………………… 17

欧阳自远院士：中学是读野书的自由时代 ………………………… 31

齐康院士：艺术熏陶可以打开科学思维之门 ……………………… 47

丘成桐院士：我从没放弃做大数学家的念头 ……………………… 65

两院院士李德仁：青年一代要敢于提问敢于质疑 ………………… 83

傅廷栋院士：智商情商之外还要有"逆商" ……………………… 101

吕志涛院士：勤奋比天才更重要 …………………………………… 119

郭光灿院士：只盯眼前一点利益会迷失远方 ……………………… 139

杨焕明院士：爱上科学是一辈子最大的幸运 ……………………… 157

郑永飞院士：成功是兴趣和特长的融合 …………………………… 175

第一辑中学生读后感 ………………………………………………… 194

院士的中学时代（第二辑）

杨叔子院士：中学文理分科培养的是1/4的人……………………225

马志明院士：从炊事员到数学家……………………………………245

杜祥琬院士：个人成长融入国家命运方有大成……………………259

朱中梁院士：好的向往牵引成才方向………………………………279

刘经南院士：我不是应试教育培养出来的…………………………295

戚发轫院士：不怕输在起跑线上……………………………………313

赵国屏院士：只追求个体优秀难有伟大成就………………………329

"柑橘院士"邓秀新："顺境出产量，逆境促品质"………………349

张俐娜院士：是金子总会发光………………………………………371

赵政国院士：好习惯比好成绩更重要………………………………387

第二辑中学生读后感…………………………………………………408

院士的中学时代（第三辑）

黄旭华院士：在国家需要中找到人生方向 …………………… 431

宋振骐院士：决定人生高度的，除了脑力还有体力 ………… 453

赵忠贤院士：相信自己可以把冷板凳坐热 …………………… 473

刘宝珺院士：做个思维活跃的"多面手" …………………… 491

殷鸿福院士：批判性思维要从中学抓起 ……………………… 513

赵梓森院士：好专业比名牌大学更重要 ……………………… 535

施蕴渝院士：追求理想的过程中没有性别之分 ……………… 559

贲德院士：要吃得了生活的苦 ………………………………… 579

李曙光院士：每个孩子都有自己的"花期" ………………… 593

陈孝平院士：老实人才是最聪明的人 ………………………… 617

第三辑中学生读后感 …………………………………………… 640

后　　记 ………………………………………………………… 659

杨乐有一句名言:"永远不要放弃你的理想,不要为一时的得失所迷惑,这样才会不负此生。"

杨乐院士：学习成才要像跑一场马拉松

永远不要放弃你的理想，

不要为一时的得失所迷惑

在外界眼中，而今已经72岁的杨乐"年轻得不可想象"。

他成名太早了，他在"科学的春天"跻身时代的学术明星谱，同时期出现的那串闪光的名字——华罗庚、陈景润、钱学森、邓稼先在当年人们的印象中已是一部翻阅已久的厚重大书。

他的一生似乎被传奇与幸运之神所笼罩。

初中立志一定要把用中国人名字命名的定理写在未来的数学书上，20多年后，他和同事张广厚的成果被国际上称为"杨-张定理"。

高中时，他在书皮上写下"中科"二字，而今与中国科学院已携手走过半个世纪，他曾是中国科学院数学物理学部年龄最小的学部委员（院士），出任中科院数学研究所的掌门。

然而，杨乐更愿意将此解读为理想与坚持的历程——"我把我的一生献给了数学研究事业"。

杨乐有一句名言："永远不要放弃你的理想，不要为一时的得失所迷惑，这样才会不负此生。"

在这背后，很多场合，杨乐则会和年轻人分享和强调华罗庚的名言："聪明在于勤奋，天才在于积累。"

中学阶段做了上万道数学题

杨乐出生于江苏省南通市，这个长江边上的城市"据江海之汇、扼南北之喉"，自古大家辈出，更有清末状元张謇办教育兴工业，被誉为"中国近代第一城"。

杨乐中学就读于江苏省南通中学,这所当地最好的中学被人称作"省中",简洁中保持敬意。

记忆中,那里有藏书丰富的图书馆、独立设置的理化实验室,这样的条件当时即使在大城市也不多见。

其时,新中国刚刚成立,整个社会一片欣欣向荣。1952年,第一次全国大学招生统考的消息传出,让刚从懵懂中走出来的杨乐隐隐感受到了国家对人才急切需求的信号。

杨乐的记忆中,中学的科目教学进程都很慢,上课认真听讲,当堂便能较好地掌握学习内容。每次老师都会布置4至6道作业题,他常常课间10分钟就能完成。

这给杨乐课后留下了大量时间,家里哥哥姐姐留下的数学参考书不少,杨乐开始大量做课外习题。攻克一道道难题,自信心不断增强,对数学的兴趣也越来越浓厚。

网络上广泛流传着杨乐的一段传奇——中学阶段做了两三万道数学题。杨乐坦承,自己没有专门统计过,"但肯定过万了"。

勤奋的学习精神给他打下了坚实的数学基础。他曾深有体会地说:"杂技演员走钢丝的本领,是长年勤学苦练的结果。要想靠小聪明侥幸获得成功,那只能从钢丝上摔下来。"

初三时,杨乐找来全国大学统考的数学试题,发现只有一道题不会做,估计考个70分以上没问题——在当时,这样的分数足够上一所不错的大学。

杨乐有了一个朦胧的想法：以后进大学读数学系，并且一辈子从事数学研究工作。当时，杨乐已经听说中国科学院是我国最高的学术机构，其中的数学研究所就是专门从事数学研究的，听说了在那里工作的华罗庚。

高一时，发了新的教科书，杨乐用漂亮的画报纸包上书皮，悄悄地在书皮上写下了"中科"两个字，憧憬今后进入中国科学院专门从事数学研究。

多年后回顾这段往事，杨乐笑言，之所以当时没有直接写上"中科院"，是怕同学看到后笑话，其含意成了隐藏在那个14岁少年心中的秘密。

杨乐高中的后期，"向科学进军"风靡全国，在中学校园里，"课外小组"如雨后春笋不断出现。

杨乐选择了数学小组，并很快成了小组里的"小先生"。每周一次，这个班上年纪最小的中学生走上讲台，面对40多名同学，连续开讲10多次，内容还都是课堂的延伸。

半个世纪后回眸，杨乐笑言当年是"强出头"，但更充满回味，"讲出来让别人听懂比单会做要求高得多，而这也让自己受益终身"。

兴趣的培养关键看中学

数学之外，乐趣不少。

杨乐初中时常常打乒乓球、高中踢足球，也曾因年少激情，和同学一夜急行军走上10多里路。

春假和秋假的远足，在少年杨乐的心中看得很重，南方多雨，出发前一两天早晨起床就赶紧看天气，有了变天的征兆，不由平添几分惆怅。

每两周左右，杨乐还会跟着家人去听一次京剧，至今说起蒋干盗书、刘备招亲等三国戏的脸谱、服饰、唱腔，杨乐依然记忆犹新。

"兴趣是不是天生的？"与青年人接触时，杨乐经常被问到这样的问题。

他的回答总是十分肯定："兴趣是可以培养的！"

在杨乐看来，专业上要创新，必须要有强烈的兴趣，而培养兴趣最好的办法就是多下点功夫，经常和自己所学的专业知识"接触"。原本不懂的地方，随着接触次数的增多就了解了，弄懂了，兴趣也会随之一点点地增加。

杨乐说，兴趣的培养，关键看中学。

他现身说法："我对数学的兴趣也不是天生的，小学时也不是很好。"至于家学，杨乐的父亲曾师从过当地一位名家——之江大学教授徐昂，不过研修的是文学。

改变从杨乐上初二开始。

当时新添了代数与平面几何两门课程。代数课里，用英文字母可以表示数，数字与英文字母构成了代数式，并且可以进行加减乘除的运算，这让杨乐感到十分新鲜——只要设未知数便可以列成代数方程，小学算术中需要绕来绕去的鸡兔同笼一类的问题，变得简单而规范，杨乐一下感受到了"代数的威力"。

平面几何课上极其严谨的逻辑推理和有趣的几何图形同样深深地吸引着杨乐。

正是从那年秋天开始，杨乐在这些过程中感悟、培养了对数学的兴趣，真正开始了与数学的不解之缘。

学习成才要像跑马拉松

除了兴趣，这位已过古稀之年的老人还想与后辈们谈谈理想与坚持。

"今天的年轻人最大的问题就是缺乏理想，想考名牌大学、找份好工作，整个社会过分谈钱。"杨乐说得一针见血。

杨乐说，改革开放30多年，中国已经成为世界第二大经济体，但是人均算起来依然不足，"中国应该对世界做更大的贡献"。

杨乐把目光投向今天的中学生。

他曾算过一笔账：博士毕业到成为一名专门人才，大约要经过8~10年的努力，如果从中学毕业算起，4年的本科，6年左右的硕士博士，加起来差不多20年时间。

阅历经年，杨乐感慨："努力几个月半年，很多年轻人可以做到，但是20年的奋斗，其间面临身体、家庭、婚姻等重重考验，没有一个理想的支撑，没有雄心壮志是很难实现的。"

"陈景润并不是数学天才！他是在对数学具有浓厚兴趣的前提下，经过长期刻苦的努力，最终攀上世界数学研究的高峰的。"杨乐拿自己昔日的同事陈景润举例，陈景润当时在研究哥德巴赫猜想时，几乎达到了废寝忘食的境界，仅演算草稿就装了几麻袋。

20世纪50年代，杨乐进入北大。记忆中，每天早晨饭厅刚一开门，同学们买上简单的早餐，就是一碗粥，一分钱咸菜，一个馒头或者窝窝头，边吃边走，到了阅览室找到一张空位置，如果稍微晚几分钟就没有空位置，星期天也不例外。

社会上都认为华罗庚是天才，杨乐则记起了钱伟长曾讲过的华老的一段逸事。钱伟长在清华读书的时候，每天早晨5点钟就起来了，曾被认为是当时清华最用功的学生，后来他发现华罗庚比他每天起床时间还要早，更用功。

杨乐勉励当代的中学生："学习成才是一个漫长的过程，一定要有长期努力的思想准备，要有吃苦耐劳的精神。不能只奋斗一段时期，而要像跑马拉松一样，坚持不懈，不断进步，提高自己的水平。"

（雷宇，2011年11月，中科院数学与系统科学研究院杨乐院士办公室）

杨乐院士
简　介

杨乐，男，1939年11月生于江苏省南通市，数学家。1962年毕业于北京大学，考取中科院数学研究所研究生。20世纪70年代，与张广厚合作最先发现整函数与亚纯函数亏值与波莱尔方向间的联系，并建立了这两个基本概念之间的具体联系。1980年11月当选为中国科学院数学物理部委员，即中科院院士。

30多年来，杨乐院士在函数值分布论、幅角分布论、正规族等方面取

杨乐夫妇

得了一系列的重要研究成果。

在亚纯函数与其导数的总亏量方面获得几个精确结果，回答了著名专家D.Drasin提出的三个问题，首先证明了亏函数的可数性。

在函数正规族理论中，研究了不动点、微分多项式的取值与正规性的关系。

他与张广厚首次揭示了整函数与亚纯函数的亏值数目与Borel向数目间的紧密联系，获得了最佳估计。

获得了亚纯函数Borel方向的分布规律，对奇异方向在涉及导数与重值时做了深入研究。他还和W.K.Hayman合作研究了Littlewood的一个猜想。他获得了亚纯函数在涉及重值时普遍与精确的亏量关系。

延伸阅读

数学家杨乐的中学片断

1939年11月,杨乐出生于江苏南通。11岁那年,杨乐以优异的成绩考上了江苏省南通中学。

杨乐从初中二年级起就迷上了数学。他上课十分用心,课后很快就能做完老师布置的作业。回到家的杨乐总喜欢翻看比他大8岁的大哥的书。他哥哥从前买的代数、几何、物理等书籍,成了他填满知识胃口的重要粮食。

初中三年级的杨乐,已大体上能做高二的许多数学作业。在杨乐读高一时,见到同校几个准备升学的高三学生遇到难题做不出来。他很快地做出答案给他们看。这使那些高三学生又惊又喜,于是他们经常拿来一批难题"请教"比他们小两个年级的杨乐。

有一年,在外地工作的大哥回到家里,他想给杨乐买件礼物,问杨乐喜欢什么。杨乐说:"我想要块小黑板。"大哥不无惊奇:"要它干什么?""我好做习题。"在中学时代,杨乐演算了上万道习题。

在南通中学,他受到许多老师的辛勤教导与培育。其中陆颂石、徐质夫、冯德吾、颜若愚、王乃成等一批数学老师的教诲更是给他留下了终生难忘的印象。

他做了很多习题，接触了许多定理。发现数学中的很多定理是以外国数学家的名字命名的，他想，难道中国人就不能为现代数学发展做贡献吗？

他曾问过教数学的颜老师："定理的名称都是外国人的名字，是不是我国的数学很落后？"

颜老师说："也不能笼统地一概而论，在古代，我国的数学还是领先于世界的……"颜老师举了许多例子：

值制记数法的记载，马克思称赞这是人类最妙的发明之一。

魏晋时期的杰出数学家刘徽，在计算圆周率方面，做出了突出的贡献，他的"割圆术"，是最富有启发性的伟大创造。

南北朝的伟大数学家祖冲之是世界数学史上的一颗灿烂巨星，他计算的圆周率准确到小数点后七位数。直到一千年以后，15世纪阿拉伯数学家阿尔·卡西才打破了祖冲之的纪录。

祖冲之的儿子，在计算球体积问题上，创立了"祖暅原理"："幂势既同，则积不容异。"这原理，直到17世纪，欧洲的卡瓦利里才提出来。

南宋的杰出数学家秦九韶创立的"大衍求一术"，是世界数学史光彩夺目的一页，他用中国风格和气魄奠定了"中国剩余定理"。和秦九韶差不多同时代的杰出数学家还有李治、杨辉和朱世杰。13世纪上半叶，他们的创造，在世界上一直处于遥遥领先的地位……

颜老师讲到这里，不由叹了一口气，说："到明代以后，我们渐渐落后了，特别进入近代，由于帝国主义的侵略和反动当局的无能，我们更加落后了。落后的根本原因，我一时也跟你说不明白，你以后大了会知道的。现在

11

我们解放了，要追赶上去，这副担子是历史交给你们的重任啊！"

从此，杨乐心里暗暗立志：一定要让中国人命名的定理出现在未来的数学书上！

杨乐在学习上变得更加刻苦了。由于数学题目他做得很多，多练则熟，熟能生巧，速度十分惊人。高二时有一次考试，一位体育老师监考。杨乐只用了二十分钟就交了卷。这个体育老师误会杨乐大约是交白卷了，并在考卷上注明了交卷时间。后来数学老师看了，每道题都是正确的，得了满分。

功夫不负有心人。1980年，数学家杨乐当选为中科院学部委员（院士）。

针对现在全民学奥数的问题，杨乐认为，奥数应该作为学有余力的学生的一种业余爱好和兴趣，不应该成为孩子们为了功利和升学而刻意追求的东西，现在的"奥数热"已经偏离了原来的初衷。

"高中学生如果对数学确实有爱好，可以学一些奥数，但是三年级一直到高三，不管你有没有兴趣，几乎全民都在上（课），这就有问题。小学生现在的负担已经很重了，学习奥数除了加重负担，让学生厌恶数学外没有其他好处。"杨乐院士还以"跑马拉松"为例，认为孩子的成长和成才应该是一场马拉松，但现在的教育却只看到和看重前面1500米。

此外，杨乐还多次强调，数学和信息、计算机、物理、化学、生物、工程、管理等很多学科、很多高科技甚至国防都有很重要的关系，所以不管学生将来要往哪方面发展，数学都是一个基础。为此，他还建议，在一些高中学校可以让孩子更早地接触微积分，因为数学最主要的是高等数学，高等数学最基础的就是微积分。"特别是像南师附中这样优秀的学校，强化班的学生应该教微积分。"杨乐说。

如果对数学不感兴趣怎么办？杨乐说，兴趣是可以后天培养的，只要你愿意比别人多花一倍时间在数学上，不用太长时间，一两个月肯定会改变对数学的看法。

杨乐还建议青年学生要树立远大的理想，不要只为找个好工作，有份好收入而学习，而是应该考虑如何使自己在专业方面有更好成长，将来如何成为在某一专业更高水平的人才。"但是实现这样的目标也不是一蹴而就的，需要执着的追求和长期的努力。高中学生如果从现在开始，勤奋钻研，经过20年左右，一定能成为某一领域高水平人才。"杨乐说。

（作者：钱红艳）

一问一答

问：您可以结合您自身的经历，给缺乏理想的中学生一些建议吗？

杨：第一，中学生要有理想，成才的过程就像跑马拉松的过程，二十年如一日的勤奋努力需要理想来支撑，而不能光满足于好的报酬，在达到理想的这个过程中要拿出耐久的精神；第二，在中学阶段要培养对某一领域的兴趣，多接触这一领域，多下点功夫，慢慢就产生了强烈的兴趣；第三，中学生要培养吃苦耐劳、克服困难的精神，要有毅力，遇到失败、挫折就轻易后退，这样很难做成比较重要的事情，现在大多数孩子是独生子女，从小成长环境比较好，这个精神往往是现在有些孩子所缺乏的；第四，需要长期的勤奋努力，成才是一个长期的过程，同学要有这样的思想准备，在中学、大学、研究生阶段都以学习为中心，把注意力专注放在学习上，努力把自己培养成这个专业方面的高水平人才，而不要寄希望于经过短时间的努力就可以成为高水平人才。

问：您对南通的印象中，南通的文化对您产生了些什么样的影响？

杨：因为父亲是通明电器公司的高管，我在小时候有很多机会可以跟着父亲见识比较现代化的电厂，包括中学阶段学校也会组织参观张謇的纺织厂，那些电厂、纺织厂跟现代的基本上是差不多的，那时候的经历无形中影响了我，让我粗略地领略到现代化的威力，而如果不好好在学校里学习，不能慢慢前进，以后上大学是没法来掌握这些东西的，开始有这样的观念。

问：您60多年与数学的接触中，数学带给您的快乐是什么？

杨：学习和研究需要勤奋需要吃苦，但当你发现中间的一些奥妙，或者说得到了一些很好的结果，这就是非常值得兴奋的事情。

他常常现身说法寄语年轻人，一个成功的人一定是由于兴趣爱好而执着追求，才创出成绩的。

王元院士：自由生长方能育精英

要有教无类，还要因材施教

担任过 10 年中国数学奥林匹克竞赛委员会主席的王元院士有些忧心：即将进小学的孙子、孙女如果不喜欢自己研究了半个多世纪的数学，最后是不是仍将被迫卷入奥数培训的滚滚洪流？

每天走在中关村的大街上，这位耄耋老人放眼望去，最多的就是为应试而生的奥数补习班。

他常常现身说法寄语年轻人，一个成功的人一定是由于兴趣爱好而执着追求，才创出成绩的。

面对今天教育的按部就班重重藩篱，他呼吁要给予精英教育自由生长的空间，而他的中学时代恰是对此最好的注脚之一，尽管时代和环境已经大不相同。

距离迈进中学校园已经过去整整 70 年，王元回顾那些青葱岁月，意兴盎然。

中学不需要门门考满分

王元的初中生活是在战乱与艰难中度过的。

1942 年，王元考入了当时的国立二中，这所学校由扬州中学西迁四川后改名而来。

今天的资料显示，王元求学前后从扬州中学毕业的学生中走出了 40 余位院士。

其时的教育更趋近精英模式，一个县里也不一定有一所中学，"小学班里 40 人，能考上初中的也就三五个"。

"当时的学习太简单，管得不多。"正是得益于这样宽松的环境，精力旺盛的王元把大量的时间花在了课外，"学了很多人文的东西"。

他喜欢看小说，不管多厚的本本，他都要想方设法看完它，《红楼梦》《三国演义》《儒林外史》更是看过一遍又一遍。

正是在这一时期，这个知识分子家庭里长大的孩子开始接触莎士比亚作品，从此一发不可收拾，"看过的超过了 30 本"。

看别人拉二胡，王元也动了心，抓紧时间苦练，又肯动脑筋琢磨演奏技巧，不久就成为出色的二胡演奏者。

后来，他又喜欢上画画和游泳。他经常带着画板出去写生。画累了，就脱下衣服跳到湖里痛痛快快地游泳。广泛的兴趣，培养了他不怕困难和强烈进取的精神。只要他感兴趣的项目，他总比别人学得好。

王元快上高二时，全国迎来了八年艰苦抗战的最终胜利。王元一家搬到了南京。

随着生活环境的不断改善，从美国漂洋过海传来的文艺电影吸引了王元的目光，那段时间，他每周必看一场，《魂断蓝桥》《飘》《卡萨布兰卡》《哈姆雷特》……那些经典情节，60 多年后回顾起来，依然历历在目。

整个中学时期，王元的学习成绩始终保持中等水平，"50 名同学，一直排在 20 名左右"，即使相对不错的数学与英语，也远不是班级最好。

但对于那段远逝的年少岁月，王元坦言从来没有后悔过："我认为中学那样学习是正确的，不需要门门考 5 分（当时考试满分为 5 分）。"

音乐和绘画的浸染让自己远离蝇头小利

与数学的缘分似乎在冥冥中注定。

虽然对文艺兴趣浓厚,但王元自觉天分不够,高考第一志愿他填报的全是电机、化工一类的工科专业。

考虑到数学是冷门,王元把它放进了报考志愿的替补队伍,没想到这个保底的选择让他最终走进浙江一所并不知名的高校——浙江英士大学数学系。因此整个大一,王元都在考虑重新参加高考,"转到工科去"。

王元19岁那年,英士大学并入浙江大学,老一辈数学家陈建功、苏步青均多年执教于该校。

身体不太好、动手能力不强,王元决定一心一意研究数学,从此开始了长达半个多世纪的数学研究之旅。

24岁时,因为与波兰数学家合作的两篇论文发表,王元迎来了人生第一次全国范围的"被宣传",有中央媒体甚至用整版篇幅报道了这项诞生于新中国初期的国际化成果,这在当时的年轻人中绝无仅有。

相较于现在不少十佳少年、神童大学生,盛名之下顿觉飘飘然,王元当时并没有"一吹(捧)就晕了"。

"我不怕吹,因为心态成熟了,知道自己只是做了一点很小的工作。"王元说,这正是得益于当年音乐和绘画的浸染,"那些深厚的意境使人净化,让人知道最高级的享受,不会再去贪图蝇头小利"。

多年后，在很多中学里演讲，面对充满激情和和梦想的青少年一代，王元常常深有感触地告诫，"中学时代一定要全面发展"。

回顾王元的道路，如果太重名利，就不会有此后长长一串华丽的成绩单。

1957年，他在哥德巴赫猜想中证明了"2+3"（王元证明的"2+3"表示的是：每个充分大的偶数都可以表示成至多两个质数的乘积再加上至多3个质数的乘积——记者注），这是中国学者首次在这一研究领域跃居世界领先的地位。

1973年，他与华罗庚联合证明的定理，受到国际学术界推崇，被称为"华-王"方法。

"当年全国宣传我的时候，我才20多岁，如果不是之后一直努力，现在80多岁了，你也不会来找我了。"这位见惯神童陨落的老人笑言。

精英教育需要自由生长空间

王元的老师华罗庚的故事在今天可能难以想象。

这个聪明而勤奋的初中生考试时，老师经常给他格外的"优待"："你出去玩吧，今天的考试题目太容易了，你就不要考了。"

类似的"优待"还包括，这个有点跛脚的19岁青年凭借一篇论文被请到清华大学工作。

循此道路，没有念过高中的华罗庚一步步走向科学殿堂，最终成为中国最有名的数学家。

为什么我国今天出不了钱学森、华罗庚这样的大科学家？王元认为，华罗庚的故事给人启示。

在王元看来，随着义务教育的普及，我国"有教无类"做得越来越好，能够进入学校的人数远远超越自己当年那个时代，但"因材施教"远远不够，"必须承认智慧的差别，允许精英脱颖而出"。

"孔子三千弟子，也只有七十二贤人，就是100人里只有2.4个人是英才，需要因材施教"。王元介绍，西方国家的教育重视英才，因为造福国家、重点创新要靠英才。

与之相对的是，我国对于英才培养重视不够，7岁的孩子，有的只有4岁的智力，有的早就超过了，按部就班一级级的上学制度和考试制度，对优秀的人才是一种藩篱，"就像穿一样的衣服、吃一样的饭、读一样的书，变成了要齐步走，最后只有向落后看齐，好的学生被扼杀掉了"。

哥伦比亚大学数学系教授张寿武曾师从王元。

当时，王元认为自己的研究领域经典解析数论已无出路可言，但看中了他的勤勉和悟性，鼓励他自由选择方向。

张寿武硕士论文答辩时，王元在其答辩完成后说："我们也不知道你在说些什么，一个字也听不懂，但考虑到你每天很早就来办公室，很用功，这个硕士学位就送给你了，以后就不能够蒙了。"

至今，这位美国艺术与科学院新科院士常常庆幸，有这样一位老师能赋予自己充分信任，给予了自己足够自由的空间。

王元则谦称，自己从没有教过张寿武，也没有跟他谈过数学，但张寿武最大的幸运是自己理解他，"不是像有些老师，必须要学生干什么"。

不是英才非要按照英才培养同样糟糕。

王元常常为一个个案唏嘘：自己认识的一个人，小学时家长让念中学的东西，中学时念大学的东西，早早到美国某名牌大学拿到博士学位，遗憾的是，毕业几十年没有一点创新。

（雷宇，2011年12月，中国科学院数学与系统科学研究院王元院士办公室）

王元院士简介

王元，男，1930年4月生于江苏镇江，著名数学家，1980年当选为中国科学院院士。

1952年毕业于浙江大学数学系，经陈建功、苏步青推荐到中国科学院数学研究所工作，在华罗庚指导下研究数论，曾任数学所所长与中国数学会理事长。他在解析数论、代数数论以及数论方法应用等方面均作出了卓越贡献。他关于哥德巴赫猜想的研究为中国夺得了

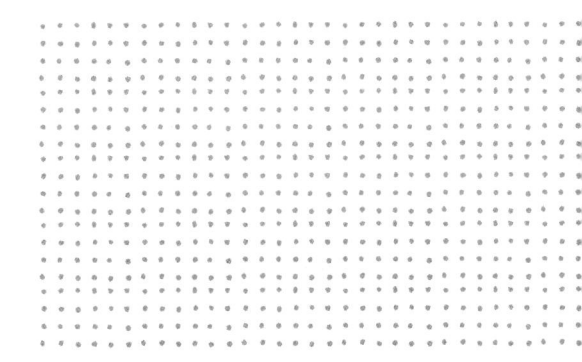

该领域的第一个重要成果：他与华罗庚一起开拓了高维数值积分的研究方向并创造了"华-王方法"，他们的专著《数论在近似分析中的应用》英译本由斯普林格出版社出版后，英、德、日、奥等十多个国家的14种数学杂志予以好评，认为"就抽象数学的应用而言，该书本身就是一个光彩夺目的例证"。

王元在另一个艰深的领域——代数数域上的丢番图分析以及数论方法在统计中的应用方面也作出了杰出的成果。王元的工作曾获国家自然科学一等奖、陈嘉庚物质科学奖、何梁何利奖、1999年华罗庚数学奖。他在国际数学界和港台数学界享有盛誉，被聘为世界科学出版社顾问、联邦德国《分析》杂志编委及斯普林格《图论与组合》杂志编委。1984年荣获"国家级有突出贡献的优秀中青年专家"称号。

延伸阅读

王元院士：从"安、钻、迷"谈科学教育

"我本人不是专门从事教育工作的，但好在今天是研讨会，讲错了，大家可以批评。"这就是我国著名数学家，中国科学院院士王元在首届全国中小学科学教育论坛上发言时的开场白。朴素的言语里体现了学问家做事的严谨与谦虚，平和的语气中添加了老人待人接物的和蔼与亲切。

科学教育在当今的教育界不再是一个新名词，它已成为现在的中小学不断完善的教育体制的一个重要组成部分。重视科学教育，用科学的方法教书育人，是学校和老师应该遵循的一项原则。

究竟什么是科学教育？如何进行科学教育？现在不少学校实际上存在着很大的误区。这也是现行教育中存在的一个弊端。

世界上很多著名人士都曾对这一概念作出阐释，19世纪中叶，英国哲学家、社会学家斯宾塞在《什么知识最有价值》一文中突出了科学知识的价值，第一个系统阐述了其科学教育思想。王元认为，科学教育已有了更为深刻和重要的内涵，我们目前所强调的科学教育在大范围内应是对科学、技术与社会关系的认识教育。而科学教育目标则可以分为促进人类发展的目标和促进社会发展的目标，前者是科学教育本体功能的体现，后者

是科学教育外在职能的体现。总的来看，科学教育育人目标与科学教育内涵的发展是一致的。从最初的注重知识、技能到关注方法与过程，到关注科学、技术与社会关系，把握科学本质。就这一点，王元院士指出，现在的科学教育在某种程度上，应该加强对科学手段的培养，要培养学生对科学的浓厚兴趣，不应只是空谈，应重视在方式、方法上的应用。

科学教育在当今已成为一个热门话题，开展各式各样的科学教育活动也已成为学校的一个重头戏。然而，在大力宣扬科学教育的今天，我们是否忽略了一个更为重要的问题——基础教育？本末倒置的现象在如今的教育界已有滋生的苗头。

就这一点，王元院士有很深的体会，学生只有学好了基础课程，才能进行学科内的拓展，研究深层次的问题。他指出，平面几何体系和解析几何理论等知识，这些都出现在现今中小学生所学的数学课本中，这些内容都经过长时间的检验，是最基本的数学知识。所以在中小学的学习阶段，掌握这些数学的基本内容与技巧是一项非常必要的任务，要明白这些知识的道理。基础不好，什么研究也做不成。

众所周知，王元院士在著名的"哥德巴赫猜想"研究中取得过若干卓越成果，而在国内也曾一度出现过"哥德巴赫猜想"热，一些并无扎实基础知识的人，盲目地投入大量精力去做这一经典难题。很多人给王元院士寄来信件，提供各种各样的答案，说自己已经证明出了"哥德巴赫猜想"。有一位大学生给王院士寄来的研究文章，他看了一分钟就发现了"一个中学数学知识方面的错误"。对此，王元院士指出，对于知识的学习，应是以课堂教学为主，而课堂教学的主导则是老师，老师教，学生学，这种传统的教学模式到什么时候也是受用的。如果连一些基本的数学知识都掌握得不牢，就去研究哥德巴赫猜想（要证明所有的偶数都是两个素数的和），显然这是不现实的。

王元认为，一个人的心态决定了他做事的方向，也决定了事情的成功与否。如果说打好基础是学好科学的前提，那么，培养良好的对待科学的态度，则是学好科学的保障。培养老师与学生良好的对待科学的态度，对于科学教育而言也是个不容忽视的问题。

王元院士就此还特别介绍了科学院前副院长兼党委书记张劲夫同志在20世纪60年代提出的"安、钻、迷"的学习精神：所谓"安"，就是将心沉下来学习与做研究，一点也不要浮躁；"钻"，就是要十分专心地钻进去；"迷"，就是对待科学要着迷，做到废寝忘食的程度。王院士在向记者解释所谓"迷"时，还补充道，就是对科学要有浓厚的兴趣。没有兴趣是搞不好科学的，这要靠"安""钻"才能达到"迷"。他认为，只要有了这种精神，学习与研究就可以搞得很好。

这位年过古稀的老人，把毕生的精力献给了伟大的科学、教育事业。他对待科学的认真精神，他教导后辈的谆谆话语，足以让人受用终身。

（作者：贺佳）

高考时，选择专业比选择大学更重要，"如果刻意选好学校，而不选自己喜欢的专业，是一辈子都要吃亏的"。

欧阳自远院士：中学是读野书的自由时代

学会怎么掌握知识远比掌握知识本身更重要

"飞雪连天射白鹿，笑书神侠倚碧鸳"，爱读武侠小说的人都知道，这副对联，是用金庸的十四部武侠小说书名的第一个字连缀而成的。

但很少有人知道，被誉为"嫦娥之父"的欧阳自远，这位著名的天体化学与地球化学家，中国月球探测工程的首席科学家、中国科学院院士，不但对这副对联每个字所对应的书名如数家珍，而且毫不讳言自己是"金庸迷"，"坦白地说，我有很多东西是从金庸的小说里面知道的"。

在他家的书架上，深奥的科研书籍丛中，《金庸全集》《古龙全集》《梁羽生全集》也赫然在列。"睡觉前，我喜欢看一会儿武侠。武侠是另外一个世界，它可以把你引导到一个没有烦恼、没有忧虑，而且充满侠义的世界。"

他经常说，金庸小说中，他最欣赏的人物是乔峰，"我最佩服他的坦荡大气和家国情怀"。

"现在有些家长反对中学生读杂书，您上中学的时候会不会觉得读这种书耽误时间？"记者问。

"恰恰相反，那时候我乱七八糟的书都看。这对我以后的发展很有帮助，我主张看些野书。"欧阳自远说，他现在带学生，最头痛的就是他们语文根底太差，鸡兔同笼的算术题都掰不清楚题目意思，写的文章不是说假话就是讲套话，也缺乏人文历史素质的积淀，培养起来很成问题。

在他看来，能看野书的中学时代，是一个自由的时代。

看野书萌生的天文梦

欧阳自远出生于江西省吉安市。1935年11月4日出生时,他的舅舅正在屋里念书,刚好念到了"有朋自远方来",欧阳自远的名字也由此而来。

欧阳自远父亲从医,1946年,全家搬到了永新县,开了个"九州药房",收入稳定且颇有人缘。

他的中学6年都是在永新县的省立永新中学(现任弼时中学)度过的。但中学时代分为两段,初中在新中国成立前,高中在新中国成立后。

在初中时期,欧阳自远必须住校,晚上也得上晚自习。他说,那时候永新中学没有电灯,上晚自习时,每个同学还得带着竹筒子——里面装着菜油,到了座位上,掏出一个小铁灯盏,里面有灯芯,倒点菜油进去,点着,就在豆大的灯光下看书。

条件虽然艰苦,但学业不重,用欧阳自远的话说,"那时候书包不像现在那么沉",因此有大量的时间读野书。彼时的永新县城很小,书店也很小,但他经常会去那些书店乱翻书,也会从同学那借书看。

看武侠就是从那时候开始的,这位老武侠迷说,在中学时代,他就开始看还珠楼主的书了,像《蜀山剑侠传》,里面有神话,有武侠,有幻境,文笔华美,想象奇特,看得他爱不释手。还有一种是中国传统名著,像《隋唐演义》《薛刚反唐》《三国演义》《水浒传》等,里面也是金戈铁马,笑傲江湖,让他一沾手就欲罢不能。

他说，那段日子也接触到不少科普书籍，像开明书店出版的各种少年读物和科普书籍以及上海出的《科学》月刊就让他印象深刻，《科学》月刊是留美学生任鸿隽等于1915年在上海创办的，向国人介绍科学故事、科学家、科学前沿问题、科学方法、科学精神等。

"华罗庚就是在《科学》上崭露头角的，熊庆来正是看中那篇文章才成为他伯乐的，"欧阳自远说，这也足见当时科普书影响之大。

欧阳自远高考时一度想考天文系，"这也纯粹是看各种野书得到的印象"。他说，当时他对地球之外的世界很好奇，很憧憬，想搞明白是怎么回事，"但那时根本不知道月球是什么，也没有像一些媒体所说的参加天文小组"。

做学问要得法

感觉不到学业压力的中学时代，让欧阳自远在各方面都得到了发展。至今他依然拉得一手好二胡，就是在中学里学会的。20世纪50年代初开始，为配合各种政治运动，永新中学的下乡文艺演出很多，他也是骨干之一。

"为什么我们那时候并没觉得学到什么，但后面却觉得很受用呢？我觉得一方面是遇到了一群好教师，另一方面，是学会了学习。"年届76岁的欧阳自远总结道。

语文老师刘燕江、地理老师袁家瑞、化学老师贺祖煌……说起这些老师的名字，欧阳自远如数家珍，只是喟叹："不知道怎么云集了这么一班好老师。"

刘燕江是从日本留学归国的,"他讲起叶圣陶、朱自清的文章,特别亲切,因为他跟课本的一些作者是同时代人,有些可能还认识,即使不认识,对背景也了解得特别清楚,这样说起来,让我们感觉语文特别有意思,一节课上完,能回味很久"。

地理老师袁家瑞,一幅幅地图像是印在他的脑子里,信手拈来,无不精准。这让欧阳自远在佩服之余,对地理学科产生了一种超乎其他科目的兴趣。

化学课也是欧阳自远爱上的课程,"化学本来枯燥,但贺祖煌老师讲得特别生动,我经常问他问题,他不厌其烦地解答,留下的烙印太深了"。

除了这群优秀的师长,欧阳自远说,中学对他最大的启示,就是得法比获知更重要,"学会怎么掌握知识远比掌握知识本身更重要,我从来不主张死记硬背,而强调学会怎么学习"。

他说,在中学时代,怎么根据各个科目的特点有序地掌握知识点,掌握这门学科的规律,应该是学习的重点。像地理,有那么多图表,就应当发挥形象思维;像历史,穿越那么久的时间长河,就应当把历史事件串起来学。如果每门学科都是机械地学,抓不住本质,理不透精髓,没法做到融会贯通,就是不得法,"我在中学时代明白了这点以后,以后的学习都不会觉得有什么压力和困难"。

他说,现在接触到很多学生,非常聪明,知识也很广博,但就是不太知道怎么做研究,"这就是因为中学学习不得法,光是机械地积累知识,结果在研究上没上路"。

他还说，现在电脑把人养得更为懒惰，一些学生所谓做研究，就是在网络上这里找到一块，那里找到一块，然后一拷贝，就弄出一大摞的材料，"注水的东西，看着就烦，研究完全变味了。我们那时候所有的材料都是自己动手写，一点一点做出来的"。

现在，欧阳自远还经常去学校做科普报告，一年下来，竟有四五十场之多，"我觉得这是我的责任，我从来都认为，科学传播跟科学研究同等重要。现在我们大多科普报告都是在传授知识，我认为这就是不得法，科普报告应当激励学生的科学热情，引发他们萌生科学探索精神。这样他们就会自己去寻找知识，而不是被动地接受了"。

选专业比选大学重要

1952年他参加了新中国成立后的第一次高考。填报志愿时，家里想让他学医，他自己想学天文，但那时国家要发展重工业，而发展重工业就需要找到矿产资源，因此，"唤醒沉睡的高山，寻找出无尽的宝藏"成了当时最激动人心的口号。

欧阳自远也被这句口号打动了，于是第一志愿填报了北京地质学院，但他仍没有放弃天文，第二志愿填的是南京大学天文系，第三志愿是天津大学化工系。

那时候并没有录取通知书，录取名单在报纸上发榜公布。当时江西属于中南区，中南区的机关报是《长江日报》，录取名单就登在这份报纸上。

"我天天在邮政局门口等消息,终于等到了录取名单,因为是4个字,我的名字在榜单上特别好找,结果发现被北京地质学院录取了。"

欧阳自远说,回想起来,自己才发现,高考时,选择专业比选择大学更重要,"如果刻意选好学校,而不选自己喜欢的专业,是一辈子都要吃亏的"。

欧阳自远对此有一个形象的比喻:"月球是靠太阳发光的,它自身并没有光芒。"

虽然学的是地质,但欧阳自远从没有忘记对探索宇宙的欲望。1957年,苏联发射了人类历史上第一颗人造地球卫星。当时正在攻读矿床学专业研究生的欧阳自远敏锐地认识到,尽管新中国还没有能力开展空间探测活动,但中国总得有人想这些问题。

从此,他把研究视野转到地球之外,并从1995年,开始全力以赴从事月球研究工作,终于成为了中国最顶尖的探月工程的科学家之一。

(叶铁桥、雷宇,2011年4月,中国科学院国家天文台欧阳自远院士办公室)

欧阳自远院士
简　介

欧阳自远，著名的天体化学与地球化学家，中国月球探测工程首席科学家，被誉为"嫦娥之父"，中国科学院院士、第三世界科学院院士、国际宇航科学院院士、中国科学家协会荣誉会长。

1956年被录取到中国科学院
地质研究所作副博士研究生

  1956年毕业于北京地质学院（现中国地质大学），1960年中国科学院地质研究所矿床学研究生毕业。

  现任中国科学院地球化学研究所研究员。中国科学院院士。中国矿物岩石地球化学学会理事长。中国地质学会副理事长。中国空间科学学会理事长与空间化学委员会主任。SCOPE、IGBP和ICL中国委员会副主席、常委与委员。

延伸阅读

欧阳自远讲述中国人的"奔月"故事

前不久,美国"新视野"号探测器历时9年,飞行48.8亿公里拍摄到的冥王星"证件照"吸引了全球目光。由于部分地貌形似桃心,网友起名"萌王星"表达喜爱。事实上,中国月球探测工程首席科学家、中国科学院院士欧阳自远就一直在研究宇宙的奥秘,有次,他做客南开大学,讲述了"月球探测与中国人的嫦娥工程"。

认识"地球的女儿"

"为什么地球边上有个月亮,它是怎么来的呢?"欧阳自远从月球的起源讲起。曾有一个火星大小的天体撞击地球,产生了很多碎块,其中较大的一块变成了后来的月球。欧阳自远形象地称月球为"地球的女儿"。他说:"我们现在可以把月球和地球的'基因'提取出来做'亲子鉴定',来证明这个理论是有充足证据的。"

月球对地球十分重要,它表面密密麻麻的月球坑,正是为地球抵挡小天体撞击时留下的。月球的引力导致地球产生了潮汐,这对生物从海洋迁徙到陆地发挥巨大作用。同时,它还像一个巨大的"刹车片"不断为地球自转减速。

"很早以前，地球的一天只有16小时，更早的时候只有6小时。正是由于月球的作用，地球自转周期才降低到现在的一天24小时。"欧阳自远说，这种减速还会持续下去。7月1日，地球迎来了第26次闰秒，我们的时钟不得不调慢1秒，这正是地球自转变慢导致的。

全球再起探月"争夺战"

"我们如今了解到的有关月球的知识，几乎全部来自20世纪六七十年代那场激烈的空间争夺战。那是美苏两个超级大国对于空间霸权的争夺。"欧阳自远说。

1958年，美苏两国都发射了月球探测器，但全部失败。1959年以后，才逐步成功。据统计，1958年到1976年，美苏两国共发射了108枚探测器，成功或部分成功的仅52枚，形成了人类历史上第一次月球探测的高潮。在这场探月竞争中，美国实现了6次"阿波罗"载人登月，共12名宇航员登上了月球。

阿波罗登月一共花费256亿美元，约合2015年的2000多亿美元。直接带动了一大批科技工业群体的诞生，引领了20世纪20年的全部高新技术的发展。该计划产生了3000多项技术，至今人类仍颇为受益。整个计划的投入产出比是1:14，作为一项科学工程，阿波罗取得的经济效益同样是巨大的。

今年，美国宣布了新的太空计划，要重返月球。这个计划由来已久，1994年，NASA就制定了"新盛世"计划，明确提出对月球进行探测、重新载人登月等目标。同期，欧洲空间局制定了登陆月球、建立月球基地的设想，并提出了分阶段的月球探测计划。日本、印度、乌克兰、德国、俄罗斯也都相继提出各自的月球探测计划。世界上兴起了继美、苏"冷战"后的第二轮探月高潮。

"各国探月兴趣源于以下原因：一是重要的军事战略地位。二是蕴藏着的巨大能源。三是月球上的恶劣环境正是各种科学试验难以获得的条件。四是丰富的矿产资源。"欧阳自远说。

中国人的探月之路

"以前讨论月球问题根本没有中国的份儿。为什么？很简单，你没有能耐。你连月球都上不去，讨论月球的问题找你中国干什么？"欧阳自远说，自从"嫦娥"登月之后，这样的局势得以扭转。

月球的前景各国都很清楚，中国不能甘于落后。"别人打了一船的鱼，绝不会分给我们中国人一条。"欧阳自远常说的这句话，反映出中国探月工程面临的严峻国际环境。

"我们中国人要发展先进的技术，只有一条路，自力更生、艰苦奋斗、自主创新。"欧阳自远激动地说。

从1993年开始，欧阳自远积极呼吁中国启动探月工程，并进行了长达10年的科学论证。2000年11月，我国政府发表了《中国的航天》白皮书，明确提出开展以月球探测为主的深空探测研究。

2004年1月23日，那一天是大年初二。欧阳自远终于等到了国务院批准绕月探测一期工程立项的消息，该工程正式命名为"嫦娥"。启动资金14

亿元，仅相当于北京市修建两公里地铁的费用。而从工程正式立项到"嫦娥一号"卫星成功发射，中国仅用了3年多的时间。

欧阳自远表示，中国计划第一步无人月球探测，第二步实现载人登月，第三步建立月球基地，开发月球资源。

2007年"嫦娥一号"成功发射升空……2010年"嫦娥二号"成功发射升空……2013年"嫦娥三号"成功实现了月球软着陆，完成着陆器、巡视器分离，开展了"观天、看地、测月"等科学探测任务。"玉兔号"巡视器在第二次月夜休眠前出现异常不能行走，尚未恢复但依旧存活。

欧阳自远表示，"嫦娥四号"将要降落到月球的背面，就是谁也没去过的地方，中国人一定要冒一次险。"嫦娥五号"预计将在2017年发射，它要采集月球样本并安全返回地球。"完成这几步，我们不会停止。中国人还要飞得更远，也有能力飞得更远。中国一定要为民族伟大复兴、人类的持续发展作出更大贡献。"欧阳自远说。

登月不是为了实现短期的商业利益目标，它推动了中国高新技术的突破与发展。欧阳自远说，每一次飞天试验探索，背后是成百上千项科技创新、技术更新引领的产业升级、相关产业的直接间接受益，"中国参与探月工程的企业和机构超过千家，它们在探月工程高标准的技术要求下突破的一些技术难关，产生的新技术，提高了中国高精尖方面的技术能力，一些产品质量上升了，但是成本却降低了，市场也扩大了"。

（参见《中国技术市场报》2015年7月31日，作者：张熙、吴军辉）

一问一答

问：中学阶段，您对天文学形成的是什么样的概念？

欧阳：当时觉得总要去探索一下到底是怎么回事，感觉新奇、稀奇、迷茫，对天文学纯粹是看野书得到的一些印象，总感觉到书上说得稀奇古怪，比如宇宙是大爆炸起来的。那时候也不知道黑洞、暗能量这些，知道月亮不发光，但是不知道月亮有多大、长什么样，只知道月亮是地球的卫星，大概影响了地球的潮汐，就是地理学的一些最基础的知识。

问：您觉得现在学生可以提出一些好问题吗？

欧阳：我很佩服这些孩子，他们的想象，但我也知道他们往往会被网上的信息左右。他们会提出一些稀奇古怪的问题，比如外星人的问题、阿波罗是真是假的问题、小天体还撞不撞地球的问题，但我觉得这很正常，我很高兴也很鼓励，我认为我讲的一定要让他们理解，并且渗透一种科学精神，在这里，使年轻人学会如何分析和判断比介绍知识更重要。我一再认为我的科学研究和科学传播的工作同等重要，这是我们这些人的社会责任，我们要让人家理解里面勇往直前的科学探索精神，而且要使大家能够热爱大自然，热爱我们这个国家。

问：您可以用简单的几句话来谈谈现在最想对中学生说的话吗？

欧阳：首先，我觉得中学生要非常注重打好基础，这包括知识的基础、如何学习的基础、做人的基础，这样才能根深叶茂；其次，我还觉得他们要有志向、抱负，要坚忍不拔去实现自己的抱负，最后来报效国家、报效人类，假如有这样的理想、胸怀和实践，我相信要是持之以恒，会成功的。任何事情都不是轻易做到的，要有充分的思想准备。

如果继续看着眼前的利益就奔着去，不坚持自己感兴趣、喜欢的事物，很难做出一番事业。

齐康院士：
艺术熏陶可以打开科学思维之门

从雨花台纪念馆、梅园，到侵华日军南京大屠杀遇难同胞纪念馆……数以百计的建筑巨作没有人会想到是出自一人之手在外界看来，建筑以其形态、功能而各有不同，但在齐康眼中，建筑是有生命的存在，融合着建筑师对生命的感悟、生活的理解。

作为侵华日军南京大屠杀遇难同胞纪念馆等国内诸多著名建筑的设计者，中国科学院院士齐康在科学与艺术中寻找共鸣，他主持设计的建筑，多是融科学性与艺术性于一体的巧夺天工之作。

从小接受艺术熏陶的齐康，坦言"科学家应当懂艺术"。中学时，弹钢琴、读小说、学画画的经历，对于他后期的创作影响深远。

面对应试教育的重重藩篱，他直言："现在的教育把人教'死了'，思维僵化了。我们要培养懂得'传承、转化、创新'的全面人才。"

步入耄耋之年，齐康最怕自己也变得僵化，依旧保持着看书、画画、独自思考的习惯。

中学时期是他养成良好习惯的开端，也是开启他建筑设计之路的启蒙岁月。

勤奋的中学时代夯实基础

1931年10月28日，齐康出生在南京市的一个基督教家庭。家中兄弟姐妹6人，齐康是老小，刚出生，母亲就去乡下养病了，6岁以前，他甚至与母亲从未谋面。

在齐康的记忆中，他在家中是"多余的那一个"。孩童时期，齐康很少感受到温暖，性格敏感、孤僻，"我的童年现在回忆起来全是苦难，就算有快乐，也是零星的"。

1937年，日军入侵南京。6岁的齐康跟着家人逃到老家浙江天台避难，并在天台县城开始了小学生活。

刚上小学，齐康在期末考试时，数学考了46分。当他兴冲冲地把成绩告诉大哥时，大哥把他狠揍了一顿，他才知道60分算及格。彼时，他还没接触到喜爱的代数和几何学。

五年级以后，齐康从天台回到南京市。因为身体不好，齐康辍学在家中自学了两年。父亲教他古文，父亲的朋友指点他绘画，一位音乐老师教他钢琴。

齐康回忆，这一段时间自己非常用功，在家里自学画画、弹琴、读《古文观止》，看了大量的书，"回首少年时期，书是我最宝贵的朋友，我开始不再感到孤独"。

研究土木工程的父亲见齐康钟爱绘画，就教他用比例尺。齐康立即产生了浓厚的兴趣，他把家里的每个房间、楼上楼下都测了个遍。很快，他看懂了父亲画的图，也知道了建筑图中的平面。对于建筑最初的热爱，由此生发。

在家自学的两年时间，让齐康学会了自主学习，也极大地提高了他的艺术修养。少年时的孤独，让齐康有了更多思考的时间与空间，比同龄人多了几分成熟与自觉。

初二下学期，齐康考入同仁中学，半年后，同仁中学改名为金陵中学。培养出多名院士的金陵中学，学养深厚，当地流传着"要用功，进金中"的民谣。

齐康在金陵中学度过中学阶段，在这里的几年"啃书"时光，为他今后的发展，夯实基础。

初中英文老师要求他们一年背12篇文章，高中二年级时背诵《鲁滨逊漂流记》的某个章节，要求标点符号都不能错。齐康十分用功，每天站在学校的大树底下、三楼走廊背书。上课时，英文老师魏老师即兴出作文题，下课铃一响，他们就能交出一篇完整的英文作文了。

多年后，齐康在出访和接待外国专家时，从不用翻译，总是直接与外国专家对话。面对采访，已过耄耋之年的齐康还能流利背诵英国文豪塞缪尔·约翰逊的诗歌。

感兴趣的学科比名校更重要

中学时，齐康最喜欢历史课。幼年时期，经历过动荡岁月的他，对于历史有着独到的见解。

齐康把建筑的历史感看得很重。他认为，一座建筑能经过几代人的肯定是不容易的，本身构成了历史的标志，是历史的记录，不能轻易改动。在设计建筑时，他融历史感与现代感为一体，总能把浓郁的中国特色和中国气派展现得淋漓尽致。

尊重历史，让他学会在尊重一方水土的基础上设计作品。在设计福建武夷山庄的时候，齐康大胆地从传统中推陈出新，让福建地区的乡土建筑融入时代的气息，探索出了一条新的地方主义风格，使福建武夷山成为全国风景建筑中第一个乡土建筑时代化的作品。

在高中毕业时，齐康也面临着专业的抉择。如果当年他选择了历史专业，恐怕这位建筑大师的一生都将改写。

因为高中三年总成绩排名全年级前五名，齐康获得保送金陵大学的资格。因为金陵大学没有建筑系，且以化学见长，齐康在填报专业时选择了化学专业，"现在想起来，当年我应该报历史专业，报了历史专业，就不会再去考学了"。

然而，当年齐康对于化学可谓是深恶痛绝。小时候，齐康曾养过一只小羊，却被化学学院门前的青草毒死了。而从小在家中所受的熏陶，也使他放不下对建筑的热爱，最后齐康仍然参加了高考，考取南京大学建筑系。

"目前来讲，处于经济时代，真正刻苦求学的人不是很多，中国的教育根本上有问题。"现在也有一批年轻人，冲着名校的热门专业去，不考虑自己的实际情况，在齐康看来，不见得是一件好事，"如果继续看着眼前的利益就奔着去，不坚持自己感兴趣、喜欢的事物，很难做出一番事业"。

在遵从自己的兴趣之后，齐康为中学生提出"传承、转化、创新"的六字秘诀："传承，是指从老师那儿传承知识，转化则是将老师教的书本上的知识转化为自己的东西，它们的目的就是创新。"

齐康善于从老师身上学习知识，并将其转化为自己的想法。在建筑设计中，齐康继承老师杨廷宝的长处，十分重视中国国情，注重整体环境，吸取并运用中西建筑传统经验和手法，像五台山体育馆就以洗炼凝重见长，又有所发展，表现得更为灵活。

创新，则是他在传承转化之后的收获。齐康的作品几乎没有一个是重样的，南京三个纪念建筑，雨花台纪念馆、梅园，还有侵华日军南京大屠杀遇难同胞纪念馆，人们没想到是一个人设计的，"我就喜欢因时因地来思考问题"。

德智体全面发展方能育精英

在齐康的办公桌后，抬头可见的书架上，摆放着齐康六姨母的照片。六姨母是齐康绘画的启蒙老师，对他影响极大。

在幼年时期，齐康孤独、敏感。逃到天台县城后，对他来说，最重要的事情就是爱上了画画。他的姨母是一位中学美术老师。她常常把一些画片带回家，让小齐康照着临摹。这些图片深深吸引了他，也激发了他对绘画的热爱。

有一次，齐康画了张基督布道的临摹画，姨妈们看了都说好，他的兴致就更大了，也更加努力。在五年级上学期的图画比赛中，还得了第一，"这是童年里最高兴的一天。画画成为我身心中最愉快的一件事，有时它能替代我的苦恼和孤寂"。

进入中学后，教美术的徐老师很喜欢这个痴迷绘画的学生，在课余时间对他系统地讲授《芥子园画谱》，使齐康对国画技法有了比较深入的理解。齐康又设法借来《伦勃朗》《米勒》画册自学，让自己对西洋画技也略知一二。

绘画给齐康的建筑设计创作提供了许多帮助，齐康说："我经常利用出差的机会写生。大自然是我绘画的对象，大自然的美常使我感动。我认为建筑要适配于自然,要和谐,要进入画境,要有一种惊奇之感。画是我最最亲密的朋友。"

在课余时间,齐康还跟着教音乐的顾天琢老师学了四年钢琴,老师常夸赞他弹琴时很潇洒,后来齐康曾在学校音乐会上弹奏著名乐曲《土耳其进行曲》。

中学时,金陵中学规定,每天下午两节课后,学生一律要到操场进行体育锻炼。齐康喜欢打篮球和乒乓球,"就我现在来讲,看电视我也非常喜欢看体育频道,虽然我自己体育不好,但我觉得体育锻炼也有好处。我总觉得一个人应该德智体全面发展"。

在美术、音乐和体育之外,齐康还热爱读书。从中国传统名著《三国演义》《水浒传》到外国经典著作《安娜·卡列尼娜》《战争与和平》,他都读得不亦乐乎。采访结束后,他步履蹒跚地走向另一间办公室,一开门,只见四周书架上摆满了书。"这些都是我看的书,什么类型的都有。"

谈起中学时的爱好,齐康颇为自豪,这些兴趣爱好也成为他后来学习建筑学必不可少的艺术熏陶。

说到当下中学教育,齐康摇头,连说了三个"不好","钱学森先生晚年时讲了一句话,'现在中国难以培养出人才',说得有道理。一个人要全面发展,不能专门只学功课,那样要把人'憋死掉'"。

"'中国式教育下难以培养好的学生',这怎么行呢?"在他看来,科学家也要懂艺术,"艺术的熏陶可以帮助打开科学思维之门"。

(雷宇、谢婷婷、李亚男,2015 年 9 月,东南大学齐康院士办公室)

齐康院士简介

齐康，1931年生于江苏南京。建筑学家、建筑教育家。

1949年7月，毕业于南京金陵中学，1952年毕业于南京大学工学院建筑系。院系调整后历任南京工学院（后改名东南大学）讲师、副教授、教授、副院长。现为东南大学建筑研究所所长、教授。

1993年被选为中国科学院院士。

毕业证书上的照片

1995年起担任中国国务院学位委员会委员职务。

1997年被选为法国建筑科学院外籍院士。

2001年以最高票数获选首届中国建筑界的最高奖"梁思成建筑奖"。

齐康擅长城市规划、城市设计与风景设计，是北京王府井百货大楼、人民英雄纪念碑、人民大会堂、毛主席纪念堂、北京图书馆的主要设计者之一，并担任南京长江大桥桥头堡、南京机场候机楼等设计的指导工作。

2003年其《现代城市设计理论及其方法》获教育部自然科学一等奖。著有论文《建筑创作的社会构成》《建筑意识观》《城市的文化特色》《城市的形态》等近百篇，出版《城市建筑》等专著近20本。

延伸阅读

媒体眼中的齐康

齐康原名齐毓康，祖籍浙江天台，1931年10月28日出生于南京的一个基督教家庭。齐家有兄弟姐妹6个，他是最小的，大姐、二姐都夭折了。

在他的记忆中，1937年，日军入侵南京。6岁的齐康跟着哥哥逃到老家天台避难。浙东山水的秀美与人民的苦难，给了幼时的他最强烈的刺激，这种感受也一直影响着他的审美和建筑创作。他最喜欢的画是米勒的《拾穗者》和列宾的《伏尔加河上的纤夫》，两幅作品都同时表现出劳动人民的苦难与宗教般肃穆深远的美感。在他后来的创作中，"侵华日军南京大屠杀遇难同胞纪念馆""南京雨花台革命烈士纪念馆"无疑秉承着这种美学品格。

齐康在天台农村上完了小学。很难想象，这位科学院院士的小学数学只考到46分。当他兴冲冲地把成绩告诉大哥时，大哥把他狠揍了一顿，他才知道60分算及格。这个阶段对齐康而言，最重要的事情是爱上了画画。

"一次画了张基督布道的临摹画，姨妈们看了都说好，我的兴致就更大，也更努力。在五年级上学期的图画比赛中，我得了第一，这是童年里最高兴的一天。画画成为我身心中最愉快的一件事，有时它能替代我的苦恼和孤寂。"

1942 年,齐康跟二哥坐在一个轿子里开始了回宁的旅途。到达上海码头时,日本军人用皮鞭抽打着旅客,催促他们下船。人群中发出痛苦的呼叫,两个 10 岁出头的孩子更是惊恐万分,他们在皮鞭的"啪——啪"声中,哭喊着"爸爸,爸爸"!齐康回忆起这一幕,说那是"亡国奴的地狱"。

回到南京,齐康住在金陵中学。由于身体不好,他在家自学了两年。父亲会教他一些古文,父亲的朋友还会指点他绘画,金陵中学的音乐老师教他钢琴。"自学的初中,我看了大量的书。回首少年时期,书是我最宝贵的,我开始不再感到孤独。同样,我仍是执着地喜欢画,它表现了这个世界,也反映了这个世界。有一幅画让我迷恋,画的是一个人坐在海边沉思,那优美的姿态,那浩瀚的海洋,画出一个未知的世界,也画出了人类的沉思。"

研究土木工程的父亲见他钟爱绘画,就教他用比例尺。齐康立即产生了浓厚的兴趣,他把家里的每个房间、楼上楼下都测了个遍。很快,他看懂了父亲画的图,也知道了建筑图中的平面。对于建筑最初的热爱,由此生发。

齐康认为这两年对他影响颇深,让他学会了自主学习,也极大地提高了自己的艺术修养。而少年时的孤独,让齐康有了更多思考的时间与空间,比同龄人多了几分成熟与自觉。

金陵中学当时被日本人改名叫同伦中学。1945 年 8 月 15 日,所有驻地日本军人都站在操场上举行投降仪式，齐康见证了这一大事件。然而，赶走了日本人，南京被汪伪政权接管，还是不太平。后来，汪精卫死在日本，被运回南京埋葬，他亲眼看到炮车拖着棺材到梅花山下葬。再后来，国民党又将墓地全部炸毁。几年后的一天，参加地下党活动的二哥偷偷跑回家里，轻声地跟他说："4 月，南京就要解放了。"

那一年，齐康 18 岁。战争的起灭，政权的更迭，历史一幕幕的兴衰，就这样在一个少年眼前上演。

1949 年，18 岁的齐康面临三种选择：一是上军政大学直接参加革命，跟二哥走一条路；二是学医，像姐姐、姐夫一样；三是学建筑，继承父业。他偏爱建筑，加之当时考南京大学建筑系不用考他厌恶的化学，所以选择了第三条路。

齐康以第 7 名的成绩考取了南京大学建筑系。当时的南大建筑系有杨廷宝、刘敦桢、童寯、张镛森、刘光华等 11 位当代建筑史上的杰出人物任教。学生只有 3 届，大三是潘谷西等 3 人、大二 6 人、大一 8 人（录取时 15 人），师生总共 20 多人。齐康说，他们班是非常幸运的，得到诸位大师手把手的指点。当时他们 3 届学生在一个教室里学习，老师指派高年级坐前面、低年级坐后面，这样低年级的学生走到座位时能看到高年级的作业。

大一的时候做测绘练习，测绘完成之后，杨廷宝要求学生在门柱内画一个 1.6~1.7 米高的人。他告诉学生，显示门口的大小是以人为尺度的，这是建筑审美中的"以人为本"。至今，齐康仍以这种理念教育着学生。即使现代建筑的结构、空间跨度、材料色泽变了，但本体的精神依然存在。

他坚持只有在人与建筑环境的比较中,才能获得整体的认知。

齐康在大三时第一次见到杨廷宝发脾气。他们班一个同学认为渲染太麻烦,干脆把背景涂黑。杨廷宝检查作业时大发雷霆:"你们这个班太不中用了,太不按规矩做作业,真没希望!"这个批评引起了全班的震动,大家一致表态要认真画好最后的"大建筑构图练习"。每个人都憋足了一股劲儿,好让老先生转变对他们的看法。为了画好这幅图,他们集体旷课,不去上微积分和物理。

当时,他们的学习环境不理想,学制也由4年缩短为3年。南京大学建筑系是全国第一个由中国人办的建筑系,在49级这个共8个人的班级中,诞生出齐康、钟训正、戴复东3位院士,6位教授、博导。

对要求进步的青年学子来说,那三年中最重要的考验是抗美援朝。全班都报名参军,齐康的母亲赶来学校跟杨廷宝说:"齐康年纪小,先天不足,后天失调,不宜参军。"这件事成为全班的笑柄。后来,国家号召给前线战士捐物资,母亲特意买了一双袜子让他去捐,齐康觉得没有自己脚上的厚,当即脱下自己的捐了出去。

20岁出头的齐康,就是这样赤诚、憨厚。

1952年7月,他加入了中国共产党。同年,他毕业留校担任助教。白天他做党的工作,晚上和假期他就拼命地画图、备课。他认为只有业务上做到最好,才是合格的党员。而每次遇到"上山下乡""下工地"之类的苦活儿,党委总是一致表决让齐康带队。对此,他从无怨言。但让他始料未及的是,"文革"中他成了最先被打倒的人。

就在一夜之间，贴出了40多张大字报，"打倒齐康"四个字铺满了校园。系里用作教学的石膏像成了"封资修"，通通被砸碎。齐康编的书也成了"反动教材"。"文革"期间，他被批斗、作为陪斗100多次，被抄家7次，被造反派打到耳膜穿孔，至今仍有听力障碍。

说到这些，齐康抓起稀疏的白发说："头发就是那个时候被揪坏的。"那年，齐康30多岁，正是年富力强的时候，却在南京大学中大院扫了整整3年的厕所。让他寒心的是，往日的朋友成了陌路。他自问："人为什么要这样？这真是人的本性？还是环境所迫？"

时隔50年，齐康这样描述他所经历的——

"运动一来，总是人人自危，人就像漂在漩涡中的落叶，让你搞不清怎么回事，常常是一会儿漂浮在水面，一会儿又被水卷下去，有的就这样看不见了，消失在另一世界。这让我想起一个儿童游戏，'找呀找，找到一个朋友'，唱着笑着围着一个人的凳子，当老师说停，大家就去抢那个空座位，总有一个找不到的，于是就让他站在那儿了。在人生的道路上又何尝不是如此，很多时候，你必须很紧张地对待这个世界，生怕找不到自己的位子。"

在对于世界与人的认知和描摹上，齐康像个文学家。

在中国近现代建筑发展史上，齐康处于承上启下的关键性位置。他的老师是中国现代建筑的开创者——刘敦桢、童寯、杨廷宝，与梁思成被誉为中国的"建筑四杰"，齐康直接受教于其中三位。所以，他除了要当好一名优秀的建筑师之外，还要思考学科的建设问题，如何继承传统、开拓创新。

从 1952 年留校算起，齐康在东南大学建筑系（前身南京大学、南京工学院）已经工作了 61 年。这期间有很多旁人看来很不错的调动机会，但齐康始终没有离开四牌楼 2 号——这个他最熟悉的地方。在他的生命轨迹中，建筑系不是一个驿站，而是整个征程。齐康在成就了学科的同时，也成就了自己。

（资料来源：《光明日报》2013 年 12 月 26 日）

一问一答

问：很多高考状元都奔着北大清华的经济管理专业，您怎么看这个现象？

齐：目前是一个经济时代，但真正刻苦学习的人不是很多。中国的教育有问题。现在学生普遍愿意跑到美国去学习，我经常跟他们讲，我做了两百多个工程，培养了50多个博士生、100多个硕士生，写了20多本书。在高等学府里，这算最好的老师，美国的麻省理工学院、哈佛大学也找不到这样的，不要舍近求远。

问：您怎么看中学时弹钢琴、读书的爱好？

齐：一个人要全面发展，要兼顾音乐、绘画、艺术。专门学功课，人容易憋坏。《安娜·卡列尼娜》《战争与和平》《三国演义》《水浒传》还有《徐霞客游记》这些经典，我在中学时都看过。这些书敞开了我的思维。小时候油头滑脑，中年人最怕俗气，老年人最怕僵化。但我现在没有僵化，得益于中学时阅读那些经典打下的基础。

问：您曾经提到，要善于自我启迪？

齐：第一做什么学什么，要自始至终。不要今天做这个，明天又想别的。第二要善于结合，做一件事情带动两件事，就能事半功倍。第三要刻苦学习。并非读很多书，而是要看几本经典。第四自我启迪，不要觉得自己不行，每个人都有思想火花，要随时抓住来发挥。我写的文章很多没有引言，常常是自己想出来的。

做学问要有热情，有了热情才能够专注。重要的成果往往需要3年、5年甚至10年才能够完成。

丘成桐院士：我从没放弃做大数学家的念头

重要的成果往往需要 3 年、5 年甚至 10 年才能够完成丘成桐直言不讳地告诉青年学子："记得我在你们这个年纪时，懂得的东西实在不多。"

20世纪60年代，香港的数学博士不过寥寥几人，图书馆收藏的数学书也不见得比一般的书店多。丘成桐看的数学书，大部分是国内版或托友人到台湾买来的盗版外文书，种类少得可怜，"但是，我从来没有放弃过做大数学家的念头"。

其时，丘成桐看了所有能够看到的数学书。而在他看来最重要的则是做了书中的所有习题，"这并不是课堂上老师要求的事情，我努力去做，一方面是出于兴趣，另一方面是知道要成为优秀的学者，必须将基础打好"。

尽管40年来自己每天都在学习，但丘成桐还是要承认，"在大学打下的基础是最重要的"。

他分享自己的经验：学习的过程，不可能是无往而不利的，最重要的是找出自己的弱点。而做习题正是找出自己弱点的门路。

听课、发问和与同学交流也非常重要。

在大学时，丘成桐的数学水平已远超同辈人，但是他发现和同学交流的好处很大："我给同学解释课题时，经常发现自己还未理解清楚的地方，由此温故知新，得益不少。即使到了今天，有时在给学生讲解的一瞬间，往往灵光一闪，找到新的想法，解决了一些难题。"

丘成桐认为，做学问，尤其是有深度的学问，不是靠一时的冲动就可以完成的。

他特别告诫青年一代，"故事或电影里某人灵机一动，解决了重要的问题，完成了一些前无古人、后无来者的学问"的故事只是个童话，"这些事情历史上从没有发生过，我也不相信以后会有"。

"我们还是本科生，很多学问都没有学过，你凭什么说10年内我们会对科技有重要的贡献？"对于这样的疑问，丘成桐的回答是，"那是因为你们太小看自己了"。

丘成桐说，只要把基础打好，技术熟练后，很快就可以海阔天空地去闯、去创新了。"回顾历史，大部分科学上的突破，都是在科学家30岁以前完成的。"

要懂得做好学问，必须了解科学发展的过程。

丘成桐鼓励青年学子多读名人传记，了解著名学者如何学习、克服挫折和开拓新的方向。

"我的专业虽是数学，但在阅读其他学科名家的成功经验时，也会深受启发。"丘成桐说。

丘成桐曾经读过詹姆斯·沃森写的一本书，书中描述他与弗朗西斯·克里克发现DNA结构的一段故事。

两人为了研究生物的基本结构，三年间完成了20世纪其中一个最伟大的科学杰作。当时詹姆斯·沃森才20岁出头，他的基础虽然很好，但是成功的主要原因是靠无比的专注和热情，深信可以攀登生物学的高峰，完成人类有史以来最重要的一项工作之一。

他找到一个好拍档，那就是弗朗西斯·克里克。他们合作期间，曾遇上停滞不前的低潮，但他们并没有放弃，通过学习并利用同行最新的结果，终于比竞争对手早一步测定了 DNA 的结构。

丘成桐从沃森的故事中总结了三点：

年轻人要有充实的基础知识。一旦碰到重要问题时，能有足够的工具来解决它。即使工具不够，也懂得找合适的学者合作。克里克就是沃森的合作者，他们的知识是互补的。

做学问要有热情，有了热情才能够专注。重要的成果往往需要 3 年、5 年甚至 10 年才能够完成。

找到正确的方向，做重要的问题。决定后便勇往直前，义无反顾。

（叶铁桥、雷宇、陈熹，2011 年 12 月，丘成桐院士清华大学办公室）

丘成桐院士
简　介

丘成桐（Shing-Tung Yau），美籍华人，哈佛大学终身教授。原籍广东省蕉岭县文福镇。1949年出生于广东汕头，同年随父母移居香港。22岁获得美国伯克莱加州大学博士学位，28岁成为美国斯坦福大学教授。

34岁，荣获世界数学领域的"诺贝尔奖"——"菲尔兹奖"。

45岁，当选为中国科学院首批外籍院士。

1969 年毕业于香港中文大学崇基学院数学系，1993 年被选为美国科学院院士，1994 年成为中国科学院首批外籍院士。目前担任香港中文大学博文讲座教授兼数学科学研究所所长、清华大学丘成桐数学科学中心主任。

丘成桐证明了卡拉比猜想，以他的名字命名的卡拉比－丘流形，是物理学中弦理论的基本概念，对微分几何和数学物理的发展作出了重要贡献。

丘成桐囊括了菲尔兹奖（1982）、克拉福德奖（1994）、沃尔夫奖（2010）等奖项，特别是在 1982 年度荣获最高数学奖菲尔兹奖，是第一位获得这项被称为"数学界的诺贝尔奖"的华人，也是继陈省身后第二位获得沃尔夫数学奖的华人。

延伸阅读

用兴趣感受数学之美

丘成桐还清晰地记得,从小学5年级开始,父亲就要求他背诵古文、诗词与古典小说。对于父亲的教导,丘成桐现在回想起来仍感激不尽:"我深受中国古典文学影响,从《诗经》中,看到了比兴方法对于寻找数学方向的重要性;吟诵《楚辞》,激起我对数学的热情。"

刻在丘成桐脑海里并经常闪现的,是当年父亲让学生到家里讨论希腊哲学的场景。虽然哲学与数学似无直接关联,但也是从那时起,丘成桐领悟到"对真理和美的无条件追求"乃人生一大乐事。喜欢研读史学名著,不仅在于它的文字优美、音调铿锵,还因为它们叙事求真,史观独特。丘成桐心里豁然明白,这些史学大师驻足俯视整个历史的风范,刚好与大科学家探寻宇宙之奥秘遥相呼应。

丘成桐喜欢读书,并且爱读数学之外的书。他常讲:"我常看一些难懂的书,当时虽然不懂,读过后也忘了书中的内容,后来过了几年,回想起来,仍然觉得很有帮助。"

丘成桐从来不承认自己是天才,在学习中也会碰到许多不同的困难,这点,他在不同场合直言不讳。他的同事、清华大学数学班项目主任郑绍远教授可以见证，丘成桐为了一个求解的难题，与教授们一起通宵达旦、夜以继日地工作，是常有的事情。经常熬夜，成千上万遍地演算与推理，对丘成桐来说是司空见惯了。

正是这种求真的精神，激发着丘成桐勇往直前，永不言弃。"数学家要追求一个好的命题，就如同年轻人对爱情的追慕一样，朝思暮想。"

"在教育方面，我觉得让学生学会独立思考，以及拥有应对艰难情况的能力极为重要。学生应该主动学习丰富的知识，而教师应该尽量为他们创造良好的学习与咨询的环境。"在香港中文大学，做教师的丘成桐每周都组织约9个小时的讨论，要求学生阅读一些可能与他们的学业并不直接相关的文章，包括一些超过他们当时学业水平的高深内容。在丘成桐看来，只有读懂了这些精深的文章，学生们对数学的学习才会有质的飞跃。

1982年，风华正茂的丘成桐34岁，就获得了数学领域的最高奖项"菲尔兹奖"，成为第一个获此殊荣的华人数学家。用他自己的话说："当遇到'卡拉比猜想'后，我就像是见到了美丽的天使，对它一见钟情。"丘成桐系统地创建和发展流形上的非线性分析，并将梯度估计技术发挥到极致，终于找到了破解"猜想"的钥匙。那年的圣诞节，卡拉比、丘成桐和尼伦伯格一起在纽约的研究所度过，整天讨论的内容都是这个证明之旅。卡拉比猜想，终于又成了卡丘定理（Calabi-Yau定理）！

中间历经的艰辛，无人知晓，但丘成桐却用"数学之美"作了最好的诠释。

"我对数学的兴趣，源于人类智能足以参悟自然的欣喜。"刚刚开始学习数学时，丘成桐觉得能做出基本的数学习题就很开心；但到中学后，当学会一道题可有不同求解时，喜悦万分；当更深入地走进数学领域，眼界逐渐开阔时，竟然感受到了数学的无穷魅力。

"我把遇到的难题与挑战一一解开时，那种喜悦是无与伦比的。"

"数学美感的获得，正是数学家以经年累月的苦思、单调乏味的运算为代价的。经历过失败和错误之后，就在那一刹那，茅塞顿开了。"

教数学不是简单地教一门学科，而是要在教与学中，发现它的内在美。生活中的许多自然现象都可以用数学语言去描述，如水波、云彩的飘动，甚至小小的肥皂泡。丘成桐，这么大名鼎鼎的数学家，竟然研究过那些小小的、不经意的肥皂泡。有人觉得不可思议，但他却觉得"很有趣，特别是它在即将破灭的一刹那，很美丽，它的波形就包含着很深奥的数学原理"。

因此，丘成桐说，数学本身是多姿多彩的，它是一门美的科学。为了培养中小学生对数学的美感，丘成桐在讲授数学课时，总是会给学生讲一些数学家的故事，让他们了解更多"风雨之后见彩虹"的经历；只有感兴趣才能迷上数学学科，才能真正感受与发现数学本身的美。

为了培养学生的数学气质，丘成桐觉得从小进行综合素质的教育非常重要。对于中小学生而言，他以在西方接受教育的经历，认为语文、数学、写作是三门最重要的功课。语言训练有助于提升孩子的表达能力，能在课堂上、活动中自由表达想法和发表意见；数学学习有助于培养推理的能力，这是最有效的逻辑训练；还要有写作的能力，有助于让语言和文字的技巧得到良好的训练。

兴趣、好奇心、洞察力、实干，丘成桐认为，人才成长的过程就是奋斗的过程。

（资料来源：《中国教师报》，2015年04月07日，作者：吴绍芬）

一问一答

丘成桐这位华人数学家中唯一获得过菲尔兹奖（素有数学诺贝尔奖之称）的著名学者，经常直言不讳地批评国内科研界的问题。"我的批评都是为了让中国科研，无论是环境还是制度都能变得更好"。

采访是在他担任主任的清华大学数学科学中心进行的，记者看到，他的办公室里摆满了纸箱子，编号从1一直到80多号，这些箱子里装满了丘先生从美国运回的藏书，占了他藏书的一半。

记者问："您把藏书都运回了国内，是要全职回国吗？"他未置可否地笑了笑："那要看环境怎么样。"

中国最好的学生与美国最好的学生相比，在学科准备上有一段差距

问：这些年您一直在做大学生数学竞赛，能否介绍下具体情况？

丘：我们这几年搞了一个"丘成桐大学生数学竞赛"，第一年考的时候，很多学生水平不行，第二年改进了很多。我们不考刁难的题目，基本上是美国博士资格考试的水平。让我吓一跳的是，有些名校一个学生都没考上。因为这些名校吃老本，考试一下就露出底了。

我们有50多位教授参加组织和出题，组织这场竞赛完全是义务劳动，竞赛到目前为止办了两年，虽然得到政府认可，却没有要求政府拨一分钱，全部都是我们自己找的经费。我觉得竞赛的效果很好，因为很多高校知道要调整自己的教学内容了，一考试就知道学生水平比不上人家嘛。

问：在我们的印象中，中国学生的数学水平是最好的，怎么会比不上人家？

丘：在哈佛大学，某一年有9个来自不同国家的学生参加我们数学专业的博士资格考试，满分160分，有7个学生考分在130至140分之间，唯独两个中国学生只考了80多分。这还是中国最好的学生。

中国学生在数学上的准备比不上人家。清华有个学生跟着我，刚来的时候，觉得博士生资格考试很困难，经过努力，现在成绩不错了。这表示其实中国学生的基本功并没有那么好。举例来说，中国高中不怎么教微积分，为什么不教？因为高考考得少或者不考。然而，微积分是文艺复兴和科技革命以来最伟大的创造，牛顿靠微积分成就了牛顿力学，大部分科学上的成就也都需用到微积分。

经常能听到某些媒体说，美国很多人连加减乘除都不会。美国的高中生可能会有一部分学生的加减乘除没学好，但总不能专找美国最差的学生和中国学生比较，干吗不找他们优秀的学生来进行比较？

所以，之前有报道说中国学生出去留学数学是最牛的，这是片面的。中国最好的学生与美国最好的学生相比，在学科准备上有一段差距。

问：基础培养特别重要。

丘：我在国内见到不少应用数学家有这样的毛病：基本功夫不够坚实，却大谈交叉学科的重要性。这样做反而把本来应当发展的基础学科也耽误了，正所谓"画虎不成反类犬"。21世纪的知识突飞猛进，跨学科的知识更是如此。事实上，大部分创新的科学都是在不同学科的融合中擦出火花产生的。

很多人都同意这个看法，但却忘记了一个重要的事情，就是有能力融合不同学科的学者，其能力和知识水平都要跟这些不同学科的专家相当，即使在某方面的知识跟不上，他也要能理解问题的困难所在，能找合适的专家求教。而能满足这些条件的科学家实在不多。

中国有不少学者只注重科学的应用，而不愿意在基础科学上下功夫，这是非常肤浅的。事实上，从工业革命以来科技的每次突破无不源自基础科学的发展。对基础科学认识不够深入，只满足于应用而沾沾自喜，终究是尾随人后、依样画葫芦罢了。年轻人做学问，务必要踏实，将基础学科学好。

国内的好文章数量太少了

问：前段时间，有研究机构发布我国国际论文的数量指标，数据显示我们在全球上升的速度很快，但引用率不高。有观点认为，我们论文把量做足了，质量就会慢慢上去？

丘：这个论点显然是不科学的。现在看来，中国的博士全世界最多，哈佛大学去年毕业 300 个博士，对比这 300 个博士的论文水准，也许中国很多高校的博士论文加起来都不见得比这 300 个博士的论文好。

创造一定要靠"质"而不是靠"量"。也许好的杂志会登你的文章，但不代表你的文章就是杂志中最好的。真正的好文章会影响很久的，文章好不好，要等过了十年八年才会显现出来。不要看发表时的状况，要看五年十年后的引用率，且排除自己引用的部分。这样来看，国内的好文章数量太少了。所以我们只顾着把量做足很难有质的提高。

我觉得，只有求真求美，一心一意追求大自然的真理，摒弃形式主义的东西，才可能在做学问上有所提高。

问：怎么理解求真求美？

丘：学风一定要改正。现在中国学术界有造假的风气，真假不分的话学问怎么做啊？学问在真知面前，在所有力量面前都是不变的。伽利略在教皇面前说："就算你惩罚我地球还是在转动的，地球还是在围绕太阳转动的，你无论怎么惩罚我，还是有那么一个真理存在的。"可惜现在一些学者不能讲真话不敢讲真话，名人、权威或领导讲了一句话，反而成了"真理"。

真正想做学问的人，不要只想着做院士、当领导，为了学问而做学问，终究会成功。我常跟年轻的朋友们强调，学问做好了，肯定有出头的时候。遗憾的是很多年轻人不愿努力几年以后才得到赏识，他们只愿意看到眼前的利益。

79

问：您有什么建议？

丘：其实只要领导不要急功近利，真正想做一些好的研究，就会有一群人为做学问而做学问的。

现在做学问的人都是为了某种目的，比如说为了自己的名利，甚至为了学校和国家的声誉，这样做学问不大可能做得特别好。年轻人做学问，还是需要有一些是出于对大自然的好奇。

爱因斯坦做相对论的工作是第一次世界大战的时候，他的研究对枪炮和火车都没好处。量子力学做出来的时候，在当时什么用都没有，只是个哲学的观点。到后来我们才认识到它们都是最重要的工作。

因好奇而沉浸到一个地步才能做好学问，中国应当创造条件让一批人为做学问而做学问，应该鼓励这种人。

问：您在很多演讲中，都说把中国科技发展希望寄托在青年身上，但很多人认为今天中国的年轻人很浮躁，您怎么看？

丘：学生浮躁的主要原因是学校环境不好，社会舆论也没有引导好。无论是学校的教师，还是政府官员，甚至包括媒体，都营造了一种不好的风气。在学风和社会风气的影响下，一些聪明能干的大学生只想着赚钱，不想继续在学问上下功夫。有能力的学生大多数都奔着学金融去了，没有人想留下来做一些基础工作。

国家这么大，如果年轻学生都只想着捞一笔是绝对不行的，还是需要有好好做学问的学生。

美国之所以强大，是因为美国年轻人挣钱归挣钱，但总还有一批年轻人愿意全心全力去做学术，不去想挣钱的事。年轻人学问做好了，总会有出头的时候，做好了学问也不是不能名利双收，只是看青年朋友们耐不耐得住这种寂寞，有没有挑战的精神。

总的来说，我有信心看到大批年轻人带领我们国家科技取得大进步，但国家需要保护他们，让他们发挥他们的长处。

如果说我在学术上还取得了一些成就，我还真要感谢六年精彩的中学时代的奠基。

两院院士李德仁：
青年一代要敢于提问敢于质疑

青年人努力的方向是"读书、思维、创新、改革"

在江苏省泰州中学的校园里，有一个古老的书院，书院里长着一棵八百多岁的银杏树，李德仁每次回到母校，总要在这棵银杏树下拍张照片。

这位湖北省唯一的两院院士，从中学课外兴趣小组得到测量学的启蒙，误打误撞跨进武汉测绘学院大门，从此开始了近60年的测绘生涯。在以他为首的科学家团体的努力下，中国测绘科学与美德并驾齐驱，三足鼎立。

回望漫漫人生路，他依旧感怀在泰州中学求学的日子，难忘银杏树下的美好时光，难忘当年校园里"老师爱学生、学生尊老师的和谐气息"。

多年后，他在一篇回忆母校的文章中这样写道："如果说我在学术上还取得了一些成就，我还真要感谢六年精彩的中学时代的奠基。"

"中学是最好的时光"

李德仁出生在江苏省泰县溱潼镇，家里世代经商，曾出过几任地方商会会长。殷实之家，家教甚严，"'孝德永彰'的牌匾一直在家里挂着"。

1951年秋天，11岁的李德仁小学毕业，母亲带着他坐了一个小时的汽船到地区的泰州中学参加小升初考试。此后的六年中学时光，李德仁都在这所有着千年书院传承的江苏名校度过。由于上学比别人早，初进中学的李德仁瘦瘦小小，个子只有一米五几，第一次离开家时，李德仁望着母亲离开的背影，"还哭了鼻子"。

令李德仁开心的是，住校生活并没有想象中那么痛苦。

城里的老大娘帮孩子们洗衣服，高年级学生在早晨为低年级的同学分发洗脸热水,"一瓢水小部分落在漱口杯里,大半落在脸盆中",每天上午10点钟,食堂的师傅将热豆浆送到教室分发给每个学生。

班主任徐老师管理着李德仁每月五角的零花钱,"这五角钱可有大用处,五分钱的花生米,配上两块油炸臭豆腐,物理老师告诉我们,那就是外国人吃的奶酪的味道"。

一个班里坐着几十个孩子,吃饱了以后就开始挤着堆儿学习。一个很亮很亮的灯泡吊在天花板上,一群孩子在老师的监督下开始晚修,"大家都在一起,很守纪律,会做的帮不会做的同学,互相帮助"。

李德仁功课向来很好,当过班长、团支部书记,做过数理化的课代表,但这也无法掩盖少年时代的淘气,有时晚自习还没上完,他提前完成了作业,就溜回宿舍和同学聊天,拉胡琴,抄歌谱。

课余时间,打羽毛球、乒乓球,踢小皮球是经常性的活动,学校附近一家新建的电影院也是他时常光顾的地方。

高三那年,祖籍泰州的京剧大师梅兰芳先生率夫人和幼子梅葆玖及其京剧团回乡省亲在家乡演出,李德仁甚至跑上街连续看完五场演出。

"我的孙子、孙女就没有这个福气了",李德仁感慨,看到孙子孙女每天面对无数的作业和参考资料,虽然生活条件好了,却一点也不比从前快乐。

"过早地将孩子们推向竞争的角斗场,对孩子们真的好吗?"李德仁难以忘怀中学时代的多彩生活,他很想让孙子孙女拥有像自己那样的中学时光,但也有些无可奈何:"你不学别人在学,你就掉队了,高考指挥棒影响

85

力这么大,家长哪个不'望子成龙'呢?"

"好老师没有标准答案"

清贫但愉快的中学时代,李德仁学得游刃有余,"因为中学时的老师水平都特别高"。

在那个年代,地理老师是走过国内外将近 100 个城市的"活地图",上课像在讲故事,不知不觉就下课了,李德仁至今记得老师当时用了三句话描述贵州,"'地无三里平,天无三日晴,人无三两银',太生动了"。

现在孩子们都很头疼学英语,但是在李德仁的中学阶段,枯燥乏味的英文学习却充满了乐趣:"老师会画一个'井'字格,在任意一个位置填一个字母,像填字游戏一样,看我们谁能组出的单词更多。"

其时,学校的老师面对苏联专家错将银杏树介绍为白果树的故事一度成为激励意气风发的少年们学好英语的动力。

尽管高中就改学俄语,但就靠着三年初中打下的基础和后来的自学,在如今的课堂上,李德仁仍能用流利的英语为留学生讲课。

除了课堂学习,他参加了许多兴趣小组,数学课外活动小组和化学课外活动小组是他的最爱。

叶凤梧是李德仁的数学老师,他亲自带领学生用小平板仪测量学校旁边一座颇有来历的小山的高度。"这也许就是我后来学测绘遥感的一种启蒙吧!"

化学老师朱广鉴是江苏名师，李德仁跟着他做实验，自己亲手做过酒精、肥皂和烫金边的扑克牌。把课堂的知识运用到实践中，是当时毛主席提倡的学习方法，他们乐此不疲地投入其中。

回首过往，在李德仁看来，亲自动手参与和生动的教学正是让中学时代的自己对学习、对科研产生了强烈兴趣的源头。

感佩当年的好老师之外，当年的"口试"形式在今天中学的消失则让他遗憾不已。

李德仁记得这样一个故事：有个小孩做题没得到一百分，原因是有道填空题："我家的窗前有一片（　　）"，答案是草地，小孩填的是草坪，扣了一分。这个小孩就问他爷爷，为什么草坪就没分，草地就有分？"其实这个小孩聪明啊，我家院子前面就是块草坪。但是老师就认定标准答案是草地。"

"现代考试太机械化了，笔试缺陷很多，统一的答案扼杀了学生个性化创造思维。"李德仁叹息。

他至今记得当时从苏联引入的"口试"考核的情景：一道题目，三个学生吵翻天，最后老师说你这个好在哪，你这个好在哪，你这个好在哪，再讨论答案，"学生的兴趣就调动起来了"。

"一个好老师千万不要有统一的答案，要留些题目给学生自己创造的空间。"李德仁说。

87

"青年一代要敢于质疑"

学业之外，李德仁最大的兴趣是读书。

今天，电脑、手机等新媒体的阅读方式在青少年中风靡，但是李德仁从不担心电子书对纸质书的威胁。

20世纪50年代的校园，甚至没有电视和广播，主要的休闲方式就是看小说、连环画，"《红楼梦》《儒林外史》我都看了很多遍"。

李德仁渐渐开始广泛涉猎，看过大把大把的"野书"，借了还、还了借，甚至一度拥有十几个借书证。"书上记录的都是前人、古人的文化知识，它能保留下来就说明是些好东西，特别是人类科学文化的结晶，都写在书上。"

伴随着读书之路，敢于质疑的精神一直如影随形。"我读书时胆子大，爱提问，常把自己对名家著作的质疑写成读书心得，到处寻找老师求解。"

他曾在老师自己命题的试卷上发现了错误："假分数的定义，分子大于等于分母就是假分数，但是卷子上写的是大于，没有等于。"

大胆的质疑让李德仁在那次卷面满分100分的试卷上获得了一个终身难忘的分数——103分。

大四时，他发现苏联专家撰写的教科书上公式有问题，写了好几篇文章。当时的测绘学院院长王之卓教授看到了他的文章，写了很多批注，还把李德仁叫到家中详谈。

半个世纪过去，李德仁仍清楚记得当时的情景："谈话从下午5点开始，既深入重点又天马行空，浑然不觉天色已晚。师母多次请我们到餐厅吃饭，被兴致正浓的王老一推再推，直到晚上9点。"

正是这样的质疑和认可让他不断成长。

李德仁博士毕业那年，就提出用包括误差可发现性和可区分性在内的基于两个多维备选假设的扩展的可靠性理论来处理测量误差，科学地"解决了测量学上一个百年未解难题"。今天，全世界都在用李德仁的理论去矫正自己的航测平差系统。

而今，"鼓励学生对前人的知识质疑，对模型公式进行分析，寻找毛病"已经成为李德仁培养学生的"密门武器"。

"不迷信书本，不迷信父母，不迷信老师。"李德仁这样告诫青年一代。

有段时间，与年轻人交流时，李德仁常常如是寄语："成功在于坚持不懈地努力。"后来，学生追问他到底应该如何努力，李德仁以自己的经历现身说法，总结出这样八个字："读书、思维、创新、改革"。

在李德仁看来，读书与思维是科学家的两大特点。有了读书和思考的功底，创新才有源头，而不是凭空想象。

"读书和思考之后你才能发现还有哪个问题没有解决，才会有创新。"他鼓励学生在大量阅读的基础上去思考去创新，而创新就是一个想法，也可能是一个新概念、新理论、新观点，所以创新之后就一定要实践，"读书、思维、创新、改革，这就是年轻人应该努力的方向"。

多年来，循着这样的路径，他所在团队先后培养了一名中科院院士、一名工程院院士、7名长江学者、3名国家杰出青年、5名973首席科学家。

"总说中国创新人才不够，这是为什么？"李德仁说，问题出在培养机制上，沉重的课业压力与死板的教育机制，绑住了中国孩子的创造力，"多给学生一点空间，能够发现更多的好学生"。

（雷宇、张晗、谢婷婷，2015年7月，武汉大学李德仁院士办公室）

李德仁院士简介

李德仁，1939年出生，江苏泰县人。摄影测量与遥感学家，武汉大学教授、博导。1991年当选中国科学院院士，1994年当选中国工程院院士。

1963年毕业于武汉测绘学院，1981年获该校硕士学位，1985年获联邦德国斯图加特大学博士学位。2008年获苏黎世联邦理工大学名誉博士。1988年度国家级有突出贡献专家。

历任武汉测绘科技大学校长，武汉大学学术委员会主任、测绘遥感信息工程国家重点实验室主任、学术委员会主任，湖北省科协副主席，国务院

1967年，李德仁与朱宜萱新婚留影

学位委员会学科评议组成员，国家"973"专家顾问组成员，中国科学院地学部常委、副主任，中国博士后管委会专家委员会成员，国家遥感中心专家组成员，中国图象图形学会副理事长，中国GIS协会顾问，中国测绘学会理事长，中国地理学会环境遥感分会理事长，亚洲GIS协会创会会长，国际摄影测量与遥感学会第三、六专业委员会主席，国际欧亚科学院院士。

长期从事遥感、全球卫星定位和地理信息系统为代表的地球空间信息学的教学与研究，曾提出可靠性和可区分理论处理测量误差，"解决了测量学一个百年来的问题"，30项成果分别获国家科技进步二等奖及省部级奖、全国优秀教材奖、全国优秀教学成果奖、德国"汉莎航空测量奖"，1999年获何梁何利基金科学与技术进步奖；发表论文620多篇，出版专著10部、译著1部，主编著作7部；独自与合作培养博士后10多名、博士研究生120名、硕士研究生80多名。

> 延伸阅读

李德仁忆中学时代

如果说我在学术上还取得了一些成就,我还真要感谢六年精彩的中学时代的奠基。

1951年秋天,我才11周岁,因家乡溱潼镇没有中学,便只身一人考入江苏省泰州中学。记得妈妈坐船送我到省泰州中学住宿部,那天,我望着妈妈远去的背影,久久不能平静。就这样我在省泰州中学整整学习了六年,读完初中和高中,完成了人生教育中的一段难以忘却的重要历程。

我的母校——江苏省泰州中学是一所历史悠久、文化底蕴深厚,具有优良的办学传统和辉煌的办学业绩的百年名校,学校素以校风纯朴平实、办学品位高雅而著称于世。当年的老校址位于泰州城西郊的小泰山脚下。一千年前,北宋著名教育家胡瑗在这块土地上创办安定书院,培养了许多历史上有名的政治家、军事家、文学家、教育家。一百年前,泰州中学在这里诞生。校园内有历经风霜的古树名木、雅致宁静的安定书院,还有古朴庄重的新四军东进泰州谈判纪念处,充满浓郁人文气息的校园让莘莘学子乐不思蜀。胡瑗"致天下之治者在人才,成天下之才者在教化,教化之所本者在学校"的至理名言影响着一代代泰中人。学校"团结、进取、勤奋、求实"的校风和

"好学、善思、致用"的学风让我们这些泰中学子很受教益。

据说小泰山是当年岳飞抗击金兵时用做饭的锅巴铺成的，使金兵不战而退，后人为纪念岳飞将军便在泰山上修建了岳飞庙。抗日战争和解放战争中这里又是新四军陈毅部队活动的中心，新中国成立后建成了革命烈士陵园。每当清早晨读和课余活动之时，同学们步入小泰山岳飞庙和山下的革命烈士公墓、森林公园中，浓厚的民族自尊、为国家解放奋勇战斗和为我中华而自强不息的精神无时无刻不在教育着我们这群青少年学子。

记得初中时我年纪小，我们的班主任徐老师（教几何学）帮我们管零花钱，安排城里的老大娘帮我们洗衣服，高年级学生在早晨为我们分发洗脸热水。每天上午10点钟，食堂的师傅将热豆浆送到教室分发给每个学生。整个学校充满着老师爱生、学生尊师的和谐气息。

到了高中阶段，学校非常重视学生综合素质的提升和个性特长的培养，课余生活丰富多彩，十分活跃。我当时先后参加了数学课外活动小组和化学课外活动小组。在数学小组里叶凤梧老师组织我们不仅做了大量的数学竞赛题，还亲自动手用小平板仪测量了小泰山的高度，这也许就是我后来学测绘遥感的一种启蒙吧！在化学兴趣小组，朱广鉴老师（我们班主任）不仅带我们参观泰州面粉厂等多家工厂，还在实验室做出肥皂和塑料纽扣。汤一楠老师教我们画法几何时，带全班学生用泥土和马类纸制成各种几何结构模型，如四面体、圆锥体、圆柱体、球体及它们与平面和直线的相交与切割等。就连英文学习，老师也教我们用井字形填字母方法做拼字游戏，通过实践活动和趣味教学，我们的学习变得十分轻松有趣。

我记得语文老师张文林老先生，他要我们把作文做大做活，我们经常模仿着20世纪50年代流传的苏联抗战和中国抗日战争的长篇小说，在作文中写出几十页长的习作。张老师喜欢做作文点评，我们高三（2）班郁兴志同学（后来是我国驻伊拉克和沙特特命全权大使）写了一篇《春假回乡帮父亲挑粪下田》的作文，从亲身劳动中悟出了大粪从臭到香的变化，至今令我难忘。

我还记得1956年3月，祖籍泰州的京剧艺术大师梅兰芳先生率夫人和幼子梅葆玖及其京剧团回乡省亲时，从我们学校经过到烈士陵园献花圈的情景，我们上街夹道欢迎并享受了艺术大师在家乡对父老的五场演出。后来我参加第九届全国政协大会，还与梅葆玖先生回忆起当年的故事，作为中学生能享受如此文化大餐，也是终身之幸事。

我离开江苏省泰州中学已经50年了，但我始终感谢和怀念我的母校，祝愿她在培养新世纪人才的道路上取得更大的成就，使这座百年老校永葆青春，成为我国青少年人才培养的摇篮。

（李德仁）

一问一答

问：今天的中学生大量地从新媒体获取信息，甚至可以说，他们认为知识就是网络、手机，您认可这样的一种方式吗？

李：电视作为一种介质，是对原有知识来源的补充，而不是取代知识本身，比如我去旅行，爬到山顶，那儿没有 Wi-Fi，电视是看不了的，但书还可以看。书有一个好处，在翻阅一百多页以后，如果需要反复推敲、对比前后的内容，马上就可以翻回第一页。书是现代数字媒体不可取代的。

问：在中学阶段，包括大学阶段，文学阅读对于您后来的科学工作有什么好处？

李：文学作品有一个基本特征，它是有情景的，有一个克服重重困难最后走向成功的过程。从这个过程中我们了解到，社会的进步不是直线的，是曲折地前进。我们做人做事也是这样，难免遇到困难、困惑和问题。文学作品读得多了，就能领会其中的精神，胜不骄败不馁，不屈不挠才能成功。

哲学社会科学是人类创造的智慧结晶，指引所有自然科学、社会科学的发展。我始终很喜欢马克思主义哲学，即辩证唯物主义和历史唯物主义。毛主席提过矛盾是事物对立统一的规律，科学也是一样的。往往解决了一个问题，高兴之余又发现了新问题，也有可能山穷水尽疑无路，一时解决不了，这就是"学无止境"。

很多中国小说都表达了这个概念。《西游记》中上西天取经经历了一路艰难磨炼。《水浒传》里的一百零八个好汉在诬陷中被逼上梁山，看了这些我们就应明白，人对待生活，对待科学研究，都是在磨难中增强解决问题的能力。

问：您挑战过老师吗？

李：我不止一次挑战过老师。第一次是在小学时期，我一直清楚地记得那道考试题目，什么叫真分数，什么叫假分数。老师的答案是：分母大于分子是真分数，分子大于分母是假分数。我说分子大于等于分母是假分数，就多加了一个等于号，那位老师给了我103分，因为我纠正了他的标点。

问：在您中学阶段有没有遇到因材施教的例子？

李：有。（20世纪）60年代大学时班级比较多，教授讲课、三个辅导老师，一个辅导老师管一个班，老师下宿舍。现在大学除了教学以外，科研任务加重，通常写个稿子写到九稿才能拿到钱，拿到钱后还没缓过来，新的任务又来了。应试的教条烦琐的教研任务把老师压得喘不过气。

年轻人要做好一切准备，等待机遇。在等待机遇的过程中，正视自己遭遇的挫折。

傅廷栋院士：智商情商之外还要有『逆商』

从小镇上的中专生到中国工程院院士

从战火纷飞的童年到学习、工作几十年一路艰辛走来，77岁的傅廷栋院士多少有些忧心今天独生子女一代的"逆商""遇到一点挫折就怨天尤人，今后该如何面对人生中无处不在的困难和挑战呢？"

在傅廷栋看来，"逆商"代表着逆境条件下克服困难的能力，"逆商"高，易成大事。"现在有些年轻人'智商''情商'都不错，但受了一点批评、挫折，就想不通，'逆商'太低！"

中学时独自求学、开地种红薯、点煤油灯看书的场景，半个多世纪后回想，傅廷栋仍觉历历在目。

正是少年时代艰苦的条件，培养了他"愈挫愈勇"的品质。忆及往事，傅廷栋颇为感慨："经历过艰苦的环境，才知道机会的来之不易。"

很多场合，傅廷栋也乐于和年轻人分享他的座右铭："机会，总是留给有准备的人。"

他自己从小镇上的中专生，成长为中国工程院院士、第三世界科学院（TWAS，现称发展中国家科学院）院士的励志故事，恰好为此写下注脚。

从中专开始与农业结缘

1938年，傅廷栋出生在广东省郁南县一个小乡村。生逢乱世，抗日战争期间，傅廷栋5岁那年，父母就双双离开了人世。此后，他跟着叔叔、堂兄一起生活。

这个没有父母的孩子从小透着一股聪明劲儿，大人下象棋，趴在一边看很快就能学会。到二年级时，在学校里下棋，连爱下棋的校长都不是他的对手。

1944年，正是二年级的暑假，日本侵略军打到傅廷栋家乡，他和家人逃到山里躲进山洞，大半年后日本人投降，傅廷栋才回校继续学业。

五年级时，他跨级跑去考初中，考试报名费是一斤鸭子的钱，家里人说："如果考不上就当作送一斤鸭子给别人吃了吧！"

幸运的是，他通过了升学考试，从此在连滩镇的郁南县第五初级中学开始自己三年的中学生活。

中华人民共和国成立前的学校，条件很差。学校里没有电灯，晚自习时，每个同学自带一盏煤油灯来，摇曳的灯光恰似万家灯火，温暖着傅廷栋的少年记忆。

学校有个小图书馆，但是里面的书不多，好不容易有了一套《水浒传》，同学们都抢着看。"前面坐着几个人，后面站着一排，同看一本《水浒传》，一边看一边问'看完了没''看完了！''翻'。"傅廷栋在桌前摊开双手，模仿起当年看书的壮观场面。

初中毕业时，因为当时的师范学校不收学费还能提供生活费，他和另一个同学决定参加肇庆师范的招考，两个十三四岁的小孩走了整整一天，才到达考点——当时的罗定县，又累又饿，却被告知考试改期了。

把罗定中学教室里的课桌拼起来睡了一晚，两人带着沮丧回到了家乡。无奈之下，傅廷栋和那位同学只有报考了本镇同样不收学费的农业中专喜泉农校。随后，他以第二名的成绩被录取。

不久，农校从镇上搬迁到肇庆市，同学们一起把课桌、板凳连同磨豆腐的石磨盘一起搬上八只木船，100多位师生和工人，划了两天，到达新校址肇庆鼎湖。

1952年刚到肇庆时，学校伙食有限，正在长身体的小孩儿常常吃不饱饭，傅廷栋和几个同学一起在校园后面的山上开了一块地，"自力更生，自己种红薯吃"。

到了二年级，傅廷栋终于告别了清贫的日子——农校为学生们发助学金了。

"一等每月12块（元），二等9块，三等6块，每个人都有份，我拿了9块。"傅廷栋每个月上缴6块钱伙食费后，还能有3块零用钱，"当时做件衣服都不到三块钱呢！"

搬校后，农校坐落在肇庆市的鼎湖山风景区内。学校旁边清澈见底的溪水成为傅廷栋和伙伴们的天地。"那时候水很干净，我们一天游泳三趟。早饭前游一次，午饭后游一次，晚饭后再游一次。"1967年，傅廷栋能横渡长江，正是中专时游泳打下的基础。

兴趣是可以培养和相互促进的

1954年，从喜泉农校毕业后，傅廷栋被分配到了当时的广东省中山县农业局横栏区农业技术推广站工作。正是这两年的工作经历，加深了他对农学的兴趣，让他在实践中快速成长。

1955年，珠江三角洲发生大面积螟虫灾害，农民们饱受其害。当时傅廷栋和同事们天天下田调查，通过查资料、搞试验，总结出了一套防治技术。他们动员一两千农民夜里提着灯去灭虫，"我们讲的农民都信，虫害防治效果非常好"。

在工作中感受到虫害之苦，农民之艰辛，傅廷栋对农业的兴趣才算是在土地里扎了根，"农民需要我们，农业需要我们，也让我们找到了自身的价值，但感到自己所学的知识太少，很想进一步提高自己"。

1956年，中央动员在职干部报考高等学校，加快技术人才培养，为了学习更多的知识，傅廷栋主动打报告申请考大学，经过两个多月的复习，不负众望考上了华中农学院（现名华中农业大学），从此开始了50多年向农业科学高峰攀登之路。

事实上，熟悉傅廷栋的人都知道，少年时代的他一直怀揣着一个文学梦。

小时候，他最喜欢的课就是语文课，作文写得好，中学时还获过不少奖，梦想着长大后可以修读文学专业。

他爱看书，尤其是中国传统名著，常常读得如痴如醉。因为爱看书，还曾在家乡留下一段逸事。小小年纪的傅廷栋捧着厚厚的《三国演义》翻个不停，被路过的人取笑："小孩儿，你还没有这本书重呢！"

钟情文学的傅廷栋，在与农业结缘后，在学习、工作中培养了自己对农业的浓厚兴趣，用半个多世纪雕琢着心中最美的花，成为国际上著名的油菜遗传育种专家，有"杂交油菜学科带头人"的美称。

面对现在很多学生专业和兴趣的冲突，傅廷栋常常现身说法："年轻人应该全面学习，不管你以后搞什么专业，都是有帮助的。兴趣可以培养，它们之间不会互相影响，甚至会相互促进。"

傅廷栋用"西游体"来进行农业科普创作，出版的科普读物《西游后记——漫游农业》，得到读者的普遍赞扬。8.5 万字的内容，把科普、神话、杂文结合在一起，傅廷栋力图将专业上的知识用文学的形式传播开来。

傅廷栋说，将两个兴趣相结合，有了丰富的专业知识做支撑，他写的时候轻松有趣，"希望青少年能够从中学到知识、引起兴趣、激发灵感、培养科学精神"。

他鼓励年轻人调整兴趣，培养兴趣，"既来之，则安之"未尝不是好方法，"优良的种子即使在贫瘠的土壤里也要生根、发芽、开花、结果"。

智商情商之外还要有"逆商"

1972 年 3 月 20 日，对于 34 岁的傅廷栋来说，是再普通不过的一天，但对于世界油菜育种研究来说，却是具有里程碑意义的一天。

这一天，傅廷栋和往常一样，吃完饭就扎进校办农场金黄色的油菜地里，"东找找，西找找，看有没有雄性不育油菜"。

这一天，傅廷栋发现了 19 株"波里马雄性不育型"油菜，从此被国内外广泛应用于油菜育种实践。作为国际上发现的"第一个有实用价值的油菜波里马雄性不育类型 Pol CMS"，"为国际杂交油菜实用化铺平了道路"。

一个数字可以为此写下注脚：世界上杂交油菜应用于生产的第一个十年（1985～1994年），国内外育成的油菜"三系"杂种中，有大约80%的杂交种是用他首次发现的波里马胞质不育型（Pol CMS）育成的。

在傅廷栋看来，收获的背后，既是偶然，也是必然，是学习和思考了十年之后，又寻找了三年的结果。为了这个发现，青年傅廷栋经历了无数次的试验、一一排除过的油菜达几十万株。

"年轻人要做好一切准备，等待机遇。在等待机遇的过程中，正视自己遭遇的挫折。"在大学新生的迎新第一课上，他追溯过往，真诚地告诫青年一代，一个人在成长的道路上不仅要有良好的智商、情商，还要有"逆商"，这样在面对困难时才能泰然处之。

多年与青年人的接触和观察，傅廷栋注意到一个现象，现在的孩子特别聪明，什么东西一点就通，"智商很高，但情商不一定高，而'逆商'更有待提高"。

在傅廷栋看来，背后的原因之一，就在于独生子女一代，从小看得娇，人际交往较少，生活条件好，加上功课"逼得紧"，没有经历过艰苦的条件。

大学校园里的学生自杀事件让人扼腕叹息，而2014年世界卫生组织首份预防自杀报告的数据更是让人震惊——全球每年有80万人自杀死亡，自杀已成为15至29岁年龄段年轻人死亡的主要原因之一。

傅廷栋给青少年的"药方"是多读一点传统文化作品："中国的传统文化有很多精华的东西，可以从中了解中国的历史文化，提高文化素质，开阔视野，体悟人生，要对自己负责，对家庭负责，对国家负责！"

一本三国，他就解读出这样的内涵："曹操的'逆商'很高，赤壁之战，80万军队被消灭了，但是他并不灰心从头再来；刘备在宜昌与吴国作战，被陆逊火烧连营，实际只损失4万人，败退白帝城，受不了这一挫折，就一病不起。说明他的'逆商'比曹操差多了！"

"机遇对每一个人都是一样的，但机遇只给做好准备的人。"在一次讲座中，傅廷栋这样寄语年青一代："提高'逆商'，易成大事。"

（雷宇、谢婷婷、刘玥等，2015年，华中农业大学傅廷栋院士办公室）

傅廷栋院士
简　　介

傅廷栋，油菜遗传育种学家。中国油菜杂种优势利用研究的开拓者之一。

1954年傅廷栋从喜泉农校（后改为西江农校，现为肇庆农校）农艺科毕业，分配到当时的广东省中山县农业局横栏区农业技术推广站工作。

1956年，国务院发出《动员在职干部报考高等学校》的通知，傅廷栋获准报考，并考取了华中农学院（现名华中农业大学）农学系。他非常珍惜这个来之不易的学习机会，总感到有一股力量推动着自己去如饥似渴地刻苦学习。

1956年大学入学时的照片

4年共学习约30门课程,他考试成绩获得5分(当时实行5分制)的课程占90%。同学们要他介绍学习经验,他说,一要有明确的学习目的,二要有计划地充分利用时间,三要理论联系实际地学习。他经常到田间去观察,体验事物的发生发展和来龙去脉,这比单纯背书本的效果要好得多。

1960年,他大学毕业后留校任教。1962年,傅廷栋考取了著名油菜遗传育种学家刘后利教授的研究生,成为新中国第一位油菜遗传育种方向的研究生。在导师的精心指导下,系统进行了不同生育期甘蓝型油菜品种形态及生理特性的研究。1965年,他完成研究生学业后又留校任教。

1972年他在国际上首先发现波里马胞质雄性不育,以后育成了稳定的胞质雄性不育系和优质高产杂交油菜品种华杂2号、华杂3号、华杂4号等优质高产杂交油菜在生产上推广,为中国油菜生产做出了重要贡献。1995年5月当选为中国工程院院士;2004年当选为第三世界科学院院士。

延伸阅读

"农民院士"的"油菜人生"

被誉为"世界杂交油菜之父"的傅廷栋,5岁那年,父母双亡,与叔父、堂兄一起生活。因抗日战争,小学念了4年多就被中断,抗战胜利后,傅廷栋考入连滩镇第五初级中学,1951年毕业。

当时的家境是不允许他上学的,所以很珍惜上学的机会。傅廷栋的家乡当时只有广东省喜泉农校(现为肇庆农校)一所学校,并且不收学费,加上少年时代的傅廷栋对生物很感兴趣,特别喜欢养鸡、养虫、捉鱼,于是他就报考了农校,从此与农业结下不解之缘。

从喜泉农校农艺科毕业后,傅廷栋被分配到当时的广东省中山县农业局横栏区农业技术推广站工作,他在老同志的带领下,到互助组、合作社驻点,"说是合作社,其实只有3个人,还有两个是我同学,一起被分配来的。"傅廷栋说。

刚去工作时,是没有房子住的,三个人就住在村民家里,在村民的房子边搭个小棚子,每天下地插秧。与农民同吃、同住、同劳动。

傅廷栋说:"中专学的知识很宽泛,于是在跟村民讲解时总会闹笑话、出洋相。"劳动之余,有一个村民拿着田里捉来的虫子问他是什么类别的,因为不认识,他就一边拿着虫子一边对照课本,结果找到一个"相似"的图片。"其实那张就是手里虫子的样本图片,只是当时就不明白,为什么书本上的虫子看起来比手里的虫子大得多?结果就闹了笑话。"

"还有一次,给猪打疫苗,因为从来没有尝试过,拿着针管吸了半天也没把药吸进去,后来才知道,每次要先打点空气进去才行,当时真是有点傻。"傅廷栋说。

"上中专的机会真的太难得了,所以我从不浪费时间。"由于备考学习的时间比较短,入校后,他感觉"与应届生比基础还是要差一些"。

"读书期间,我有一个随身携带的小本子,每到周末,就在本子上写下自己下一周的学习计划。"说着,他将身边一个记事本拿起,比画着,"现在还有这个习惯,随身带个本子记事情。"学习计划里,除了吃饭睡觉,其他的时间都被学习占得满满当当。"吃饭前干什么,吃饭后干什么,做什么实验、看什么书,都写得清清楚楚。"大学时期简单甚至略显乏味的生活就囊括在他的小本子里。

不仅大学期间成绩优异,傅廷栋还是同学们眼中认真负责的学生干部。担任植物学课代表的他,在学习之余会亲自采集植物标本,然后将标本贴到宿舍楼道里供其他同学学习。"我自己采集的时候提前学习辨认这些植物,也让同学们有了学习的机会。"年逾70的傅老回忆起自己的学生时代,语气里是掩饰不住的兴奋。

大学本科毕业后,傅廷栋留在华中农学院当了两年助教,报考了著名油菜遗传育种学家刘后利教授的研究生。"全校只有三个研究生,老师上课就

113

只对着一个学生。"虽然那时候物质条件比较艰苦，但一对一的教学却也让学生受益不浅。为了让一个人的课堂不至于太沉闷，学校的老师被动员陪着傅廷栋上课、做实验、考试。"我认为这是最早的'三陪'。"说起当年读研究生的生活，傅老俏皮地比喻。

与教授"同床共枕"

1956年，18岁的傅廷栋考入华中农学院农学系。入学不久后的新生大会上，他第一次远远地看见坐在主席台上做报告的刘后利老师。"那时刘老师是系里的副主任，是教授，我打心眼里仰慕他，可从没想过自己以后会和他产生什么亲近关系。"

1959年，刘后利教授和学生一起背起行李，去天门搞下乡调查。由于村里没有多余的房子给这十几个人的调查队住，队员们只好两人共一张床。分来分去到最后，只剩下了大三学生傅廷栋和刘老师。"他是大名鼎鼎的教授，可一点不挑剔，二话没说就开始铺床。"傅院士回忆，那是他第一次近距离接触刘教授。"我对他的感情也一下子从仰慕变成了敬佩。"

在傅院士印象中，刘后利教授对学生的学术要求相当严格。

1962年，已留校工作的傅廷栋成为刘教授在油菜遗传育种方向的第一个研究生。"刘老师的治学思想是'科学家要有科学态度'，所以哪怕我们在一个很细微的专业问题上有不同认识，他都会一遍又一遍地和我们探讨。但他的态度从来都是平等的，和蔼的。"傅院士说。

而刘后利教授在生活上对学生的关心，总令傅院士动容。"我做学生的时候谈了个女朋友，就是现在的老伴，那时候她在汉阳工作，每次来学校看我，总是没吃饭和住宿的地方。"傅院士笑着说，刘老知道后，经常让他带着女朋友到自己家去，和他的家人一起吃饭，晚上则在他女儿床上休息。"现在回想起来，我都觉得心里是暖和的。"傅院士说。

（本文综合：《长江商报》《楚天金报》）

一问一答

问：您是如何培养起对农学的兴趣的呢？

傅：上农校时有兴趣，但不是很深，真正产生兴趣是工作之后，1955年广东虫害非常严重，我们几个人天天探索、总结治虫经验，因为到了晚上虫子跟着灯走，我们就动员上千名农民提着灯捉虫子，效果非常好，南方日报还专门刊登了我们的事迹。这时我发现，学农对于农业发展和提高自身价值还是很有用的，就慢慢坚定了自己的信心。

问：中学阶段培养的哪些品质对您后期的发展起到作用？

傅：首先是艰苦奋斗的精神，我们中学时学习条件很艰苦，让我更懂得当下的来之不易。其次是同情心，要对周围的人和事有同情心，学会理解别人。最后是理论联系实际。

问：您在学习过程中是如何做到理论联系实际的？

傅：我曾是植物学课代表，按照十字花科、菊科等不同种类将植物做成标本，考试前用绳子挂在教室走廊里，让同学们都过去看，每种植物长什么样、有什么病虫害，都记得很牢。这样一来，我自己学习了，大家也学习了。

问：您在教育年轻一代时会注意些什么？

傅：启发他们。有人讲知识就是力量，有人讲团结就是力量，有人讲信心就是力量，在这个基础上，我还要说感恩就是力量、责任就是力量。年轻人要懂得感恩父母、感恩师长、感恩亲朋、感恩国家，要肩负起对自己、对家庭、对国家的责任。

现在社会上有一种不良的浮躁风气，年轻人不可沾染，应该早日学会勤勤恳恳做事、实实在在做学问。

吕志涛院士：勤奋比天才更重要

从小山村里走出的院士也曾一度辍学帮工

在吕志涛的家乡，在旧社会素有"七分山地，二分水田，还有一分是河滩"的说法，乡村被山丘环绕，青山秀水，却贫瘠逼仄。

从小学三年级开始就走3里路去上学，初中时还曾辍学一年半在镇上帮工，吕志涛的求学之路艰难坎坷。半个多世纪过去，他回想起一路求学经历，对小学和中学时推荐他考学、帮他出学费、鼓励他战胜困难的校长、各位老师感恩在心，念念不忘。

贫困让他过早地学会担当，也让他在学习中抱有责任心和使命感，越发勤奋努力。

从小山村里的穷孩子，成长为中国"预应力大师"、中国工程院院士，吕志涛笃信，成才并取得成功靠三个法宝：天才、勤奋和机遇。

于吕志涛而言，他一直深知自己不是天才，而是凭借着百分之九十九的汗水才走到今天。他坦言，如果没有中学时不放弃学业，一心向学的时光，就不会有从小山村走出的院士吕志涛。

一段艰难求学路

1937年11月4日，吕志涛出生在浙江省新昌县一个贫困小山村。家境贫寒，吕志涛从小就过着苦日子。

1949年以前，吕志涛家里租种地主家的田，一亩四分地所产的粮食，交租后，所剩无几。每年总有不少青黄不接的日子，吃了上顿没下顿，家里时常只能以糠麸度日，吕志涛十岁时的体重只有三十斤。

尽管如此，吕志涛的母亲一直坚信读书有用，读书可以脱贫。她东拼西凑地借钱让吕志涛上学。邻居有个爱读书的亲戚，每年春节期间来做客总是带本书，有空时就翻看，是母亲让吕志涛学习的榜样。

耳濡目染，吕志涛才进入小学，就表现出勤奋、好学的天性了。当时村里小学只有一、二年级，三年级后需要到镇中心小学继续学业。那时候，很多和吕志涛同龄的孩子，读完二年级就当新农民了，可聪明好学的吕志涛，却在班主任的推荐下，到了3里外的小镇上继续学习。

每天一大早，他从家里带点米走路去学校上课，中午借着学校附近相熟农家的锅灶，自己做饭吃。有时候，从家里带上一块豆腐乳，他可以匀着吃上两天。

五年级时，吕志涛就读的镇小学所在地被选为新昌县沃西中学的新校址。小学校长鼓励吕志涛等5个较优秀的学生提前报考沃西中学，跨级一年，但吕志涛幸运地被录取了。

好景不长，读完初一后，吕志涛家中实在无力供他上学，还急需他回家赚钱贴补家用。他含泪离开学校，开始了迫不得已的打工之路，这一停就是一年半。

这一年半中，学校老师陆陆续续来访，劝说吕志涛返校学习。直到有一天，校长张纲维亲自找上门："吕志涛一定要去继续读书，他将来一定是个人才！"父亲说，不是不让他上学，只是家里确实有困难。

校长一下急了："有什么困难，我来解决，他的学费我来掏！"

对于吕志涛而言，这是一个改变他一生命运的承诺。

就这样，在校长的支持下，吕志涛又回到了阔别已久的校园。来之不易的学习机会让他更懂得珍惜和努力，休学一年半的他仅用了一年半的时间完成初中学业，一举考入县中——新昌中学。

高中学校距离家乡35里路，吕志涛每周往返一次。在途中，需要经过一条河流，河面上用六七根杉木搭起一座桥，"现在很多成年人估计都不敢走，但我们从小练出来的，都不怕"。

其时，新昌中学有一批重点大学毕业的教师，"水平很高，讲课讲得很清楚，不管问什么问题都能答出来，而且还很关心学生。"吕志涛回忆，这个阶段遇到的好老师为他后来的发展打下坚实的知识与思想基础。

"人站在小船上，船停在平静的水面上，人从船头走到船尾，船发生了什么变化？"吕志涛拿起手中的报纸折叠船只，演示高中时那道让他解得津津有味的物理题，"其实它考察的是动量定理，估计现在还有很多人解不出这道题。"

因为没有额外的习题，毕业于上海交通大学的物理老师，自己总琢磨些开放性题目，时常考考他们。这极大地培养了吕志涛的开放性思维。

高中时第一次见到化学实验室，少年吕志涛颇为好奇。

化学老师白深炳是个经验丰富的中年教师，即使是简单的化学实验，也能让大家兴致盎然地参与其中。

而作为班主任，白深炳更是与吕志涛有着深厚的师生情谊。上大学后，吕志涛还与他保持通信，告知老师自己俄文学不好的苦恼，白深炳回复两三封信件，鼓励吕志涛战胜困难，"他鼓励我说'你是个聪明的孩子，没问题的'"。

当时，吕志涛还很喜欢代数课，每次考试都在95分以上。2006年看望当年的数学老师时，年迈的老师一下子叫出他的名字："吕志涛，我记得你啊！"

高中校长金望平兼教政治课，对学生要求严格。

一个小细节让吕志涛终生难忘。有一回，吕志涛穿中山装忘了系风纪扣，校长走到他面前，批评他的马虎，也正是这样的培养，让他养成了严谨求实的治学作风。

勤奋与创新塑造人才

"知识改变命运，成才必须勤奋，只要努力，都会有希望。"吕志涛把"勤奋、创新"挂在嘴边，曾在多个场合，向年轻人分享他的座右铭："勤奋学习，创新工作。"

如果没有勤奋学习，吕志涛或许还是贫困山村的一个普通农民。

他深知，条件并不优越的自己，绝非天才，但幸运的是，他凭着努力学习，遇到机遇，把握机遇，"如果不是我勤奋学习，实力强，老师们也不会一直推荐我、帮助我"。

时代赋予每一代年轻人不同的使命，但变化中终有不变。吕志涛鼓励年轻人，在重担面前，要做好准备，勤奋学习，向书本学习，向实践学习；创新地学习和工作，要学得深，学得活。

中学时，吕志涛活学活用的本领很高。"虽然没有参考书，但是把书上知识真正理解了，把老师讲的知识点理解了，就能举一反三了！"

当时学习的很多内容需要牢牢记住，比如定理，是解题的基础，但吕志涛不主张死记硬背，"在理解的基础上记忆，而不是死读书、光背书"。

至今，他甚至给自己夫人带过的学生的孩子辅导高中数学题，"我还是能够解出来，因为理解的东西在大脑里，记忆很深刻"。

在高中时，他在校园里参加了美术兴趣班，偶尔画画图。老师们夸赞他画得好，后来大学报专业时，就报了需要绘画基础的建筑学。上学后才发现，原来相比其他底子好的同学，自己画得并不算好。

后来，吕志涛虽不在建筑学专业，但仍一直勤于练习，在第一学期的美术课上，甚至有很多素描作品被老师留了下来作为参考样本。

从小，吕志涛外语课学的是英语，上大学时，学校改学俄语了。全班只有2个同学从未接触过俄语，吕志涛就是其中一个，连33个俄文字母都不认识。

可是，俄语老师却总是提问吕志涛。这让从小就是优等生的吕志涛有些难为情，还为此哭了鼻子。从此，他几乎每天捧着俄文词典，关键词就用红笔画出来背，扩大词汇量和知识面。一百多页的俄文词典，他反反复复翻看。研究生阶段时，吕志涛阅读俄文文献就和中文文献的速度一样快了。

在吕志涛看来，勤奋学习是基础，而目的是创新工作。平日里，他鼓励学生们观察、思考，保持好奇心和求知欲，不放过任何创新的突发奇想。

吕志涛有自己的"独门秘籍"——在吕志涛的床头，常年放着圆珠笔连带活页纸，一旦突发奇想，就算是半夜，他也会爬起来记下，以防隔天醒来忘记了灵感。

让他的博士们感佩的是，即使早已过了古稀之年，但学术讨论中，吕志涛每每总能提出让人耳目一新的东西，"背后就是老师总在坚持每天阅读国际一线的论文文献，这是他保持了多年的职业习惯"。

20世纪80年代末期修建南京电视塔时的故事更是传诵至今。

设计人员向吕志涛请教结构设计的方案可实施性，他用加拿大多伦多电视塔的案例类比，确认方案成立。除了介绍其空间结构、受力性能、预应力设计和施工外，吕志涛还提出必须在他们方案的基础上，配预应力钢筋并加设横梁，以提高抗风、抗裂能力。

设计人员都惊讶了，一个不接触电视塔的人怎么懂这么多？"我常看国外杂志，PCI杂志（美国预应力混凝土学报）有一期就对多伦多电视塔的设计和施工有专门介绍。"

丰富的阅读，使得他能够快速把握前沿信息，创新之泉喷涌。

从与预应力结缘以来，吕志涛的研究方向常常是国内最早的，甚至是国际领先的。在吕志涛的带领下,如今的东南大学预应力学科是中国预应力领域的一面"旗帜",矢志于"让中国成为世界预应力的中心"。

唯有脚踏实地,真枪实干,才能收获人生硕果。吕志涛从勤奋中受益,于是越发讨厌投机取巧、弄虚作假之风,"现在社会上有一种不良的浮躁风气,年轻人不可沾染,应该早日学会勤勤恳恳做事、实实在在做学问"。

在他看来,千里之行,始于足下,"勤奋比天才更重要"。

(谢婷婷、李亚男、雷宇,2015年9月,东南大学吕志涛院士家中)

吕志涛院士
简　介

吕志涛，男，1937年11月4日出生于浙江省新昌县。东南大学土木工程学院教授，博士生导师，结构工程专家。

1961年毕业于南京工学院（现东南大学）土木工程系，1965年6月东南大学结构工程研究生毕业后留校从事土木建筑结构工程领域的教学、科研工作和工程实践。

吕志涛院士

1997年11月当选为中国工程院院士。现任教育部科学技术委员会委员，全国预应力混凝土学会副理事长，国际建筑FRP学会理事，中国土木工程学会理事，江苏省土木建筑学会理事长，东南大学学术委员会主任等职，是我国预应力学科的学术带头人。

2015年1月9日，2014年度国家科学技术奖励大会在京召开，吕志涛院士领衔"现代预应力混凝土结构关键技术创新与应用"项目获得国家科技进步一等奖。

> 延伸阅读

吕志涛谈导师的责任

一

博导、硕导是东南大学的希望和未来,更是中国教育的希望和未来。

我,1986 年 6 月被国务院学位委员会审批为结构工程专业博士生导师,同年 7 月,学校批准我为教授。当时,全校连我共 20 来个博导,每个博导都有一个或几个明确的研究方向和特色。譬如,我们土木学院的丁大钧、宋启根以及我,分别在 RC 刚度和裂缝、RC 力学以及 RC 抗剪和预应力等方向上在国内的地位是公认的。

20 年过去了。现在我院就有博导 20 多位。因此,我们东大土木在国内应有更多的方向处于国内领先地位。

二

博导、硕导,是一种荣誉,更是一种责任。

荣誉,说明你达到了较高的学术水平,因为不是每一位教授、副教授都可以评上的。

责任，每一位博导，应带领你的团队（集体）前进，要把握学科的发展方向；要及时地了解、掌握国内外的学术动态、重要发展趋势以及技术进步；不断思考应研究的新课题；向国家和省部有关部门及重大工程指挥部申报科研项目和课题；组织你的团队（集体）认真开展理论研究和工程应用；并且，及时搞好结题及成果上报等工作。

博导、硕导的一个重要责任是培养人才。博导要争取入选全国或江苏省优秀博士学位论文。我也惭愧，我们土木学院至今还没有入选全国优秀博士学位论文。我指导的博士生已有60位之多，但只有一篇博士学位论文获得全国优秀博士学位论文提名奖（全国共百篇），有两篇被评为省优秀博士学位论文。

博导的责任是很重的。不仅要完成教学任务，人才培养任务，更要做好科研工作，带领一帮年轻人发展。另外，我想强调一点，我们土木学院的教学工作，一直十分出色。因此，我也很希望博导、硕导们在教学方面做出更大成绩，学习蒋永生教授，争取国家教学成果奖，争取成为全国教学名师。

三

导师，应坚持"不断革命"。

各位老师，尤其是博导，从做教师起，奋斗到今天，当了博导，也属不易。所以，想歇一歇，松一口气，也很可以理解。因为"革命是分阶段"的。但是，千万不要认为自己的奋斗目标已经到顶了。不要认为"长江学者""国家杰出青年学者"以及院士，是极少数的，轮不到自己，所以，"算了，还是多搞点工程项目、横向课题，多照顾一点家里，补偿补偿过去对家属和子女的爱的缺失"。我很理解这种想法，但是，我更认为这种想法最好不该有。因为东南大学的发展要求着你，中国教育的进步等待着你，学科的前进依靠着你，年轻教师和博士生、硕士生的一双双眼睛在望着你。况且，作为东南大学的博导，也应该朝更高的目标前进，请各位"不断革命"。

四

我希望博导们向长江学者、国家杰出青年学者努力；我也希望40岁以下的硕导们，向教育部新世纪优秀人才冲刺。

我认为，作为东南大学的博导、硕导，对自己要狠一点，应努力争取成为国内的著名学者、教授。不要让别的高校或国家和省、部有关部门只认同我们土木学院的×××、×××、×××等几个人，应使我们的博导、硕导都被人家认知、认可。

为此，我认为我们的博导、硕导应多撰写论文、著作；多出研究成果；多参加全国性学术会议、技术会议，争当各级学会、学术委员会中的理事、委员；多出席国际学术会议，抓住机会出国进修、访问及合作研究，进一步扩大视野和思路。

五

博导、硕导，应力争当好学者，不做学术活动家。我认为，我们作为博导、硕导，应当踏实钻研，不要想当然。要经常地到图书馆、图书室去借阅图书、中外杂志，查看资料、文献。也要多去新华书店和外文书店浏览浏览。

当前，论文剽窃、学术造假事件时有发生。如果你搞抄袭、剽窃、造假，必将葬送自己的学术生命。事例、教训不少。国外，有韩国的黄禹锡，国内最近有××大学的×××。希望大家能进一步引以为戒。我们大家都应做到不"浮"、不吹，不要常赴饭局、常请客吃饭，更不搞学术不正之风。同时，切忌想当然地提出一种说法：想要研究的课题都已被以前的学者研究过了，似乎现在已没有什么好研究了？！我认为，只要大家多看国内外杂志，多作深入思考，可研究的课题还是很多的，譬如，对我们结构工程学科来说，新材料、新结构体系在不断产生，新的工程技术问题在继续出现……

我想，我们在研究中应多一些创新思想、创新精神、创新成果，但不要想当然，也千万不要急功近利。我很不想看到有的教师，一旦当了导师后，自己不再撰写论文，见到的只是你为第二作者的论文。当然，你更不应该变为你学生论文的第一作者。同时，我们要反对浮躁，如只求论文数量，追求一年出几本书，甚至"专著"。反对在科研中追求"短、平、快"，忙于跑项目，找鉴定……这样的结果是垃圾论文成堆，对于国家无益，对于自己有害，损害了自己的名声……

去年，我在一次会上说过："学术无止境，财富无止境；我们要无止境地追求学术，但不要无止境地追求财富。"今天，我要补充一句："成才须勤奋，成功无捷径。"

六

导师，要培养学生，而不应役使学生。

我们博导、硕导，对研究生应以培养为主，不应将他们只当劳动力使用。不要把学生招来是为了干活，为了完成项目、任务，只在临近毕业才叫他们匆匆去拼凑论文。当然，让研究生在完成课题及项目过程中培养是对的。问题的核心是我们脑海中应时刻想到"培养"两字。

同时，在培养中，一定要培养创新意识、创新精神和创新能力。创新，包括原始创新、集成创新、引进吸收消化再创新。创新，允许失败，但不能为创新而创新。不能乱搞"假设"，乱提"理论"，标新立异。

我们对学生一定要既严格要求，又十分关心。让他们做出合格的，优秀的学位论文。

对学生，我们博导、硕导还应注意言传，更重视身教。

特别在治学中，应虚怀若谷、严谨求实，正确地引导和影响学生。我们应记住王选院士的话："一个人要想有所成就，他首先要做个好人。"让我们热情而严格地教育学生，使他们德才兼备。

不妥之处请大家批评指正。谢谢大家！

（本文摘自吕志涛在东南大学土木工程学院研究生培养工作研讨会上的发言）

一问一答

问：现在很多孩子学习压力重，您在中学时期是怎么学习、备考的呢？

吕：现在的孩子一天到晚都在做题，我上学的时候不像现在有很多参考书，县里也买不到，也没有人会想到要去买参考书。我们完全不知道要考什么，老师也不知道，老师也不研究高考的题目，就是通过开放式的题目来锻炼大家的思维能力。

问：您是怎么看待现在很多孩子学习到深夜这种现象呢？

吕：我不主张天天搞得"很迟"，但是天天"比较迟"是对的，每天只做8个小时也是做不了科学家的，要在有限的时间里提高效率。读书要找到方法，要付出努力，要学得活，也就是创新，但是绝不能读死书，定理全都背得滚瓜烂熟，但是却不知道怎么用。

问：您曾出版了一本书《从小山村里走出来的院士》，想给今天的年轻人传递些什么？

吕：这本书主要是我自己的成长经历和一些想法，我小的时候条件很苦，更让我明白了学习的重要性，必须勤奋学习、努力付出，你的付出和努力总会被看到的。我很幸运，遇到了很多有丰富学识、道德高尚的老师，他们帮助我，甚至改变了我的人生。希望我的经历能让今天的年轻人少走弯路。

只盯眼前一点利益会迷失远方；专注做一件事就是最好的学习方法。

郭光灿院士：只盯眼前一点利益会迷失远方

幼小失怙，光着脚丫到北京求学

"三分天注定，七分靠打拼，爱拼才会赢。"在郭光灿院士的家乡，《爱拼才会赢》是一首街头巷尾广为传唱的励志歌曲。

闲暇时，郭光灿爱听歌，对这首歌更是百听不厌。对他而言，"天注定"的贫困与无助，是儿时不可逆转的命运，但在心无旁骛的求学时光中，他用闽南人的冲劲、硬气为自己闯出了一片天地。

从赤足奔走北上求学的渔村少年，成长为中国量子信息研究领域的奠基人和领军人，如今在学界享有盛誉的郭光灿，始终保持着澎湃的赤诚之心，不断探索未知领域。

在这位已过古稀之年的院士看来，单纯的、毫无杂念的中学时代，是他一生中性格磨炼、学习方法培养的关键阶段，"中学打下的底子，终身受用"。

中学是从无知到了解世界的过渡

1942年，郭光灿出生于福建惠安的一个渔民家庭，三岁时，父亲被日本人抓去做苦力，结果病死在运货的船上。含辛茹苦的母亲，独自一人抚养郭光灿三个兄弟长大。

母亲目不识丁，但目光长远，深信读书改变命运，即使在最困难的时候，都没有放弃对孩子的教育。

其时的乡村，和郭光灿同龄的孩子几乎很少有上学的机会，"如果母亲让我们三兄弟去帮工，她就不会那么辛苦了"。

感念于母亲的辛劳付出，加上闽南地区对读书人的尊重，耳濡目染，郭光灿从小就聪明好学。

仅有的两本"课外读物"是郭光灿小学时最深的记忆。

其中一本是地图册。当时，学校老师要求每个学生买一本地图，需要几毛钱，家里条件捉襟见肘，"但我苦苦哀求，母亲看我这么渴望，最后还是一咬牙给我买了"。

为了两个弟弟的学业，郭光灿的大哥小学毕业后就外出工作，帮母亲分忧了。郭光灿在前往探望大哥的时候，大哥给他买了本《列宁在十月》，这是他小学时的第二本课外读物，他视若珍宝。

1955年，郭光灿参加小学升初中考试，成为学校同级学生中唯一一个考上全省重点中学——泉州五中的学生。年少的他搭着小舢板进城报到，"第一次看到四个轮子的汽车在路上跑"。

校园里的氛围很好，大家学习和生活上互相帮助。每天早上起床，郭光灿和同学们都自觉地听学校的广播新闻，再去吃饭、上课。

中学时泉州刮台风，半夜里，十几岁的学生们从被窝里爬起来去扛沙袋垫河堤，防洪减灾，"劳动时，大家都抢在前面做事，争先恐后，毫无怨言"。

当时，郭光灿的二哥也在泉州上学。二哥爱好文学，时常向报纸投稿，偶尔稿子被录用，二哥就会拿着五毛钱稿费，花三四毛钱带郭光灿和婶婶吃一顿饭，再用剩下的一毛钱带郭光灿看一场电影，这成为郭光灿中学时代最大的享受。

学习成绩优异，无须花费太多心力，课业之外，中学时开放的图书馆，一下打开了这个乡野少年的视野。

《水浒传》《隋唐演义》《三国演义》等中国古典小说，郭光灿看了又看，享受了精彩故事，也多了对人生人性的体悟。假期时，从图书馆借了许多书背回家看，看完继续借，几乎读尽图书馆里所有的中国古典小说。

英雄侠义、快意恩仇的金庸小说全集，郭光灿看了不止一遍。甚至在多年后从合肥到西安，几天的旅途中，他还在火车上重温了《天龙八部》。

看多了文学书籍，郭光灿的作文常常成为语文老师在课堂上点评的范本，他一度立志"要当个作家"。

回首在泉州五中度过的中学时光，郭光灿感慨于自己的幸运。在他看来，这个阶段，是他从无知走向了解世界的过渡，"就像一张白纸，给了我高水平的知识，我就全面吸收了"。

"专注做一件事就是好的学习方法"

中学时代之所以在学习上不费力却能取得优异的成绩，在郭光灿看来，这得益于学习时的专注，"心无旁骛，效率就会很高"。

生活清贫，有时候生活费不能及时上交，上课都要饿肚子，但这从未影响到郭光灿。

静下心看书、写作业，郭光灿常常找到奇妙的感觉：外面的一切似乎都不存在了，而猛地一下从沉浸的世界浮出，"我在哪儿？在做什么？愣上半天,哦,我来教室里写作业了"。

刚上初中时,郭光灿就曾有过让人惊叹的故事。

代数老师跳出教科书,在课堂上讲起"数"的发展历史,溯源的逻辑让郭光灿听得津津有味。

过了一周上课时,老师突然点名郭光灿,问及上周的课堂内容。他吓了一跳,"因为书上没有,课后自己也没复习"。

但郭光灿在脑海慢慢回放当时的场景,竟然将老师说过的内容原封不动复述了出来,连他自己都觉得不可思议。

渐渐地,郭光灿养成了一个好习惯:"老师给我讲课,我就会认真听,跟着他的思路走,我会思考这个东西的精髓是什么,背后有什么,你可以把其他都忘了,但这一点会刻下烙印。"

"专注做一件事"由此成为郭光灿受益终身的学习方法,"能够让人在学习中有个'悟'的过程,把老师的知识转化为自己的"。

如今,郭光灿经常告诫自己的研究生,做学问要有悟性,有韧性,有灵性,"不管做什么,悟出事物背后的东西,这才算学到家了"。

回溯过往,最早的"专注"源自对学习的浓厚兴趣。

中学时,郭光灿对每一门课程都喜欢,学起来兴趣满满。

语文老师对文学的透彻分析,让他至今难忘:"老师分析鲁迅的文章背景,对鲁迅进行思想剖析,鲁迅当时是怎么样愤怒地写出这篇文章的,让我们感同身受。"

初中三年,他从未迟到、旷课,加之上课时认真听讲,课后复习总结,绝大多数课程都是 5 分（满分）的好成绩，最后被保送到泉州五中高中部。

入高中时，恰逢"大跃进"在全国轰轰烈烈展开，学校决定考试选拔出成绩较好的一批同学，组成两个理工班，"要求三年的功课两年完成"。

郭光灿思忖，早一年毕业能省不少钱，于是毅然选择了理工班。

高考前的一段插曲让他终生难忘。

突然有一天，校长通知郭光灿和其他几位同学被选为"留苏一等生"，要他们拿着体检表去体检。

医生爱说话："哎哟，你们这几个人了不起啊，要到苏联去留学了。"

从农村来要送到国外去，要送到苏联"老大哥"那儿去，几个孩子一激动，血压噌地上去了，结果量了好几次，医生反复劝解，一直老高老高，就是下不来。

1960 年，郭光灿参加全国统一高考，第一志愿报考留苏预备班，第二志愿为中国科技大学。后因留苏政策变动，他未能如愿踏上苏联之旅，而是迈入了中科大的校门。

"只盯眼前一点利益会迷失远方"

中学时，郭光灿一心想着要学习，要学好，至于以后学什么专业、有什么目的，他并不清楚，"那时候很单纯，挺傻的"。

多年后回首，郭光灿认为这种单纯也是一个优势，"我那时候只知道有了知识将来能做大事，虽然不知道能做什么，但明白这条路是对的"。

他的成名作可以为此写下注脚：在从事量子信息研究时，孤军奋战的郭光灿在国内坐过十多年"冷板凳"，而最终，团队也收获了首先在国际上提出量子概率克隆原理的殊荣，成为我国科学家在此领域的一项开创性贡献，被称为"段－郭概率克隆机""段－郭界限"。

与青年一代的接触中，郭光灿发现一个现象：现在许多中学生知识很多，思想却变得复杂，做任何事情都带有目的性，"动机非常强烈，参加学校夏令营都计较着能得到什么才决定是否参加，家长们传递的观念也都是希望孩子弹钢琴、学唱歌，将来一举成名"。

他理解今天年轻人的痛苦，自己当年是只知道往一条路上走，就可以心无旁骛，"今年的年轻人已经回不到我那个时代，有时候不是说他不愿意努力，而是他们眼前可以选择的路太多，也容易迷茫，想要在每条路上都有收获，结果分散了精力也扼杀了才华"。

这让郭光灿扼腕叹息："整个社会基本上就是赶快见效的浮躁心态，影响着我们教育孩子。实际上，你让孩子做他喜欢的事，他就会慢慢培养出选择的能力，学出自己的'道'，也会悟出人生的'道'。"

在郭光灿带领研究生学习研究的过程中，他也总是强调"摆脱杂念，抛弃功利心"。

"你想赚钱就别到我这里来，想做研究，为国家做贡献，那我给你提供好环境，让你发挥正能量。"32岁就获得美国斯隆研究奖的郭氏弟子段路明，就是郭光灿在课堂里发现的，为了解除这个家境窘迫的学生的后顾之忧，他甚至想办法为他家人还债。

他尽力为团队的年轻人提供应有的待遇，让研究生体面地生活。但是，在满足基本条件的情况下，他常常告诫："你有车，但不一定非要是宝马，有房子住不要总想着住别墅。"

郭光灿说自己欣赏"从艰苦中拼搏出来的年轻人"。

这个《中国好声音》的忠实粉丝，只要在家的时候都会准点守在电视前等播出，"我最欣赏里面一个福建歌手，她唱得非常好，而且和我有类似的经历，是从艰苦中走出来的，我欣赏这种人"。

"再给我十年时间，我还能继续往前走。"已过古稀之年的郭光灿希望，今天的中学生也能抛弃功利和杂念，做一个不停止进步和探索的人，真正实现人生价值——对民族和国家的价值。

（雷宇、谢婷婷、刘振兴，2015年，中国科学技术大学郭光灿院士办公室）

郭光灿院士
简　介

郭光灿，福建惠安人。1965年毕业于中国科学技术大学无线电电子学系。现任中国科学院中国科学技术大学量子信息重点实验室主任、物理系教授；北京大学物理学院、中科院－北京大学超快光科学和激光联合中心双聘院士。2003年当选为中国科学院院士。

郭光灿主要从事量子光学、量子密码、量子通信和量子计算的理论和实验研究。在量子信息的研究中，提出概率量子克隆原理，并推导出最大克隆效率公式，被称为"段－郭概率克隆机、段－郭界限"，概率克隆机成为两种不

南口农场留念

同类型的量子克隆机之一；在实验上研制成功概率量子克隆机和普适量子克隆机，证实相关的理论预言；国际上首次提出量子避错编码原理，该原理成为三种不同原理的量子编码之一，已被实验证实；提出一种新型的量子处理器，可有效地降低消相干的影响，并实现多种信息功能，已被实验证实。

现任中国科学院量子信息重点实验室主任、中国物理学会理事，中国光学学会理事，全国量子光学专业委员会主任，国际刊物《International Journal of Quantum Information》的 Managing Editor；国家科技部973项目"量子通信与量子信息技术"首席科学家，中科院重要方向项目首席科学家，国家基金委创新群体学术带头人。国家科技部中长期规划"量子调控"重大项目——"量子通信与量子计算的物理实现"首席科学家；荣获国家自然科学二等奖，何梁何利奖，安徽省自然科学一等奖，安徽省2007年重大科技成就奖，被评选为中国科学院先进工作者、教育部全国优秀教师。

延伸阅读

甘坐冷板凳的研究生

国际学术刊物《物理评论通讯》最近发表了以我们实验室（中科院量子信息重点实验室）研究生李科为第一作者的论文，题目为《量子信道私密容量不可加》。

该篇论文解决了包括权威专家在内的国际学者10多年来未能解决的量子信息论研究中的一个难题——"量子信道私密容量不可加性"。我们知道，量子信息论是量子信息科学的理论基础。信道容量是通信领域中最基本的理论问题，它刻画通信信道在噪声环境中可靠地传输信息的能力。著名数学家、信息论创立者香农（Shannon）精确而漂亮地解决了经典信道的容量问题，这就是著名的香农第二定理。在创建量子信息论过程中，人们必然要研究量子信息容量问题。比起经典信道容量，这个问题更加深刻、更加复杂。量子信道是指基于量子纠缠的信息通道，它不仅可用来传输通常意义下的经典信息，而且能够传输保密的经典信息和神秘的量子信息。因此，这三种信息的容量（即经典容量、私密容量和量子容量）便成为量子信息领域的核心理论问题，吸引着国际学术界众多科学家开展研究，并取得了很大的进展。令人震惊的事情发生在2008年，来自IBM研究院的史密斯（Smith）

和洛斯阿拉莫斯国家实验室的雅德（Yard）发现了上述三种容量之一的量子容量是不可加的。亦即，两条不同的量子信道传输量子信息的总能力超过了它们各自传输量子信息能力之和。这种奇异现象是香农的经典信息容量绝不允许出现的。

李科的论文首次证明了量子信道的另一个容量即私密容量也是不可加的，解决了多年来悬而未决的难题。同时，再次认证量子容量的不可加性，但李科的证明却推翻了以往学术界认为量子容量的增量是来源于单条信道的私密容量这一猜测。

量子信道容量的不可加性真是个令人惊奇的发现。它就像一个人的左耳和右耳都听不到声音，但是两只耳朵一起用却听得十分清楚，令人不可思议。这个发现表明，量子信道传输信息的能力不仅仅取决于信道本身的性质，还与它所处的环境紧密相关。由此可见，在量子世界中，容量作为信道传输信息能力的度量，已经不如香农的经典容量那么本质。

两位审稿人对论文给予很高评价，认为该篇论文的证明使量子信道三种容量不可加的三部曲得以完成。论文的构造具有普适性，因此可以确信，信道容量的不可加性是量子通道的一个非常普遍的现象。这就是李科这篇论文的有趣故事。然而，我更想讲的是研究生李科本人的故事。

李科于2004年由我校信息学院免试推荐到我们实验室就读硕博研究生。他对信息论有着浓厚的兴趣，很快就选定量子信息论作为他的研究生论文课题。他刻苦用功，兢兢业业。

然而将近4年过去了，与他同期入学的研究生都已发表了多篇SCI论文，有的还获得研究生的各种奖项，许多同学开始忙着为毕业后的未来寻找出路。而李科却连一篇论文也没有写过。我们了解李科的志向和作为，从不催促他写论文，每月照样发给他与其他同学同样的助研补贴。

听说印度将举办一次有关信息论的国际会议，3位国际权威都要出席本次会议，李科希望去参会，以便与这些权威们讨论问题。我们破例让他出国开会。因为按照实验室规定，研究生起码应有张贴论文发表，才允许出国参加会议，而李科什么论文也没有。会后，为了进一步扩大他的视野，使他能够与同行进行更深入的探讨，实验室主动按照公派出国的标准资助他到英国，跟本领域的著名学者温特（Winter）学习交流半年。半年后，他仍然空手回来对我说："温特说我选的课题太难！"

眼看到了毕业时间，按照他的能力完成几篇相当不错的 SCI 论文，以求毕业并不难。于是，我问："那你是继续攻克这个难题还是先选个较容易的课题做？"李科毫不犹豫地回答："我坚持做下去。"说实在的，他是否能做出来，当时我心里也没有底，毕竟是个国际性难题，不少专家学者多年来都攻克不下。但他的坚定感染了我。我们明确地支持他的选择。只要他不放弃，我们会一如既往地支持！就这样，面对着同期研究生写论文、找工作的繁忙情景，李科依然如故、默默耕耘，坚持不懈、不为所动。

终于有一天，他敲开办公室的门，平淡地对我说："这次我成功了！"我听了很高兴，但这毕竟是个难题，来不得半点闪失。因此，我要他将证明发给英国的温特教授，请他详细审查论文。不久，温特教授很高兴地发来电邮，证实李科确确实实攻下了这个难题。今年春节期间，恰好温特教授到新加坡访问一个月，李科立即去新加坡，与温特教授仔细推敲论文的全部运算细节。最后，终于完成了这篇论文。

在今年的亚洲量子信息国际会议上，李科的论文被选为大会长报告（Long Talk），受到包括本奈特（Bennett）和肖尔（Shor）等国际权威在内的与会者的好评。这就是研究生李科的故事。我无法预计李科未来的学术成就会有多大，但是我相信，以纯净心态献身于科学事业的理念将会伴随着他的一生。

在我们民族复兴的历史征途中，倘若能有更多像李科这种淡泊功利、精心学业的年轻人，何愁不会从中涌现出国际级的学术大师呢？然而，环顾四周，热衷于搞"短平快"立竿见影的研究者比比皆是。科学研究作为人类探索自然的高尚事业正被有些人搞成谋取名利的道具。而急功近利的评价导向又将这种弄虚作假、肆意炒作的风气推动得愈加激烈。像李科这类研究生或年轻人确实很难找到他们生存发展的空间。我国学术界不乏明白人，不时地呼吁要纠正不良学术风气，纯正科学共同体，无奈成效甚微。这篇短文无非是对这些呼吁的一声附和而已：请给予那些痴迷科学、甘坐冷板凳的年轻人更大的生活空间吧！他们是科学事业的希望。

（作者系中国科学院院士、中国科学技术大学教授、中科院量子信息重点实验室主任）

（资料来源：《科学时报》2009年10月9日）

一问一答

问：您有什么好的学习方法呢？

郭：我的精神非常集中，学习时没有任何杂念，我记忆也非常快，能很快理会老师的思想。我这个习惯从中学开始的，一直到毕业、到工作，我能很认真地做任何一件事，这样做就会很快，效率很高。古时候老祖宗要我们静、虚、空，我认为这是很重要的，做任何事都是的。

问：您是一个爱好文学的科学家，文学对您有什么影响？

郭：《道德经》是近几年我比较感兴趣的一本书。我现在研究的是第三个少数派量子世界，探索宇宙量子世界的基本原理，它就涉及宇宙的基本规律。《道德经》里讲道生万物，我们的祖先在很久以前就讲这种道理，讲客观存在的东西。我认为它的很多内容能够启迪我的想法，这跟科学不一样，它给人的是一种观点的启迪。

问：在您的成长中是否也有想放弃的时候？

郭：没有，从来没有，这是我自豪的地方，即使生活困难、工作困难，或者我快走投无路的时候，都没有放弃，哪怕我做慢一点，一定做下去。

问：中学阶段应培养什么样的品质？

郭：越单纯越好，单纯不是傻，单纯从长远来看对人是很有利的，单纯追求一个目标，不要三心二意，想得太多了就什么也干不成。

问：青年一代该如何确立使命感？

郭：青年应该是追求事业，但是追求事业到了一定程度，很容易去选择其他道路，所以我们要追求人生的价值，这对国家、对整个学科的发展起作用。例如做学术，在国际上做得领先，使我们国家变成科技强国，这是对国家的贡献，是对于整个人类事业的贡献。

"读书吧,读书吧,认真学习。"面对今天的孩子们,杨焕明院士总是愿意这样寄语。

杨焕明院士：爱上科学是一辈子最大的幸运

恰恰是对大自然的爱恨交织的深深感悟，让他产生了探索生命的企盼有人说水乡的孩子爱水,山里的孩子爱山,海边的孩子爱海。但是,基因组学家杨焕明院士却对家乡的山水海"爱之深、恨之切"。

杨焕明生在温州乐清的一个小山村,近山、傍水、临海。干旱时节,土地龟裂,颗粒无收,求雨不得而"恨天";洪水之后,河水泛滥,差点让儿时的他淹死而"恨水";穷人"爬山当棉袄"而"恨山",渔家"脚踏船板半条命"而"恨海"。

每到周日,被父母逼到海边捉鱼蟹,腰带上系着硬得像石头一样的米饼。下海滩时,看到去捞小鱼虾的地方在水平线上脚已发软,头上是炎炎烈日,脚下是齐膝深的、踩不到底的泥巴。回来时看岸边犹如天边,紧随身后的是咆哮着的汹涌潮水。

爬不尽的陡峭的山路,贫瘠的黄土,山地里捡不尽的石头,锄头迸出的火花。一放学就被妈妈派去砍草、砍柴,至今右手上一道横跨三指的刀疤清晰可见。

"哪个农村孩子,不希望拔苗助长,以至于'不劳而获'呢?"小时候的杨焕明恨不得秧苗能一夜长成稻谷,水稻能像茭白那么高,谷子能像蚕豆那么大。

而恰恰是这份对大自然的爱恨交织的深深感悟,让杨焕明产生了探索生命的企盼,走上了科学的"不归路"。

多年后,这个昔日怀揣"拔苗助长"梦的男孩领导团队,在世界上首次利用全基因组"霰弹法"策略完成了水稻这一大型植物基因组的测序和分析，由我国科学家独立完成的超级杂交水稻父本籼稻"9311"基因组"工作框架图"，揭开了高产、优质、美味背后的奥秘。

"只有吃苦，才能懂得珍惜"

杨焕明小时候十分瘦小，但是该干的活儿一样也不能少。

他常常羡慕城里的孩子，放学之后做完作业就可以玩耍，可以学乐器或是摆弄岩矿石收音机，而自己每天一回家就有无尽的家务活等着。

杨焕明至今记得，父亲几次把他领到村里一位清代举人的老宅边，指着门前那一对石柱对他说，"以前穷人的孩子只能靠科举，现在只有读书考上大学啊！"

1958年春，还不满6岁的杨焕明上学了。这个聪明、勤奋的孩子一直都是班里的第一名，刚上三年级就成了学校的大队长。

"过去没有条件读书，现在的孩子有条件不想读书，所以在他们成长的过程中一定要吃苦，欧美的很多家长还把孩子送去'魔鬼训练营'。"回顾自己的人生道路，杨焕明说，只有吃苦，才能懂得珍惜，才会更加热爱学习。

对于杨焕明来说，"读书是一件有趣又容易的事情"。

小学五年级时，杨焕明已经把所有的演义小说看遍了，"《封神榜》《东周列国志》《三国演义》《杨家将》……"，他掰起手指，一一历数。

凭借大量地阅读，杨焕明的作文一直都非常好，老师要学生自己用毛笔字誊抄贴在墙上的优秀作文，几乎都是他的"专利"。

同样让他很有成就感的是，这个班里个子最小的男生成了学校里的"孩子王"，身后总跟着一群大孩子，"只有我的故事能吸引他们，才能让他们心服口服，从来没有人欺负过我"。

小学期间，杨焕明也曾一度莫名其妙地厌学、逃课，跟妈妈说学校有活动不用上学，出去打架、用弹弓打死人家的鸡，做了坏事也不承认，尽管至今悔恨不已。

"是金老师把我拉了回来。"外校转来的一位金老师经常到杨焕明的家里，关注杨焕明的学习生活，"他听说我曾经读书很好，所以坚信我不是个坏孩子，一直鼓励我，还借给我第一本现代长篇传记。"

其后，杨焕明顺利考上了当时县里唯一的一所中学——乐清中学。

校园里学风很好，刚进校时，杨焕明甚至有点自卑。有一次作文才得了64分，还曾为此偷偷哭过鼻子。

但这个自尊心很强的男孩很快追了上来，成绩全班第一，又当上了班长。青涩的记忆里，还有着这样的片段——在学校的运动会长跑中，身材瘦小的杨焕明坚持到底，获得了"风格奖"。也只有这样才能弥补体育分的不及格，才能年年评上"三好生"。

杨焕明说，这是一段心无旁骛的校园生活，"对于我来说就是一个梦，我的梦就是考上北大清华"。

然而，这样的中学生活只维持了一年半，伴随着全国"上山下乡"运动的兴起戛然而止。

多年后，杨焕明在一篇随笔里面曾这样喟叹："下次到北京，我一定要带上一包烟去行贿看门的老爷爷，让我再进一次北大，再坐在图书馆前那片草地上，再做一次那永远不可能圆的北大梦。"

"不要让自己的梦想睡去"

和《平凡的世界》里描述的并无二致，杨焕明回乡的生活很辛苦，早起、挑水、干农活。很多乡亲眼中，这个有股子吃苦劲儿的少年以后肯定能做生产队长，连他的母亲也相信了。但是只有他自己心里知道，"我一定不会在这里一直待下去"。

在那个"读书无用论"盛行的年代，杨焕明把看书当成是自己最大的享受，高尔基说"我扑在书上，就像饥饿的人扑在面包上一样"，而他更愿意说的是"无用才读书"。

"书都被烧了，只剩下三本我偷偷藏着的英语书"，直到现在，杨焕明还能清晰流利地背出英语书里几乎所有的课文及后面的补充阅读，几乎所有的英文诗歌。在别人看来，那段色调暗淡时光的夜晚只剩下疲惫，但是对于杨焕明而言，夜晚的煤油灯是一盏享受的灯。

多年以后，在英国剑桥郊外大学举行的"国际人类基因组计划"会议有

161

关是否接受中国参与的答辩会上，杨焕明据理力争、激情答辩，争取到了 1% 的任务份额，其还算流利其实带有浓重中国南方口音的英语表达让人印象深刻。

在做民办教师、罐头厂临时工的间隙，杨焕明四处找书，和人换书（每看完一本就立刻和别人交换），那段时间杨焕明自学完了初中高中的英语、数学、物理全部课程，也把县城能找到的书全都读遍了。

"没有所谓的好书还是坏书，那时只要能找到的都是可读之书。"从《激光》《射流》到《十万个为什么》、从《法兰西内战》到《哥达纲领批判》、从《唯物主义和经验批判主义》到《国家与革命》，还有《马克思恩格斯选集》《列宁选集》，只要杨焕明能找到的，他都读过。

在杨焕明少年朋友和青年工友记忆深处，他永远是这样一个形象：挎着一个黄书包，里面总是放着要读的书。

他带着骄傲地自嘲当年是个"自虐狂"，为磨炼自己的意志常年洗冷水澡；而除了拼命学习，杨焕明还有一套自己的学习方法，周密的学习计划，一丝不苟地执行。记忆中，这些似乎源自"福尔摩斯"丛书中的"知识结构"。

当年与他曾同住一室的工友至今感慨："他这个人说好每天背 30 个英语单词，就一定做到！"

"读书吧，读书吧，认真学习。"面对今天的孩子们，杨焕明院士总是愿意这样寄语。

他说自己经历的时代是不得已的,为了生活、为了家庭、为了梦想,但是却没有条件学习,"现在我们不能强迫,要放手,一定要让他们觉得学习与玩游戏一样有趣"。

"能爱上科学的人都是幸运的人"

在爱上生物之前,杨焕明最先被物理和化学折服。

杨焕明脑海里至今还留存着龙骨水车的模样,父辈们头顶烈日,脚下一刻不停地踩着轮盘,用汗水换来几近蒸发的水分,拯救干瘪了的秧苗。后来,龙骨水车被替代,柴油机的出现让乡村的宁静一去不返。

物理能用机器代替人更快更好地工作,但是化学却能做人不能做的事情。

杨焕明的家乡虫灾严重,农民们用农药喷洒来灭虫,杨焕明目睹了"科学的威力",也与父兄们一同庆贺"科学神药"的来临。但是很快,不幸也来临了,害虫没有灭绝,河田里的鱼虾却消失了,更不幸的是,当鱼虾再次出现的时候,孩子们却被告知鱼虾再也不能成为美味。

物理和化学的"威力"让杨焕明震惊,也真正让他开始爱上自然、生命。

对生物的最初感受,他至今仍记忆犹新的是邻居用沾满泥巴的双手递来的一节藕。这个从泥巴中挖出的一节像竹子一样的东西,大大小小巧妙排列的小洞令杨焕明感到神奇:"这是我第一次为神奇的大自然所造就的生物之美所感叹!"

更直接的关联则是回乡期间一段在县酿造厂学农业微生物和在县罐头厂做蘑菇师傅的经历。

酿造厂总技术员万老师成为杨焕明生命中的"贵人"——她给了杨焕明阅读大学生物教材的机会,还教给他微生物的基础知识,也唤起了杨焕明童年的记忆。

1975年,杨焕明完全偶然地走进了杭州大学的大门,就读他喜欢的生物系,从此正式拉开了自己的生命科学研究的序幕。

至今,杨焕明仍保持每天读30篇以上的文献资料,他把每天看书、看文献当作"戏读",如游戏一般。科学对于他来说是轻松而快乐的,从那里找到了人生的乐趣。

杨焕明经常到中学里面跟孩子们交流,用形象幽默的语言解读生命的奥秘,告诉孩子们基因是什么,让他们感受科学的乐趣。

近年来与年轻一代的交流和观察中,他遗憾地发现,现在学校学习成绩好的都不去做科研了,而是选择赚钱的行业了,"对科学有兴趣的小孩越来越少"。

针对当下"中学教育对学生创新意识的培养是一种扼杀"的观点,他认为无须上升到创新意识,"最大的扼杀首先是对兴趣的扼杀"。

今天的孩子们都生活在竞争之中,心中想的都是如何从竞争中胜出,而杨焕明觉得,"自己爱上科学,真是一辈子的幸运"!

(雷宇、张晗,2015年3月,深圳华大基因杨焕明院士办公室)

杨焕明院士简介

杨焕明，1952年10月生于浙江温州，毕业于原杭州大学（现浙江大学）生物系。

1982年于南京铁道医学院（现东南大学）获硕士学位，1988年于丹麦哥本哈根大学获博士学位。

杨焕明院士

1994年回国任中国医学科学院教授。1998年组建中国科学院遗传研究所人类基因组中心，1999年作为创始人之一组建北京华大基因研究中心。2007年又组建了深圳华大基因研究院，当年就完成了全球首张黄种人全基因序列图谱"炎黄一号"的绘制。现为深圳华大基因研究院理事长，中科院院士。

延伸阅读

生命的魅力和美丽

——写给走向基础教育第一线的年轻生物学教师

生命的无限魅力

生命使我们的星球有别于我们所能观察到的宇宙中的所有其他星球。生命使我们的家园生机盎然、郁郁葱葱。

生命的无限魅力，在于她的连续性：任一物种的任一个体的生命都是有限的，但生命通过自己独特的复制，使这一物种绵延不绝，使整个生命世界生生不息。

生命的无限魅力，在于她的多样性：物种不同，个体各异，使生命世界五彩缤纷，千姿百态，使所有的生命体相互依存，各得其所，争芳斗艳，组成了美丽的生命大家庭。

生命的无限魅力，在于她的同一性：生命进化上的同源，生命物质的相同，生命结构的相似，生命规律的同一。尽管我们今天还难以定义生命，却那么容易地区别"生机勃勃"的生命与"死气沉沉"的非生命。

生命的连续性、多样性与同一性的交响乐，组成了生命的最壮丽、最美妙的主旋律。

在中学时，从我们所有的生物学老师那里首先学到的，便是对生命发自内心的赞美与歌颂，对生命科学的激情与热爱。

让我们学会理智地把握世界

人类也是生命，这就是生命科学与所有别的自然科学的重大区别：人类既是生命科学唯一的探索研究者，又是生命科学研究的对象之一。生命科学的同一性又带来了生命技术的通用性：从最简单的病毒或细胞上的一个发现，即刻便会应用于所有生物直至人类。生物技术超乎其他技术的威力，还在于它的"巧夺天工"：它不需要像人类制造机器那样对每一个零件都要从头做起，生物技术只需一个环节的突破便可引发一场革命——DNA"克隆"可以借用细菌，动物的克隆可以利用动物的生殖器官。大自然为生命科学家提供"伪造"、借用的机会和"现成"的工作母机。

正因为如此，生命科学与生物技术的发展，为我们的社会带来了一次又一次的远比物理、化学更为激烈而深刻的冲击与震荡。我们未来的生命科学家，从我们的中学生物学老师那里所学到的，不仅仅是生物学的启蒙知识，而是一个生命科学家对我们社会和谐和人类进步的责任。

中国的生命科学源远流长

我国的科学家以参与人类基因组 3p 区域"工作框架图"的测序任务（即"1%项目"）（2000年），以独立完成水稻基因组"框架图"和"精密图"的绘制（2001年），以率先完成家蚕基因组"框架图"的绘制（2003

年)等基因组的研究成果，显示了中国在生命科学研究中的国际地位与无限潜力，表明了我国生命科学研究的手段和技术正在走向成熟。

中华民族的祖先对人类社会进步与科学技术发展做出了重要的贡献，1万年前的水稻种植，8000年前的家猪驯养，5000年前的养蚕缫丝，4000年前的醋曲酿酒，还有几千年的中医中药……不胜枚举。生命科学的灵感，融入了我们的民族文化与哲学，影响了几千代炎黄子孙的理念与思维。我们未来的生命科学家，从我们的中学生物学老师那里所学到的，不仅有现代生物学的基础知识与基本技能，更有激励他们再创辉煌，摘取生命科学"皇冠"的气魄与豪情。

让我们大家相互祝贺从事生命科学教育和研究的人生！这不仅将使我们的人生更有意义，还将使全人类的生活更加美好，使我们充满生机的家园更加美丽！

(原载《生物学通报》2003年第4期，作者：杨焕明)

一问一答

问：我们应该如何对待历史？

杨：人的一生都在不断面临着新的挑战，那么如何去应对这些挑战，就要去历史中找答案，但是这个答案必须用批判的眼光去看待、继承。一个民族的发展不能只依靠过去的成绩和继承，必须要创新。要做弄潮儿，要融入历史的、人类发展进步的潮流中，也要有自己的特点进行创新。

问：您认为什么是一个人的立身之本？

杨：创新是一个人的立身之本。创新的实质就是批判，对于中学时期的孩子们来说，表现出来的可能就是反叛和叛逆。

问：怎么理解您说的"爱上科学的人是幸运的"？

杨：爱上科学当然是非常幸运的，科学并不是一件轻松的事情，每天要看很多文献，可能还会做很多无用功，科学界的成功率是最低的，但是能够在科学中找到乐趣，坚持地做下去，就一定能收到回报，知识的增长本身就是一种巨大的收获。

问：中学时代，如何培养孩子们对科学的热情和兴趣？

杨：不折腾。在一个调查中问，使你喜欢上科学的重要影响因素。结果发现，一方面是博物馆、父母的影响、一本科普书，另一方面是在小中学阶段接触过一个有成就的科学家，我自己也是这样。培养孩子们的兴趣应该是自然而然、潜移默化培养的，不应该是"教"出来的。所以作为科研工作者，有责任去告诉孩子们什么样的成功是可能的、是有乐趣的。

郑永飞说，无论在任何时代，都要努力奋斗，都要自强不息，才能成就一番大事业。

郑永飞院士：成功是兴趣和特长的融合

从高考落榜生到当届最年轻的院士

郑永飞每天十几个小时"泡"在实验室，2009年11月，当获选中国科学院院士的消息传来时，这位刚过完50岁生日的科学家正埋头实验室里继续手头的科研。

作为当年入选的最年轻院士，郑永飞颇为谦逊："我依旧是一名普通的教师和科研工作者。"从事地球科学研究近三十年，他获得了中国地球科学界"侯德封奖""金锤奖"等几乎所有的个人成就奖项。

遭遇过挫折困顿，从高考落榜生奋起，郑永飞说："无论在任何时代，都要努力奋斗，都要自强不息，才能成就一番大事业。"

追溯成功品质的塑造，中学时代是一段绕不开的时光。揣着一书包课外书、看书听课抄了多本笔记，在这个阶段，郑永飞自由生长，从懵懂无知走向热情专注。

回顾四十年前的中学生活，当年执着探索学习方法，掌握解题窍门，在阅读中打下牢固文学基础，使得郑永飞在传道授业、从事科学研究时都游刃有余。

"把看到的东西和学习连起来"

1959年，郑永飞出生于安徽省长丰县的一个农民家庭。地处江淮分水岭的家乡，土地贫瘠，易涝易旱，是典型的穷乡僻壤。

但"穷不丢书"是郑永飞父亲的教育理念，曾读过几年私塾的父亲，成为他的第一个启蒙老师。

偶尔逗趣郑永飞，父亲会随口念出《三字经》，很快，郑永飞对《三字经》就能出口成诵了。

悟性好，加之父母目光长远，6岁时，郑永飞就上了小学，在当时的农村，这样的开蒙并不多见。

到小学三年级时，郑永飞突然觉得上学没意思了，他一度偷偷逃课。是父亲扬起的巴掌又将他"打"回了课堂。

此后很长时间，郑永飞的成绩一直保持着中上等，但在老师的眼中，"这个孩子没考好，不是基础差，是没好好学"。

闹哄哄的"文革"时期，郑永飞把目光投向文学。

到中学时，《三国演义》《水浒传》《林海雪原》等为数不多的文学书籍，是郑永飞的掌中宝。当时能借到一本文学名著不容易，郑永飞总是千方百计地拖延还书时间。

遇上书中的好词、好句、好评论，他反复品读，还专门找来本子摘抄下来。《钢铁是怎样炼成的》《欧阳海之歌》等，是他重点摘抄对象，至今烂熟于心。

真正触动郑永飞的是一堂作文写作课。

学校迎来一场"忆苦思甜"的展览，老师带着学生们参观后，要求写感想，郑永飞把平时阅读的内容洋洋洒洒写了一页多，自己还颇为得意。

语文老师赵伦学看完后，特地将郑永飞喊到跟前，追问其展览的场景和细节，郑永飞挠头搔耳地答不上来，"他告诉我，作文不该这么写，你应该写参观了哪里，什么给你留下了深刻印象，最后才是感想"。

郑永飞当时正在读《解放军文艺》期刊，赵伦学老师一点拨，让他顿悟："那不就是期刊上一篇完整的杂文和小说融合在一起的文章吗？"

他随后按照要求重写，改后的作文成为赵老师课堂上点评的范文。

这是一个刺激，也是一个激励，让郑永飞培养起实事求是的精神和敏锐的观察力，"我在认识上有个飞跃，从那时候起，我把平时看到的东西和学习连起来了，成绩一下就上去了"。

同时，摘抄也让郑永飞养成了上课记笔记的习惯。

课堂上，老师一边讲郑永飞一边记录，晚自习时再找来参考书补充、整理笔记，考试前，再复习一遍。与临时抱佛脚应付考试的同学相比，郑永飞对知识的掌握无疑越来越深厚。

"知识是相通的，中学培养的语言文字表达能力，为我的科学研究打下了基础，受益无穷。现在我做研究时，一眼就可以看出，哪些是我知道的，哪些我不知道。"回首往事，郑永飞无限感慨。

受益于"因材施教"

中学时，郑永飞年龄小、成绩好、不调皮，所以大家做什么都会带上他。闲暇时，几个要好的同学凑在一起下象棋、军棋，其乐融融。

让郑永飞欣喜的是，赵伦学老师依旧担任他的语文老师。这个时期，赵伦学为郑永飞找来许多文学作品，还指定郑永飞当语文课代表。

赵老师常常对郑永飞进行课内外的作文训练，培养他对于诗歌、散文的兴趣。

同学们的作业，期末给学生写评语，都是赵老师批改了两三份后，再让郑永飞按照模板学着把剩下的做完。

对于少年郑永飞而言，这样的激励引导着青春的力量，"这很让人骄傲，你看，这些评语都是我写的。而这些东西怎么写？不同人有不同表现，如何规范用词，如何评定一个人的学习成绩和表现，又是一个综合的联系"。

"用现在的话来说，这个老师因材施教，对不同的学生，用不同的方法。"多年后回首，郑永飞依旧充满感恩。

对文学的爱好，曾一度让郑永飞上课时都捧着课外书如痴如醉地看。

初中的一次数学课上，李云岭老师发现郑永飞不听课，在埋头看课外书，便罚他上讲台解一道一元二次方程题。

郑永飞走到黑板前，稍稍审视了一下题目，拿起粉笔顺顺当当解答完毕。

"坐下来吧，以后上课不能开小差！"老师的语气缓和了许多。

课后，李老师检查郑永飞书包，发现鼓鼓囊囊塞了好几本文学大部头，再检查数学课本，李老师惊讶地发现郑永飞对他下一堂课要讲的内容已经基

179

本掌握了。

"我每天上课前都会预习课程,知道他下节课说哪里,看懂了,我就去看我的书,他说他的课。"每次期末考试,他总在前三名,让老师们"爱恨交加"。

学生上课时看小说,尽管李老师很生气,但是不久就有针对性地给郑永飞开起"小灶":"上完课,他会找一些习题让我做,你不是会了吗?这些习题给你做。那时候对学习质量抓得不是很紧,但是他会找一些习题,按照我的学习程度,让我去做。"

中学时,正赶上张铁生"交白卷"的时代,高中从三年压缩到了两年。上了高中,除去正常上课,其他时间都在劳动。学校会在不同季节里安排农业劳动、修河坝、插秧、收割。

得益于老师们的帮助,高中毕业后,郑永飞以全区第一、全县第二的成绩,考取了民办教师。17岁,他走上讲台,开始了长达两年的乡村执教生活。

1977年,正式恢复高考,郑永飞与"老三届"同台竞技,不幸落榜了。

有过失落,也曾怀疑自己还能否考得上,但郑永飞依旧选择了来年再战,最终跨入了南京大学的大门。

而同时期做民办老师的,有人一起考上大学,也有的在打牌玩耍中度过,多年后聚会时,依旧是一个乡村的民办教师,让人感慨命运的乖张和坚持的力量。

成功是兴趣和特长的融合

高中时，郑永飞对物理书上的收音机电路图产生了浓厚的兴趣。爱动脑子的他平时就喜欢摆弄闹钟，常常是拆了又装，装了又拆，乐此不疲。

"这么一个小小的东西，可以发出声音，感觉太好了！"听新闻、听音乐，晚上看完书想休息了，郑永飞就听一会儿，出于好奇，他萌生拆了收音机，再研究它如何组装的念头。

恰好物理课本上，都清清楚楚地写明了步骤，于是，只要一有机会，郑永飞就搭乘进城的拖拉机，去市里买零件，自己组装收音机。

郑永飞笑言，当年合肥有一种麻饼，远近有名，但一个麻饼要一毛四分五，他从来都舍不得吃，"平时为家人打酱油买醋节省下来的零花钱，全部花在买零件和小书上了"。

这充分锻炼了郑永飞的动手能力。

虽然当时他没有组装出一台完整的收音机，但至少"小机盒"可以发出声音了，"很多东西并不难，努力争取去做，慢慢就成为一种兴趣"。

在郑永飞看来，兴趣并非盲目的喜欢，比如玩游戏就是误入歧途，而不能说是个人兴趣，"兴趣是有价值的东西，无论是收藏还是其他的，他脑子有这根弦，碰上它就能做好，慢慢成为追求"。

解读成才之路，在这个年过半百的院士眼里，兴趣之外，还应该找到自己的特长。

然而,郑永飞发现,中国人不擅长发现自己的特长,常常把特长与兴趣混为一谈。

一个故事让他印象深刻。

曾经,在郑永飞执教的中国科大,有一位学习数学的少年班学生,在学习数学多年并在美国攻读完博士后,出人意料地转行做了生意,还做得很有成就。

在少年成才的前二十年里,不少人认为这位学生是一位"数学天才",甚至他自己也这样认为。

但多年后,他和郑永飞交流,博士毕业时,突然发现自己在数学领域没有太多想法,别人能想到的自己却想不到,才终于明白:"大学时数学比别人好,实际上是我有兴趣自学了。初中把高中课上了,大一把大二课上了,这和特长没关系,我没有数学天分。"

"有时候,你认为的特长,其实不是真正的特长,一件事你比别人做得好,效率高,事半功倍,这才是你的特长。"郑永飞说。

郑永飞曾留学德国,他欣赏德国教育体系中根据兴趣、特长培养人才的办法。

德国人初中毕业时就有职业选择,读高中上大学还是上中专做技工,在中学时就要做选择,而且大多数时候,他们的判断都没有错。

在他看来,孩子将来适合做什么,判断很重要,而判断的基础,很大程度上取决于孩子的特长。"有些人天生爱动手、心灵手巧,有的人记忆力好,看到什么就能复述出来……"

郑永飞院士对此总结:"兴趣是一种思想,特长是一种技能,要把两者融合起来,才能不断走向成功。"他自己从爱看书、爱动手发端,到科学和人文交织,相互促进的故事,正为此写下了注脚。

(雷宇,2015年,中国科学技术大学郑永飞院士办公室)

郑永飞院士简介

郑永飞，男，汉族，1959年1月出生，安徽省长丰县人。1994年10月加入中国民主同盟。1991年2月在德国哥廷根大学获博士学位。

现任民盟中央常委，民盟安徽省委主委，安徽省政协常委，第十二届全国人大代表，中国科学院院士，中国科学技术大学教授、博士生导师、中国科学技术大学地球和空间科学学院副院长，中国科学院壳幔物质与环境重点实验室主任。

郑永飞院士

1978年9月至1985年4月在南京大学学习，获学士和硕士学位。

1985年5月至1987年8月在南京地质矿产研究所工作，任助理工程师。

1987年9月至1991年2月在德国哥廷根大学学习，获博士学位。

1991年3月至1993年9月在德国图宾根大学进行博士后研究。

1993年10月至今在中国科学技术大学任教，历任副教授、教授、博士生导师、系主任、学院副院长。

2005年3月起任中国科学院壳幔物质与环境重点实验室主任。

2009年11月当选中国科学院院士。

2010年10月至2012年5月挂职安徽省科技厅副厅长。

第十、十一届全国人大代表，民盟第八、九、十届中央委员，民盟安徽省委第九、十、十一届副主委、第十二届主委。

> **延伸阅读**

百人计划帮我设定更高的目标

20年之后，第一批入选百人计划的郑永飞，依然清楚地记得当年申报时的情景。

1993年10月，郑永飞结束了7年留学德国的生活，来到中国科技大学任教。这7年中，凭借20世纪80年代初在南京大学地质系获得的扎实基础和张祖还教授在硕士研究生阶段的悉心指点，他先是在哥廷根大学获得了地球化学博士学位，又在图宾根大学完成了博士后工作。此时此刻，已过而立之年的他，最想干的就是一份回馈祖国的事业。

创业之初受惠于好政策

回到国内的郑永飞，开始为自己的科研启动经费而奔忙。

这一年，北京的雪下得特别早。1993年11月，在合肥穿着夹克动身的郑永飞，到了北京就尝到了寒冷的滋味，急忙去买了一件羊毛衫御寒。然而，进了中国科学院院部大楼，却使他的内心感到了阵阵温暖。听说他是来申请科研启动经费的，身为科学院百人计划领导小组成员的资环局学术秘书黄鼎成研究员，向他透露了一个令人为之振奋的消息。中国科学院正在酝酿一个优秀人才支持计划，向海内外招聘跨世纪学科带头人。郑永飞连忙把自己的简历和申请材料一并交给了黄鼎成，经过与各方面协调，郑永飞得到了院里先期支持的30万元经费。

1994年9月，黄鼎成在合肥主持召开了百人计划首批申请者答辩会。这在当时还是一件史无前例的事情，邀请了国内不同单位的专家评委。经过几轮认真的遴选，郑永飞成为中国科学院14位首批入选者当中的一员。

接下来，郑永飞又申请了国家自然科学基金委的杰出青年科学基金，于1995年1月通过答辩，成为首批资助的入选者。由于工作做得出色，三年60万元的杰青基金，又被延长两年增加40万元，总数达到100万元。这两个第一批使郑永飞立足国内开展高水平科学研究的计划犹如插上了翅膀。回国工作近两年后，实验室的房子、新购置的设备等逐渐到位。

20世纪末中国科学院推动的知识创新工程，使郑永飞在科学研究上进入一个新的阶段。经过二十年来的反复锤炼，在国家自然科学基金委重点和优秀创新群体项目、国家科技部重点基础研究规划"973"项目等一系列经费的支持下，郑永飞在矿物稳定同位素分馏系数理论计算和实验测定、大陆俯冲带化学地球动力学等研究中获得了一系列突出成果。

百人计划和杰青项目的实施，使郑永飞在回国一年半之后获得了当时很大的一笔科研启动费。他将这些钱大部分用于稳定同位素地球化学实验室建设，其中包括购买一台同位素质谱仪。这种在国外大学地质系非常普通的仪器，当时除了北京中国科学院地球物理所中日合作矿产资源研究中心有一台以外，合肥还没有。刚开始，购置计划并没有顺利获批。为了支持他的工作，在人事局副局长黄伯明的帮助下，主管资源环境和教育工作的陈宜瑜副院长在计划局的请示报告上特批郑永飞购置这台同位素质谱仪。

"回国前的想法非常简单，只是想申请国家科学基金，能有十几万、几十万的经费就可以开展工作了。当得到的资助强度达到百万级的时候，我的想法就是要做一些更大的事情，做在国际上有影响的事情了。"郑永飞的观念在发生变化，设定的目标更高了。他回顾说，在他的职业生涯中，学习、跟踪和模仿是在大学本科和硕士生阶段完成的，独立的工作能力的培养和学术思想的形成是在德国攻读博士期间逐步实现的，而提出比较完善的学科体系和重大创新课题并且付诸实现，则是从百人计划和杰青阶段开始的，这也是我们国家经济实力达到一个新的台阶对科研投入增加的体现。

穷其毕生而投身的职业

郑永飞心里一直有一个结，那就是对教师这个职业的尊重和热爱。采访中，他丝毫也不掩饰对自己曾经当过一个很不错的民办教师的自豪感。上大学前两年的民办教师经历，让他在本科学习阶段就摸索出了一套有效的学习方法，也使他沉下心来耐得住做科研的寂寞，更让他对教育事业永远怀有一种不离不弃的归属感。

"后来不论是做学生还是当老师，我都从当民办教师的经历中受益匪浅。那时候我就明白了好老师的标准其实很简单。一是要想办法让学生能听懂你的课并且乐意听下去，二是让学生在下课后一小时内就能把你布置的作业完成好。"一句话，就是调动学生自身的学习兴趣和积极性。从那时的乡村学校,到站在中国科大的讲台上,郑永飞一直用这两个标准要求自己。

在日常教学和科研活动中,郑永飞对学生的学位论文从选题到阅读文献、实验设计、结果分析、论文写作,每个环节都与学生一起讨论。对每个学生的投稿论文,他总是反复推敲,不放过任何一个瑕疵,哪怕文章的字体、行距、图标中的各种标识或一个小小的标点符号等细节,都不会轻易放过。为此,一篇学生的投稿论文往往要经他前后做十几乃至几十遍的修改。徐宝龙是郑永飞回国后培养的第一个硕士研究生,他的学位论文成果发表在国际顶级地球化学刊物《地球化学与宇宙化学杂志》上,而这篇论文却是郑永飞在春节休假期间一字一句修改出来的。"要学生阅读的文献我先阅读,要学生理解的文献我先理解,要学生学会的方法我先学会。如果他们有抄袭行为,第一个知道的就是我。"郑永飞反复告诫学生,学术上的粗制滥造、抄袭剽窃、弄虚作假,都是绝对要不得的。

作为一名研究生导师,郑永飞认为,我们既要教育学生记住必备的科技知识、掌握应有的实践技能,又要培养学生如何从事科学研究活动、如何甄别科学成果优劣。重要的实验必须自己去参加,重要数据的处理必须自己参与分析,而且全过程都要一丝不苟。这样得来的数据才直观,才有感性认识,对解决的科学问题才有把握。

郑永飞的严谨治学态度深深地影响着他的弟子。

二十年交出一份翔实的答卷

郑永飞长期从事同位素地球化学和化学地球动力学研究。他从理论上定量描述了矿物晶体结构和化学成分与氧同位素分配之间的热力学函数关系，建立了能够进行矿物氧同位素分馏系数计算的增量方法，对一系列天然矿物和岩浆岩进行了成功应用。他在中国大别-苏鲁造山带超高压变质岩矿物中发现氧、氢和碳同位素异常，提出了大陆板块深俯冲与折返过程的动力学模型，成功地将稳定同位素示踪技术拓展到化学地球动力学领域。他将地球化学与岩石学相结合，提出了俯冲隧道内熔体-橄榄岩反应是板片-地幔相互作用的主要机制，成功地建立了造山带岩浆作用与地壳深俯冲之间的物质传输关系。

"科学研究需要创新，更需要积累，要有十年磨一剑的耐力。"郑永飞说，科研工作者一旦急功近利，就很难做出大成果、成就大事业。20世纪80年代初，有人提出用矿物结晶化学原理计算硅酸矿物之间的氧同位素分馏系数，但计算结果与实验数据和野外观察相比存在较大偏差。郑永飞十多年来紧紧盯住这个领域，不断探索，修正前人的方法。"矿物氧同位素分馏系数的理论计算和实验测定"最终获得2004年国家自然科学二等奖，所发表的20篇代表性论文已经被SCI刊物论文他引1100多次，为给地球"量体温""做解剖"做出了原创性贡献。1997年美国出版的《地球化学原理》教科书中，有7页的篇幅专门用来详细介绍这一理论计算的原理、方法、公式和图表。

郑永飞常说，科学研究就要始终站在国际学术发展的最前沿。20世纪末，大陆板块深俯冲研究成为国际地学研究的前沿和热点。郑永飞敏锐洞察到学科发展方向，及时开展了中国大别-苏鲁造山带超高压变质岩研究。

他首次从地球化学角度论证了大陆板块俯冲－超高压变质－折返上冲的整个过程，表现为"快进、快出"并在地幔深部"居留短暂"，将之形象地比喻成"油炸冰淇淋"。这个"油炸冰淇淋"模型在当时只是推测，属于科学假说。要使科学假说上升成为科学理论，必须经过科学验证和时间检验。从此，他开始了长达十年的艰苦理论探索与技术攻坚。郑永飞不断学习新的理论知识和分析方法，努力加强不同学科之间的交叉融合，认真推敲不同渠道获得的第一手资料。他把每天的大部分时间都倾注在自己的科研工作上。除了出差在外，他几乎每天都"泡"在实验室里，设计实验、分析数据、阅读文献。正如鲁迅先生所言，他"把别人喝咖啡的工夫都用在工作上"。有时为了灵光一闪的想法，常连续十几个小时泡在实验室里寻求佐证。经过十年的潜心研究和实验，他定量验证了"油炸冰淇淋"假说。这项成果得到国内外科学界的高度评价，所发表的48篇论文已经被SCI刊物论文他引1800多次。

一问一答

问：您中学时有什么样的梦想？

郑：那时候也有梦想，但是取消高考了，就不再是"大学梦"了。那会儿高中毕业后，要么推荐上大学，要么推荐招工，要么参军，我就想着不能再当农民了，要出人头地，成长一个层次。我要求自己不管做什么都好好干，做什么都要符合质量。

问：您经历了一次高考落榜，第二次高考前是什么状态？

郑：我一个人从乡下到合肥，到了以后自己找地方住下来，自己去考试，考完回家，就和出趟差一样。感觉会的基本上都做了，没有感觉太难。考试时监考老师会看大家的答题情况，我每考完一科出来，老师都会跟我说做得很好。

如果考前复习得很有把握，那就不用再去看书了，想一想就行了。如果考前三天还在那这也想做、那也想做，那说明掌握得不够。考试一靠平时的知识积累，二靠答题技巧。

问：中学阶段该如何培养创新型人才呢？

郑：有的题目有唯一答案，但有些没有，学校不能只培养学生的单一思维，要培养他们的多重思维。这首先要培养老师，比如语文、政治老师，要求他们在试卷里面设置至少三分之一非唯一解的题目，在课堂讨论的时候，同样要鼓励学生找不同的答案。只要去落实，就会有成效。

问：兴趣和特长之间是一种什么关系？

郑：很多人把兴趣和特长混为一谈。工作和业余生活中有价值的东西，属于你的兴趣，会逐渐成为人的一种追求；同样的事情，你比别人做得好，效率高，事半功倍，这是特长。兴趣是一种思想，特长是一种技能，你喜欢的东西未必是你的特长，要把兴趣转化为特长，把两者结合起来才能成功。

问：不同时代的人有不同的成长方式，不同的成长方式有没有共性？

郑：无论在任何时代，你都要自强不息去奋斗。任何时代都一样，无论是战争的年代还是和平的年代，无论是富裕的年代还是贫穷的年代，无论是好的环境还是坏的环境，不去奋斗不会成功。

第一辑 中学生读后感

用一颗纯净的心求学

读过《院士的中学时代》，感触颇深，郭光灿院士一章的标题在我心中久久萦绕不去——"只盯眼前一点利益会迷失远方"，这句话是郭光灿院士个人的求学经验，也是贯穿此书中心思想之一，更是我求学路上最深的体验。

"现在许多中学生知识很多，思想却变得很复杂，做任何事都带有目的性，"郭光灿院士据自己观察到的现象回忆道，"动机非常强烈，参加学校夏令营都计较着能得到什么才决定是否参加，家长们传递的观念也都是希望孩子弹钢琴、学唱歌，将来一举成名。"郭院士回忆自己的中学时代，是一心想着学习，要学好，至于以后学什么专业、有什么目的，他并不清楚，郭院士当初发表的论文在国内坐了十多年的"冷板凳"，但他以一颗执着坚定的心锲而不舍地追求科学的真理，最终功德圆满名声大噪。那时的他，还只是个研究生，却已拥有如此心境与耐力，实属难得。他理解现在的年轻人在大千世界选择去路的痛苦，但内心的状态，全凭自己的抉择。迷惘与努力，一念之间，改变的可以是很多。"摆脱杂念，抛弃功利心"是郭院士带研究生时经常强调的一句话。可见，在郭院士的心中，抛弃功利和杂念，不断进步与探索，是他寄予当今中学生的希望。

他的话语带给我很多的震撼。我在我的学习之道上悟出一个真理，就是要用自己纯净的心去求学。进入中学校园，我已经慢慢地摸索到了自己未来的理想——做一名外交人才。从我定下自己的理想之后，我所做的一切事都是为了朝向我的目标前进：千方百计地做一名英语尖子生，努力锻炼自己的语言交流能力和领导能力。与周围的人——不论年龄职位高低——保持良好的关系，试着让自己的仪态大方得体，积极参加学校组织的各项活动表演……在我的面前选择并不太多，甚至寥寥无几，因为我已经在心里将自己其他的选择都锁死。

我觉得，用纯净的心去求学，并不是漫无目的"指哪打哪"，而是要怀有一个远大的目标，然后再尽自己所能去靠近它。集中精力，心无旁骛地稳步前进，才是求学路上自己一直要坚守的信条。但立志之后，我也有几次迷失。那样的放纵刺激，但同时也具有巨大的不确定性，总觉得心中缺失了什么，很空虚。在郭院士的话语中，利益与功利心的同义词，绝不会是理想与人生目标，而是金钱至上的观念和物质的社会观。

但很不幸的是，如今的社会，似乎充斥着这样浮躁的心态。人们在交谈中往往有些暗里的算计，做什么事都会先衡量它能带来的利益是否与它令人付出的成本成正比。做生意的人要整天计算着得失，睡觉也不安稳，学生们有的急着体验成人世界中新鲜的事物而不务正业，被花花世界的种种迷了眼。于是在这样动机不纯的你来我往中，中华几千年来儒雅有礼的社会风气在悄悄改变，变得过于现实与物质，丧失了它原有的纯净和美好。迷失了前进的方向不可怕，可怕的是利欲熏心还不自知。近年来，多少例大型贩毒造

195

假币的案件，其始作俑者都是几名重点大学的毕业生？有俗语说"三岁看大七岁看老"，虽然未见得太绝对了些，但从小的习惯，的确或多或少会影响他以后的行为习惯。在如今物欲横流诡计百出的社会，随波逐流是太容易的事。倘若在求学便没有一门心思沉于其中，长大后，随着阅历弥深，人内心的欲望的沟壑难以填满，只想着眼前的一点利益，很容易迷失了远方前程和美好。人各有志，但心中一定要有一块纯净的地方，知道自己最初的心愿梦想并在这条路上走到终点。为了眼前蝇头小利和现实的安逸失了人生的大目标，实在不值。

郭院士是这样想的，我是这样想的，其他的院士也是如此。要想在学术上有些成就，那就非得有一颗执着纯净的心，只有心净了，思想才会静，行动才会竞。如果做什么都计算着成本和回报的话，那样的人会生活得很累，那样的社会环境运作得很累。

我从我的求学路上真实地体验了郭院士的话语，而现实也证明了这一切。用一颗纯净的心去为人处事，人会轻松很多，世界会可爱很多，人情也会温暖很多。在我们的学习奋斗路上，用一颗纯净的心去求学、去探索也会快乐很多！

武汉市武珞路中学，赵逸之

读《院士的中学时代》有感

浏览了《院士的中学时代》一书，由于内容繁多，其中的许多东西已在脑海中没了踪影，但李德仁院士的与多数人不同的学习方法和成长经历却令我难以忘怀。

"这五毛钱可有大用处，五分钱的花生米，配上两块油炸的臭豆腐，物理老师告诉我们，这就是外国人吃奶酪的味道。"文章中首先吸引我的便是这处。当我看到这里先是因为这滑稽的叙述"呵呵"一笑，可想到李院士当时清贫且艰难的学习环境，心中不由得产生一种敬佩之情。我们在遇到困难时，不正需要这种乐观的态度吗？多数时候，我们处在逆境时会十分消沉，对困难感到畏惧与排斥，渐渐地就会失去希望和信心，可当我们用良好的心态去面对，去迎接挑战时，就不难发现磨难并不是不可逾越的高山，在长期坚持奋斗后，终将能触及成功的顶峰。想不到，一句短短的话语竟能给我如此深刻的启示，我不禁对后文的内容更有兴趣了。

李院士在其他方面的表现同样令我惊讶。书中这样写道："李德仁开始广泛涉猎，看大把大把的野书，借了还，还了借，甚至一度拥有十几个借书证。""大把大把""十几个借书证"这些词语不仅令我瞠目结舌，也让我真切地感受到李院士少时对于知识的渴望。这让我想到了英国科学家焦耳，他从小乐于探索，对许多自然界现象感到好奇，于是经常自己动手做物理实验寻求答案，长大后，通过不断研究学习发现了能量守恒定律。他们的成功正是来源于急切的求知欲望以及长期的自主学习，我想到自己平日学习总是需要老师督促，不禁十分惭愧。

现在的我们多数都喜欢相信权威，对于学问多见识广的人所说的话以及书本上固定的内容深信不疑。而李院士却从不这样认为，他在中学和大学时代就多次发出质疑并找到了正确结果或颠覆了原来人们普遍认为正确的结论。"不迷信书本，不迷信父母，不迷信老师。"这是他总结出来的经验，也是对后辈的诫训。我对这一观点深表赞同。往日一堂数学课上的场景浮现在脑海中。那天老师正照着练习册上的解题思路讲解一道难题，突然，我发现了一个十分不起眼却关乎题目是否正确的小错误，犹豫再三后，我向老师提问，老师认为有些道理，便让同学们自由讨论，最终不仅解决了问题，大家竟找到了多种不同的解题思路。可见，这种质疑，正是思维的过程，在提出问题和解答的过程中，我们会产生对题目更深的理解，逐渐"吃透"问题，这是一种多么精妙的学习方法啊！我再一次感叹于李院士的智慧。

"乐于面对，勤于求知，敢于质疑。"这便是我的感悟，内容简单却颇有内涵。每当想起这些词语，李德仁院士中学时代的一幕幕都会在眼前闪过。那会是一座永远的精神灯塔，指引着我前进！

武汉市武珞路中学，杨赡闻

月亮背后

一读完《院士的中学时代》，我就在心里暗暗做了决定：若写读后感，我一定要写欧阳自远，也就是那个月亮背后的人。

欧阳自远是专门研究月球的一位院士，他有许多成就和头衔，被称作"嫦娥之父"。书中介绍的院士们可谓是人才荟萃，我不敢说欧阳自远在其中一定就是最厉害的一号人物，也没有觉得他有什么非常特别的过人之处，之所以要写他，还是因为欧阳院士自己说的那句话和他的观点：中学是读野书的时代。

作为现代的一名中学生，我看到这句话实在是感动极了。如今有那么多的人都反对中学生们自由读书，要求我们去纠结于一些晦涩难懂的深奥的书籍，同时还责怪我们不爱读书，可欧阳院士却鼓励我们读野书，这怎么不是一种安慰？

关于读野书的问题，我的观点同欧阳院士一样，课本固然重要，但我们仍需要野书。需要我们学习的东西是那么多，仅靠课本只能掌握其中的一部分，更多的还是要靠课外书和平时的积累。

欧阳院士首先读的是大量的科普读物，这使他对地球之外的世界产生了强烈的好奇心，后来学习的大量知识也奠定了他科学研究的方向。

但他读的不仅有科普，更有让家长头疼不已，学生却爱不释手的武侠小说。起初我也有点不信，一个科学家怎么会去读这么不严肃的东西？但他又提到，武侠小说中有许多东西其实是非常值得我们学习的，比如说其中华美的文笔和奇特的想象，这些都是现在的孩子缺乏的东西。他还讲到，现在学生语文功底越来越差，连算数题目都读不懂，写的文章里也都是假话套话，培养起来很成问题。这就更加说明了"野书"对学生的重要性。

我妈妈曾经让我读一本讲哲学的书，名叫《瓦尔登湖》。那是一本正经到不能再正经的书了，而且好像也讲了很深奥的东西。可是我却根本无法读懂它。那天我只能目光呆滞地盯着书，强行把文字一个一个灌入脑子里，整个人都晕晕乎乎的，也不知道它究竟讲了什么故事，说明了什么道理。后来妈妈问我，我支支吾吾也说不出个所以然来。

此后我才明白，原来那些深刻的，最好的书未必就是适合自己的书。至少你需要能理解那本书，它才能对你而言称得上是好书，而野书，则是一切的基础。

因为欧阳院士挂着一个院士的名头，所以我以为他会一本正经地推荐严肃而深刻的学术著作，可他没有，反而告诉我们，能看野书的中学时代，才是自由的时代。一个伟人说出了这样亲切而质朴的话语，无疑深深打动了我的心，那么我赞美欧阳院士：您是在月亮背后的伟人，也是位肯为孩子说话的伟人。

武汉市武珞路中学，贺楚韵

量的积累　质的变化

荀子曾说过，跬步而不休，跛鳖千里；累土而不辍，丘山崇成。阅读了《郑永飞院士：成功是兴趣和特长的融合》，我深深体会到，他巨大的成就不仅仅是他的天分使然，更来源于他十年磨一剑的耐力。他肯坚持，不断探索，探索中丰富自身，通过量的积累，从而形成质的变化。

郑永飞院士无疑是成功的。他担任了中国科学技术大学教授，中国科学院院士等多个职位。他也定量验证了"油炸冰淇淋"假说，这项成果得到国内外科学界的高度评价，所发表的近五十篇论文被美国著名期刊引用了上千次。而这位著名院士的成功，与他的耐心坚持和持续积累有着密不可分的联系。

郑永飞院士从中学时期开始便懂得积累。他常摘抄书中的好词好句，课下找来参考书补充记录的笔记。高中时，他开始买来小零件，尝试自己组装收音机。这些不仅使他的知识更加丰富，大大提高了他的动手能力，更为他今后的工作打下了厚实的基础。

为了探究计算硅酸矿物之间的氧同位素分馏系数的便捷方法，他十多年来紧紧盯住这个领域，不断探索，修正前人方法。在如此长的时间中，他从未想过放弃，在别人眼中，花费大量的时间来研究一个谜题且常常失败的他，是不可能成功的，但他们没有想到的是，这艰苦理论探索和克难攻坚的过程，给他带来的只是小部分失望，更多是让他在失败后，通过分析和改进得到了新的知识和方法，最终因此取得成功，在人生的道路上写下了辉煌的篇章。

读着他的故事，我不禁联想到了自己。

刚进入初二时，我总是为课本突然加大的难度感到苦恼。在最初的几个月里，我被各科的作业弄得手忙脚乱。我常常反问自己，是我不够努力吗？但在我投入了成倍的精力后，一切都没有发生任何改变。

多次的失利仿佛是一个巨大的阴影笼罩着我，让我无法喘息。但时间一长，事情突然发生了奇妙的转变。在几次测试中，我总惊讶地发现，这道题目我曾经错过，这次我就不会再出错，而那个问题是我仔细想过的，便可轻易解决。

我曾为这事情的转折感到诧异，现在想来，恍然大悟。那开始的几个月时间，并非无端的磨难，而是一个让你不断积累知识，完善自我的过程。当你的积累达到了一定的程度，你自然就会在之后的学习过程中，更加得心应手。在有了跬步的积累后，你便拥有能力，去行走千里。

郑永飞院士的成功，在于他的积累和坚持，而于我们也是一样。在我们的成长之路上，我们定会遇到各种各样的挫折、迷茫，但我们不要放弃，因为在我们冲破阻碍的过程中，已经不知不觉地积累下了丰富的知识，即使是失败的经验，也是宝贵的财富。我们已经达到了量的积累，在不久后，我们就会实现质的变化。

武汉市武珞路中学，吴竞怡

"油菜人生"中的"逆商"

——《院士的中学时代》傅廷栋篇读后感

在外界眼中,院士是博学的象征,是一个有着神秘色彩的精英群体,我们都认为他们一定是天赋异禀的一群人。但是,纵观《院士的中学时代》后,我发现院士们的成长之路并不像想象中的那样光环笼罩、一帆风顺。相反地,他们无不是靠着勤奋、顽强的拼搏精神继往开来。在书内描述的十一位院士中,令我最感悟颇深的便是傅廷栋院士。

我们都知道袁隆平是"杂交水稻之父",却鲜有人知被誉为"杂交油菜之父"的傅廷栋。傅廷栋出生于抗日战争期间,经历了许多学习与生活上的困难。"农民院士"傅廷栋是在田野里办公、在田野里成长的,俨然是一场"油菜人生"。在发现"波里马雄性不育型"油菜之前,傅廷栋经历了无数次的试验,排除过的油菜多达几十万株。工作时,他常常一吃完饭就扎进校办农场金黄色的油菜地里。小时候为了学习吃了不少苦,长大后为了研究油菜又经历了许许多多难以想象的艰辛,但傅廷栋没有放弃对农业的追寻。这些都体现出了傅廷栋身上高于常人的、在逆境条件下克服困难的能力,也正是"逆商"。

原本在我看来,"逆商"不如"智商"重要。若是没有一颗聪明的头脑,再怎么不怕困难又有什么用呢?然而,在我读了傅廷栋院士的故事之后,我的观点发生了改变。傅廷栋固然是聪明的,但是在他的中学生活中,顽强与坚毅扮演着更为重要的角色，这无外乎是因为各种环境的艰苦。而正是成长中的艰辛坎坷让他积累了许多知识与经验，而这就是他得以厚积薄发的关键所在，并不是所谓的先天"智商"上的优势。就算生活环境与学习条件变得优越起来了，"逆商"仍有着不可撼动的地位。比如说，现在的学生一没有考好就想不开，甚至会有自杀的念头，尽管他们聪明机智，但是一受挫精神上就承受不了了，难以在学习与生活中成就一番事业。所以，傅廷栋院士的故事告诉我们，面对挫折、摆脱困境和超越困难是十分重要的，培养自己承受挫折的能力是必不可少的。

傅廷栋院士是这样对年轻一代说的："相比'智商'与'情商'，'逆商'显得更为宝贵。提高'逆商'，才易成大事。"正是这些逆境中的艰苦，正是这种"油菜人生"，才能培养人愈挫愈勇的品质，培养出人的"逆商"，从而走向成功。

武汉市武珞路中学，傅思勤

读《院士的中学时代》有感

中学时代，是黄金时代，人生中的又一个里程碑。在这人生最宝贵的时期，沉淀了多少人的难忘与怀念，年少的我们也由此开始谱写新篇章。都说中学时代为奠定人生基础打上丰富底色，但从小学到初中，仍是懵懵少年的我们，还未知人生方向，不曾有奋斗目标，万里长征路，从何说起？

在这个假期，我钻进书中，寻找关于我中学时代的不解之谜。《院士的中学时代》这本书给了我很大帮助。它带着我走近了院士们，院士是对我国某种科学领域中杰出人物授予的最高荣誉。能够品读他们的中学往事，我倍感激动。他们的经历虽然各不相同，但我却看到了他们共同的特点：都有勇于拼搏进取的志向与气魄，都有改变现实困难的行动和韧劲，都有克服困难永不气馁的坚持……看看他们的经历，听听他们的理想，我受益匪浅。其中，杨乐院士的故事让我特别感动与钦佩。

据书中介绍，杨乐院士毕业于北京大学，41岁时就当选中科院院士，在函数值分布论、辐角分布论等方面取得了一系列重要的研究成果。于是，对数学颇有兴趣的我，立马被他所吸引。为什么他能取得如此非凡的成就呢？带着疑惑我在书中找寻。

书中介绍，从初二年级起他就迷上数学，做了许多习题，接触了许多定理，可是数学中的许多定理都是以外国数学家的名字命名的。他想，难道中国人就不能为现代数学发展做贡献吗？于是他暗暗立志：以后进大学读数学

205

系并且一辈子从事数学研究工作。一定要让中国人命名的定理出现在未来数学书上！我想，正是中学时代立下的这个志向激励他不断前进，取得了许多成就。

杨乐院士认为"专业上要创新，必须要有强烈的兴趣"。有的青年好奇："兴趣是不是天生的？"杨乐院士这样说："兴趣是可以培养的！""兴趣的培养关键看中学"。那么我们中学生怎么培养兴趣呢？杨乐院士这样说："培养兴趣的最好办法就是多下点功夫，经常和自己所学的专业知识'接触'。"正是对数学的兴趣，使他开始了与数学的不解之缘，经过几十年的努力，他和同事的成果终于被国际上称为"杨－张定理"，实现了中学时代的目标。

杨乐认为，目标的实现也不是一蹴而就的，需要执着地追求和努力。杨乐认为，不能放弃它，不能为得失所迷惑，不负终生，拼上去！学习就是漫长的过程，我们作为中学生应做好"长期战斗"的准备，更要具备吃苦耐劳的精神。中学生应该执着追求，长期努力——20年的勤奋钻研才能成为领域高水平的人才，即"学习要像跑一场马拉松"。

我们还处在人生的起点，欠缺的是目标与奋斗，在这些伟大的院士们身上，我寻找到了光明与方向，不再迷茫。暗暗握紧拳头，向着梦想正式扬帆！我会以他们为楷模，踏上求学之路，执着奋斗！

湖北大学附属中学八（1）班，李思齐

《院士的中学时代》读后感

刚看到《院士的中学时代》这本书时，没有感到有什么特别之处，为了更好地完成作业，也就翻阅了起来，当我正式翻开阅读时，才发现这本书并不像我想象中那么平常，院士们的照片、新颖的小标题和每一篇前面标着繁体字的：一、二、三、四……这些无不是引领着我继续阅读的魅力。

一翻开书，印着院士们经典语录的不寻常几页特别吸引了我的注意，其中我最喜欢的是傅廷栋院士的一句话："机遇，只给做好准备的人！"是的，如果你没做好准备，即使你有了机会也是徒劳，因为你注定会事倍功半。

不平凡的人，必定有不平凡的人生，院士们成功的背后，必定有一部坚忍不拔的奋斗史。他们虽然奋斗的历程不尽相同，但都有一个共同点，那就是在他们的中学时代，都有着改变现实困难的信心和信念，都有着勇于拼搏进取的志向和气魄，都有着改变现实困难的行动和坚韧，并通过努力，创造了不平凡的业绩，谱写了一篇篇熔铸理想和奋斗的华丽乐章。他们代表的是一种时代的精神，他们是这个时代真正的明星！

这些院士们也许之前只是一位普普通通的人，但他们迎着梦想，凭着信念，怀揣着奇思妙想，像跑马拉松一样坚毅奋斗，才成就了他们的、这个时代的丰功伟绩。

你们也许不知道，被誉为"嫦娥之父"的欧阳自远院士，这位著名的天体化学与地球化学家，不但是中国月球探测工程的首席科学家，也是中国科学院院士，拥有着这样光环的他，却还是一个不折不扣的"金庸迷"，他还毫不讳言地说："坦白来说，我有很多东西是从金庸的小说里知道的。"他从书的海洋里汲取了知识，激发了灵感，这也是他成功必不可少的因素。

付廷栋院士一句评价现在孩子的话我非常赞同，这句话是："智商很高，但情商不一定高，而'逆商'更有待提高。"是啊！智商、情商之外还要有逆商，所谓逆商就是人们面对逆境时的反应方式，即面对挫折、摆脱困境和超越困难的能力。校园里的自杀事件让人扼腕叹息，而2014年世界首份预防自杀的报告数据更是让人震惊，全球每年约有80万人因自杀死亡，自杀已成为15至29岁年轻人死亡的主要原因之一。这更证明了我们作为独生子女的一代，不但要具备较高的智商和情商，具有高逆商也非常重要。

我在《院士的中学时代》中寻找到了属于自己的励志航标，也懂得了很多，明白了中学时代的重要性。所以我们更要努力打好基础，带着院士们给我们的启示，扬帆续航！

湖北大学附属中学八（1）班，蒋雯琦

奋斗，令青春焕发光彩
——《院士的中学时代》读后感

中学是人一生中最为重要的一个阶段，其不仅是价值观形成的关键期，更是学习知识最快、学习能力最强、精力最为旺盛的时期。那么，在如此宝贵的青春年华，我们当如何度过？《院士的中学时代》告诉我们，唯有奋斗，才是青春本色；唯有奋斗，才能令青春焕发光彩。

奋斗，就要以兴趣为指引，向着梦想进发。上中学时，欧阳自远就对天文学产生了浓厚的兴趣。然而，1952年参加高考的他在填报志愿时，却选择了能为国家地质事业发展出力的北京地质学院。尽管他的选择有违父母望其从医的期望，也与他少年时意欲"上天"的梦想相悖，但实际上，大学就读期间，他从未忘记过自己的兴趣所在，亦从未停止过对天文学和空间科学等知识的学习。1995年，怀抱着天文梦的他终于得以全力以赴地从事月球探索工作，并最终成为中国最顶尖的探月工程科学家之一。事实证明，正是因为没有轻易放弃自己的兴趣，并以兴趣为指引，自远院士才实现了自己的天文梦想，取得了令人瞩目的成就，成为中国的"嫦娥之父"。所以说，兴趣是最好的老师，培养学习的兴趣能让正值青春阶段的我们有更为明确的奋斗目标，离梦想更近一步。

奋斗，就要刻苦勤奋、坚持不懈。"勤奋学习，创新工作"是吕志涛院士的座右铭，也正是这句话使得他从一个普通农民的孩子成长为如今的建筑专家。上大学时，学校改学俄语，这可难倒了从未接触过俄语的吕志涛。而且上课时，俄语老师还老向他提问，这让从小是优等生的吕志涛颇有些难为情。为了改变开不了口的尴尬状况，吕志涛几乎每天都捧着厚厚的俄文词典，大声朗读，努力扩大词汇量，反复翻看笔记，记背语法知识。因为日复一日的坚持，读研究生时，他已能快速地阅览俄文文献了。坚持一天两天，那不叫勤奋，那是冲动使然。真正的勤奋是像吕志涛院士这样数年如一日，持之以恒，从不间断；真正的勤奋方能称之为奋斗，其换来的注定是硕果累累。同样，将勤奋刻苦、坚持不懈运用于学习和生活中，我们自当学有所成，自信满满。

奋斗，就要不畏困难，勇于面对。从高考落榜生到最年轻的院士，郑永飞用行动证实了自己。1977年，国家正式恢复高考，正在乡村执教的他毅然决定参加。不幸的是，他落榜了。尽管有过失落和怀疑，但他还是勇敢地接受了这一事实，选择来年再战。经过一年的蛰伏，第二年，他终于如愿以偿跨入南京大学的校门。面对失利，郑永飞没有逃避，没有沉沦，而是勇敢面对，并靠着自己的努力走出了困境，改写了人生。郑永飞院士用自己的亲身经历告诉正在奋斗的我们，学习和生活中，无论遇到什么困难，都要勇敢面对。唯其如此，方能扭转局势，实现逆袭。

反观我身边的同学，盲目听从他人意见者不在少数；"三天打鱼，两天晒网"者比比皆是；遇到一点困难便灰心丧气，消极对待的更是大有人在……难道我们就将这样度过宝贵的青春年华？是时候该反省了！青春年少的我们，请拒绝盲从、停止偷懒、抛却胆怯，像欧阳自远和王元院士那样坚守自己的兴趣；像吕志涛和杨乐院士那样执着于自己的梦想，锲而不舍；像郑永飞和丘成桐院士那样不畏困难，永不放弃……让我们像所有院士那样努力奋斗！

为了梦想，为了美好的未来，奋斗吧，少年！让我们的青春在奋斗中无悔，在奋斗中闪耀光彩！

湖北大学附属中学九（4）班，朱莹

"逆商"与"机遇"

——读《院士的中学时代》有感

荀子曰："一年之计，莫如树谷；十年之计，莫如树木；终身之计，莫如树人。"正如箴言所说，步入青少年"大军"的我们，确定世界观、人生观、价值观适逢其时。中学生作为明日报效祖国的生力军，学习成才是我们的当务之急。如何在中学时代奠定来日回报社会的基础呢？在阅读《院士的中学时代》一书，了解我国科学技术界泰斗们的"黄金岁月"后，我对这个问题有了新的思考……

在阅览中国油菜杂种利用研究开拓者傅廷栋的传记后，我不得不感叹：逆商是一个人成功的基础。

逆商是什么？它与智商和情商不同，它是面对挫折、摆脱困境和超越困难的能力，而并非一个具体的商数。而一个人如果想成功就必须具备高智商、高情商和高逆商这三个条件。在智商相差不大的情况下，逆商对一个人的成功起着决定性的作用，因为逆商关乎一个人对逆境引起的心理压力和负面情绪的承受与调节能力，以及对逆境的适应力、容忍力和耐力。一旦人的心理素质不足以承受打击，就会造成心理障碍与心理疾病，甚至让人无法适应社会。而我们这一代独生子女多，人际交往少，生活条件好，加之功课繁忙，很难经历大风大浪，因此普遍逆商较低，成年后产生人格不够健全的情况更是数不胜数……

毫无疑问，傅廷栋院士获得的荣誉是现在多数人无法企及的。然而被誉为"杂交油菜之父"的他却在看到一份世界卫生组织首份预防自杀的报告后大惊失色：全球每年有80万人自杀死亡，而大多数死者的年龄都在15至29岁之间。因此傅院士反复向学生们强调如今青少年逆商的匮乏："年轻人应该做好准备，等待机遇。在你们等待机遇的过程中更应正视自己遭受的挫折。"

傅廷栋院士这样教导着学生，也是这样要求自己。他从23岁开始寻找"波里马雄性不育型"油菜，为此他消耗了13年的心血来研究，才在1972年3月得到寥寥19株。其间他遭受了前所未有的困难和打击，但却一再坚持进行研究。而最终他13年的付出有了可观的回报：1994年国内外"三系"杂交油菜有约80%的杂交种是由他发现的油菜植株育成的！这看似微不足道的19株小小的油菜，巩固了我国在杂交油菜育种领域的地位，也为傅廷栋带来了巨大的成功！

家喻户晓的《三国演义》中的高逆商人物不乏其人，魏武帝曹操便是典型的一位。当赤壁之战曹军损失80万大军时，他没有灰心丧气，而是坚定信念从头再来。再观"乱世枭雄"刘备在宜昌与吴国作战时被陆逊火烧连营（实际损失4万余人），败退白帝城，便受不了这一挫折，一病不起，可见其逆商之低。

曹操逆商较高，自"挟天子以令诸侯"开始，他就步步为营，向着天子的宝座渐渐逼近：公元219年，曹操与孙权联合，通过襄樊战役将蜀汉第一猛将关羽置于死地，接着便有人遣使入贡，向他称臣，并劝其称帝。此时曹操称帝本是顺理成章的事情，可他为何没有称帝呢？这就要考虑到"机遇"了，因为当时曹操虽然在形式上统一了北方，但全国并没有稳定，一旦仓促称帝，必将给蜀吴以讨伐的机会。曹操一向谨慎，自然不会盲目称帝。若他抓住机遇，也许历史又是一番模样……

培植以后一年就有收获的，是庄稼；培植以后十年才有收获的，是树木；培植以后百年才有收获的，是人才。机遇对每个人都是一样的，但机遇只给有准备的人。而要不负我们年少时的努力，必须抓住机遇，提高逆商；也只有这样，才能在来日报效祖国、造福社会！

湖北大学附属中学八（1）班，王元宁

《院士的中学时代》读后感

多少成功的果实，都是缘于在青春时期播下了拼搏的种子。

多少杰出的成就，都是因为在少年时代夯实了稳固的根基。

"一日之计在于晨，一年之计在于春。"而一生中最宝贵的时间，就是青春岁月。再准确一点说，是中学时代。风华正茂、青春年少的我们，正处于人生旅途的黄金时代，即一生中最宝贵的时间——中学时代。在这里，我们如同东升的旭日、初飞的雏鹰，我们燃烧青春的火焰，点亮人生的智慧，展望广阔的未来。

而院士，是国家设立的科学技术和工程科学技术方面的最高学术称号，为终身荣誉。他们是国家的栋梁，当得起一句国士无双。同时，他们也是我们的榜样，胸怀大志、不懈追求、奋发向上、淡泊名利，虽然奋斗的历程各不相同，但是在他们的中学时代，都有克服困难的信念、勇于进取的气魄、一展宏图的抱负和不肯认输的决心，在平凡的日子里开出来了不平凡的花，书写下汇聚了理想和奋斗的传世文章，创造出饱含了汗水和心血的辉煌业绩。

板凳甘坐十年冷，文章不落半句空。

学习成才是一个漫长的过程，一定要有长期奋斗的思想准备和吃苦耐劳的不懈精神。不能只奋斗一段时间，而要像跑马拉松一样，坚持不懈，不断进步，时时刻刻提高自己的水平。永远不要放弃你的理想，不要为一时得失所迷惑，不忘初心，这样才能不负此生。成长和成才不是要跑得多快，而是要脚踏实地，目标坚定。成功从来都不是一蹴而就的。

青春的色彩缤纷绚丽，但是在这些斑斓之下，一定有一层朴实的底色——奋斗。

马克思说过："只有奋斗，才能治愈过去的创伤。只有奋斗，才是我们民族的希望和光明所在。"

而青年时代的我们，正沐浴着党的十九大的春风，走在实现中华民族伟大复兴的康庄大道上。

所有的辉煌和伟大，一定伴随着挫折和跌倒。谁没有一个不安稳的青春？没有一件事可以让你一蹶不振，也没有一件事可以让你一步登天。慢慢走，慢慢看，生命是一个慢慢积累的过程。活得充实比活得成功更重要，而这正是努力拼搏的意义。

在《我始终相信努力奋斗的意义》一文中，卢思浩说，"我相信，任何人，不管他是个大人物还是小人物，只要做自己喜欢的事情，一定是开心的。只要为了自己想要做的事情努力，那一定会感到充实。相反，如果你的努力是为了你不想要的东西，那你自然而然地会感到憋屈和不开心，进而怀疑努力的意义。我之所以这么努力，是不想在年华老去之后鄙视我自己，是因为我始终看得见自己。"

"奋斗"不是为了成全某种功利的目的，它本身意味着激情、快乐与自豪，意味着收获与赠予。

记得张杰有一首《年轻的战场》，歌词如是写道："我的梦想在每次付出汗水创造生命绽放\告诉世界我们这一代自信的力量\今天我终于站在这年轻的战场\请你为我骄傲鼓掌\今天我想要走向这胜利的远方\我要让这世界为我激荡……"

中学时代，就是这年轻的战场。在看不见的硝烟里，执起笔来，斗志昂扬地在茫茫学海里，扬帆远航。

湖北大学附属中学九（2）班，王萱

勤奋·兴趣·理想

——《院士的中学时代》读后感

最近读了一本书，其名《院士的中学时代》。他们是科学界皇冠明珠的锻造者。其中印象最深刻的要数杨乐院士了。杨乐院士勤奋的学习精神以及他对学习的特殊态度令人深思。

现在的中学生不乏杨乐院士一样勤奋好学之人，但有多少人真正勤奋地学习，又有多少人是做表面功夫呢？业精于勤荒于嬉。我们只有真正勤奋努力才能学得好。通过自己努力得来的学习成果更令人开心。每天只是为了应付老师、应付学校、应付父母才装作勤奋的样子，交上去的作业也是敷衍了事。这样做百害而无一益。不仅自己学得累，也会让老师、父母失望。

书中有这么一段：网络上广泛流传着杨乐的一段传奇——中学阶段做了两三万道数学题，杨乐坦承自己没有专门统计过，"但肯定过万了"，杨乐院士的勤奋精神是值得我们学习的。当然，我们并不是说像他一样做上万道题，这样浪费时间和精力，但我们可以将某种题型多做几遍。俗话说："做上百道一模一样的题，倒不如掌握一种题型。""聪明在于勤奋"这句话永远有现实意义。

有了勤奋的精神，还要对任何事物保持好奇心，即兴趣。如果勤奋地学习，但你对学习一点兴趣也没有，同样也无济于事。杨乐院士在回答记者提问"兴趣是不是天生的"时，回答说，兴趣是可以培养的！兴趣的培养关键在中学。中学时代的青少年拥有激情的青春和焕发向上的蓬勃朝气。对事物抱有极大的好奇心是培养兴趣的基础。"知之者不如好之者，好之者不如乐之者。"我们只有把兴趣提上来了，才能学得轻松，学得透彻。有的同学只一味地钻在书本里，思维局限于书本，根本对学习没有一点儿兴趣，他们认为学习只是一个完成任务的过程。他们每天只是在外界压力下被"强迫"学习，这样是可悲的，我们应该积极培养自己对学习的兴趣。

有对学习的兴趣，并且勤奋地学习，还需要一个你为之努力的目标——理想。否则你一直学习，却不知学习为了什么。只付出行动，却没有理想，这是在走没有尽头的路。"今天的年轻人最大的问题就是缺乏理想，想考名牌大学，找份好工作，整个社会过分谈钱"，杨乐院士说得一针见血。确实，现在许多人都是为了以后能生活好而学习，这是大部分人的想法，可是我们真的就没有更高的理想吗？你一直坚持，可是没有一个崇高的理想支撑，真的坚持得下去吗？

学习成才是个漫长的过程，一定要有长期的思想准备和吃苦耐劳的精神，以及对其抱有极大的兴趣，而其中最关键的是对于自己理想的设定。

湖北蕲春白水中学九（1）班，王楚湘

不忘初心

——读《院士的中学时代》有感

合上了书,将眼睛轻轻闭上,脑海中浮现出那一名名院士。他们是我国科学技术界的杰出代表,是国家的财富、人民的骄傲、民族的脊梁。

其中,有一个院士的名字深深刻在我的脑海中,他就是中科院院士——杨乐。

人们都说,中学时代是人生旅程中的黄金时代,是人生最宝贵的时间。我们的杨乐院士也深有体会。

初中时的他,立志一定要把用中国人名字命名的定理写在未来的数学书上,20年后,他和同事的研究成果被国际上称为"杨–张"定理。

有人问他"兴趣是不是天生的"。他的回答总是十分肯定——"兴趣是可以培养的",正如同他,因为兴趣,所以爱上数学,所以在初中阶段做了上万道数学题。他还告诉现在的人,兴趣的培养关键看中学。他与数学的不解之缘也始于初中。

记得在书中杨乐院士曾说过一句话:"今天的年轻人最大的问题就是缺乏理想,想考名牌大学,找份好工作,整个社会过分谈钱。"这句话真是一针见血。

有时候我也在想,我们到底为什么而读书?

我们亲爱的周总理,初中时代就发出了"为中华之崛起而读书"的铮铮誓言，中学时代的他，就有远大的理想，报国大志。也正是因为他的满腔热血，他把个人的学习与民族振兴联系起来，把自己的理想与祖国的命运联系起来。最终也迎来了民族解放的曙光。

如今我们没有周总理那样"为中华之崛起而读书"的雄心壮志，更多的也只是如杨乐院士所说的"只想着对自己未来有好处，好工作等"。这在我看来就是一种自私的表现。只关注着自己的未来，不考虑国家的未来；只关注着自己的命运，而不关注国家的命运，这难道不是一种自私的表现？说白了就是一种不负责任的表现。

蓦然回首，看看自己，又何尝不是一个没有理想的人呢？

我觉得，人的一生与其像小草一样默默无闻、碌碌无为，倒不如做一枝傲立于风雪之中的蜡梅。这并不是说我们要心怀天下、忧国忧民，其实，我们不必有太过遥远以至实现不了的理想，如果太过远大，自己实现不了，那只会是痴人说梦。我们只需脚踏实地，勤奋刻苦，像梅花那样坚韧，隐忍，勇敢，努力，奋斗。若这样，我们终会"梅花香自苦寒来"。

初中的我们，思想刚成熟，正是我们一生最好的启蒙时机，同时也是学习与智力发展的黄金时期，在学习、培训兴趣的同时，我们要记得自己的初心——理想。

最后想用杨乐院士的一句话勉励自己。"永远不要放弃你的理想，不要为一时的得失所迷惑，这样才会不负此生。"

湖北蕲春白水中学九（1）班，姜玲

让兴趣与学习同行

——《院士的中学时代》读后感

他们是科学世界的皇冠明珠的锻造者,他们也是我们身边的普通人;他们中有教育世家之子,也有山村农民的后代;他们中有少年成名的"学霸",也有高考落榜的崛起者;他们曾经爱读《天龙八部》,而今也追《中国好声音》。

每个国家,每个民族,向来不缺乏成功人士,那么像他们这样辉煌成就的背后,有什么辛酸,有什么苦闷,是我们所不了解的呢?

记得某位著名数学家曾说:"人生中所得的成就与付出的汗水永远成正比。"那么,是不是可以说,越成功背后越艰辛呢?

就让我们来看看这些院士他们身后的世界,是否如我们所想的黑白单调。

数学家杨乐说:"永远不要放弃你的理想,不要为一时得失所迷惑,这样才会不负此生。"之所以这么说,是因为成名太早了,与他同时期出现的还有华罗庚、陈景润、钱学森、邓稼先这些众所周知的知名人士,尽管他的名字并不被广泛流传,但他做出的贡献却永远闪亮于青史。

其实他的初中时代,过得非常轻松。他说,那时的科目教学进程都很慢,老师留下的作业往往课间十分钟就能完成,所以,这就给了他大把的时间。网上曾流传他初中时代自己做的题都已经好几万了,他用那么一句话来回复铺天盖地的疑问——"自己感兴趣的东西,做起来就是有奔头儿。"

著名的天体化学与地球化学家欧阳自远曾经说:"如果刻意选好学校,而不选自己喜欢的专业,是一辈子都要吃亏的。"

这么厉害的人物,谁会想到他的初中时代是在读野书中度过的呢?像《隋唐演义》《薛刚反唐》《三国演义》《水浒传》等著名小说,他已经啃得滚瓜烂熟了。看到这里你一定会想,那他后来是如何成功的?

我来告诉你,真正会学习的人,不是整天埋头苦读、日复一日奋斗的人,而是那种懂得享受生活、懂得劳逸结合、懂得发挥兴趣的人。

我从不欣赏那些除了学习,什么都不会做的人,他们以没日没夜地学习来做自我安慰,却不知真正问题之所在。

那些著名的院士成功的经历告诉我们,死学是毫无作用的,只有把学习变成兴趣,让兴趣与学习同行,成功才会离我们越来越近!

湖北蕲春白水中学九(1)班,宋展鸿

院士的中学时代

· 第二辑 ·

雷 宇 ◎ 编著

中国青年出版社

图书在版编目(CIP)数据

院士的中学时代.第二辑/雷宇编著.— 北京:中国青年出版社,2021.5

ISBN 978-7-5153-6365-3

Ⅰ.①院… Ⅱ.①雷… Ⅲ.①院士—生平事迹—中国 Ⅳ.①K826.1

中国版本图书馆CIP数据核字(2021)第066515号

责任编辑:彭 岩

*

中国青年出版社 出版 发行

社址:北京东四十二条21号　邮政编码:100708
网址:www.cyp.com.cn
编辑部电话:(010)57350407　门市部电话:(010)57350370
三河市君旺印务有限公司　新华书店经销

*

710×1000　1/16　14印张　140千字
2021年5月北京第1版　2021年5月河北第1次印刷
全套定价:118.00元
本书如有印装质量问题,请凭购书发票与质检部联系调换
联系电话:(010)57350337

丛书顾问

　　杨叔子，原华中理工大学（现华中科技大学）校长，著名机械工程专家、教育家。教育部高等学校文化素质教育指导委员会主任。

　　章开沅，华中师范大学原校长，著名历史学家、教育家。

特别致谢

中青校媒

华中师范大学美术学院

编委会主任

张 坤　张桂华

编委会副主任

张 澍　陈 立　董 时

主　编

雷 宇　王 兵

副主编

彭四平　王美君　张 爱

编　委

贺茂林、陈思汉、胡　林、曾　佳、谢婷婷、郭　哲、王桑田、张　晗、刘振兴、姚　雪、汪　锐、龙俊逸、杨　林、陈　佩、刘　玥、漆秋豆、付　泉、黄阳旸、王雅兰、唐婉婷、石卓航、严　烨、宋志鑫、封智涵、蒲国鑫、庄　稼

顺境出产量
逆境促品质

邓秀新

二〇一六年九月三十日

享受学习
朝气蓬勃
准备未来

杜祥琬

2017.7.5

"风物长宜放眼量"

共勉

杨尚了
2016.8.10
翰园

鉴往知今，
知己知彼；
千里之行，
始于足下；
九层之台，
起于垒土。

赠《院士的中学时代》

杨乐 2016.8.10 瑜闻

好好学习

天天向上

赵问屏

2016年11月4日

为国为民要有责任
对人对事要负责任

朱中梁
2017.9.25

青年人要切记
爱祖国、爱人民
爱学习、爱劳动

张俐娜
2015.8.31

志存高远
脚踏实地

志玘闯

4/18/2019

目录 contents

院士的中学时代（第二辑）

杨叔子院士：中学文理分科培养的是1/4的人 ……………… 225

马志明院士：从炊事员到数学家 ……………………………… 245

杜祥琬院士：个人成长融入国家命运方有大成 ……………… 259

朱中梁院士：好的向往牵引成才方向 ………………………… 279

刘经南院士：我不是应试教育培养出来的 …………………… 295

戚发轫院士：不怕输在起跑线上 ……………………………… 313

赵国屏院士：只追求个体优秀难有伟大成就 ………………… 329

"柑橘院士"邓秀新："顺境出产量，逆境促品质" ……… 349

张俐娜院士：是金子总会发光 ………………………………… 371

赵政国院士：好习惯比好成绩更重要 ………………………… 387

第二辑中学生读后感 …………………………………………… 408

杨叔子有一句名言,"一个国家、一个民族,没有现代科学,没有先进技术,就是落后,一打就垮;然而,一个国家、一个民族,没有民族传统,没有人文文化,就会异化,不打自垮"。

杨叔子院士：
中学文理分科培养的是1/4的人

作为中国高校"人文风暴"的掀起者，他疾呼教育要先"育人"后"制器"

"床前明月光，疑是地上霜。举头望明月，低头思故乡。"和许多中国孩童一样，《静夜思》也是杨叔子学会的第一首诗。

那是1938年，日本侵略者逼近江西湖口，五岁的杨叔子跟着家人背井离乡，逃难途中，父亲杨赓笙将诗中游子思乡之情化作山河破碎的悲愤，嘱告年幼的杨叔子一句一句铭刻在心，奋发图强。

大半个世纪过去了，杨叔子没有辜负父亲的期望。

他开发出国内第一个信号处理系统，出版国内第一本"基于知识的诊断推理"的学术专著，发表国内第一篇智能制造的学术论文，四十七岁成为湖北省当时最年轻的两位正教授之一，成了华中理工大学（现华中科技大学）第一位院士。

他还被称为国内高校领导人中人文素质教育第一人，在大学校长任上掀起的"人文风暴"，时至今日依然影响着千千万万的大学生。

杨叔子有一句名言，"一个国家、一个民族，没有现代科学，没有先进技术，就是落后，一打就垮；然而，一个国家、一个民族，没有民族传统，没有人文文化，就会异化，不打自垮。"

见证今天许多青少年的浮躁和压抑，这位耄耋老人更加笃定自己的这一人生信条——科学文化和人文文化交融，两翼齐飞，不可或缺。

破格录取的偏科少年

"生于乱世，长于乱世"是杨叔子幼年生活的真实写照。

从五岁开始，杨叔子随家人踏上逃难的路途，先后辗转南城、黎川等地，没有条件去上学，但学业却不曾荒废。

早年追随孙中山先生，身为革命元老的父亲杨赓笙亲自授课，教杨叔子和哥哥杨仲子念古文、读古诗，用《诗经》、四书、《唐诗》《古文观止》等传统经典为他打下了深厚的国学基础。

抗战胜利前夕，只上过一年小学的杨叔子跳级进入江西中学。后来杨家重返家乡湖口，杨叔子也转回了湖口初级中学。

一心向学的时光里，他也有过少年意气。

化学课上，有些调皮的杨叔子受到了老师的批评："杨叔子没有化学头脑，学不好化学。"他当真和老师较起劲来，从此就不好好学化学了。

这样的意气差点改写了这个后来成为蜚声中外的机械工程专家的少年的人生。

中考时，杨叔子投考一江之隔的九江市同文中学，险些落榜：他的语数外成绩几乎满分，但是物理、化学却远不及格，其中化学只考了可怜的25分。

"假如放在今天，想都不敢想。"杨叔子后来得知，之所以选择录取他，是因为同文中学的领导们看到他几近满分的语文、数学、外语成绩时，首先想到的是，"这个孩子语文、数学、外语学得这么好，物理、化学还会真的差吗？"

果不其然，学校里你追我赶，拼学习、比成绩的气氛感染了他。他沉下心来努力学习，物理、化学成绩迎头赶上，到第一学期末，成绩已经跃居班上第二名。

让杨叔子无限感慨的是，多少年后，即使是已经做了大学校长的他，遇到和自己当年情形相仿的学生，想帮一把，却有心无力，"今天的硬性标准不能扬其长，避其短，牺牲掉了一部分有禀赋的孩子"。

在同文中学读完高一后，南昌解放，刚满十六岁的杨叔子又考入了另一座声名远扬的学校——南昌一中。

"因为经常转学，春季转秋季，秋季转春季，我中学前前后后念了八年。"动荡的岁月拉长了杨叔子中学生活的时间尺度，也让他收获了难忘的记忆。

尽管就读的都是当地名校，但物质生活十分艰苦，往往一点米饭加几个辣椒就打发一餐。然而，"弱国弱民"的年代，老师和同学们心中的报国之心也越发炽热。

其时，老师不多，却德艺双馨。所有领导包括校长，有些是欧美留学归来的，都必须亲自授课，"一片赤忱"。

同文中学数学老师黄问孟毕业于金陵女子大学，不到三十岁，上课总是一身旗袍。教室里有一点儿不安静，她就不开讲，但讲起课来，有条有理，重点突出。考试时，常常在黑板上写下"光荣考试"就飘然而去，却从未发生过学生作弊的事。

南昌一中校总务主任吴子彦老师"煮床"的逸事，杨叔子至今难忘。学生寝室卫生条件差，木床里面臭虫多，咬得学生难以入睡。吴子彦掏钱买来砖石、水泥，与工人一起垒起大灶，架上大锅烧水"煮床"，才把臭虫彻底消灭。

"独立思考在中学就要养成"

1952年，国家百废待兴，怀揣工业报国梦，数学成绩总是第一名的杨叔子做出了让很多人大跌眼镜的决定：他没有选择数学专业，而是报考了武汉大学机械系，院系调整时，该系并入华中工学院（现华中科技大学）。

初入大学，教学环境宽松自由，不少习惯了中学课堂灌输式教育的学生突然"一切要靠自己"，有些无所适从，杨叔子却游刃有余，"因为我在中学时就已经养成独立思考的习惯了"。

"很多人认为大学学习要靠自己，中学则有老师在就行，这样的观点有问题。"杨叔子以自己的经历现身说法，"早想明白了，才不至于迷失方向。"

战胜数学这个拦路虎，是杨叔子独立思考的启蒙。

直接步入高小，因为只会"子曰诗云"，没有学过算术口诀，杨叔子数学经常只考几分，"加法马马虎虎，减法迷迷糊糊，乘法稀里糊涂，除法一窍不通"。

面对最基本的数学运算，他觉得"莫名其妙，百思不得其解"。

29除以7，为什么要商4，他愣是弄不明白。杨叔子不认输，整整半个多学期，苦苦琢磨。

一天晚上，他灵光一现，一下顿悟："除法就是'试试看'，29除以7，商1、商2、商3都有多，商5又不够，商4刚好余1。"

"一通百通"，进入中学后，数学成了杨叔子最拿手的科目，也对他日后学科交叉的科研创新产生了不可估量的影响。

"人一能之己百之，人十能之己千之。果能此道矣，虽愚必明，虽柔必强。"杨叔子常借《中庸》里的这句话来自勉。

在这个从小背诗拼不过哥哥老是被打的科学家看来，思考能力的形成不是与生俱来的，"'九层之台，起于累土'，后天的勤奋最重要"。

在华中科技大学，杨叔子一家三十年吃食堂的故事广为流传。他留校成家后，全家天天吃食堂，几乎不在家里开伙。杨叔子和夫人徐辉碧教授算过一笔时间账，买菜、洗菜、做饭、洗碗，一顿饭比在食堂要多花一两个小时，"时间太宝贵了，还是去食堂划算！"

在国门还没有完全打开的年代，睁眼看世界需要充分地掌握外文知识。华中科技大学的老同事们至今自叹不如，每次和杨叔子一起坐火车出差，晚上车厢内的灯熄了，正在背单词的他没有停下，拿起单词书径直走到了厕所门前，借着门口微弱的光线继续背了起来。

有一次，杨叔子到邮局发信，路上还不忘背俄文单词。结果从邮局回来，才发现信仍揣在口袋里。数十年前的笑谈而今已成杨门弟子口口相传的逸事。

艰辛的付出让杨叔子几乎成了一本"活字典",别人不认识的单词,他张口即出,先后掌握了英、俄、德等多门语言。

精通外语使得杨叔子可以第一时间学习国外的先进技术。20世纪八九十年代,国内高校纷纷发展交叉学科,杨叔子敏锐地看到了机械工程与自动化、计算机技术的融合前景,是中国最早一批提出机械制造人工智能发展方向的学者。

"中学文理分科培养的是1/4的人"

1994年,一封在校学生的来信吸引了时任华中理工大学校长杨叔子的关注。

这位学生在信中提出一个困惑:为什么中国大学生英文考试不及格,拿不到学位证,但他们用汉语写文章,错别字一大堆,用词不妥、造句不通、文章不顺,照样拿学位?

杨叔子将这封信带到了学校的最高行政会议——校长办公会上。

在他的提议下,一个我国高等教育史上里程碑式的决定诞生了:不论本科生、硕士生、博士生,必须通过学校组织的"中国语文水平达标测试",不合格者不予颁发学位证书。同时,系列人文讲座也在他的倡导下开始创办,成为大学校园一道全新的风景线。

一场声势浩大的"人文风暴"由此发端,并迅速席卷全国,清华大学、北京大学、南开大学等名校纷纷加入人文素质教育的大潮。

他多年后回顾，这封来信是"天赐良机"。从小学习国学经典，浸润在优秀传统文化中的杨叔子早已痛感当代大学生传统文化和人文素养的缺失，尤其是在理工科为主的高校内，问题更为突出。

在美国访学时，一位美籍华人的喟叹让杨叔子记忆犹新："大陆来的留学生 ABC 很好，XYZ（指数学）很好，可惜不太了解黄河、长江，不太了解文天祥、史可法，对《史记》《资治通鉴》都不怎么了解。"

这番话与杨叔子多年的观察正相契合。

在他看来，今天的教育是错位的，学校和家长眼中盯着的都是北京大学、清华大学，是上重点大学，却不注重人格的培养，"孩子们从小被送去培优班，幼儿园学小学，小学学中学，中学学大学，到了大学再来教孩子不能打架"。

从 20 世纪 90 年代开始，杨叔子一直在公开呼吁取消中学文理分科，改革中小学课程体系，开展素质教育。

"文理分科培养出的是 1/4 人，甚至是 1/8 人。""没有科学的人文是残缺的人文，没有人文的科学是残缺的科学。"在许多公开场合，杨叔子都毫不留情地直陈其弊："分科太细，甚至学工的不懂理，更不懂文，学机械的不懂电气，学制造的不懂汽车，如何能有交融和创新？"

多年来，他对自己的博士生有一个广为人知的严格要求，就是博士论文答辩前要先背《老子》，后来又加上了《论语》的前七篇。

这一"另类"要求也给杨叔子带来了不少争议,但是看过越来越多的青年人浮躁、焦虑、压抑,他坚信自己是对的,"背是形式,真正想要的是在潜移默化中让学生浮躁的心宁静下来,让人的精神升华起来"。

杨叔子坦言,这其实是在补中学,甚至小学的"课"。多年奔走大学、中学讲坛,他有一个一以贯之的观点,那就是"要先育人,后制器""两者相辅相成,缺一不可,第一位是育人"。

(张从志、谢婷婷、雷宇,2016年8月,华中科技大学杨叔子院士家中)

杨叔子院士
简　介

杨叔子，1933年9月出生于江西湖口，我国著名机械工程专家、教育家，1991年当选为中国科学院院士。

1952年考入武汉大学，院系调整后进入华中工学院（今华中科技大学），1956年毕业，同年加入中国共产党。1980年成为系里的学科带头人，47岁破格晋升，成为当时湖北省最年轻的两位正教授之一。1985年，与师汉民教授等解决了一项世界难题，成功研制出"钢丝绳断丝定量检测系统"。

1991年科研试验

他立足于机械工程领域,把机械工程同控制论、信息论、系统论紧密结合,致力于同微电子技术、计算机技术、信息技术、网络技术等新兴技术领域交叉的研究与教学,特别是在先进制造技术、设备诊断、信号处理、无损检测新技术、人工智能与神经网络的应用等方面取得一系列成果,共荣获国家自然科学奖、国家发明奖、省部级科技奖20项,专利5项,在国内外发表学术论文500余篇,出版专著教材12种,获国家级、省部级教学、图书重要奖励13项。

1993年,杨叔子出任华中理工大学(今华中科技大学)校长。在担任校长四年多的时间里大力推行大学生人文素质教育,他还应邀在清华、浙大等国内百余所院校举办人文讲座300余场,吸引了30余万人次的听众。由他任编委会主任、汇集国内高校人文讲座精品的《中国大学人文启思录》一书,已发行数十万册。

延伸阅读

杨叔子生长于美丽的鄱阳湖畔,闻名遐迩的石钟山下,山湖灵秀之气,钟祥其家。杨家家学甚渊。其父杨赓笙、义父李烈钧时称江西的"一文一武"。杨赓笙,早年摒弃科举功名,追随孙中山先生投身民主革命,并担任过孙中山先生的秘书,是"二次革命"的主要领导人之一。后来,他被迫流亡海外,奉中山先生之命,在马来西亚创办《光华日报》,继续宣传革命。孙中山曾著诗称赞他:"疾风知劲草,板荡识忠臣。"

杨叔子三四岁时正逢湖口连遭旱灾、虫灾、洪灾,百姓啼饥号寒,哀鸿遍野。杨父深感百姓之艰,曾写道:"痴心默向苍茫问,可有慈航渡万家。"杨家并不宽裕,但还是竭尽全力接济灾民。

幼年时,为躲避日军的战火,杨叔子跟随父亲四处避难,在逃难中,杨赓笙告诫全家,宁可"投河自杀",也不做亡国奴。父亲的言行在杨叔子幼小的心灵中埋下了爱国为民的种子。

"打猪菜"的故事

1952年,杨叔子为了响应"到祖国和人民最需要的地方去"的号召,单纯而朴素地理解国家工业化,选择了工科专业,进入武汉大学,1953年院系调整进入华中工学院(后改称华中理工大学,现华中科技大学),学习机械工程知识。大学期间,他刻苦钻研,后以优异成绩提前留校任教。

1960年1月,他与高中同学徐辉碧结为连理。两年后,徐辉碧从北京调入华中工学院,两口子开始了朴素温馨的家庭生活。

1963年12月,杨叔子在北京出差,25日接到学校电报,要求他在北京、天津、济南、沈阳四地为学生落实好原拟去的毕业实习工厂,特别是学生膳宿事项。他迅速处理完手头工作,马不停蹄地白天联系实习工厂,晚上坐火车赶往下一个城市。短短7天,杨叔子奔波于四个城市之间,落实好了一切事宜,在元旦前夕赶回了家中。由于当时通信不便,那几天徐辉碧收不到他的消息,在家急得到处设法打听。

"文化大革命"期间,杨叔子也受到很大冲击,被下放至咸宁劳动锻炼。有一天,领导要他去"打猪菜",但是,从没养过猪的他并不知道猪菜长什么样,又不能向农民问,怎么找到猪菜成了摆在他面前的一道难题。

但是,出乎领导意料的是,不到一上午,杨叔子便把猪菜打了回来,并且超额完成了任务。领导追问起来才知道,原来,他想了个办法,就是把猪赶出去,猪吃什么他就打什么。后来,"杨叔子院士打猪菜"也成了许多人津津乐道的故事。

吃了三十多年食堂

持之以恒,孜孜以求的治学精神,使得杨叔子在学校很有名声。1980年,47岁的他成为当年湖北省最年轻的两名正教授之一。

1981年底,杨叔子赴美Wisconsin大学(Madison)做高级访问学者,飞越太平洋上空，他写道："腾空越海异乡行，志在攻坚岂在名？"在美国，杨叔子如饥似渴地钻研新技术交叉领域学问，掌握了大量的国际科研前沿知识。

回国之际，与他的导师美籍华人吴贤铭教授合作的《时间序列分析及工程应用》讲义产生，回国后，他立即把这一成果作为研究生的学科新课程，使国内学生尽快学习到前沿知识。

先进制造技术、设备诊断、信号处理、无损检测新技术等领域，他取得了一个又一个重大成果。"钢丝绳断线在线定量检测"当时连外国同行专家都叹为棘手："对钢丝绳断线进行准确的定量检测几乎是不可能的。"

杨叔子和师汉民教授以及他们的团队接下这一项目后决定采用电磁无损定量检测方法，并通过计算机自动处理，来判断断丝的位置和根数。但由于当时计算机设备运算能力有限，他们只能采取"人换机不停"的方式，1984年的除夕，一吃过团圆饭，他们就继续投入战斗，经过200多天的奋战，终于研制出一套精确的检测系统。这一成果运用到实践当中，大大地节约了运行成本，减少了安全事故的发生。

一个个的成就不是轻易取得的。从杨叔子自己结婚到孩子结婚的36年里，除了特殊情况，一家人平时都在食堂吃饭，夫妇俩几乎没有周末、节假日，也从不逛街。他们对此回应道："我们的时间实在不够用！"

作为教育家的杨叔子

在人们给杨叔子的标签中,教育家是一个必选之项。他也常常说教书育人是自己一辈子的事业。

对学生,杨叔子的尽心尽力令人动容。据他的学生讲,有时冬天早上六七点钟,学生们还在被窝里,他就拿着修改后的学生论文到了寝室,把论文放在桌子上就走。论文经常被修改得密密麻麻,甚至连句法、语词的错用,他都一一纠正,治学之严谨使学生心生敬畏。

在重大科研项目中,杨叔子也充分给予年轻人选择参与的机会,努力创造开放式的科研氛围,成就了一批又一批的学子。在杨叔子指导的研究生中,已有100多人获得了博士学位,指导的博士后有10多人已经出站,可谓桃李满天下。

除了自己亲手带学生,杨叔子还通过讲座的形式将自己的教育理念传达给了更多的人。据统计,杨叔子院士在有关单位已举办讲座300余场,吸引了30余万人次。即使在八旬高龄,只要身体允许,他还是坚持多为同学们讲讲课,他说自己"有贡献就无比幸福"。

他的讲演旁征博引,精彩纷呈。他曾讲,中国优秀传统的人文精神,一是爱国主义,"人生自古谁无死,留取丹心照汗青"。二是有骨气,"富贵不能淫,贫贱不能移,威武不能屈"。

他对科学与人文有过精辟的阐述。科学,是一种知识,认知体系,本身要解决的问题是辨别真假,是求真,如果对世界的真假分不清楚,怎么分得清善恶；人文社会科学，不仅是一种知识，认知体系，还是一种价值体系，伦理体系，不仅包含了辨别真假，而且更着重于区分善恶。真是善的基础，善必须为真导向。

（本文据湖口县志办副主编潘柏金撰写的《杨叔子院士其人其事》一文改编）

一问一答

问：经历了人生的各个时期，您认为哪个时期对人成长是最关键的？

杨：中学是人成长最关键的时期，很多院士也认同这个观点，中学对一个人的人生观、价值观和学习方法的养成有重要影响。现在很多人认为大学靠自己中学靠老师，但我认为这句话或许是不对的，和他人不同的是，我在中学时期便养成了独立思考的习惯，以至于我到了大学并没有什么太大的变化。

问：您是中国最早提出来机械人工智能的专家学者，您可以分享一下取得如此成就的心得吗？

杨：首先我们要站得高，看得远，能够紧跟世界科研的前沿，要懂得世界科学的发展趋势是什么。其次，我取得的一些成就十分得益于我的数理基础与外文功底。具有一定的外文功底，对于我查看外文资料，紧跟世界潮流有着很大的帮助。其实语文对科学的研究也十分有益，有利于提升自身的思维扩散能力。

问：您认为学生的学习成绩跟个人的天赋有关吗？

杨：需要一些天赋，但后天可以补救。后天的勤奋甚至更重要，不能半途而废、似是而非，而要拼命钻研，把所有的事情想透。同文中学的语文老师讲过的一篇文章让我印象深刻，"天下事有难易乎，为之，难者亦易矣，不为，则易者亦难矣"。遇到困难就要看你努不努力，努力才能让事情变简单。我认为人要既聪明，又肯努力，才能取得成就。

回顾自己的学习之路，马志明经常跟学生说："读书要从薄到厚，从厚到薄。自学，永远比老师教的效果好。老师教的内容一般印象都不深，就像走路一样，人家带着你走，七遍八遍也记不住路，自己走一遍就知道路了。"

马志明院士：从炊事员到数学家

中学的时候，居里夫人、牛顿等大科学家是同学们的偶像数学家马志明院士至今引以为豪的是，他煮饭的技艺颇佳。

煮大锅饭对他来说是小菜一碟。青年时代他在四川渡口市（如今的攀枝花市）攀枝花商店做炊事员，"100多人的大锅饭，我做得很好。"他对《中国青年报》记者回忆。最近，他在应邀出席"天津大学——汉柏科技应用数学联合实验室"成立仪式时接受了采访。

那是1968年，高中毕业生马志明跟同龄人一起，响应毛泽东主席"上山下乡"的号召，到四川省渡口市当了一名炊事员。

当年的炊事员成为数学家是个意外。马志明谈不上"特别喜欢数学"。他在成都四中（如今的石室中学）读书时，对物理、化学、数学都很喜欢。

他记得很清楚，读高中时，班上颇有几位比他更喜爱数学的同学，以至于后来当他成为中国数学学会理事长时，老同学中有人感叹"看不出来"。

马志明至今感念，带自己走上这条道路的，是从同学家里背来的一包数学书。

书是从他的中学同学方平的母亲、四川师范大学数学老师张芳那里得到的。至今马志明仍然喊她"方妈妈"。

那是一个"读书无用"的年代。张老师的书架上堆满了数学书。马志明记得张芳是这样对自己说的："你要什么书，就拿什么书。"

早就"想学一点东西"的马志明离开方妈妈家时，背了一书包数学书。

他对记者回忆，当时如果拿到的不是数学书，人生也许就会不同了。

他从一本"容易看懂"又"费点劲"的书开始了自学，"越学越高兴"，逐渐尝到了自学的乐趣，也不断增加了对数学的兴趣。

当然，盲目地读书是不可能成功的。这位炊事员还辗转托朋友找老师求教。其中四川大学白苏华老师给了他很多帮助。白老师在四川大学数学系资料室工作。他指点马志明应该先学什么，后学什么。他告诉马志明在哪个领域有谁的作品值得一读。

白苏华渊博的知识让年轻的马志明佩服，因为数学，两人结为几乎无话不谈的忘年交。

后来，马志明当上了伙食团长。再后来，马志明做了仓库保管员。做仓库保管员要干重体力活儿，特别是卸货时要扛很重的包装。但马志明却为转换工种而感到高兴，因为在不卸货时他可以有更多的时间研习他心爱的数学。据马志明回忆，当时慢慢就沉浸在对数学的学习和研究中了，也没有想到以后要成为数学家。

当马志明时隔20多年再次见到张芳老师时，他已当选院士。张老师不好意思地问他："你都当院士了，我怎么称呼你呢？"

马志明回答："院士有什么？您以前叫我'马眼镜'，现在还是叫我'马眼镜'！"

24岁那年，马志明听说大学恢复招生，招收工农兵学员。他跟市招生办公室联系，表示自己喜欢数学，也自学了一段时间，希望获得推荐资格。

最终工作单位同意推荐他。但在政治审查材料里，有人给他写了一句"不安心本职工作"的评语。为此他错过了这次机会。"我认为我可能一辈子都没机会读书了。这就是命运。"马志明说。

但3年之后的1975年，为他写政审材料的那位干部因为爱才，主动找他提出愿意推荐他读大学。27岁的马志明已经超龄，但幸运的是，他已有5年以上的工龄，因此，成了重庆师范大学数学系的带薪工农兵学员。

马志明认为自己得益于在石室中学受到的中学教育。石室中学是成都的名校，在他就读的时代，人们认为考入石室中学就等于"一只脚进了大学"。

但马志明指出："那时候不是应试教育，教学质量相当好。"他认为，自学数学，有人指点一下就可以学下去，这得益于当时打下的基础。

他记得，自己读中学的时候，居里夫人、牛顿等大科学家是同学们的偶像。而在几十年后，中国首次承办了2002年国际数学家大会。作为国际数学家大会的组委会主席，马志明有幸近距离地接触了许多国际知名的大数学家。

马志明说，国际数学家大会对于中国数学的发展影响深远。2002年后的10年，中国数学在国际上的地位有了很大提高。2015年，国际工业与应用数学大会也首次在中国召开。

而他本人于2002年当选为国际数学联盟执行委员会委员，又在2006年当选为国际数学联盟副主席，这是中国数学家首次担任这一职位。随后，另一位数学家、南开大学的龙以明当选国际数学联盟执行委员会委员。马志明认为，这说明中国数学在国际上已经有了一定的地位。虽然我们距离数学强国还有一些差距，但国际同行已注意到中国数学，希望听到中国数学家的声音。

功利色彩太重，是马志明眼中当今社会的一大弊病。他利用自己的影响力，在各种场合呼吁人们摒弃浮躁情绪，淡泊明志。

"我觉得现在我们国家的经济比较好了，科研经费也改善了，但是环境很不好，过于急功近利。"他对《中国青年报》记者谈道，如今教育界和学术界各种各样的急功近利的评奖、评估，简单地以论文数量、期刊影响因子等各种量化指标为依据，而不去真正考察对科学和对社会的实际贡献，已经严重阻碍了教育和学术的发展。

马志明说，浮躁的风气是中国成为科学强国的大敌。

近年来，马志明极为关注科研体制改革问题。在他看来，科研评价体系与当前学术界存在的一些问题有"十分密切的联系"。很多学术造假现象的出现，就是受到急功近利的各种评价和评估的影响。

因此，他认为各种评奖、评估活动不应过于频繁。他以全国政协委员的身份屡次建议，改变现有的急功近利的评价机制，让科学家能够静下心来做学问。

这位数学家十分怀念当年自学数学时的生活。那时，他四处拜师，兴趣越来越浓。没有升学压力，没有奥数培训，也没有评奖和评估。

（张国）

马志明院士
简　介

马志明，1948年出生于四川成都，数学家，中国科学院数学与系统科学研究院研究员，应用数学研究所所长，中国数学会第八届理事长。

1968年，马志明响应"上山下乡"的号召，到四川省渡口市当了一名炊事员。1978年毕业于重庆师范学院数学系。1981年获中国科技大学研究生院（北京）数学专业硕士学位。1984

马志明院士

年毕业于中国科学院应用数学研究所，获博士学位。1995年当选为中国科学院院士。1999年当选为第三世界科学院院士。2007年当选为国际数理统计学会（IMS）会士（Fellow）。1981年起在中国科学院应用数学研究所从事科研工作，历任副所长、所长、学术委员会主任。曾任2002年国际数学家大会组委会主席。

　　马志明在概率论与随机分析领域有重要贡献。研究狄氏型与马氏过程的对应关系取得了突破性进展，与人合作建立了拟正则狄氏型与右连续马氏过程一一对应的新框架，并将其运用于马氏过程理论、无穷维分析、量子场论、共形空间等领域。

延伸阅读

马志明：交叉领域的研究要真正地合作与交叉

"我和微软合作已经有好几年时间，和中科院动物所的合作也已经两年了。而且，与微软的合作我们取得了重要的成果，这种跨学科的合作让双方都找到更新、更有意思的研究课题，当然是一种数学交叉科学的成功。"在中国科学院院士马志明的办公室里，有很多进进出出的研究生，其中一些人同时还在企业进行实习，并且在交叉领域已经有很出色的研究工作。

正是基于此，在中国科学院数学与系统科学研究院筹建国家数学与交叉科学中心的规划中，马志明的角色尤为重要——在六个交叉研究部中的生物医学研究部和经济金融研究部，他都担任着研究骨干的重任。

"我认为做数学交叉科学研究最重要的，是数学家一定不要坐在办公室里闭门造车，而是要真正和在应用领域的人进行交流合作，这是我一贯的观点，而且现在我也是这么做的。"马志明在接受《科学时报》专访时表示。

"数学很好用"

"我们与微软的合作，主要是将数学应用在互联网信息检索的领域，特别是应用于搜索引擎设计中的网页重要性排序研究。"

时隔几年，马志明还能回忆起合作之初的情景。

2003年，马志明开始对随机复杂网络产生浓厚的兴趣。

此后一年多的时间中，他和兴趣相投的几位同事巩馥洲、闫桂英等一起办起了讨论班。"当时我们好几个同事在一起商量，认为随机复杂网络是很新的一个领域，是引起物理学家、经济学家、数学家都关注的新内容。"

那时，参加这个讨论班的人相当多，但令马志明没想到的是，这也成了他和微软合作的起点。

"事情是这样的，微软的一个实习生听说我在做随机复杂网络后，主动给我发来电子邮件，说对这个讨论班很感兴趣，想来向我请教几个问题。"马志明回忆说，"这个实习生说他想与我讨论他们遇到的一些问题，我很爽快地答应了，并要求他能来给我们讲一讲。"

几天后，那名微软的实习生果然如约到来，并把Google搜索引擎的由来和发展生动地讲给了马志明和他的同事。合作也就从这里开始了。

2008年7月，在新加坡召开的第31届国际信息检索大会上，一位年轻人报告了她的论文——《浏览排序：让因特网用户为页面重要性投票》，论文获得了会议设立的唯一最佳学生论文奖。

这位年轻人就是马志明的博士生刘玉婷，那时的她和几位同学在马志明开始与微软合作之后，正在微软亚洲研究院做实习生。

新加坡会议后，"浏览排序"成了业内热门话题，在互联网搜索工业界引起广泛关注和讨论。当然，要为浏览排序设计一套可行的算法，并非易事。微软亚洲研究院也做了大规模模拟实验。

"在这个方向还有许多课题需要进一步研究。但从中不难看出，在其他领域，数学也非常好用。"马志明说，在与微软的合作研究中，他们提炼出一种新的数学框架，叫作"网页马氏骨架过程"。网页马氏骨架过程可以很好地描述用户上网行为，不仅有很好的应用前景，而且从理论上丰富了随机过程的内容，具有数学研究的价值。目前马志明和他的同事们正在从理论和应用两个方面进一步开展这个新的研究课题。谈到这一新的研究方向，马志明高兴地对记者说："数学与应用领域的交叉，不仅是应用领域的需求，而且反过来也促进了数学自身的发展。"

生物领域大有可为

在马志明的办公桌上，堆放着大量厚厚的书籍，而其中有一本非常特别。

"现在我手里的这本书《DNA序列发展的概率模型》，作者是Rick Dnrrett，他是一位很有名的概率学家，也是美国科学院院士。可以说，他是一名纯粹的数学家和概率学家，而他现在在数学与生物的交叉领域做得很有成效。"说起与生物学的交叉研究，马志明显得很兴奋。

其实，马志明很早就开始注意到数学在生物学领域的巨大作用。

马志明说，在生物领域需要用数学来解决的问题有很多。比如，在DNA序列的研究中就涉及许多数学问题，包括概率、统计、运筹、图论等，还涉及大量的计算问题。不仅要用到已有的高深的数学工具，比如统计推断、扩散过程、分枝过程等，而且还正在呼唤新的数学工具。例如，如何处理生物领域里的海量复杂数据，就是对数学工作者的一个挑战。

"我们和中科院动物所一起开讨论班大概有两年的时间了。只要是双方的导师都在，我们两边的学生就会在每周一的晚上，一起讨论共同关心的问题。现在，我们每周讨论的就是《DNA序列发展的概率模型》这本书。"马志明说。

如果单说DNA序列，只是A，C，G和T这4个字母的排列。但是，如果从生物的起源来看，DNA序列经过漫长时间过程的遗传和变异，现在看到的排列方式和古时候是不一样的。

"生物学家和数学家用分枝过程、马氏链、扩散过程等多种数学模型来刻画DNA序列的变异过程。"马志明解释说，目前看到的生物DNA序列，可以看作是某个随机过程的样本。我们观测到DNA序列在不同位点的变化，通过建立恰当的数学模型，就可以推断它们的祖先是什么样子，以及种群的演变、种群的大小和分布等。

目前，有很多生物学家正致力于这个方向的研究。并且已经出现一些软件可以计算，但其准确性和效果还值得进一步探讨。

"现在用这些软件做出的结果是对还是不对，仍没有很好的方法去验证。我想这是一个数学家大有用武之地的研究方向，做出好的研究成果能推动科学的发展，我正在鼓励我的几个学生从事这方面的研究。"马志明认为，在这个研究方向一旦有突破，对生物学领域和数学领域都会有重要意义。

难得的"冰山一角"

做了如此多的数学交叉科学研究，马志明却将数学的应用比喻为"冰山一角"。

"应用要做好，纯数学必须要有非常深厚的功底。我经常讲，应用数学只是'冰山一角'，是整个体系中露在水面上很少的一部分，实际上，水下面是雄厚的数学基础。"马志明的比喻很形象。

因此，不论是在企业做实习生，还是在交叉领域做研究，马志明对自己的研究生都有十分明确的要求——一定要让他们继续学习基础数学。因为，纯数学研究的深入才是在数学交叉领域的最大优势。

马志明常常说的一句话是，做数学要"顶天立地"。

在他的话里，"顶天"意味着纯数学研究要走在国际前沿，而"立地"则表示应用数学在交叉领域真正与应用领域相结合，得到应用领域的承认。

"做数学交叉科学研究的人，首先就要具备数学家的素质。有人说，应用数学对数学家的要求比做纯数学要高。"马志明认为，数学功底好交叉领域才能做得好，为此，他举了这样一个例子。

陈锡康是中科院数学院研究员，也是一位知名的运筹学家。我国有13亿人口，粮食安全关系到国计民生。从20世纪70年代末，国家就希望做好粮食产量预报工作，以便党和政府及早采取相应措施，调剂丰歉。陈锡康领导的研究小组对此做出了重要贡献。

"他们的预报成果不仅十分接近于全国每年的粮食实际产量，误差很小，而且在每年的四五月间就能做出全年的预报，提前约有半年的时间。他们之所以能这样快而准确地做出预报，关键就在于使用了数学与运筹学的方法来处理预报中诸多关系问题。"马志明介绍说。

马志明的观点也很明确，要做应用，数学家就一定不能"纸上谈兵"，要与交叉领域的专家多交流、多探讨，让数学应用真正对交叉领域有贡献。

在谈到未来时，马志明说："在数学交叉科学研究上，我提倡合作。比如，我和我的学生不可能像生物学家那样对生物学有那么透彻的理解，反之亦然。因此，要更鼓励合作，这样双方就有知识的互补。在国家数学与交叉科学研究中心建立起来后，这个过程就可以从研究生阶段开始了。"

马志明信心十足，他预期会在国家数学与交叉科学研究中心建立后，取得很好的研究成果。"有了国家数学与交叉科学研究中心这个科研平台，我们就可以把合作方的研究人员邀请作为我们的学术委员，很多工作可以一起开展，双方更能融合在一起了。"

（资料来源：科学时报，2010-11-26，潘希）

"中学时代就是要活生生，要朝气蓬勃。"杜祥琬感慨于今天完全以高考分数为导向的中学教育，学生被考试压着，而不是被学习兴趣所牵引。回首半个多世纪以前的中学生活，"恰恰就是那些跟高考、跟分数看似关系不大的东西，对人的一生产生了深远影响"。

杜祥琬院士：
个人成长融入国家命运方有大成

人生动力靠两个轮子驱动，一个轮子是社会需求，一个轮子是个人兴趣。需求好像是个前轮拉着你走，兴趣好像是个后轮，推着你走在与青少年交流的过程中，杜祥琬院士也曾感慨于命运安排的神奇一面。

中学时，一本科学杂志让他立志探寻宇宙奥秘，后来却因为国家需要数易专业，"大大的宇宙没研究成，学了小小的原子核"。

为了潜心科研，他两度辞官，最后恰恰是这段经历养足了"底气"，让他跻身院士行列。

回首半个多世纪前的那段青葱岁月，他说："没有当年的中学老师，就没有今天的我。"追忆在"文化大革命"期间遭遇迫害的老师，这位即将迈入耄耋之年的中国工程院原副院长眼中隐然有泪光闪烁。

昔日怀揣梦想的懵懂少年而今已是两弹功勋、科学大师，当"为中华崛起而读书"的声音渐渐淡去，他常常自问：我们这一代人是不是已经out（落伍）了？当年的故事对孩子们还有用吗？

最终，他自己找到了答案。

全面发展打牢基础

半个世纪后回首，恰恰就是那些跟高考、跟分数看似关系不大的东西，对人的一生产生了深远影响。

1938年，日寇侵华战火肆虐，杜祥琬出生在举家避难的南阳。南阳多玉,古称"宛"。北京大学数学系毕业的父亲杜孟模为他取名"祥琬",寓意"像良玉一样,质朴而有内涵"。

1950年至1956年,杜祥琬的中学生活在开封初中和开封高中度过。这所中原大地闻名遐迩的学校由清末"河南省大学堂"和"开封府中学堂"沿革而来。建校一百多年来,走出了13位两院院士,培养出了师陀、姚雪垠、柏杨、张一弓等名作家。

八朝古都开封,处处浸润着文化。

杜家住在开封双龙巷。相传当年赵匡胤的父亲挑着担子,赵匡胤兄弟俩坐两头,住进了这条巷子。后来两人当了皇帝,巷子就改名叫了双龙巷。双龙巷里有两个石头做的龙头,一个就在杜祥琬家门口。

知识分子的家庭更是给了他成长的养分。杜祥琬感受最深的就是父亲的勤。20世纪60年代,已是河南省副省长的杜孟模还不断要求在苏联留学的儿子为他购买最新版英文和俄文数学书籍,研究"泛函分析"和"测度论"等。"他晚上说梦话,断断续续,说的都是一套套数学公式。"

中学时代的杜祥琬全面发展,"似乎每门课都有兴趣"。令他印象最深的则是一群水平高、治学严谨的老师。

数学老师韩静轩,其时已经快五十岁了,中等身材,讲课时重要的地方总是加重声音,"甚至跺脚"。一辈子单身的李天心老师教化学,课本往讲台上一放,看也不用看,讲课的内容已滚瓜烂熟。

杜祥琬至今清晰地记得当年到李老师家去玩,跨入大门时眼前那幕场景带来的震撼：家里瓶瓶罐罐全是试管、烧瓶一类，俨然一个化学实验室，"教化学不光是她的职业，更是整个人生"。

来自哈尔滨的郝守勤老师学的是标准莫斯科音。高中毕业时，杜祥琬入选到苏联公派留学，当时全国选拔了近600人，按俄语水平考试分数高低分21个班。他一下被分到唯一由俄国老师来教的最高班，"这个时候我才意识到一个好老师对自己的帮助"。

和今天紧张的中学生活有些不同，杜祥琬的同学们并没有感受到多少高考的压力。

当时的教学鼓励学生活跃思想，学校数学墙报上出一些题，征求大家给出可能的解。比如一道三角题，常有不止一种解法，解法一、解法二……大家一起切磋，不是为了考试分数却激发了大家的兴趣，杜祥琬学会了举一反三，也找到了一个少年内心隐秘的成就感。

课业之外，杜祥琬喜欢单双杠、引体向上，还爱上了打垒球。古城墙也是少年时代的美好记忆，爬到城墙上去玩儿，敢从城墙上往下跳。开封是盐碱地，房子地面往上的一段墙经常出现白的硝，杜祥琬和伙伴们刮一点硝、配上炭和其他东西，就可以自己做火药做炮仗。

班里同学多才多艺。同桌男生当时就已经是个小作家，写小说、给杂志投稿；有同学唱起风靡一时的印度拉兹之歌，"简直就跟电影里一点不差"。

大家共同的爱好是拉二胡。学校文艺会演时，全班上台，几十把二胡合奏《良宵》《步步高》，从台下看，弓法十分整齐好看。

普希金的诗，冰心的短篇小说集，郑振铎的中国文学史，巴金的《家》《春》《秋》……情节好，意境好，于少年时代的杜祥琬而言，是一种享受，也是一种陶冶。

长篇小说《刘胡兰》一度让他看得废寝忘食，连妈妈叫他吃饭也听不见。"刘胡兰'生的伟大、死的光荣'的英雄形象，让我开始懂得什么是崇高。"

暑假里抗洪防汛，杜祥琬第一次知道了"悬河"的概念——当时开封城区城墙还没有黄河的底高，黄河对开封来说是就在头顶上。不用人说教，热火朝天的集体活动中很自然培养起人的社会责任感。

除了"水"，还有"蝗"。杜祥琬在中学的时候遇到过一次。天本来晴得好好的，突然就黑了，漫天蝗虫把太阳都给遮住，然后落到庄稼地里，周围都是咬庄稼的声音，"真切地感受到人民的苦难就在眼前"。

"中学时代就是要活生生，要朝气蓬勃。"杜祥琬感慨于今天完全以高考分数为导向的中学教育，学生被考试压着，而不是被学习兴趣所牵引。回首半个多世纪以前的中学生活，"恰恰就是那些跟高考、跟分数看似关系不大的东西，对人的一生产生了深远影响"。

养足底气才能走得更远

人需要底气，这就是靠实际工作的积累，打好了基础，把事做实了，心里就会踏实，处理问题就会沉稳。

杜祥琬求学的时代，初中分春季招生和秋季招生。

上到小学五年半的时候，看到初中春季招生的公告，杜祥琬也没有准备，抱着试一试的想法就去考了。

不久，学校门口墙上贴出红榜，杜祥琬的名字赫然在列。

但他却做出了让旁人大跌眼镜的选择——继续念完小学，到秋季再入学。

原来，考数学时有一道题是因式分解，杜祥琬一看题目就放弃了，因为因式分解是六年级下半个学期的内容，自己还没学习过，脑子里没有概念。

但就因为这一道题，杜祥琬萌生了一个伴随一生的朴素理念："盖一栋楼不能缺砖头，缺的东西必须补起来。"

他两度请辞的故事更是广为传颂，成为急功近利时代的稀缺品。

1975年，在中国工程物理研究院九所工作了11个年头的杜祥琬，因为成绩突出，领导准备任命他为副所长。

这可急坏了37岁的杜祥琬。

如果当了所领导，就意味着用于科学研究的时间要大为减少。他四处奔走，动员同事为他说情，时任所长周光召终于同意了他的请求。直到1984年他才被任命为副所长。杜祥琬说："这为我争取了9年宝贵的科研时间。"

1987年，中国工程物理研究院准备任命杜祥琬为副院长，甚至连任命书都已经起草好了。当时刚刚参加国家"863"计划专家组的杜祥琬就一级一级找领导,还请出王淦昌等老科学家为他说话,"这个副院长我还是不能当,因为国家'863'计划得全力投入"。

他再次放弃了提升职务的机会,几年后成为国家"863"计划激光技术主题专家组首席科学家,在基层工作的时间又得以延长了7年。直到1993年他才被任命为中国工程物理研究院副院长。

正是这两度请辞,杜祥琬带领团队先后建立起核试验诊断理论,改进了核武器的设计,让我国核武器向小型化、精准化迈进了一大步;"863激光技术"项目在较短时间内,把我国强激光技术的研究推进到国际先进水平。

1997年,杜祥琬当选为中国工程院能源与矿业工程学部院士。院士评审材料中,一半是核武器研究,一半是"863激光"。很多老朋友感叹:"你要不辞掉当年那个所长、院长,没有重新组建研究室做具体工作,最后也不可能当上这个院士。"

杜老的孙女而今也是中学生了。在他眼中,今天的青少年一代,见识多,更聪明。

但一个现象同样引人关注:有时孩子们太过聪明,做一件事,就希望马上有看得见的收获、回报,太多的考级、考证……眼前的利益遮住了眺望远方的眼睛。聪明该如何转化为智慧呢?

"养足底气才能走得更远"。杜祥琬至今记得"氢弹之父"于敏的话,要从微观进入宏观,才能从宏观驾驭微观。人需要底气,这就是靠实际工作的积累,打好了基础,把事做实了,心里就会踏实,处理问题就会沉稳。

个人成长融入国家命运方有大成

人生动力靠两个轮子驱动,一个轮子是社会需求,一个轮子是个人兴趣。需求好像是个前轮拉着你走,兴趣好像是个后轮,推着你走。

上高中时,一本科学杂志让杜祥琬立志探求宇宙的奥秘。

阅览室里,来自苏联的期刊《知识就是力量》上登了很多有关星际、太空方面的知识,把杜祥琬的目光吸引到了地球之外。

遥远、神秘的星空中到底潜藏着多少秘密?懵懂少年对天文学产生了浓厚的兴趣,高中毕业时,他报考了当时全国大学中唯一的天文学系——南京大学天文学系。

然而,因国家要在开封选送两名留苏预备生,杜祥琬被选中参加培训。几年后,他到莫斯科工程物理学院攻读原子核物理专业。"大大的宇宙没研究成,学了小小的原子核。"

都说"兴趣是最好的老师",如何看待个人兴趣、专业选择、人生事业的关系,杜祥琬有一套自己的理论。

"兴趣服从需要,需要产生兴趣。"杜祥琬以自己的经历现身说法,从天文转到数力,从数力转到核物理,再到后来转向激光,数易专业。首先是个人的兴趣服从了国家、民族和社会的需要；其次，在国家需要的学习和研究中，钻研进去才发现，这些新知识、新领域、新课题是那么的富有挑战性，解决以后的成就感，是一种享受。

杜祥琬将人生动力比喻为两个轮子，一个轮子是社会需求，一个轮子是个人兴趣。需求好像是个前轮拉着你走，兴趣好像是个后轮推着你走，"两个轮子一起转动起来，才会有更强劲的力量"。

在四川绵阳科学城，随处可见令人肃然起敬的十个大字：铸国家基石，做民族脊梁。对于曾在科学城奋战半生的杜祥琬来说，那是他坚守一世的信念。"人活在世界上当然要有物质基础，但一定要有精神支柱，有家国情怀，这是我一辈子的体验。"

1958年，国家决定发展核武器，因为工程的隐秘性和特殊性，直到整整四十年后，随着"两弹一星"功勋奖章的颁发，一群国家和民族的英雄才为世人所知。

作为"两弹一星"研制核心成员，杜祥琬始终为自己能献身于这一崇高的事业而深感自豪。"我们这一拨人就是要献身的。美国有这么一拨人，俄罗斯也有这么一拨人，一个国家没有这么一拨人是不行的。"

今天的时代，"为中华崛起而读书"的声音似乎渐渐淡去。喜欢和青少年交朋友的杜祥琬经常会问，自己这一代人是不是已经out（落伍）了？这些故事对孩子们还有用吗？

后来，他自己找到了答案。

他不否认，市场经济里利益、诱惑多了，价值观多元化了。今天的青少年一代，面临升学、就业、买房等重重压力，催生了焦虑一族、迷茫一族。

但他同时坚信，无论任何国家任何时代，都会有不同的人选择不同的价值观。选择什么样的价值观，永远是一个人青少年时期必须直面的人生课题，"个人成长融入国家命运方有大成"。

这位在古稀之年转向主持国家能源战略和应对气候变化咨询的院士说，一个时代有一个时代的命题，一代人有一代的使命。中华民族崛起了，但可持续发展正成为新的时代命题，希望就在青年身上。"我毫不怀疑，中华民族的每一代人中，总会有人选择崇高，为国家、民族、社会无悔奉献。"

（报道综合了《中国科学报》《大河报》的相关内容）

（雷宇，2017年7月，中国工程院杜祥琬院士办公处）

杜祥琬院士
简　介

杜祥琬（1938.4.29— ）河南开封人。应用物理、强激光技术和能源战略专家，中国工程院院士、原副院长，中国工程物理研究院高级科学顾问。

1964年毕业于苏联莫斯科工程物理学院，曾主持我国核试验诊断理论和核武器中子学的精确化研究，曾任国家

中子物理室部分同志1983年合影
（第一排左2为杜祥琬）

"863"计划激光专家组首席科学家，曾主持中国工程院的我国能源发展战略咨询研究。现任国家能源专家咨询委员会副主任，第三届国家气候变化专家委员会名誉主任。

1997年当选为中国工程院院士，2002年当选为中国工程院副院长，2006年当选为俄罗斯国家工程科学院外籍院士，先后获国家科技进步特等奖一项、一等奖一项、二等奖两项，部委级一、二等奖十多项。2000年获何梁何利科技进步奖。

延伸阅读

杜祥琬，小巷里走出的工程院院士

万科集团副总裁毛大庆（随母姓）是杜祥琬之子，他曾问父亲："祖父为什么给您起名'祥琬'呢？"

杜祥琬沉思片刻说："你爷爷希望我能像良玉一样，质朴而有内涵！"

"您认为祖父对您有哪些重要影响呢？"

杜祥琬和缓而意味深长地说："归纳起来就是'爱简勤'三个字。爱，就是爱国家，爱家乡，爱事业，爱学生，爱家人。简，就是简朴平易，愿做普通人，保持平常心。勤，就是'朝闻道，夕死可矣''天行健，君子以自强不息'的精神。"

家庭作为人生熏陶染化的开始，是教育的起点和基点，人的许多基本认知、兴趣和世界观、人生观都是在这个环境中形成的。杜祥琬所生长的这个开封书香世家，对他一生的发展影响深远。他也因此对闹中取静的双龙巷、对有大量藏书的朴实故宅，满怀忆念。

双龙巷里定下人生理想

1937年，日寇侵华，开封高中迁往南阳石佛寺。1938年4月，杜祥琬在杜孟模迁徙教学途中出生了。

杜祥琬回忆童年，还记得夏天晚上，杜孟模坐在南阳山区残缺的石头寨子上，领着孩子吟唱《满江红》《伟大的吕梁》。

1945年，抗战胜利后，开封高中重回开封，自1950年至1956年，杜祥琬在开封高中完成了中学教育，完成了教育的起点和基点。

1959年，在著名核物理学家钱三强的负责下，国家要选派30名大学生赴苏联留学，到莫斯科工程物理学院攻读原子核物理专业，杜祥琬再次入选。他根据国家的需要，已将关注的目光从最宏大辽阔的宇宙，移向最细小精微的核物理领域。

1965年初，他被分配到中国工程物理研究院理论部工作。在王淦昌、朱光亚、邓稼先、周光召等一批优秀科学家的带领下，杜祥琬开始了科研生涯。

1997年，杜祥琬当选为中国工程院院士。2002年，杜祥琬当选为中国工程院副院长。卸任后，他关注能源发展问题，又担任了国家气候变化专家委员会主任。他和100多位专家调研、整理、讨论，编写成了"中国能源中长期发展战略研究"丛书，他说："这只是个开端，新能源发展还有很长的路要走。"

"我是河南开封人"

杜祥琬有浓浓的家乡情结。

2002年10月22日，开封高中举行百年校庆，四十六年未回母校的杜祥琬，怀着游子归家的热切心情回来了，还将家人都带了回来。

"见到坐着轮椅来的常亚青老师，他是高三教我们数学的，我的入党介绍人高彩云老师，年轻有为的校领导，一大批活泼可爱的小校友，还有几位久违的老校友，内心难免激动。会上学校要我作为老校友代表发言，我在表达了对母校的怀念和感激之情后说，几十年来，无论走到哪里，当有人问我是哪里人时，我都会毫不犹豫地回答：'我是河南开封人！'用地道开封话说出来的这七个字，立刻引起了全场师生的热烈掌声，这实际上是一种内心深处的互动和共鸣。"杜祥琬在《光明日报》撰文道。

与校友们见面，杜祥琬谈得最多的就是儿时在开封生活、学习的时光，他对校友们说："我经常想回来看看，然而由于工作的特殊性，总是想得多，实现得少。"

2004年国庆节期间，已担任中国工程院副院长的杜祥琬，带着妻子及儿子、儿媳、孙女再次踏上了故乡的土地。到开封的第二天一早，他就迫不及待地来到东司门喝胡辣汤。喝着胡辣汤，吃着烧饼，杜祥琬感慨万千，他对开封高中的同志说："这碗汤我想了几十年。"

这次开封之行，杜祥琬全家在开封停留了3天。他回到了位于双龙巷的故居，这所老宅，杜家两代人都长期生活过，留下了杜祥琬许多难忘的回忆。虽然院落内已经拆改成大杂院，但门外熟悉的小巷，隐约还是半个世纪前的旧模样。宅院附近的龙头，还嵌在街边墙壁上。

杜祥琬又带全家人来到柳园口黄河岸边。他与爱人捧起一把黄河泥土，吩咐儿子带回家保存。他说："以后无论走到哪里，只要看见这黄河土，就会感到家乡就在身边。"

2003年，杜祥琬随中国工程院课题组到河南省交流，最后他即席发言："如果没有中州这块土地的营养，如果没有家乡父老的培育，如果没有在开封受到的初等和中等教育，就没有今天在工程院工作的我。这个根、这个本，我是永远不会忘记的。这是我的肺腑之言。"

（盛夏　李梦竹《大河报》2012年8月27日）

一问一答

问：您孙女正在上初中，您觉得她现在的学习和您中学时期最大的不同是什么？

杜：我觉得他们现在的学习压力还是很大的，周末、寒暑假都排满了，报名各种辅导班、兴趣班。我觉得学生不应该被考试压着，而应该被学习兴趣牵引着，这样才能激发学生的积极性。像我中学的时候，每天不用考虑特别多，也没有什么压力，喜欢什么就学什么，那样才能取得好的效果。

问：您中学时都有哪些学习以外的兴趣爱好呢？

杜：我们那时中学还没有音乐课，但是会经常唱歌。而且我们班当时都很喜欢拉二胡，还一起在学校里上台表演《良宵》《步步高》等曲子。当时觉得文学也很吸引人，情节好，意境好，是一种很好的享受。到现在我还记得臧克家的诗，"有的人活着他已经死了，有的人死了，他还活着……"这些话很有深度，现在回想起来，那时候看的书、唱的歌对人生观和价值观有一定的影响。

问：跟您那一代相比，您觉得现在的年轻人有怎样的时代责任呢？

杜：每一代有每一代的使命担当，我的儿子辈孙子辈，他们的环境，他们的历史使命并不比我们更容易。虽然他们的物质条件比我们好多了，但他们遇到的难题也很多。至于他们的使命，就是让我们国家，乃至人类，走向可持续发展，最好是让自己的生命价值跟国家的发展和人类的进步能够保持一致，这样你就会成为一个非常有用的人。

经历高考 60 年后，朱中梁想对今天的孩子们说："一时一世，总会有些挫折，但是你的志向必须要高一些、远一些，一时的得失其实对于人的一生来说，跨过去就只是一瞬间。"

朱中梁院士：
好的向往牵引成才方向

中学时一度沉迷于康乐球游戏，一个高远的志向时时敲响警钟今天的"网瘾少年"越来越多，牵动着全社会的目光。

鲜为人知的是，和很多青少年喜欢网络游戏有些相似，著名的通信与信号处理专家朱中梁院士在中学时，也曾沉醉于当时风靡的康乐球游戏，甚至一度有些不能自拔。

面对移动互联网时代青少年精彩纷呈又满是诱惑的成长环境，对于"自拔"的不易，年过八旬的老人感同身受，"当年几个月时间里，上课时满脑子都是赢球"。

他现身说法，用中学时代的"康乐球之鉴"寄语中学生，要心存"一个最终的追求"，在追求里自觉自醒，才能走正自己的方向。

回首半个多世纪以前的青葱岁月，这位从"球瘾"少年到走进国家最高科学殿堂的院士不无庆幸，"只因为想当科学家的美好向往总在前方"。

中学接触的好书、好人影响一生

给老师转移枪支的惊险一幕成就了"少年英雄"的记忆。

1936年4月，朱中梁出生在江西南昌一个知识分子家庭。这座"初唐四杰"之首王勃笔下的"豫章故郡，洪都新府"，自1939年起就被日军占领，之后又在国民党手中煎熬了四年。打记事起，朱中梁的童年就是在战火纷飞、颠沛流离中度过的。

十岁那年，母亲去世，他开始跟着姐姐生活，不久，姐姐出嫁，他又住在叔叔家中，此后，干脆搬进了学校宿舍。因为家庭变迁，他换了好几个小学，却一直稳居班上的第一名。

在南昌市郊的一个小学，朱中梁遇到了几位人生的启蒙老师，讲做人的道理和社会上的不平等现象，甚至让校园里传出了《解放区的天》的歌声。在思想禁锢的年代，"新鲜而富有启发"。

在老师的鼓励下，小学四年级的朱中梁写了一篇文章《要做一个自食其力的人》，讲有的人想不劳而获，是一种可耻的现象，人都应该自食其力，不要做寄生虫。他在老师的启示下第一次知道"剥削"二字的含意。这篇文章还发表在了当时江西省的一个省报上。

一场惊心动魄的"遭遇战"，成就了朱中梁的"少年英雄"的记忆。

一天，老师们突然收到消息，国民党要派人来学校搜查，这意味着，拥有枪支的他们，随时会暴露身份。

作为学生领袖的朱中梁尽管内心充满恐惧，但还是带着其他几个同学一起将枪支快速转移到食堂仓库堆放的米堆里。"只知道老师们讲了很多道理，非常值得尊敬，我要帮助他们。"直到新中国成立后，他才得知原来那几位老师是中共地下党员。

1950年，朱中梁考入了南昌一中。这所江西著名的省立中学建校已100多年，英才辈出，走出的院士就有十几位。

朱中梁在这里度过了六年中学时光，接触的好书和好老师成为影响他性格养成的基石。

一本《韬奋全集》，他从头至尾读了两遍。

最初接触这本书源于他与作者邹韬奋的身世共鸣——俩人都出生于知识分子家庭，却因幼年丧母而早早感受到生活的艰辛。读到最后，朱中梁被作者的正直和骨气深深折服。

"他敢讲话，敢说真话。"这让年少的朱中梁笃定，对不合理的现象要敢于提出批评。

另一本深得朱中梁喜爱的书是《鲁迅全集》，书里的名篇《呐喊》《彷徨》《阿Q正传》……半个多世纪后，朱中梁依然如数家珍，"鲁迅书里的很多故事读起来很有趣，又觉得还有其含义，他将中国社会的很多黑暗面巧妙揭露了出来"。

这些图书滋养着少年朱中梁，也培养了他正直、果敢，反感阿谀奉承的性格。"看到不平的事情我就要去说。"朱中梁如是说。

校园里，他好打抱不平，遇到同学间以大欺小或仗势欺人等情况没少"惹事"，但也收获了弥足珍贵的友谊。

一位同学突发重病，家人远在临县。朱中梁二话没说，背起他就往医院赶，其时正规的医院少得可怜，最近的离学校也有好几里路，他一路走走歇歇，终于把同学送进了病房。多年后聚会时，同学追忆往事依旧热泪盈眶。

高中老师雷世懋则让朱中梁感念至今。

有一年，学校因为住宿紧张，规定凡是本市生源不让住校，很多同学都搬了回去。朱中梁的家和学校同在南昌市，但地属南北，每天上学要走路约两个小时，下雨天更是行路难，路途遥远加上家里住房困难，朱中梁就私自留在了学校。这一情况被班主任发现了，一定要给予处分。这辈子第一次违反校规，当时朱中梁一听头都要炸了。一个懵懂少年情急之下满怀忐忑，找到学校教导主任雷世懋老师求助。最后他不仅免予处分，还保留了学校里的床位。

"学校有校规，你有什么特殊情况要先报告，不能不吭声也不搬回去，所以一定要写出深刻检讨。如果你认识了这次错误，就免予处分。"半个多世纪过去了，朱中梁依然清晰地记得雷老师当时的话，有批评，有爱护，"真正体谅我们的实际困难，教会了我什么叫'实事求是'"。

志存高远方能步履不停

在朱中梁看来，一个高远的志向就像一枚时时敲响的警钟。

新中国成立之初，国民经济正处在恢复时期，国家工业发展需要大批的技能人才，不少同学纷纷选择读中专，"一进校就会是国家干部，分配有保障"。

朱中梁却一心要上高中考大学继续深造，"第一是因为心里存着一个追求，第二是因为前方总有一群好榜样"。

刚上中学时，正在读大学的哥哥因肺病去世，家人伤心欲绝，一个做医生的亲戚反复嘱咐朱中梁要注重锻炼身体。他似乎得到了特许，要多玩耍多锻炼，课余时间，乒乓球、篮球、玻璃弹子等玩得不亦乐乎。

初中时，南昌城里出现了一种叫"康乐球"的游戏，类似于现在的台球，一张木盘四角各有一个洞口，盘上散布着两色的球子，两人对局，谁撞入洞中的球更多谁就赢。

康乐球很快风靡全城，成为最吸引学生的一种游戏，满街都是。少年朱中梁一下就被这个游戏深深地吸引住了。

上瘾到什么程度呢？

朱中梁回忆，离放学还有大半节课心思就已经飞向了球桌，课堂上根本听不进去，脑海里只想着对局技巧，输了就想下次怎么赢过来；赢了就想怎么赢得更多。

因为去的人太多，去晚了就租不上校门口附近的球盘，几个关系很好的同学就商量好，谁先下了课，就把书包放那不管，先跑去占球盘。

这样的状态大约持续了三个月，直到期末的模拟考给了朱中梁当头棒喝。

最后一节课一般是生物课，朱中梁生物成绩下降得厉害，只拿了3分（5分制），刚刚及格。

因为心里模模糊糊的志向，朱中梁一直要求自己必须名列前茅，刚及格的成绩显然达不到要求，他痛定思痛，终于将自己从"球瘾"中拔了出来。

而当他真正全身心投入学习之中,虽然有时也会玩康乐球,"但是慢慢看淡了,当时觉得再有趣的事也不过如此"。

"年轻人对一些事情有时很容易入迷,入迷后怎么能够自拔?一个好的志向是关键。"多年以后,朱中梁院士感慨现在有些小孩上网游戏成瘾、手机游戏成瘾都是类似问题,年轻人要做到自觉的确很难。

他以自身经历现身说法,一个高远的志向就像一枚时时敲响的警钟。

除了好的向往,朱中梁说,"最好还要有些榜样"。

高中时,班主任经常分享一些优秀的学长考上北大、清华的故事,而身边的一位物理老师的传奇经历更是给人无限激励。

那位年轻的物理老师,课教得好,和学生玩得好,又是团支部书记,以一篇学术论文在《物理学报》上发表,被我国一位著名老科学家发现,认为很有潜力而被直接调入中国科学院工作。一时在同学们中传为佳话。

"一个中学老师,能够调到科学院去,那是多么不得了的事情。"这位老师也成为朱中梁中学时代最好的榜样。

上高中后,学校选拔留苏预备生,朱中梁也被提名,虽然第二轮就被淘汰了。但这一来自国家的召唤依然给了他极大的鼓励。

在志向和榜样的牵引下,朱中梁的高中三年都是在刻苦学习中度过的。

高考前,为了能挤出更多的时间复习,朱中梁和十几个同学在宿舍里点着煤油灯没日没夜地看书。南昌城的夏天格外热,狭窄的房间里一丝风也没有,他偶尔支撑不住迷迷糊糊地睡去,又很快被热醒。学校条件艰苦,伙食自然好不到哪里去，正在长身体的朱中梁却瘦了好几斤。

填写志愿时，他郑重地在纸上写下了"清华大学电机系"几个大字。彼时，这是全国最好也最难考的专业。

1956年7月，朱中梁踌躇满志地踏入考场，却在物理和数学两门最重要学科的考试中途中暑晕倒被抬出考场输液，从而与梦想的清华园失之交臂，最终被华中工学院（现华中科技大学）机械系录取。

挫折并没有让他迷失方向，两年后，他从机械系转向无线电工程系，开启了为国家的卫星应用、微弱信号处理和网络与信息技术科学发展鞠躬尽瘁之路，两度摘取国家科技进步特等奖。

经历高考六十年后，朱中梁想对今天的孩子们说："一时一世，总会有些挫折，但是你的志向必须要高一些、远一些，一时的得失其实对于人的一生来说，跨过去就只是一瞬间。"

"青年们，担起国家的责任"

少年朱中梁深切地意识到，
只有科技发展才能改变国家被动挨打的命运。

幼年的一段经历让朱中梁终生难忘。

日军攻陷南昌，朱中梁跟着家人连夜逃往山区。江西山区多河，一行人乘着木船沿河流逃去，却不料遭到了日军汽艇的追击。

日本人的汽艇飞驰而来，小木船却拼命地划也划不快，看着越逼越近的汽艇，大家慌忙弃船登岸，在四周山上的竹林里躲了一天一夜才逃开日军的追击。

"要是我们也有汽艇该多好！"童年时惊悸的遭逢在朱中梁内心深处种下一个梦想的种子。

到了能够阅读的年纪，朱中梁最钟爱小人书，"鸦片战争""八国联军侵华"……一个个故事引人入胜却又深深刺痛了一个少年的心："为什么洋人有洋枪和坚船利炮，而我们却只有长矛大刀？"

少年朱中梁深切地意识到，只有科技发展才能改变国家被动挨打的命运，而科技要发展就必须依靠像自己这样的年轻一代。

从少年时就萌生的这份家国情怀，一直激励着朱中梁。

即使在纷扰的"文化大革命"期间，朱中梁的目光始终锁定在追踪世界科研的最前沿。他和同事们一天也没有停掉手中的科研工作，一个国家使命和一种责任感总在驱动着自己，只好白天"闹革命"，晚上搞科研。"我们有一个志向，就是要真正为国家干点实事、大事，而不是大喊大叫喊口号。"

在西南一隅的小院里，差不多和朱中梁同时代的同事里，相继走出了七位院士。青年担起国家责任，在这里得到了最好的印证。

而今朱中梁院士的孙辈都在中学阶段，与孩子们的接触中，朱中梁为自己的观察忧心不已，"他们对'天下兴亡匹夫有责'的责任感淡薄了"。

他经常听见孙辈们说，将来想去国外上学，在国外生活，却鲜有听见他们提要为国家做些什么。"现在孩子们的生活环境都很优越了，但在优越的环境里，却不知道将来自己有什么责任。"

"现代社会比我们当时的各种资源丰富得多，知识的广泛和深度都比我们当年要好得多，老师和家长为孩子们的学习成绩倾尽全力，但这些人将来会被培养成什么样的人呢？"尽管一代人有一代人的活法，但朱中梁却始终认为，对社会、对国家的责任感是青少年不可或缺的。

大半个世纪过去了，共和国的老院士仍矢志不渝，"我们国家要是没有一批又一批的优秀工匠、工程师、科学家，发展起来就很难，更谈不上超越，只有任人欺凌"。

朱中梁的中学时代，正值抗美援朝之际，国家号召青少年共同保家卫国。学校报名非常踊跃，当时正读初中的朱中梁和班上的一半同学都申请了参加志愿军，但因年龄原因没有入选。学校的高中和初中部里，成功入伍的同学中则有江西省委领导、党校校长艾寒松的两个儿子，高干送孩子参军卫国一时传为校园佳话，让人敬佩和感动。

"青年们，担起国家的责任！"这位耄耋老人寄语今天的年轻一代，希望能够除去为了升学的浮躁，心怀高远的志向和对家国的责任，勤勉求实地前进。

（雷宇、唐婉婷、胡林，2017年，西南电子电信技术研究所朱中梁院士办公室）

朱中梁院士
简　　介

朱中梁，1936年出生于江西南昌，电信技术专家，中国科学院院士。

1961年毕业于华中工学院（现华中科技大学）无线电工程系，西南电子电信技术研究所研究员，1999年当选为中国科学院院士。

朱中梁院士

主要从事通信和信息科学研究。主持设计并参与研制通信卫星多功能信息系统和数字宽带无线传播与信号处理系统；提出多系统、多用途、业务兼容和顶层优化的设计思想，实现了大系统硬件资源和信息资源高效共享与综合利用；研究课题的重点包括：信号估计与识别、弱信号检测、系统抗干扰、多址通信、通信网络、信息处理、网络与信息安全等理论与技术。获国家科学技术进步奖特等奖2项。

一问一答

问：书籍在青少年成长过程中扮演着重要的角色，在您印象中，对您最有影响的书籍是什么？

朱：一本是《历史唯物主义》，一本是《辩证唯物》。这两本书从根本上告诉我，一个人讲唯物，要历史唯物，要辩证唯物，只有这样才能正确地看待历史上的问题。看待那个人和那个事情要以当时当世的背景来分析，所以不分析当时的历史背景，不根据人家的实际情况，"一概打倒""一律推翻"我觉得是胡扯。放在现在说就是"实事求是"，实事求是是最难做到的也是最应该做的。至今，我都会要求自己的学生，好好学习历史唯物主义和辩证唯物主义。不管你是从事社会科学还是自然科学，你做人都要这样，看待社会看待人也要这样看，不同的历史时代有不同的历史情况，不同的背景环境下有不同的现象。

问：青年人面对挫折该有怎样的基本态度？

朱：青年人要能吃得了亏，要求也不能太高，要求又多又高总是很难满足的。应该自己自觉地为某个事情去做努力，我尽力去做，问心无愧，对得起自己，也对得起组织。

问：对于刚刚毕业的大学生来说，您觉得什么是最重要的？

朱：应该是自己有高的目标，并不断追求。你不同的学校毕业，到了一个单位上，可能干的事情是一样的。在这样一个同样的项目里面，我为什么就不能做得比别人更好？我觉得一个人一直保持这样一种状态才行，你大任务小项目总要把它做好，这个就是做人一个最基本的责任。

问：如果要用一句话题赠今天的青少年一代，您会怎么说？

朱：青年人首先要做一个有责任的人，对社会、对家庭、对朋友、对同学都要有责任，这一点是很重要的；其次就是做人一定要勤奋；最后就是实事求是。

相当一部分学生的学习目标有些功利化,不是用兴趣和自由探索来引导自己的学习,一个有理想的人,应该从自己的探索欲出发,充分挖掘和发挥自己的最大潜力。

刘经南院士：我不是应试教育培养出来的

一个有理想的人，应该从自己的探索欲出发，充分挖掘和发挥自己的最大潜力著名测绘学家、武汉大学原校长刘经南院士有时会不自觉地将自己的少年时代与孙辈做比较。

显著的不同体现在书包的分量上。他发现，正在读小学五年级的孙女"书包越来越重"。从三年级开始，孙女就拉上了"带轮子"的拉杆书包。

刘经南明白这意味着什么。孩子们作业多、参考书多，为了能考入好的中学，必须在课外接触一些附加题，为此要参加英语班、奥数班等。而为了"右脑与左脑的协调发展"，孩子还被父母送到艺术班，去学跳舞、弹钢琴、拉小提琴。

刘经南说，这些课外班，孙女几乎一个也没落下。尽管他清楚地意识到，"这是应试教育带来的"。

他到美国的小学访问过。在一所小学，他见到三年级小学生在开辩论会，题目是"你最感兴趣的地方及理由"。学生们带着这个题目，放学后自己上网搜集资料，然后带到班上讲给师生听，并回答提问。学生们看上去兴致勃勃的。

"哎哟！这相当于我们本科生答辩呢！"刘经南当时感慨。

他指出，应试教育问题不解决，孩子们就没法快乐起来。

中考时曾因数学成绩差而落榜

回顾自己的少年时代，刘经南的自我评价是"比较全面发展"的。"我不是应试教育培养出来的。"他告诉《中国青年报》的记者。

20世纪50年代，刘经南在湖南省长沙市读中小学。当时，师生"与生产劳动相结合"，甚至整个学校都下乡办学，半天学习，半天干农活。

在刘经南的印象里，当时的教育是"很宽松的"。在众多课外兴趣小组中，他参加过航模组、摩托车组等。他甚至加入过长沙市中学生歌舞团，在舞台上做"表演唱"，那是当时比较"时髦"的一种演唱形式。

读中学时，下午的最后一节课是课外活动。因为身体较弱，刘经南常去学校图书馆读书。为了多看一些课外读物，他申请当了义务图书管理员。整个中学时代，他都没有告别"馆员"这个兼职身份。他从中学图书馆馆员做起，历经长沙市青少年宫图书馆、长沙市图书馆，一直做到湖南省图书馆馆员。

他认为，这段经历培养了自己对信息获取、分类的能力以及快速猎取知识的能力。在这些图书馆里，他可以完全按照自己的兴趣博览群书。

刘经南至今保持着对文史类著作的偏好，当年他曾因为偏科而落榜。他自小接触古典诗词，小学时就开始读《红楼梦》，作文经常成为被宣读的"范文"，语文成绩好于数学。因为数学成绩较差，他没有考入理想的中学。第二年重考，才考入了有名的长沙市明德中学。

在明德中学，刘经南喜欢的科目有生物、化学、天文学。在那个年代，科学家发现了DNA双螺旋体结构，杨振宁、李政道获得诺贝尔奖，苏联发射了世界上第一颗人造卫星，这些事件都影响了他的爱好。他自制的显微镜，放大倍数可达到100倍左右，吸引了很多同学。

从高中到大学，都是由兴趣来引导学习

高中成绩优秀的刘经南希望能够考入北京大学的生物类专业。但是因为"家庭成分不好"——他的祖父、外祖父都是国民党军队高级将领，他的档案上带有"该生不宜录一类学校"标注。1962年，他第一志愿落榜，后被武汉测绘学院录取，专业是天文大地测量。

入校以后，刘经南一度想要退学，来年再考一次，因为测绘专业与自己的兴趣相去甚远。但老师和家人都劝他坚持下去，由于"家庭成分"问题，他能读大学已属幸运。

刘经南依然喜欢生物专业。读大一时，他还去旁听过武汉大学生物系的课。虽然不喜欢测量，但他觉得"拿好分数，是一个学生应该做到的"，门门课程都是高分。大二时，他接触了更多的测绘专业基础课，发现里面也有很多探索性和挑战性的东西，对本专业产生了兴趣。一位著名的测绘学家由此开始了自我提升之路。

如今，刘经南自己总结，从高中到大学，他都以兴趣来引导自己学习，"对其他的方面考虑得较简单"。

当了大学校长后，他注意到，从生源上看，现在招进来的学生"受应试教育的影响很深，学习的积极性和自主性普遍不够强，学习方法通常也是应试的那一套"。

而且，很多同学往往不是依从兴趣，而是从谋生的角度出发选择专业。

在刘经南看来，这"不能说不对"。可是，"一个有理想的人，应该从自己的探索欲出发，充分挖掘和发挥自己的最大潜力"。

他公开批评过："相当一部分学生的学习目标有些功利化，不是用兴趣和自由探索来引导自己的学习，而是为了考试，考研究生或为了将来找个好职业而学。"

他屡屡呼吁，让孩子们快乐起来，这离不开教育资源的合理分配。他对记者说，要从根源上减轻孙女的书包，就要加大教育资源的投入，否则"减负"就"都是空话"。

"不是我们认识不到素质教育的好处，而是教育资源不足，分布又不均衡，还没有彻底解决教育公平的问题。"刘经南说，教育界众多人士呼吁多年的教育财政性投入达到国内生产总值的4%，但达到4%还不够。要想发展素质教育，治本的方法就是进一步增加教育的投入，并且解决教育资源不均衡的问题。

"解决了这两个问题，我们的孩子就会快乐起来。"刘经南说。

（张国）

刘经南院士
简 介

刘经南，1943年出生于湖南长沙，著名大地测量专家。曾任武汉大学校长。

1982年9月毕业于武汉测绘学院，获硕士学位。1999年12月，当选为中国工程院院士。

刘经南院士长期从事大地测量理论及应用研究与教学工作，在大地测量坐

刘经南院士

标系理论、软件开发和重大工程应用方面成就显著，特别是在 GPS 技术应用和工程领域卓有建树。20 世纪 90 年代以来，美国、苏联等国家的全球定位技术发展以后，他全心致力于全球定位技术在我国国民经济建设中应用的研究与教学工作，深入钻研 GPS 技术与思想，创立了武汉测绘科技大学 GPS 课程教学，在消化、吸收的基础上逐步形成具有独特见解的一系列理论，广泛应用于实际工作中。

延伸阅读

刘经南院士：学生要敢于挑战老师

74岁的刘经南院士，平日就住在自己任职的昆山杜克大学校园里。

他曾在2003年至2008年担任武汉大学校长。2012年，他再度出山，掌舵昆山杜克大学。

这所大学由美国杜克大学与武汉大学联合在江苏昆山打造，其目标是构建一所倡导通识博雅教育的世界一流研究型大学。学校于2012年9月获教育部批准筹建，2013年9月12日获批正式设立。

刘经南告诉澎湃新闻，自己在当公立大学校长时，对公立大学存在的问题有体会也有遗憾，"总觉得有些东西可以解决，但是却没有解决得很好，或者来不及解决"。

此外，"我在武汉大学任校长时就有这样一个想法，也开始了实际探索，即通过引进国外的大学合作办学来改善我们大学的理念，来促进我们教育的现代化和国际化，以及教师的国际化水平提升"。于是，便有了来到昆山杜克大学工作的理由。

作为师者，刘经南要面对来自学生的挑战。

他曾经在开学典礼上鼓励学生质疑教师和员工、质疑学校和校长。他坦诚，自己有时也曾受到下级甚至学生的挑战，虽然面子上难受、脸红，甚至会争几句，但认识到下级或学生的主张是正确的以后，他会当面向下级或学生道歉。

而现在，作为校长，刘经南面临的最大挑战是按照美国私立模式办学的昆山杜克大学如何可持续发展的问题。在这里，他还要不断面对中美文化差异、制度和意识形态差异、发展水平差异带来的博弈和挑战。

不久前的一个深夜，工作了一天的刘经南在接受完澎湃新闻专访后，独自走入了校园的阑珊灯火中。

在中国引入精英型私立大学模式的挑战

澎湃新闻：您到昆山杜克大学工作4年多，有没有一个，或者几个您重点的工作目标？

刘经南：当然有重点目标，第一，比方说按规划走先办硕士、后办本科、最后办博士的三阶段研究型大学道路，这还算是事务性的工作目标，另外这个学校到底怎样办下去，要思考这个问题。昆山杜克大学是按照美国精英型私立大学的模式办的，我们知道，美国精英型私立大学大多是世界顶尖的大学，都是高水平学生与师资、高质量教学与科研、高投入资金与资源，这种模式适合当今的中国吗？这使我感到将来长期的挑战是财务——如何实现学校可持续发展。

第二，它是精英办学模式，中国人理解的精英与美国人理解的是一回事吗？在中国这种氛围中，精英办学模式怎样吸引中国考生，吸引国际考生，这是第二个比较大的挑战。

在中国开展精英办学，一是学费高，另一个，它的教学方式一定是走通识博雅教育和跨学科教育，这跟中国现在大学面向职业、面向学科、面向行业和专业的教育，是完全不一样的。

第三，是我们的招生一开始是从硕士招起，这跟中国目前的办学要求、现行的国家规定的制度体系不一样。一般都是办了几年本科以后再办硕士，办了硕士之后再办博士，是遵循从低到高循序渐进的一个过程。

解决这些挑战，一要靠合作三方形成共识，二要靠在融合中的探索与创新。

比如，在首先开办硕士项目问题上，开始时，我们的政府、中外合作办学的专家都认为违反了大学设立的规定而不能接受这个模式，我们反复陈述了两个原因：杜克和武大都富有开办硕士项目的经验；办硕士就表明我们首先是从科学研究与人才培养相结合起步，符合学校研究型的定位，也是最容易的起步模式。

老子讲，天下难事必作于易，办困难的事要从办容易的事开始。办本科难，因为我们采用的是通识博雅教育，需要有很多不同的专业，才能烘托起来。但我们办硕士就相对容易。我们是不成立院系的，我们从面向21世纪人类的需求和问题出发，成立相应的研究中心，教授的科研和硕士研究生培养紧密结合，走一条新的探索之道。

我们需要创新、突破一下现有的规定和认识。以创新的旗帜感动人，也说服了一部分专家和官员，再加上杜克本身的品牌，教育部希望能够引进杜克，希望能带进一些创新的模式，就没有过分拘泥于现有的规章制度。

澎湃新闻：在高学费面前，要怎样吸引中国的考生？

刘经南：当时的硕士还好办，因为招生规模不是很大，专业也具有诱惑力和吸引力。

另外，美国精英大学虽然是高学费、高质量教学科研结合，高投入资源配置，同时也是高额奖学金。你享受世界一流的优质教育资源，也就要用与之相当的学费来支撑。但由于采取高奖学金制，名义学费比较高，实际学费，平均来说只相当于名义学费的一半，和现有的其他中外合作大学相比也高不了多少。

"接受学生挑战是老师不断提升的重要途径"

澎湃新闻：您在新生开学典礼上曾经鼓励学生要质疑，质疑教师和员工，质疑学校和校长，您作为校长是否曾经接受过来自学生的挑战和质疑？

刘经南： 当然有，我对我的同事、下级和学生都常常讲，如果不敢向我提出反对意见，老师或上级提出的东西，你总是Yes、唯唯诺诺的话，我认为你没有思想。我不希望学生和下级是这样的思维方式，一定要敢于挑战老师或领导。

曾经有过一些学生挑战我，我当时很难受，脸红，要争几句面子，因为学生的表达可能意思不完整，我会抓住他不完整或者不准确的地方反驳。但是后来我仔细研究他们表达的思想，我觉得他的内核是好的，只要把那些外表粗糙的东西去掉，是很好的思想。于是，我就向这些学生道歉。

我们跟杜克来的老师谈话时说起，我们最喜欢跟本科生交谈，因为本科生的思想没有经过很多老师、大学的规范训练。大学训练他如何思考问题、如何创新，其中的一道道程序是可以培养出来的，他的创新就规范化了，没有非常大的想象力了，是规范化的创新，不是火花式的、爆发式的创新。本科生没有经过这样的训练，他提出的问题更具有爆发性，提出来的问题会逼着你去想。表面上看着是无知，但是跟本科生接触只要你善于思考的话，反而对我们教师的帮助最大。

我们要接受这种挑战，这也是老师不断提升的重要途径，这种文化也是在学校里面学术自由、思想自由的碰撞和延伸，在这样一种氛围中，才能真正形成学校创新的基因。

"社会的浮躁、民族文化的浮躁反映在大学里"

澎湃新闻： 您觉得大学跟所在的地方是什么样的一种关系？

刘经南： 从中国来说，大学肯定是对地方发展的社会效益、经济效益存在促进作用，而且会越来越大，因为大学从过去象牙塔那样的一个时代，走向了服务社会的时代，就从比较边缘化慢慢地走向中心化的社会地位。而且，教育作为一个人终身要进行的事业，在一个实行终身教育的社会，教育更会慢慢走向社会的中心。

教育能提供人民文化素养、文化品位，科学素养、科学品位，中国曾长期是一个迷信权威、迷信神的社会，科学素养比较低。要把这个素质提高，大学起到不可或缺的作用。

昆山杜克大学在这里已经举办了各种规模的会议，有的比较学术化一点，有的比较大众化一点，跟社会进行交流沟通。

另外，大学有成果，有科技成果、文化成果，但是成果转移不是因为大学存在就能自动转移的，要靠一系列政府的引导，还有社会环境整体水平的提高，包括知识要素、土地资源要素、金融资本要素、环境政策要素，四大要素有个非常好的耦合，或者配合，才能够真正地实现转化和产生效益。

这有一个过程，像美国他们做得比较好，所以效益高一点，我们中国正在慢慢探索。

澎湃新闻：一些人认为社会浮躁的原因在于教育浮躁，您怎么看？

刘经南：人们说到社会浮躁和大学浮躁的问题，我认为浮躁不是由于大学的原因，反过来是社会的浮躁、民族文化的浮躁反映在大学里面。

中国过去没有这么浮躁的，像宋代、明代，汉族社会知识和文化水平都比较高，也比较讲究人的修养，生活是比较休闲的，老百姓是自给自足、自娱自乐的，在社会经济条件比较好的情况下，政府用家族来管理社会，形成一个比较自然和谐的状态。中国过去的文化并不浮躁，甚至一些国外名家如罗素等批判中国人太没有进取心了，安于现状，安逸享乐，没有忧患意识。

浮躁是怎么产生的？从历史根源讲，中国百年落后，整个社会落后是清朝闭关锁国政策造成的。西方侵入进来后，才如梦初醒知道中国远远地落后了，人心着急，想尽快改变落后状态，"一万年太久，只争朝夕"，尽快恢复到大国强国地位，甚至不惜急功近利，浮躁就应然产生了。这是一个历史的原因。

从文化上来讲，也有一些根源。中国广大的底层社会人民，在两千年重农抑商的政策环境下，缺乏市场交换，难以改变生存状态，但他们也有强烈的改变自己状况的愿望，长期在小农经济的思维环境下，他也会比较急功近利，只看眼前，不看长远，但又急于改变自己的生存环境。

浮躁不是教育产生的，有我们的文化和历史的原因，还有社会落后激起大家追赶的愿望，正效应是前赴后继，发愤图强；负效应是产生了急功近利的浮躁。

浮躁也会影响教育，但教育是百年大计，教育不能浮躁！所以我们现在讲要提倡有两个精神，一个是"工匠精神"，精雕细刻，止于至善。另一个是"贵族精神"，仁爱向善、修身养性、品位高雅、道德高尚，待人接物处事理智、理性、礼仪，有这样一种民族的精神，浮躁就会少许多。

"教授没有话语权，学校怎么办得好？"

澎湃新闻：在武汉大学任职时，您曾经推行了人事制度改革和财务制度改革。在这所中外合办的大学，您有没有再去进行一些其他教育改革的尝试探索？

刘经南：过去我们的大学像政府一样把资金拨到职能部门，职能部门再把资金拨到院系。我们的教授、院长都有体会，他们看到职能部门的人还要点头哈腰的，因为他们掌握钱，你需要找他要钱。我那时候写过一篇论文，把这一体系称为处科级领导下的院长跑腿制，大家听了觉得好笑，他们说写得太真实了。这都是行政化的表现。

身为教授的院长也没有话语权和学院财政事务决策权，学院怎么办得好？院系作为教学科研第一线，没活力，学校怎么办得好？所以要搞财务制度改革，从改革分配体制起步，削弱中层的行政权，这就是搞校院二级财务预算制的初衷。

制定一个新的改革性政策，必须是上上下下反复讨论的，要组成一个政策的制定委员会，这涉及利益分配问题。我们就找来自不同院系的5个书记、5个院长，带领5个职能干部，组成委员会，代表学校制定财务改革政策。改革方案出台后，又从多个层面广泛征求意见，最后由学校教职工代表大会通过，党委通过，才予以执行。

职称评聘制度也用了类似的方式。主要是改晋升为岗位聘用，去评聘过程的行政化，所有岗位全球性公开，坚持过程公开、公平、公正，让院系教授会在评聘中起主导性作用。

当时做得比较早，我们没有到处宣传。我讲是"羞答答的玫瑰静悄悄地开"，高调有时候做不成事，低调反而能把一些事做出来。

在昆山杜克大学，我们肯定今后也会有些改革举措的，但在当前，我们主要是引进学习，结合中国实际消化吸收后再创新，通过碰撞产生新的东西。

像教师和员工招聘，几乎完全是杜克大学模式，先定岗位，后全球招聘，面试后，由聘用委员择优录用。没有行政干预，没有人情关系。

又比如说通识博雅教育，国外实际上是从亚里士多德那个时代开始的，中国则是从同时代的孔夫子开始。他们讲君子不器，不器就是要形而上，搞人文、关爱，那就是人文教育。中国也是通识博雅教育，孔子的学生都要学六艺，既注重人文又注重体育，还有道德、学术。而现代的通识博雅教育，在重跨学科知识基础上，更强调培养人文情怀、责任意识、社会服务，科学精神、批判思维、创新能力。

把这些东西消化吸收后，我们还会产生一些新的东西，包括我们现在本科和研究生教育体系采用面向需求、面向问题、面向未来的跨学科教育。现在我们培养学生，是为社会服务，要能够解决社会的问题、满足社会的需求，所以一定是在学校里面就要养成问题导向、需求导向的思维，这要体现在教学上，体现在课程体系的设计上，体现在培养理念上。这是我们通过中外合作办学碰撞后思想的升华。

（资料来源：澎湃新闻 2017 年 6 月 6 日，记者：卢梦君、宋江云）

有些人生来天赋就好，但是成功的人也各有各的样。我只能后天再努力，用句老话激励自己，笨鸟先飞。

戚发轫院士：不怕输在起跑线上

靠勤奋走出来的神舟飞船总设计师

神舟飞船首任总设计师戚发轫并不认为自己是个天资聪颖的人，有时他甚至觉得自己悟性不够，是个"笨人"。在一次中学同学聚会上，他当着恩师和在座同学的面，对另一位同学表达了钦佩之意，"我当年最服你，脑子好使！"

那是多年前的一次作文课，语文老师检查作文，点到了两个人，其中一个是戚发轫，他老老实实地拿起作文本念着头晚满纸的心血，另一个就是这位老同学，尽管作文本上一个字没有，但这位同学竟"一点磕巴不打"地把作文"现编"了出来，当然最后还是被老师识破了。戚发轫说："我可做不到这一点。"

在近日接受《中国青年报》记者专访时，戚发轫已被外界诸多的光环所围绕：曾参加中国第一发导弹、第一枚运载火箭、第一颗卫星、第一艘试验飞船和第一艘载人飞船的研制工作，历任"东方红一号"卫星技术负责人，"东方红二号""东方红三号"卫星总设计师，直至执掌设计神舟载人飞船的帅印，人们从他丰富的经历中看到了共和国航天事业发展史的缩影。

但就是这样一位老院士，对当年作文课上的故事仍记忆犹新。他说："我不想造成一个印象，即所谓成功者在小时候就是优秀生，那时的我不是优秀生，是不是以后就不行啦？也不是，只要你努力也是可以的！我就是这样的。"

小时候努力写作业，成绩总比不上那些常看小说又爱玩的人

戚发轫出生在 20 世纪 30 年代，由于当时的历史条件，他所接受的中小学教育掺杂了多种"血统"：自小生长在被日本占领的大连，小学学制按照日本的学制教学，新中国成立后参照苏联的学制。课本也变来变去，那时，初中已是"很高"的学历，而所谓的高中就是"初中里头挑几个班，再找个好点的老师来讲课"。

在这种"十分不正规"的教育环境下，戚发轫时常感到学习"吃力"。

中学时，班上分为两拨儿人，一拨儿经常看小说又爱玩，还有一拨儿总是看书、努力完成作业，戚发轫属于后者。然而，每逢考试，戚发轫总是比不过前一拨儿人。

他至今记得，班里有"三驾马车"：班长、团支书和总干事。班长是学习最好的，团支书是"进步人士"，总干事是搞服务的。戚发轫既当过团支书也做过总干事，唯独没有当过班长，原因就是"学习不是最好的"。

戚发轫说，同样的人，有的人既学习了又玩得不错，有的人则"守规矩，不迟到，不早退，不偏科，不调皮，也不打架，一心扑在学习上"，结果却是"既没学好，也没玩好"。

也就是从那时开始，他以"笨人"自居，"学习不是很好，但是很努

力"。戚发轫暗下决心，要付出比别人更多的精力。

这种情况一直持续到大学。戚发轫的高中只上了两年半。当时大连的学制是春季毕业，而1952年全国院系调整之后是秋季招生。要么提前毕业，要么再念半年，他最终选择了提前毕业。

其结果是，一方面他考上了梦寐以求的北京航空学院（现北京航空航天大学），提前上了大学，另一方面，他很快就尝到了"苦果"：跟不上。当课堂讲到抛物面时，戚发轫连抛物线还没学过，这一度让他感觉自己和人家"差一大截"。

如今，大家都说"别让孩子输在起跑线上"。但在戚发轫看来："有些人生来天赋就好，但是成功的人也各有各的样。我只能后天再努力，用句老话激励自己，笨鸟先飞。"

直到现在，他还自嘲是"80后"，尽管没有年轻人的爱好，"不会唱歌，不会下棋，不爱好摄影，书画也不行"，但他会在周末出现在办公室里，整理稿件或是看看书"学点历史"，"不是最聪明的，但是最努力的。"他说。

不要在意起跑时的位置和一时的排名

不过，老实归老实，却不等于死学。

在课堂上，"不爱出风头"的戚发轫像变了个人——发起言来如连珠炮又似机关枪，嗵嗵嗵地让你喘不过气，提起的问题也一个比一个尖锐刁钻。

地动仪的原理是什么？徐霞客游历名山大川后有何发现？华佗的药是什么成分？一系列的问题常常让老师也措手不及。就连体育课上，他也经常会问，"老师，做这样的动作对身体究竟有什么好处？"

尽管只教了戚发轫两三年，但初中班主任、历史老师刘永礼对这个"有着强烈的求知欲和对任何问题都刨根问底的钻研劲头儿"的小孩念念不忘。

刘永礼总记得，戚发轫常常会为一个问题不断查找资料，学校的图书馆、书店、同学家一个都不放过。曾经，戚发轫为搞清楚一个历史小问题，从别人那里借到一套《中国通史》，如获至宝在家读了起来，而后，戚发轫还特意转借给了刘永礼。

后来，初中校长田宜恭给他写下了如此评语：不善言谈不等于两耳不闻窗外事，讷于言的人往往敏于行。

1992年，59岁的戚发轫被任命为"神舟"系列载人飞船总设计师。起初，这一消息让不少圈内人诧异。对一个几近花甲之年的老技术人员来说，第一步就要组建一个研制团队，由于工程大、专业面广，这些团队的成员并非一个行政单位编制，作为总设计师，既不能给人家发工资，也不能给人家发奖金，如何统一指挥对总设计师的"德行"要求甚高，就是靠人格的魅力来统领这个队伍。

戚发轫向记者讲述了一个故事：大学寝室，8张床，7个人，毕业后各奔东西。多年后，其中一个人燃起创业梦，号召昔日兄弟加入进来，一呼百应。因为整整大学4年，宿舍热水都是他打，风雨无阻。而与之相对的则是集体对另一个人的"排挤"，这个人每星期从家带6个苹果回来，按计划一天一个，4年来从未与人分享，在创业的道路上，"此人不可交"。

而他，就是那种怀揣着创业梦的人，一个老头儿领着袁家军等一批年轻人，做了一件中国人从未做过的事。

如今人生已过半，戚发轫回想中学时代那些天赋与勤奋的"博弈"，感觉很难说哪种孩子的人生发展更好。

虽然曾经学习成绩没那么突出，但较早进入单位坚守岗位，也机缘巧合地"占"了位置，让他有了更多进步的机会。赶上国家建设新契机，与所里的老同志共同聆听钱学森讲《导弹概论》，作为年轻人常常被老同志提携、锻炼，有幸进入研究院总体设计部，研发中国第一颗卫星，这些都让这位现已80岁高龄的老人感慨，人生犹如一次长跑，成功的原因很多，不要在意起跑时的位置和一时的排名。

所有头衔里面我最喜欢的还是工程师

关于国家的"位置"，倒是戚发轫常常思考的问题。在近日中国科协夏季科学展上，他还不忘拿出一组数据来说明中国在太空领域发展的"位置"——"天上有1000多颗卫星在工作，中国有100多颗，占十分之一"。

美国总统奥巴马曾说过，中国航天之所以有如此成就，很大程度上因为有年轻且有奉献精神的科学团队。根据戚发轫的统计,美国在1969年登月时,其研究团队的平均年龄是28岁,如今这个数字变成了42岁,而俄罗斯60岁以上的航天研究人员占到40%,反观中国,我们平均年龄35岁,非常有潜力。

但戚发轫担心:等这一拨儿年轻人成长起来后,会不会出现断层,换言之,将来会不会没有人愿意当工程师了?

60多年过去,戚发轫仍记得刚上大学时迎接新生的横幅上写的话:"欢迎未来的红色航空工程师"。那时的他作为一名工程师,"感到光荣"是发自内心的话。至今,在所有头衔里,戚发轫最喜欢的还是工程师。

科学家的责任在于发现还没有被发现的东西,进行"原始创新",而工程师的工作是将科学家的发现与技术家的发明集合成一个工程,进行"集成创新"。戚发轫说,很难想象,一个社会没有工程师就像"没有临床医生",搞了那么多研究,写了那么多论文,面对病人却束手无策。

然而,如今谈起工程师,多少感觉有点"低人一等",比如,高级工程师只有加上教授级或研究员级才能算正高职称,而越来越多的孩子从事经济、法律、金融,学习理工科的人却越来越稀缺。

时代已变,在戚发轫成长的年代,"国家需要做什么就做什么",而儿孙这代人完全可以自己选择自己的志愿。

但孩子们选择的真的是自己喜欢的、感兴趣的吗?戚发轫以为不尽然,就像很多人不了解工程师是干什么的一样,不少年轻人对于选择也是在随波逐流。

他感慨"现在小学生太累",围着考试、升学率团团转,却单单不知道自己的兴趣点,"你如果问他喜欢什么,他说不出来就直接问他妈"。应试教育下疲于奔命的结果,只是终于盼到大学的"解放",然后进入另一轮"被选择"。

戚发轫希望有生之年能看到载人登月,他也相信,总会有一些年轻人像他一样,能够实现航天梦想。

(邱晨辉、郑雅楠)

戚发轫院士
简　介

戚发轫，辽宁省复县人，出生于1933年，空间技术专家，"神舟"号飞船总设计师，中国工程院院士。

1957年进入国防部第五研究院工作，1967年调入中国空间技术研究院从事卫星和飞船的研制，曾任中国空间技术研究院副院长、院长，同时担任过

戚发轫院士

多个卫星型号和神舟飞船的总设计师。

戚发轫在主持"东方红三号"第二代通信广播卫星时采用公用平台和模块化设计原则和多项新技术，不仅使中国通信卫星上了一个新台阶，并为后续卫星研制提供了一个技术成熟的公用平台。在主持"神舟"号飞船时制定了具有中国特色、符合中国实际情况的总体方案，"神舟五号"载人飞船完成了中国首次载人飞行。作为总设计师在解决卫星和飞船研制过程中的重大工程技术问题上发挥了指导和决策作用，做出了系统的、创造性的成就和贡献。

延伸阅读

戚发轫：最自豪的是中国航天队伍"很年轻"

听到一名观众自报年龄已满80岁，中国工程院院士、国际宇航科学院院士戚发轫竖起拇指，又咧嘴一笑："我比你还大三岁。"

年龄，让中国神舟飞船首任总设计师很"在意"。

庆祝2016年世界空间周科普报告会9日在北京举行。戚发轫应邀做报告，为400余名学生讲述"航天技术与中国航天"。

"神舟十一号"载人飞船即将亮相，83岁的戚发轫胸有成竹。中新社记者问他会否从后辈身上看到当初的自己，戚老忙谦虚地摆摆手："当时人才断层，我接任的时候都快退休了。"

"最触动我的就是'天宫二号''神舟飞船'的设计队伍很年轻，这是中国的特色、中国的力量、中国的潜力。"戚发轫对中新社记者说。

戚发轫做过统计，1969年美国"阿波罗11号"飞船登月，其研究团队平均年龄是28岁，如今这个数字已蹿升至42岁。在俄罗斯，40%的航天科研人员的年龄超过60岁。他说："中国航天领域科研人员平均年龄35岁，他们还继承着航天精神，这就是最大的战斗力。"

记者查阅中国空间技术研究院的数据：目前该院承担国家重大专项任务的团队平均年龄在35岁以下。在型号研制一线人员中，青年比例超过70%；45岁以下的型号总设计师或总工程师占46.8%；35岁以下的主任设计师占28.3%。

对于步入"花甲之年"的中国航天事业，戚发轫认为还需要奋起直追。他说，"中国是航天大国，而非航天强国。"中国航天事业起步晚、底子薄，但只要凭借自力更生的精神，依托逐步提升的科技水平、工业基础和经济实力，一定能与美、俄等航天强国比肩。

有人说，戚发轫堪称是新中国航天事业发展史的缩影：他先后参加第一枚运载火箭、第一颗人造卫星、第一艘实验飞船、第一艘载人飞船的研制工作；他历任"东方红一号"卫星技术负责人、"东方红二号"和"东方红三号"卫星总设计师；59岁时执掌"神舟"飞船"帅印"，并用亲手设计的"神舟五号"将中国第一位航天员杨利伟送入太空。

虽已退居二线，戚发轫谈起中国航天领域最新动态仍是娓娓道来。他尤其热衷于回答来自孩子们的提问。

一个男孩提到中国科幻作家刘慈欣描写的"太空电梯"、石墨烯及分子机器。"你懂得很多嘛。"戚发轫欣慰地说。中国也在研发可以重复使用的运载火箭，并且新一代运载火箭的燃料实现无毒无污染。

当日结束报告会后，戚发轫被上台合影的孩子们团团围住，他最关心的是"我这么讲，你们是不是能听懂"。得到孩子们的肯定答复，他笑了："希望你们都到航天领域来！"

（资料来源：中新社北京 2016 年 10 月 9 日电）

如今带学生，赵国屏劝诫他们要"勇担重任，当仁不让"。当一件事很重要但是没有人去做，我能做我就必须去做；但是，这样的事，一定是难做的，所以，要锲而不舍地坚持做下去。

赵国屏院士：只追求个体优秀难有伟大成就

大多数人的青少年时代，是在"学校"和"家庭"的两个圈子里度过的，而突破性的成果往往通过大团队合作跨学科，甚至跨国家完成以今天的标准来衡量，赵国屏无疑是一个"输在起跑线上的人"：他小学上了7年，高中毕业到淮北农村插队落户10年，直到30岁时才考入大学，35岁留学美国竟然跟老师年纪相仿，知天命之年从研究微生物学、生物化学改行拓展我国新领域——基因组学……

然而这并不妨碍赵国屏的卓然成就。一路走来，赵国屏56岁就获评我国科学技术领域的最高学术称号"中国科学院院士"，他和团队的努力在基因组学上打破了西方科学家的垄断神话。

他说自己不是最聪明的人，只是一直在努力，他用"勇担重任、当仁不让"寄语今天的青年一代。鉴于现在的父母对孩子的期望值越来越高，他呼吁父母，应树立榜样并给孩子提供自由探索兴趣的空间，而他的中学时代正是对此最好的注解。

儿时兴趣成就终身事业

1948年，赵国屏出生在上海一个技术官员家庭，父亲赵祖康是我国著名的公路工程和市政工程专家，曾经担任国民党溃退时的上海代理市长和解放后的上海市副市长。他是家中幼子，兄姊皆毕业于北大、清华、同济等名校；从小在温文严谨的环境中长大。

因为母亲高龄产子，赵国屏从小体弱多病，小学甚至读了7年。为追赶进度，1962年，要强的小男孩选择了当时在上海不算最好但初高中只用五年制的位育中学。

这所由著名教育家李楚材创办的学校借《中庸》"致中和，天地位焉，万物育焉"之大意，立"生长创造"之宏愿，鼓励学生全面发展，报效社会；迄今为国家培养了两院院士 11 人，著名大学校长 26 人。

赵国屏幼时父母曾经让他去学过国画、练过钢琴；他自己也兴趣广泛，甚至在少年宫师从亚洲动画开创者万籁鸣的兄弟学皮影戏，他都尝试过，但没一项能够坚持下来，"画学了一个月，画完梅花后便没了兴趣，钢琴学了一阵子之后也就不去了"。

这个被父亲批评没有"恒心"的少年也曾想通过写文章出名。多年后他依然清晰地记得当时给杂志《少年文艺》投稿的情景：追梦少年站在邮筒前，四下顾盼，乘着无人经过之机，将稿件丢入邮筒后迅即跑开。最终也因为没有回信而放弃。

因为从小缺钙，中学时代的赵国屏依然身体不好，又瘦又矮，体育运动也成了一大遗憾。他听说收发电报也算运动竞赛项目，特地报名参加了区工人体育馆的培训班。"一段时间后，教练就说我已经达到三级运动员的水平了。"

多年后回想，赵国屏感慨正是这一次次对于"前程"的尝试，一个个兴趣爱好的交替，让他对世上万物保持了一份特有的好奇心，直到与生物的结缘。

"小学语文教材里介绍一位小学生，把番茄嫁接在土豆上面，结果上面长番茄,下面长土豆。"对于年少的赵国屏来说,无疑打开了一扇通往全新世界的大门,"我读了兴奋了很久,从五年级开始,就在家里的院子里,学做嫁接。我研究一生,崇尚米丘林的'向自然索取'的理念"。

与生物有关的一切活动(包括与农业有关的气象)都成了赵国屏中学时代的课余爱好。3年经济困难时期,城里人也要想办法搞吃的,这个市长家的孩子在院子里养起了鸡和兔子,"意识到这是生物体现出的经济意义"。

20世纪60年代,赵国屏偶然在《科学画报》上读到一篇关于DNA双螺旋结构发现后分子和细胞生物学发展的文章,其中提到病毒是介于生命和无生命之间的"生命体",这让小小年纪的赵国屏深为震撼、着迷。他下决心献身生命科学研究,第一步,就是报考北大生物系。

当然,为了考大学,先要学好"数理化"。现在想来,他深深感谢上海位育中学的教育,印象最深的还是高中物理老师。

在讲到牛顿三大定律时,这位学校的二级教师带了一叠油印的教材进来,每人发一本,替换掉当时教育部特批(适用于五年制教学)的教科书,"他说这本书后面的内容是错误的,此后,就用他编的讲义"。

当告别中学校园十年之久的赵国屏参加高考时,物理仍考了95分(百分制),"实际上是和这位老师的教育绝对分不开的。他教的是经典的力学分析,让学生避免了'传力'概念的误导;从本质上对问题的认识正确了,方法是对的,题目就都能做对"。

面对今天中学教育里的"题海战术",赵国屏直言,学习需要掌握对问题的根本认识和解决问题的方法，而不是靠题海练习里的"类比"和"经验"。真正的创新在题海里是没有的。

年轻人要有"当仁不让"的豪情

个人的命运常常被时代所裹挟。

赵国屏遇上了"上山下乡"运动的时代洪流，高中没有正常读完，班上同学陆续被分在上海的工厂或周边，然而他的"学生物"初衷无论如何都挥之不去，"想用生物知识改变农村"。

1969年1月，20岁的赵国屏自愿来到离家500多公里的安徽省蒙城县，开始了近十年的知青插队生涯。

他带领插队组同学和生产队社员育种、搞试验田、修水利，渴望把淮北穷村变为富饶之地，自己也从毛头小伙成长为大队书记。

下乡伊始，知青学到的第一堂课，不是"阶级斗争"，而是"养活自己乃人生第一要务"。一年歉收，一人只分到40斤小麦。赵国屏等8个知青买了很多红薯干，煮熟之后吃里面的心，皮给猪吃。县里文化局干部视察时看到这一幕，油然感触"这样家庭里出来的人能够吃这样的苦，将来一定是了不起的"。

1977年，恢复高考的喜讯传来。赵国屏却选择了放弃高考。因为他放不下改造农村的心愿。

"你应该多学本领,做农民做不到的事情。"直到第二年春节,在生产队长的劝说下,赵国屏清理完账务上交,才回到上海复习备考。

而立之年,赵国屏终于跨入了复旦大学的校门。此时,他的年龄差不多是班上最小学生的两倍。

"愿中国青年都摆脱冷气,只是向上走,不必听自暴自弃者流的话。能做事的做事,能发声的发声。有一分热,发一分光,就像萤火一般,也可以在黑暗里发一点光,不必等候炬火。"十年知青生活,鲁迅的话镌刻成了赵国屏一生的信仰。

如今带学生,赵国屏劝诫他们要"勇担重任,当仁不让,就是当一件事很重要但是没有人去做,我能做我就必须去做;但是,这样的事,一定是难做的,所以,要锲而不舍地坚持做下去;同时,在做的过程中,认真学习,提高本领,把事情做成、做好"。

20 世纪末,中国提出参与全球人类基因组研究的两个 1% 计划,即完成人类基因组 1% 的序列测定和识别人类表达基因的 1%,并特别关注人类疾病基因组的研究。

赵国屏受命带领中科院团队,参与这一重大科学研究项目。"人类基因"这四个字对已经 50 岁的他来说,听到时的感觉,和所有的大学生是一样的;所以,他只能边学边做,"我必须要去做,这太重要了"。

2003 年 4 月中旬,中国和其他 5 个发达国家正式宣布:人类基因组序列草图测定完成,一本人类遗传信息的天书已经写就。跻身人类基因组测序这一核心工程，意味着中国在人类基因组计划的进展中占据了重要的一席之地。

2003 年，非典突发，全球恐慌。为揭秘非典流行过程中 SARS 冠状病毒的进化规律，没有任何项目经费的赵国屏和他的同事们，冒着被感染的危险，奔赴疫区，通过调查研究，形成研究思路，组织科研队伍，综合样本与数据，及时完成分析，在 *Science*、*PNAS* 等权威杂志上发表了一系列论文，为疾病防治提供了科学决策基础，也让那些认为中国科学家在非典领域研究失败的评论戛然而止。

只追求个体的优秀难有伟大成就

多年来，在到各地的讲学和交流中，赵国屏注意到一个现象，很多家长总把孩子的成长看成是学校的事情，"其实，好的家庭教育同样重要"。

这个市长家的小儿子即使看病误了上学，父亲用车送到学校时，也是在离校门远远的地方就要把他放下来。"如果在校门口把孩子放下来，我父亲觉得这样不仅对别人的影响不好，对自己的孩子影响也不好，人家会把你的孩子看成特殊的人。"

记忆最深的还是"用眼"，从小父亲对他就有严格的要求，自己数十年不用戴眼镜也正得益于父亲的"几不准"，"躺着不准看书，吃饭不准看书，走路不准看书，坐在公共汽车上不准看书……"

家里的灯光没有那么亮，父亲自己傍晚看书也一定要开台灯，"实际上，家长做出了一个很好的榜样，小孩就有潜移默化的影响"。让他无限感慨的是，不少家庭，爸爸妈妈在家看电视，让孩子自己在一旁做作业，小孩渐渐玩起游戏也就顺理成章了。

当其他小学生在用很漂亮的铅笔盒时，赵国屏也一度抱怨用比较旧的铅笔盒，母亲就教育他不要眼红别人的东西。母亲特别教育他要乐于帮助成绩不好的同学。家里的小院，从小就是一群小伙伴的乐园，一起做作业，一起玩耍。甚至几十年后，在普渡大学博士毕业答辩时，老师向同学们动情回顾，"你们在座的想想看，有谁没有得到过国屏的帮助呢"。

阅历经年，赵国屏感恩这样的成长历程中有太多受益，譬如这个刚上初中时跟人说话就会脸红的男孩渐渐学会了与人沟通交流，合作和分享；也学会了组织和管理。

在给复旦大学的新生做报告时，他劝诫学生们要学会在合作中成就大事业。回望自己的科研之路，单打独斗很难成就伟大事业，他发现很多突破性的成果都是通过大团队合作，通过跨学科、跨单位甚至是跨国家而完成的，"希望同学们在今后的生活中，学会合作，创造合作，享受合作快乐"。

他用和自己在普渡大学共事十年的一位同学举例，这位同学是若干重要信号转导通路的发现者和鉴定者，曾获得麦克阿瑟天才奖，"他在农村从小就是孩子王，这就是和人接触中逐步形成的一种凝聚力"。

在赵国屏看来，凝聚力是一个人的非常重要的能力，在团队形成过程中，必须有人具有或者逐步形成这方面的能力；否则，团队难以形成，也难以有效开展工作。

赵国屏曾面对不少"独生子女"家庭出身、在"个人奋斗"教育下成长起来的年轻一代。对于他们，赵国屏充满了理解和同情。"现在的小孩太孤独了，我们那个时候总会有人可以倾诉，甚至可以得到严厉而真诚的批评。"在他看来，今天的教育中，家庭或学校把孩子圈在一个个不同的小圈子里，一味地补课、培优连轴转，"仅仅努力追求个体的优秀，实际上很难取得伟大的成就"。

（雷宇、王雅兰、袁雨欣，2016年10月，中科院上海生命科学研究院赵国屏院士办公处）

赵国屏院士简介

赵国屏，1948年出生于上海，分子微生物学家，中科院上海生命科学研究院植物生理生态研究所研究员。

1969年1月，赵国屏离开家乡上海，在安徽省蒙城县插队落户近10年。1982年毕业于上海复旦大学生物系微生物学专业。1983年赴美国印第安纳州普渡大学生物化学系学习，获博士学位。1999年7月调任中国科学院

赵国屏高中时的照片

上海生命科学研究院副院长，1996年起任国家"863"生物技术领域专家委员会委员，1999年起任中国科学院生物技术专家委员会主任。

他致力于研究微生物代谢调控以及酶的结构功能关系与反应机理，开发相应的微生物和蛋白质工程生物技术。完成对重要致病菌¾问号钩端螺旋体的全基因组测序和注释，为深入研究致病机理提供新的思路。主持SARS分子流行病学和SARS冠状病毒进化研究，为认识该病毒的动物源性及其从动物间传播到人类间传播过程中基因组，特别是关键基因的变异规律奠定了基础。

> 延伸阅读

赵国屏的微生物学人生

1969年,冬天,安徽异常寒冷。一伙上海来的年轻人走出蚌埠火车站。一位摄影师突发奇想,决定要为这场轰轰烈烈的运动留下一点纪念。

面对陌生的土地和未来,这伙年轻人高举手臂,吵吵闹闹,高兴而盲目。摄影师把镜头对准站在毛主席大画像左下方的小伙子。他短头发,短胡须,高举着左手,表情生动。

就这样,这一瞬间被拍了下来。这位单纯而稚气的青年尔后成为一名科学家:著名微生物学家、国家人类基因组南方研究中心执行主任、中国科学院院士赵国屏。

胎贱须得求换骨

"生于盛世书香家,胎贱须得求换骨。"15年后,赵国屏在给妻子俞自由的一首诗里袒露了当年去农村的心迹。这首长达46句的近体诗里,这句诗正好可作为纷纭时局的注解。

赵国屏的确出身书香世家。父亲赵祖康为著名公路工程和市政工程专家,青年时期即认为"开边须筑路,救国仗书生"。母亲张家惠主演赵祖康编写的话剧后陷入恋爱，后结为伉俪，并育有三女二男。赵国屏是最小的孩子，姐姐哥哥们分别是北大、清华、同济的学生。

1948年，43岁的张家惠生下赵国屏。1949年5月，风雨飘摇之际，赵祖康仍出任了7天的国民党政权的上海代市长。有史家认为，赵祖康的这一行动对维持社会的治安、保护人民财产做出了重大的贡献。不过，在尔后刚刚建立的新政权下，赵祖康要做的工作是"改造自己"。

这对年幼的赵国屏也产生了影响。这个经常在小院子里玩着花花草草的小男孩，在小学三四年级的时候就在本子里写下"改造自己"的字句，以至于老师惊讶地将此事告诉赵国屏的母亲。

不管如何，赵国屏认为自己受到的教育很正宗，"家庭教育、书本教育、社会教育这三者之间是一致的"。也许基于这一背景，赵国屏时常觉得自己是一个"很老式的人"。

正如书中所说，每个人物都有一个偶然而决定一生的开端。《科学画报》的一篇文章则决定了赵国屏未来的大走向。

这是一篇从DNA双螺旋结构讲起，最后讲到病毒的文章。病毒是"处于有生命和无生命的边界"这一描述让刚进初中的赵国屏非常着迷，他下决心报考北大生物系。听闻农村落后景象之后，赵国屏更是"想要学好生物之后改变农村"。

不过命运却让他走上另一条道路。1969年，20岁的赵国屏被轰轰烈烈的"上山下乡"运动卷走，一头扎入安徽蒙城的怀抱，开始了10年插队生涯。

那一年安徽奇冷，有时达到零下23摄氏度。他们住在泥房子里，风呼呼直往门里灌。最为苦恼的是有米也没有柴火来做饭，他们只能用玉米棒子芯当柴火，每家一天只能煮两餐饭。

而晚餐一般都在下午四五点吃完，知识青年们还要吹吹牛，聊聊天，到晚上10点多的时候，他们才体会到了什么叫肚子饿，什么叫饥寒交迫。

一个镜头捕捉到了赵国屏当年工作的一个瞬间。一天，赵祖康走过一家照相馆时看到一张照片，就对里边人说：照片里这个人是我儿子。于是他们把这张照片送给了赵祖康。照片中的赵国屏正在和一个队员做棉花套种。

彼时赵国屏也开始经历美妙的爱情。俞自由，他未来的妻子，从女知青当上蒙城县委副书记。

长达10年的下乡生涯中，赵国屏经历了各种磨难锻炼，也从毛头小伙成长为大队书记。他带领队员育种、搞试验田、修水利，渴望把淮北穷村变为富饶之地。这10年中，尽管有时难免磕磕绊绊，不过一种乐观向上的精神总是充盈着他。

从他写的一首《天净沙·晨兴》可以窥见当时的心境。一天早上，赵国屏对着破晓的霞光写下："蓝天黄土红霞，金桥绿水青纱，大道东风骏马，旭日东升，壮士乐在天涯。"这和词人马致远《天净沙·秋思》"断肠人在天涯"旨趣截然相反。

若干年后，赵国屏回忆这段生涯时觉得不管做什么，碰到了坎一定要咬牙迈过去。"对科学负责，对人民负责，对一生负责"的责任心贯穿始终。

而立之年当学童

10年过去，时间到了1978年，赵国屏步入而立之年，但此时似乎什么都没有立起来。不过这一年是中国恢复高考的第二年，赵国屏决定去读大学。

但在填报志愿时，赵国屏并没有选择北大生物系。他填了一份让人难以理解的志愿表：第一志愿上海师范大学，第二志愿复旦大学。

"你这到底是什么意思？你到底什么意思？"俞自由看了这份志愿表后连问赵国屏。支吾了半天的赵国屏终于回答："我想去复旦，但是怕考不上，我只是想告诉人家我是想报考复旦的。"这让俞自由哭笑不得。

最终，赵国屏进入复旦生物系。当时和赵国屏一起进入复旦生物系的还有贺福初、毛裕民等人，不过并不和赵国屏同班。像赵国屏这样年纪稍微大些，或者年纪小但成绩不太好的则分在微生物班。

复旦特别强调基础教育。赵国屏不得不死死记住那些无聊的诸如真菌分类之类的东西，有时在公共汽车上还得背诵20个氨基酸的名称。大学四年是赵国屏勤学苦练的四年。

1982年，临近毕业，赵国屏又面临一次抉择。当时他以学生身份成了复旦大学校党委委员，学校希望他留下来，给他科研和行政的"双肩挑"。不过赵国屏决定到中国科学院上海植生所读硕士研究生。

1983年，赵国屏获得上海植生所推荐，顺利通过了CUSBEA的笔试和面试，远赴美国普渡大学攻读生物化学，开始了留学之路。这意味着要和俞自由离别了。

普渡大学教授调侃说，普渡招的是二流的学生，但要把你们培养成一流的学生，因此普渡学习生涯非常艰苦，以至于有一年赵国屏竟像个孩子一样期盼学校会因天冷而取消考试。

这一时期，赵国屏和俞自由隔着太平洋互诉衷肠。1984年圣诞节夜晚，同室呼呼大睡，赵国屏却百感交集，他索性起来给俞自由写诗。这首长达46行的诗里，赵国屏将身世之感、际遇之惑、人情之困和盘托出。

"一别匆匆又经年，万语欲倾反无言。"赵国屏想起了已到风烛之年的二老，也挂念起远在天长县（今天长市）当副县长的俞自由。

彼时俞自由正为天长县的发展挖空心思。她赴任后第一件事是召集四大班子，给他们念秦朝政治家李斯的《谏逐客书》。随后当地官方开始四处出动，延揽人才发展经济。

对远在海外的赵国屏，俞自由的思念中也夹杂着女人的幽怨。

"人生青春有几何？""何事重利轻离别？""别后难得报安书，无情漫道无空闲！"这些埋怨心绪不时出现在写给赵国屏的诗中。

赵国屏对此徐徐袒露自己的心迹。他说自己"生于盛世书香家，胎贱须得求换骨"，但是"十年改造功不成，一旦文革作粪土"。写着写着，赵国屏悲从中来，"也或愚忠生悲歌，而立之年当学童……立业成家两全事，为何于我独不成！"

对于俞自由的埋怨，赵国屏相信这只是女人思念到了极致而说的负气话。所以，他一边自解一边劝慰地说："恨我薄情凭君怨，知吾重义亦唯侬。但须情义两相通,地久天长会重逢。霜雪更比青丝美,相知相爱乐无穷。"

1985年,俞自由也来到了普渡大学攻读农经,两人一起开始了校园生活。1990年,赵国屏获得普渡大学生物化学博士学位,随后俞自由获得普渡大学农经博士学位。

老根新芽发何迟?

1992年,已经获得博士学位的两人思忖再三,决定回国。

"我40多岁了,还没有侍奉过二老,我爸爸身体也不好,我总不能在他最后的年代还留在美国吧。"赵国屏说,"再则为了我太太,她学的东西回来有用。我这么大了,在美国再奔波也不会弄出多大成绩,回去再不行也能为国家做点事情。"

回到上海的赵国屏在上海普罗麦克(Promega)公司当生产经理,两年之后产品开始赚钱。1995年,赵国屏回到上海植生所,接下了以前导师的实验室。

不过实验室艰苦的程度超乎想象。由于没有空调,冬天冷得没法做实验,而夏天则热得没法做实验。食堂更是差得一塌糊涂,学生们都在实验室里做饭。学生甚至开玩笑说:"我们的实验记录要写每天做什么饭,因为味道对我们实验记录有影响。"

赵国屏开始对实验室进行改造。一年之后,他们就拿到了三个大项目。1998年10月,国家人类基因组南方研究中心成立,时任中科院上海生物工程研究中心主任的赵国屏出任理事。此刻，国际上基因组学来势汹汹，席卷全球。

赵国屏"知天命"般选择了拓展新领域。他从1998年开始做基因测序，做到了2001年。在中国融入国际人类基因组学革命潮流中，赵国屏迎来了科研的丰收。

一个显著的例子是，Nature 杂志发表他和研究团队所做的克隆乳光牙Ⅱ型疾病基因、克隆家族性白内障基因的成果时配发了评论说，定位克隆已经不再是西方科学家的专利。这句话让赵国屏异常感慨。

人类基因组的事情是赵国屏50岁后做的第一件事情。第二件事则是科研体制机制改革。此时赵国屏已经担任中国科学院上海生命科学院副院长，他的主导思想是不去重复别人已经做的事情，而是做别人未做的事情，也去"互补"别人做的事情。最终，在浦东建立了一个从基因组到新药研发的体系。

在从事这些工作的同时，赵国屏积极倡导微生物基因组的工作。他在钩端螺旋体基因组序列测序和功能研究、SARS冠状病毒分子流行病学和进化的研究、日本血吸虫基因组测序等方面，做出了出色的工作。

在一次国际会议上，西班牙病毒协会的一位理事长对他说："你知道吧，你的一篇Science文章我读了25遍，我这一辈子从来没把一篇文章读过这么多遍。"

2005年，赵国屏当选为中国科学院院士。在中国，这是国家设立的科学技术方面的最高学术称号，意味着曾在科学技术领域做出系统的、创造性的成就和重大贡献。

回顾此前60多年的生涯，赵国屏读起了此前写的一段文字：过去30年，我随中国改革开放的事业成长。……无论在何种情况下，我热爱生命科学，热爱中国人民之心不改；我也始终享受从事生命科学研究，服务中国人民的幸福。

尽管眼前的赵国屏精神饱满，语言之间却难掩老年特有的孤独："不管怎么说，世界是要前进的，人总是要老的，我这两年经历了很多生与死。"

妻子俞自由去年去世了，他们也没有孩子。赵国屏常常想着俞自由写的诗句，他非常喜欢俞自由写的《破藤椅》——和自己坐了20多年的椅子离别时，俞自由写道：

让我在你柔软的怀抱里，作最后一次的休息，合眼把往事回忆……

（资料来源：《科学时报》2011-04-18 B3 视界·观察）

尽管今天的时代和自己当年大不相同，但顺与逆是相对的，逆境会帮助思考，帮助反思，人生不可能都是顺境，逆境中要多想想自己的原因，不要怪命运不好，"命运要掌握在自己手中"。

"柑橘院士"邓秀新：
"顺境出产量，逆境促品质"

无论作物的生长还是青少年的成长，都遵循同样的规律从懵懂的乡野少年到"柑橘院士",新中国首位果树学博士邓秀新在长期的柑橘研究与开发实践中屡有突破——

在他的主持下,中国首次建立起柑橘原生质体分离、细胞融合、培养及再生技术体系,揭秘了"甜橙基因组",支撑赣南地区柑橘发展,使其种橙面积世界第一,并为重庆奉节脐橙"一棵树养30万人"的奇迹洒下汗水。

2007年12月,在出任华中农业大学校长半年后,46岁的邓秀新摘得我国科技领域的荣誉桂冠,成为当时最年轻的两院院士。

这位著名的农学专家深谙作物生长"顺境出产量,逆境促品质"的道理:生长在东北寒冷地带的稻米质量最佳,干旱山区长出的黄连药效特别好,山沟里长出的柑橘最好吃……

从艰难岁月一路走来,他自身的成长轨迹同样可以为此写下最好的注解。

他常说"有钱难买少年贫",在物质匮乏、"学工学农"的中学时代,他奔波于田野,实践于农村,幼年丧父勤工俭学的经历培养了他不怕吃苦、坚韧不拔的品质,也为他日后的成长成才打开了便利之门。

班主任争取来的高中名额

邓秀新的家乡湖南宜章,素有"楚粤孔道"之称。1961年,正是新中国经济最困难时期,他出生在一个偏远的小山村。

四岁那年，父亲病故。其时，哥哥姐姐尚未成年，刚刚出生的小妹嗷嗷待哺，原本捉襟见肘的家庭雪上加霜。

迫于生计，读初中的哥哥辍学回家，三个姐姐也只是在离家300米的小学读到二年级，半大不小的孩子挣工分养家，把接受教育的机会留给了年幼的邓秀新。

"全村（自然村）120口人，只有4个人念中学。"多年后，这位从小山村走出的院士追忆往昔，感慨于命运的神奇和自己的幸运，"是哥哥姐姐的坚持成就了我。"

1972年，邓秀新参加小升初考试，顺利进入白沙圩人民公社五七中学。

从家到学校需要翻两座山，两个小时的路途，11岁的少年"跑起来快得很"，也不觉得累。

就是在这所中学，邓秀新遇到了让他感念一生的恩师——刘根发老师。

师范毕业的刘老师教数学，也是班主任，腰椎损伤不能站直，但他"身残志不残"，钻业务，爱学生。

有一次，刘老师在带队竞赛时碰到一道因式分解的题目，一些高年级的参赛选手没做出来，就打算让正在学习这个章节内容的学生来试试。没想到邓秀新一下解出来了，这让刘老师对他刮目相看。

听闻邓秀新家庭情况后，虽然行动不便，刘老师仍翻山越岭跑到他家做调查，帮他争取到每年1.5元的助学金。

这笔"相当于全年学费"的资助，给予了邓家坚持的力量，也温暖了邓秀新的少年时光。

邓秀新的数学成绩渐渐稳居班级第一,还当上了学习委员,"每天收发作业,很有成就感"。

时间一长,他对每个同学对应的座位了然于胸,由此还衍生出校园里的一段传奇。

初二时,学校组织同学们乘坐火车到50公里外的氮肥厂参观。刘老师行动不便,委托同事李老师带队。临到车站出发点名时,李老师才发现忘带花名册,班上50多个学生,不清楚是否到齐。

邓秀新帮李老师解了燃眉之急,"我能够记得住每个人的坐标,把谁坐哪都报出来"。

这次进工厂,邓秀新第一次过了把坐火车的瘾,也让他有了开眼看世界的感觉,"那时农村的孩子连汽车都没见过呢"。

其时,初中升高中不经过考试,由学校老师到农村大队支部开会征求支部的意见。多年以后,邓秀新从当时在场的哥哥(那年他当生产队长)处得知了恩师一直隐藏的秘密。

原来,当时只有4个推荐名额,"根正苗红"的干部子弟很多,一番商议后名额眼看就没了,刘根发一下子急了,"邓秀新这个孩子成绩非常好,必须去!如果不推荐太可惜"。

对于邓秀新而言,这是改变他一生命运的一句话。在刘老师的争取下,邓秀新来到了离家30多里地的宜章四中,开始了他来之不易的高中生活。

"儿时的记忆成了研究对象"

高中生活一如往日的清贫。几十人一间的大通铺，铺上些稻草就是安乐窝。

邓秀新上学需要途经荒无人烟的君子岭，每到夜晚，这一带时不时飘起磷火，山民不懂科学，坊间一直流传君子岭闹鬼之说。

因为胆子小，为了在天黑前赶到学校，邓秀新常常吃完早中饭就带上米和咸菜启程，有时候还能在路上偶遇一位瑶族赵姓同学，"那时他已经走了四个多小时了"。

流行"交白卷"的年代，高中没有考试，课程和教材也不规范，学习没什么压力。比如高中英语只有24课，单词不超过200个，"32开的小本子，总共也就三四十页"。

他甚至没有学过一篇文言文，结果高考时出自《孙子兵法》的一道翻译题目让他百思不得其解，"语言教育的欠缺是中学永远的遗憾"。

大半时间里，学生们都在"学工学农"。

邓秀新学的是机电，物理老师带着整个班到村子里帮忙装电灯，三个学生负责一家，帮村民解决点儿技术活，老师则负责安装电器，"还有人专门到拖拉机厂修拖拉机"。

若用今天的标准来衡量，彼时的中学教学颇不完备。然而"歪打正着"，这也让他得以亲近自然、认识社会，学工的经历锻炼了他实验室的动手能力，对日后的科学研究产生了不可估量的影响。

上山砍柴时，邓秀新经常见到山沟里生长的野橘子。到了大学，意想不到的是居然有专家对此做专门研究。他回到老家山区，将橘子带回做科研，并发表研究报告。

邓秀新近期一项突破性研究成果，也发轫于早已足迹遍布的南岭，"儿时的记忆成了我的研究对象"。

多年后，作为华中农业大学的校长，面对今天教育的重重藩篱，他常感叹现代学生学业的繁重，呼吁青少年要时常跳出书本，"以多样的方式去接触社会"。

在他看来，贡献社会的不仅仅是知识，满腹经纶不一定能解决实际问题，一个人走的地方越多，看得越多，体会就越深，思维就越活跃，"既要读万卷书，又要行万里路"。

1977年，因"文化大革命"冲击中断十年的高考制度得以恢复，工人、农民、知识青年、军人干部以及应届高中毕业生都重获"鲤鱼跃龙门"的机会，中国重新迎来尊重知识、尊重人才的春天。

1977年8月的一天，在五七中学当老师的三叔带着一张《人民日报》兴奋地找上门，告诉高中毕业回到大山以为要一辈子当农民的邓秀新，"国家可能要恢复高考了"。

到学校确认消息后，16岁的邓秀新开始集中精力复习。初中同学刘少德找到学校的一间空房,一个月的复习时间,两个人挤在一张床板上,共同走过艰苦岁月,也结下了深厚的友谊。

考前的一个情景让邓秀新记忆犹新:两名配备驳壳枪的武装人员将考卷从公社保密室押到考场,"多么庄严和神圣!"

考完填志愿,湖南师大毕业的三叔鼓励他胆子大一点报复旦大学。可他想响应国家"四化"号召,把志愿填写了农业机械,最终被湖南农学院录取。

有意思的是,在那个特殊的年代,从考试、填志愿再到录取,他都不知道自己考了多少分。

"顺境出产量,逆境促品质"

"文化大革命"时期的农村经济凋敝,常常全村一半以上的人口欠生产队的钱——"超支",一家以"小萝卜头"为主的邓秀新家境遇可想而知。

邓秀新至今难忘高中时第一次出门挣钱的经历。

听说枇杷叶晒干后可以卖钱,为了凑点学费,邓秀新和姐姐一起上山采摘野生枇杷叶,妈妈负责切成条状并晒干,然后由邓秀新挑到隔壁的省份广东去卖。

长期营养不良,这个当时身高不到1.6米的少年郎,挑着两个麻袋,负重五六十斤,走到十里外的姑姑家时,"就差点跌坐在地上"。

从白天到黑夜，来回160里山路，邓秀新足足走了三天，挣到了8元钱。

睡惯了中学的硬板床，吃惯了咸菜拌饭，一直到大学一年级还穿着补丁衣服，成长岁月在邓秀新身上打上了不怕苦的烙印，也赋予了他坚韧的品格。

三峡库区移民时，已是大学副校长的他借宿在农民家里。同行的人说："哎呀，您不能住这里，这怎么住啊？"可邓秀新安之若素，"晚上睡得特别香"。

他一头扎进果树生物工程技术，硕士期间攻克"柑橘愈伤组织染色体变异研究"课题，攻读博士学位期间攻克柑橘原生质体培养及植株再生技术，使我国继以色列和日本之后，成为世界上第三个获得柑橘原生质体再生植株的国家。

他每年抽出20%的时间深入基层，我国绝大多数种植柑橘的地方都留下了他的足迹，指导培育的"赣南脐橙"远销31个国家和地区，也因此被果农称作"农民的财神"。

"有时人生经历逆境并不是坏事。"这位从艰辛岁月中走来的院士常常现身说法，鼓励青年一代思索顺境与逆境演绎的人生哲理。

他借助农学知识来教育青少年：顺境出产量，逆境促品质。

"比如种粮食、种水果、种药材，"他解释道，"顺境条件下产量很高，但是品质不一定能够保证。而品质好的作物，一定是逆境中长出来的，中药材更是。"

他举例说，闻名全国的东北"响水大米"，是生长在经过数千年风化的火山岩石顶部的土层中；经过极端寒冷和干旱逆境气候的药材更加地道，如长阳的黄连、东北的人参、云南的三七等，无不是此道理。

"植物如此，人也是如此。"邓秀新感激那段艰苦的岁月，磨炼了自己的性格，成就了今天的自己。

"今天的时代如何正确面对顺逆境？"一次讲座时，有学生现场提问。

邓秀新回答说，尽管今天的时代和自己当年大不相同，但顺与逆是相对的，逆境会帮助思考，帮助反思，人生不可能都是顺境，逆境中要多想想自己的原因，不要怪命运不好，"命运要掌握在自己手中"。

（王雅兰、刘振兴、雷宇，2016 年，华中农业大学邓秀新院士办公室）

邓秀新院士
简　介

邓秀新，湖南宜章人，1961年11月生，园艺学教授，中国工程院院士。曾任华中农业大学校长，现任中国工程院副院长，中国科学技术协会副主席。

1981年毕业于湖南农学院园艺系果树学专业，获学士学位。1982～1987年就读于华中农学院（现华中农业大学）园艺系果树学专业，先后获得硕士、博士学位。

2004年，他作为第一完成人的"一

2013 年 3 月 19 日，在校内油菜田留影

种生产瘪籽柚果实的方法"获得国家知识产权局授权专利；2012 年，他作为第一完成人的"一种提纯柑橘果肉有色体的方法"，获得国家知识产权局授权专利。

他建立起细胞融合、培养及再生技术体系；将柑橘细胞工程技术及由此产生的材料直接应用于育种实践；利用分子标记技术对中国主要的柑橘种类和品种进行评价，建立起 251 份资源的 RAPD 指纹图谱、29 份种类的 AFLP 和 SSR 指纹图谱，为中国柑橘资源保存、引进和育种提供了参考，受到国际种质资源研究所（IPGRI）高度重视；利用国际合作和国家"948"项目的支持，经过 10 年试验，筛选出适合中国长江流域栽培的"红肉脐橙""HB 柚"等品种，并建立无病毒良种繁育基地。

延伸阅读

邓秀新：一生只为柑橘狂

日前，在北京举行的全国农业工作会议上，邓秀新等十人获得第四届"中华农业英才奖"。

每年元旦时，南方化渣爽口的椪柑行销全国。春节前后，轮到砂糖橘、春甜橘和秭归晚熟脐橙发力。5月初，"花果同树"的夏橙进入采收季。7月20日，云南玉溪的橘子准时上市，大约半个月后，鲜嫩多汁的琯溪蜜柚成熟。蜜柚尚未下市，江西寻乌和广西的蜜橘开始抢滩9月份的水果市场。国庆期间，湖北的蜜橘紧随其后。到了11月，体形硕大、风味浓烈的赣州脐橙，皮薄味甜、个体娇小的南丰蜜橘成为热销的主角。

国产鲜食柑橘全年不断档，在进入新世纪之前，并无可能。十几年来，邓秀新带领团队，正在让不可能变为可能。从实验室的品种培育到果园里的选种，到产后处理，再到市场营销，邓秀新团队的研究覆盖了整个产业链条，支撑了整个柑橘产业体系。今天，柑橘年产量超过2900万吨，居世界第一位。出口量从10多年前的20余万吨到目前的约百万吨，赣南脐橙等国内名品远销国际市场。

把成果写在基因上

对中国柑橘产业，邓秀新思路清晰：生产中发现的材料和问题使他们的基础研究针对性更强，目标更加明确；而基础研究的结果促进了生产问题的解决。

最新的故事是他的团队一项解密甜橙基因的成果。2012年11月26日，由邓秀新和国家"千人计划"学者阮一骏共同带领团队完成的甜橙基因组图谱研究成果，在《自然—遗传学》杂志在线发表。它如同打开了甜橙生命活动的"黑匣子"，破解了甜橙基因"密码"，得到了基因组合的排列顺序和相关特征。今后研究中，团队可以有意识地锁定甜橙成熟期、色泽、含糖量、产量、抗病性等农艺性状，该研究为未来发展提供了良好的基础，有利于培养出更好、更健康的品种来。

甜橙基因图谱是中国自主完成的首个果树作物基因组序列图谱，也是世界上第一例芸香科植物基因组图谱。

据了解，国际柑橘基因组计划2003年启动以来，直到2011年1月，才释放了克里曼丁橘和甜橙的基因组草图，克里曼丁橘主要栽培在地中海地区，只占世界柑橘产量的不到10%。一直以来，各国科学家期望获得高质量的甜橙基因组图谱。2011年，邓秀新和阮一骏的团队开始绘制甜橙基因图谱。不到两年，即得到覆盖率近 90% 的高质量图谱。媒体评价说，甜橙基因测序代表了"中国速度"。该研究使得中国成为继以色列和日本之后的世界上第三个获得柑橘原生质体再生植株的国家。

把成果写在品种上

邓秀新给团队立下了个不成文的规矩：45 岁以下的老师偏重基础研究，多在实验室做研究；45 岁以上的，多跑跑产区，利用积累的知识、技能和经验为果农服务，同时发现问题，提供给实验室研究。

2006 年，"柑橘优异种质资源发掘、创新与新品种选育和推广"的研究获得国家科技进步二等奖。邓秀新率领团队，在种质发掘评价与离体保存，主要种类、品种 DNA 指纹库的建立，离体种质库的建立与离体保存中的遗传变异等领域的研究上均有突破。近年来，团队在分子生物学领域的研究由 DNA 水平延伸到代谢组学和蛋白质组学水平。特别是坚持 20 余年的资源创新、发掘研究，培育了多个品种。团队通过细胞工程培育的"华柚二号"无籽柚，是植物细胞融合直接应用于生产实践的第一个品种。这些品种已经或即将应用于产业。

近 10 年来，柑橘团队在国际上发表柑橘研究论文占中国科学家的四分之一。邓秀新的论文发表排名居首，他多年来一直是国际柑橘科学研究最为活跃的成员。

2008年10月下旬，第11届国际柑橘学大会在武汉召开，邓秀新任大会主席。会上，邓秀新荣获"国际柑橘学会荣誉会员"奖。

2012年11月，在西班牙召开的国际柑橘学会第12届学术大会上，邓秀新被授予国际柑橘学会会士（ISC Fellow）称号，以表彰他在柑橘种质资源与遗传改良研究、对中国柑橘产业的发展以及为促进国际柑橘学术交流等方面做出的杰出贡献。国际柑橘学会会士，是国际柑橘界的最高学术荣誉。邓秀新是国际柑橘学会成立40余年来，获此殊荣的最年轻的和唯一来自中国的科学家。

把成果写在大地上

要完整了解邓秀新20多年的工作，必须到柑橘产区去看一看。

2012年11月28日，邓秀新又一次来到了赣州，调查黄龙病发生情况。此时，距离1991年邓秀新第一次来到赣南，已经过去了20多年，他前后35次踏上赣州这片红色的土地。

赣南的脐橙有"三驾马车"，分别是政府、企业和科技。科技的这辆马车，驾驶人就是柑橘团队。从引种培育到规划发展，到规模发展，再到今天的产业化大发展，赣州的柑橘产业的每一次升级，都凝聚了他和同事们的智慧。

在赣州，劳动力快速地向城市转移，带来劳动力成本快速上升，给赣南脐橙产业的可持续发展带来了考验。2003年15元钱在赣州就能请到一个帮工，2011年价位就变成了200元。针对这一变化，必须思考在整个生产过程中怎样降低劳动力成本的问题。在脐橙的种植过程中，邓秀新带领现代农业（柑橘）产业体系的专家，推广肥水一体化、省力化和机械化等技术，以缓解劳动力成本带来的压力。

脐橙经济效益好，一些县近年来不断增加规模，甚至要把耕地拿出来种脐橙。邓秀新对当地领导说：柑橘不能与粮食争地，而且，赣南的柑橘产业已经过了扩大规模生产的阶段，现在要在提高品质，产后处理和品牌培育上下功夫。

2011年，赣州脐橙种植面积已达到181万亩，产量超过了150万吨。在北京、上海等地，赣南脐橙成了抢手货，成为远销我国港澳地区，东南亚等市场的主力品种。全市23万种植户68万果农受益，果农人均收入5000元，当地农民因为种橘子成百万富翁的不在少数。在科学家智慧的支持下，赣南脐橙产业已经不再是一个单纯的种植业。它已经发展成为一个集生产、仓储、保鲜、加工于一体的产业集群，构建了以果品分级包装为主的大产业，成为赣州最有特色、最有优势和最具潜力、最具竞争力的现代农业主导产业。

2011年，赣南脐橙丰收，但邓秀新很清醒。他察觉到赣南脐橙表面斑痕和外观质量问题突出，缺素黄化症严重，影响了销售，从而挫伤了橘农的积极性。邓秀新立即组织同行,攻关解决赣南脐橙外观质量的问题。2012年11月,赣南脐橙如期上市,表面斑痕已经得到了很好的控制。

赣南不过是邓秀新与各个柑橘主产区故事的缩影。近年来,邓秀新主导完成了国家柑橘产带整体规划,参与了多个优势柑橘产区的建设,足迹遍布长江中上游柑橘带、浙闽粤柑橘带、赣南湘南桂北柑橘带和鄂西湘西柑橘带;岭南晚熟宽皮橘、南丰蜜橘、云南特早熟柑橘、丹江口库区柑橘及四川、云南柠檬基地等主要柑橘优势产区。

熟悉邓秀新的人更多的时候把他看作一个战略科学家,他为全国柑橘产业结构调整提出的指导意见因其战略眼光、针对性和可操作性,而备受当地政府部门和柑橘科技工作者的高度赞赏。邓秀新谦虚地说:"我是个农业科技工作人员,除了专业知识外,只是多学一点社会学、经济学等知识,希望所提出的意见具有可行性和先导性,老百姓才能从中得到好处。"

学生:他是老师,更是朋友

甜橙基因组计划项目具体主持人徐强博士是个"80后"的大男孩,硕士博士阶段均师从邓秀新。回忆往事,徐强的感谢发自内心。

"我们当时硕博连读的名额特别少。在两个班中,邓老师只选择一个人。"徐强说,邓秀新是老师,也是朋友,除了一起在实验室做研究的时光,那些跟导师一起吃饭、参加会议的情景徐强到现在还记得很清楚。

邓秀新总是教育学生，以兴趣为导向，才有可能在科研的道路上走得更远。他对徐强说，要找到砸中自己的"苹果"。邓秀新以自己为例，说自己刚读研究生时，根本没感觉，不知道到哪里去找像砸中牛顿那样的"苹果"。恩师章文才帮助他完成了这一过程。徐强说，刚开始进入实验室时，邓秀新经常到实验室现场点拨和鼓励，帮助他树立起做科研的自信，看徐强步入正轨，他又渐渐地"放手"。

在甜橙测序的过程中，徐强尤其感谢邓秀新的"放手"，容许他不断"试错"。"千人计划"阮一骏教授初次见到年仅30岁的徐强时，甚至一度表现出了怀疑："这个小伙子行吗？胡子都没长全呢。"在邓秀新和阮一骏的指导下，徐强用自己的勇气和努力，出色地完成了全球最完整的甜橙基因图谱。

宜昌橘农："绝活"帮我们增收

邓秀新在宜昌等产区橘农心目中的地位，和财神爷一样。秭归郭家坝镇烟灯堡村的老崔特别感谢邓教授带过来的"绝活"。

老崔口里的"绝活"，是邓秀新在长期实践中，向农民学习最终总结推广的几项技术，包括一树脐橙红到春、树底下铺膜增糖和容器育苗等。"绝活"将果园的技术管理标准等技术简单化和"傻瓜"化，让果农能够一听就懂，执行起来不走样，又能切实帮助果农增收，因而颇受欢迎。

留树保鲜技术，原本应在12月前采完的脐橙，却在数九寒冬仍挂在树上，直到第二年3月，仍可带叶摘果尝鲜。树底下铺膜，可使更多的阳光照射到树上，增大树体上部周围的昼夜温差，减少秋雨渗入土壤，使果实颜色更红，糖度升高，吃起来更加甘甜。邓秀新教给果农，把柑橘苗种在装有营养土的塑料袋中，成活后带土栽到山上。这种容器苗，栽下去就活，还可提前结果。

（作者：刘志伟、范敬群）

一问一答

问：您对中学时期最深刻的印象是什么？

邓：艰苦，也幸福。那时只有星期六放假，星期天中午我们就要背着行李、干粮、咸菜，翻两座山，走八里半到九里的山路回到学校。当时睡的是大通铺，从家里带个席子，再从学校买点稻草铺在上面，就是很舒服的床铺了。我还记得负责教我们低年级的两个老师，又当教师又当保姆。那个时候柴火稀缺，他们为了给我们烧柴取暖，到处寻觅树枝树叶，甚至连树根都挖过，一人一根从山里扛回来。很艰苦，但是又很温馨。

问：这些经历对您后来的科研生涯有何影响？

邓：我生于农村，长于农村，生活很艰苦，正是因为这样，让我早早就学会了吃苦耐劳。不管是以前的学习还是现在的从事农业科研，吃苦耐劳的精神对于我来说都是常挂于心的。在农村生活时，我们的视野很狭窄，不懂外面的世界究竟已经发展成了什么样。当我意识到在这种封闭状态下无法进步时，我就想方设法去接触外面的社会。现在回想起来，做科研其实也是同样的道理，只有多出去交流，取其精华，去其糟粕，才能让自己变得强大。

问：现在我们的中小学都会设立"精英班""特尖班",您怎么看这一现象?

邓：这么做是为了培优。为什么培优?因为独木桥很窄。如果中国多一点好大学,升学的压力就没有那么大,那还用去上培优班吗?没有了培优班,中学生就会花更多的时间去做实践。

我们中国今天好像有个"面子"概念。第一,非要读大学;第二,非要读名校,才是光宗耀祖。一个小孩子,只要他身心健康、有基本的逻辑思维和生活常识,我觉得他读不读大学就看个人的兴趣。现在的中国,真的不需要那么多人去读研究型大学,研究领域要不了那么多人,相反,现在社会上最缺的是技术型人才。

"诚实守信、刚正不阿、悉心钻研、锲而不舍、爱国爱家、宽厚待人。"张俐娜说,这24个字是父亲赋予她的宝贵财富。

张俐娜院士：是金子总会发光

历经坎坷，46岁开始科研生涯，71岁成为百年学府武汉大学唯一女院士

46岁才开始真正意义上的科学研究，从一个烧瓶、一根试管到创建国际一流的科研实验室，"半路出家"的张俐娜后来居上，在年过古稀之际，成为百年学府武汉大学唯一一名女院士。

同样是在那一年，张俐娜凭借世界首创的一种神奇低温水溶剂"秘方"，获得美国化学会安塞姆·佩恩奖，成为半个世纪以来获得该奖项的第一位中国人。

她是社会评价中的"大器晚成者"，她自己也常说自己是一只"笨鸟"，之所以成就事业，是因为付出了比他人更多的时间和精力。

然而，中学时代的张俐娜其实就已绽放出"金子的光芒"了。书香世家的耳濡目染、一流中学的勤奋学习，培养了她超群的自学能力和责任意识。

回首半个多世纪来的奋斗历程，张俐娜感恩中学时代。她说，中学时老师注重学生德、智、体、美的教育培养，为她后来因为特殊的家庭关系在逆境中克服困难、寻求发展机会，成长为"真正的科学家"，打下了坚实的基础。

从小被老师当"科学家"培养

1940年8月，张俐娜出生于福建省光泽县，祖籍江西萍乡。父亲毕业于清华大学，后担任江西师范大学图书馆馆长，母亲是历史学家谷霁光的胞妹，北京民国大学肄业，是一名认真负责的中小学教师。

为了躲避光泽的流行疫病疟疾，1941年，张俐娜随父母一起回到江西上栗市。到五六岁的时候，她开始接触课本、走进课堂。

7岁时，因父亲需要离开当时执教的金山中学前往国立中正大学（江西师范大学前身），张俐娜与家人即随父亲搬迁至南昌。

张俐娜拥有良好的教育背景。父亲喜欢藏书，她从小学时就接触过许多中外名作，耳濡目染，让她养成了爱读书爱思考的习惯。由于是家中长女，父亲对她要求较为严格，这样促使小俐娜从小做任何事都有条有理，认真执着。

张俐娜读小学时，曾三度转学，幸运的是，教学环境的改变并未让她感到不适，学习也从未中断。

小学毕业，张俐娜考入江西省南昌一中初中部。入学时，她的成绩在21个班级排名中属于中上等；到初三毕业时，已经处于上等水平，一举考上了当地最好的高中——南昌市第一高中，后来它改名为南昌市五中。

初中报考师范还是报考高中，成为张俐娜人生的转折点，令她终生难忘。

1955年，张俐娜初中毕业前夕，适逢国家扩大中等师范学校招生，拟为农村及偏远地区补充小学教员。张俐娜响应号召，填报了师范学校。初中老师马叔南认为张俐娜当小学老师有可能埋没她的潜能，向校长举荐说，张俐娜是块当科学家的料。校长遂以"组织决定"要张俐娜改填南昌市第一高中，当"未来的科学家"。

如果没有马叔南老师的甘冒风险、慧眼识珠，今天的科学界可能就没有人知道张俐娜。

"我很幸运，总是遇上学问好、有责任心的老师。"当时，马叔南对张俐娜语重心长地说："要努力学习，报效祖国。"

这句话，从那时起就回响在张俐娜的耳畔，半个多世纪来一直激励她奋勇前进。

"我到了这么大的年纪，还拼命为科学技术拼搏，就是想让我们国家在生物质材料领域居国际领先地位。"75岁的张俐娜接受记者采访时说。

课堂笔记是最好的"秘密武器"

初中刚入学时，张俐娜身体很差，常常生病。为了增强体质，她开始跑步。结果一发而不可收，越跑越快，初三时，参加全校运动会拿了短跑第三名，这彻底激发了她跑步的兴趣。

高中后，张俐娜成为学校田径队和体操队的队员。体育老师为了激励张俐娜跑步，每当在操场上看到张俐娜，就让一些男生和她比赛，男生们总是跑不赢她。后来，张俐娜以江西省田径第二名的成绩参加了在青岛举行的全国首届少年运动会。

张俐娜在回忆这段历程时说："体育运动对我学习成绩没有影响，运动锻炼了我的身体也磨炼了我的意志和毅力。"

在她看来，中学生就是要德智体美全面发展，才能走得更好、更远。

在学习方面，张俐娜不仅肯下功夫，而且讲究技巧，形成了一套自己的学习方法。

读高中时，她最喜欢上化学课，不爱笑的化学老师非常严格，但课上得很好。"我特别喜欢做实验，尤其是银镜反应实验。"采访中，张俐娜兴奋地比画起做实验的动作。在试管中，滴入适当比例的规定化学溶液，振荡、加温，试管内壁出现一层光亮如镜的银。这让少女时代的张俐娜充满了对未知世界的好奇。

张俐娜说自己记性并不好，在背书上不如别人。所以平时学习时，总是依靠理解记忆。比如化学方程式，她从不死记硬背，而是在实验中记忆。她花在化学上的功夫并不多，但化学成绩出乎意料的好，总是考5分（满分）。

每个成功人士的背后总有一套自己探索的"秘密武器"。张俐娜也不例外，她的"秘密武器"就是"自己的课堂笔记"。平时课上听老师讲课，课后再回忆一遍，把老师的知识转变为自己的收获，并用简明的语句作总结记录，"你把它变成了自己的东西，就可以去主宰所有的东西"。

在数学公式的推导、几何方法的证明中，她擅长分门别类找规律，认真归纳，"如果你去死记硬背，你很快就会遗忘，而我是用心去做这件事情，变成自己的东西，就不容易遗忘"。

在自学计算机时，她在笔记本上记录每一个疑惑和解答，把答案写在纸上，也记在心头。以前从未接触过计算机的张俐娜，成了武汉大学第一批使用 E-mail 的人。

后来访日期间，自学日语，张俐娜超强的自学能力又派上了用场。她拿着字典看电视，一边看一边想，根据情节记忆对话和词组，每隔两天就和房东的太太用日语对话。至今，张俐娜还能与日本专家流畅地对话。

"激情是决定事业成败的关键"

初中时，张俐娜有一次在睡梦中被铃声惊醒。

她半梦半醒地说："我还没睡够呢，我梦见我上了莫斯科大学（那个时代所有的宣传都称，莫斯科大学是世界上最好的大学）。"

室友听后，有的嘲笑她异想天开，有的笑她做国外名校读书的白日梦。可是谁也未曾想到多年后张俐娜不仅去国外名校留学，而且还去了不少名校做学术报告。

"很多东西需要约束，中学生处于心智不成熟阶段，也需要师长的用心引导。"张俐娜坦言，自己正是因为家长、老师的正面引导，才能够始终走在正确的轨道上。

舅舅谷霁光教会她"多向名师请教"的治学方法，让她受益终身。

在学习中有不清楚的地方，可以与同学相互讨论，但一定要请教有名的老师，问他的一些观点，让名师的学术思想和观点开阔自己的视野。这一点对她的影响很大，"用心向名师学习，才能做得更好"。

父亲的言传身教更是对她影响深远。

"诚实守信、刚正不阿、悉心钻研、锲而不舍、爱国爱家、宽厚待人。"张俐娜说，这 24 个字是父亲赋予她的宝贵财富。

也正是这样的教育伴随和支撑她走过特殊的年代。

1963 年，张俐娜从武汉大学化学系毕业时也是优秀毕业生。但她的出身太特殊了，父母都是"臭老九"，堂伯父是张国焘，她的档案被打入另册。毕业时她没能留校，而是被分配到北京铁道科学研究院。

多年后她辗转回到母校，46 岁时，这位武汉大学昔日的高才生职称还是一名讲师，她终于从做衣服棉被、下"软而不烂、色香味俱全"面条的琐碎家务中解放出来，第一次有了自己的科研方向和实验团队。

铭记并秉承父亲的教导，张俐娜不但家庭和睦，而且做到了锲而不舍。

2000 年元月，已经是武大化学系教授的张俐娜获得国家自然科学基金重点项目资助，开始了纤维素新溶剂及材料的研究。这一年，她 60 岁。这个年纪，许多人已经退休。

在长达十余年的研究后，这项科研结出硕果，被科学家们喻为"神话般的故事"，张俐娜因此获得 2011 年度安塞姆·佩恩奖，这是国际纤维素与可再生资源材料领域的最高奖。

评委们认为，张俐娜教授带领的研究队伍通过开发一种神奇而又简单的水溶剂体系，敲开了纤维素科学基础研究通往纤维素材料工业的大门。

回首过往，她始终相信"天才出于勤奋"。

在她看来，既要动脑又要动手，同时用心做事，才能说得上真正意义的勤奋，而勤奋固然很重要，"激情更是决定事业成败的关键"。

张俐娜坦承，有爱才有创新的激情，爱是自己前进的动力，爱也成就了自己的人生，"我们那时候的教育是爱祖国、爱人民、爱劳动、爱科学，所以我从小就爱父母、爱师长、爱学习"。

张俐娜说如果没有对祖国和人民的挚爱以及对科学的热爱，自己就不可能在化学领域取得一些成就。

在青年一代的偶像字典中越来越少出现科学家的今天，这位历经坎坷、风度依然的老人寄语今天的中学生，"爱祖国、爱人民、爱劳动、爱科学"。

（雷宇、刘振兴、谢婷婷，2015年，武汉大学张俐娜院士办公室）

张俐娜院士简介

张俐娜（1940～2020），1940年8月14日出生于福建光泽，高分子物理化学家，中国科学院院士，武汉大学教授、博士生导师。1963年毕业于武汉大学化学系，1985年赴大阪大学研究一年多。2011年当选中国科学院院士。Celulose、Journal of Biobased Materials and Bioenergy 和《高分子学报》等编委。

致力于高分子物理与天然高分子材料的基础和应用研究，涉及高分子物化、农业化学、环境材料和生物学交

张俐娜高三时期留影

叉学科，其成果的原始创新性以及学术价值和应用前景已在国内外产生较大影响。发现了一种崭新的低温溶解法，开创了高分子低温溶解的技术及新机理，并已初步实行工业化试验；开辟了构建基于天然高分子新材料的途径及揭示其结构与性能之间的构效关系，创建了无污染、价廉、生产周期短的人造丝和玻璃纸生产新方法；揭示了多糖链构象及其构效关系，可推动食品和生命科学的发展。

近十年先后主持国家自然科学基金重点项目、国家"973""863"、国际合作等项目10多项，总经费约1300万元。基础研究成果已在国内外刊物发表论文410余篇，其中370篇发表在国际SCI原刊；主编专著3部；获准专利62项；获省级自然科学一等奖1项、技术发明一等奖1项；获国际上纤维素与可再生资源材料领域的最高奖——美国化学会安塞姆·佩恩（Anselme Payen）奖。

延伸阅读

曾为毛主席专列研制刹车皮碗

1963年,张俐娜从武汉大学化学系以优异成绩毕业,因出身特殊,家庭关系复杂,她没能留校,而是被分配至北京铁道科学研究院。在那里,她第一次体会到"成就感"。

据称,"文化大革命"初期,中国曾发生过较严重的列车事故,一列运载越南留学生的火车从广州开往苏联,在寒冷的北方某地因刹车失灵发生故障,尽管司机凭借经验和技术避免了翻车,但车体严重损坏,一车留学生吓得全趴倒在车厢里。

经调查分析,事故原因被认定为刹车皮碗失效。"由于橡胶不耐久,这种材料制成的皮碗在南方的使用寿命很短,而合成橡胶制品,尽管在南方经久耐用,但无法'抵御'北方的寒冷,容易发硬、变脆。"

进入北京铁道科学研究院后,张俐娜接手的第一个任务就是研制新型的刹车皮碗。看上去一副"娇小姐"模样的她,常常要带着新研制的皮碗,独自跑到天寒地冻的荒山僻野——黑龙江大小兴安岭地区进行机车实验,记录运行情况。

张俐娜记得,自己经常搭乘运送牲口的农车,臭味很重。"旅馆条件也很差，风一吹，房门摇摇欲坠；而待在房间里，四处的声响听得一清二楚，被子还散发着一阵阵臭味。"

有一次，张俐娜从旅馆出发，要爬过一个坡儿才能搭上火车。当时，气温低至零下四十多摄氏度，冰天雪地里，她爬了好几次但都没有成功。眼看火车逼近，心急如焚的她意外碰见另一位远行者。他连拉带拽，好不容易才把年轻的张俐娜拖上坡来。

几年后，张俐娜研发的刹车皮碗被运用于毛主席专列以及中国开往苏联的国际列车，性能很好。"由于时期特殊，这项工作没有报奖，但我这样的知识分子（指出身特殊，记者注）能被铁道科学研究院认为是受欢迎的学者，这是一种莫大的鼓励。"

20世纪70年代初期，受到重用的张俐娜开始接手援外科研项目，直至1973年调回武汉大学。

"我在铁道部研究院工作了十年，知道每个研究所都各司其职，我属于技术与化学研究所，管理材料。如果这方面出现状况，比如前述的刹车皮碗问题，那么，我们就负有责任。"

"我生长在这片黄土地上，这不是某个人而是中国人的黄土地。我要建设它，这不会因为我的父亲被关押或者亲戚遭受迫害而改变。我会尽最大的努力孝敬父母，但我不会放弃科研。"张俐娜说。

（作者：韩玮、范冰莹）

一问一答

问：中学阶段，您认为对您影响最大的是什么？

张：我很幸运能在中学阶段遇到德才兼备的好老师。中学阶段是一个人价值观形成的重要阶段，中学老师的素养就决定了祖国未来的发展质量，老师必须要肩负起为国家育人的重要责任。首先就要有师德，必须要爱他的岗位、爱他的学生；其次要有责任心，言传身教，让学生学会去爱、有公德。所以今天，我们在选拔教师的时候，最重要的就是考查他的品德。

问：现在孩子们学习的科目越来越多，压力越来越大，您觉得学会劳动还必要吗？

张：德智体美劳缺一不可，学会劳动才能学会生活。我们上学时有劳作课，还要做针线活，各种生活技能都要具备。后来，我带着两个孩子在北京工作，要做菜、做饭、做衣服、修炉子、生火，什么事情都自己做。劳动让人变得顽强，付出劳动之后，才能更加体味到生活的快乐。不爱劳动，懒散的人是不会有作为的。

问：您前半生经历了很多坎坷，40岁才开始科研生涯，71岁才成为院士，您觉得这是幸还是不幸？

张：不要计较得失，只要你去努力，努力地去做，即使努力没有被别人看到也不要紧，是金子总是会发光的。努力没有被发现的时候就是积攒能量的时候。从小我的父亲就给我很多书，要爱学习，树立远大的理想。要爱劳动，要勤奋，不仅要动脑更要动手。要爱奉献，有爱心的人做任何事情都能做得好，爱奉献的人往往会很自然地得到回报。

中学是行为习惯养成的重要时期。数学老师胡启文要求大家作业写得工工整整，很多同学常常是在草纸做完再誊写到试卷上。成绩优异的赵政国每次都直接作答，却不免有疏忽之时。数学大题里有一小步，"三减一"被他答成"一"，结果整道题目的分数都被扣掉了。这也成为他铭记了半个世纪的教训。

赵政国院士：
好习惯比好成绩更重要

没有严谨的科学态度，再多智慧也无济于事

中科院院士赵政国有个习惯——上课前把手机放办公室，走路时把手机放包里，"免得一天到晚看手机"。

然而令他费解的是，年轻一代似乎时刻被手机"绑架"着，就连吃饭、走路都不离手，他甚至听人调侃："现在的中学生不谈恋爱，因为他们都在网上，不需要见人"。

在赵政国看来，这个普遍的社会性问题背后，暴露的是基础教育的不足——中学是行为习惯养成的重要阶段，中学生需要学会自律。

回首当年，中学时的赵政国就较同龄人更懂得自律了。在"文化大革命"时期课堂可自由进出，他却坚持每次坐在最前排听讲；周末同学们都上街玩耍，他却捧着书本躲在家中学习；即便下乡期间辛苦劳作，他晚上仍借着豆大的柴油灯埋首夜战。

正是凭着这种品质，让他成为中学老师和工友眼中"未来的大学生"，也让他在科研路上走得更远、走得更稳。

"如果有哪个小孩将来能考上大学，那一定是赵政国"

1956年，赵政国出生于湖南靖县（今湖南省怀化市靖州苗族侗族自治县）。这个夏商时期即是西南要地的历史名城，一度成为湘、黔、桂三省边界的商业重镇。

小时候，父亲在离家90华里偏远乡下的水产公司工作。父亲偶尔回家时，赵政国会要父亲教自己在木地板上写字、算数。

赵政国的中学时代在当时位于县城里的靖县二中度过。

初中"学得很浅"，赵政国一度把数、理、化课本的知识"都背下来了"。多年后，他还记得化学课上老师传授肥皂制造的全过程的化学分子式。

印象最深的还是高中阶段。其时，恰逢邓小平复出，各地兴师重教，一些下放农场的大学生得以登上讲台。

语文老师段志强生在地主家庭，经历特殊年代的坎坷之后将希望寄托在学生身上。

原本赵政国不在段志强班上。高一入学第一节课，段志强满怀激情地鼓励学生要有志向，赵政国正好在窗前经过，一下子被深深吸引住了。小小年纪的他鼓起勇气找到段志强老师表达心声，"我想到这个班上来"。

赵政国至今清晰地记得，段老师在课堂上讲述毛主席的文章："一张白纸，没有负担，好写最新最美的文字，好画最新最美的图画。"

他专门给同学们布置作文"一张白纸"，鼓励大家驰骋文思。甚至给自己的儿子起名段一白。

开学几周后，赵政国便做完了数学课本上的所有题目。得知此事，数学老师胡启文给他开起小灶。胡启文找来"文化大革命"前的教材，常常下课后把"排列组合"等当时课本上没有的知识教给赵政国。老师们希望把他培养上北大、清华。

学习之余，赵政国与乒乓球结下了不解之缘。

三十来岁的体育老师尹华章可谓"体艺双馨"——在湖南省体操比赛上拿过奖牌。他通过看怎样打乒乓球的书，自己练习后就能教一帮学生打乒乓球。他的油画也画得很好，把靖州大桥十来米高的毛主席油画像画得栩栩如生。

这位常常踮起脚尖小跑步走路的老师成了学生追慕的偶像。赵政国是校乒乓球队、田径队和体操队队员，相对来说，乒乓球是赵政国的强项。尹华章老师还常教他们练武术。后来组织同学参加比赛时，赵政国等三个十几岁的小孩竟打败了到北京集训了一年的二炮乒乓球队，一度声名远扬。

其时，课外读物匮乏。因为有位同学的爸爸在县文化馆工作，赵政国总能借书来读。

他能流利背诵《毛泽东诗集》和《毛主席语录》，还读完了《林海雪原》《铁道游击队》《湘西剿匪记》《平原枪声》等红色经典，《林海雪原》里杨子荣等正义形象让他记忆深刻，"每个人都身怀绝技，都有同一个目标"。

在中国四大名著中，赵政国唯独对《红楼梦》望而生畏，"家中没复杂的亲戚关系，看不懂里面的家族谱系，不太愿意看"。

原本，段志强老师想让赵政国学文科，在课堂上常把他的作文当范文来展示。个人命运因一张突如其来的大字报而改变，"海外家属刘如英"（赵政国母亲），赵政国才知道原来自己还有个早年被国民党抓壮丁的舅舅——他不可能学文从政了。

赵政国决定学理科，将来做科学家或工程师。"恨铁不成钢"的段志强甚至一度扣留了他的"三好学生"证书。

后来，段老师还是理解和支持了这个寄托了自己希望的学生。到赵政国高中毕业下乡期间，他还专门托人给赵政国带去一套数、理、化学习用书，让赵政国感念颇深。

"好习惯比好成绩更重要"

中学时的赵政国已经显露出极强的自律性了。

在"文化大革命"时期，学生们可以自由进出课堂，很多人都跑出去玩了，但赵政国从不逃课，当时个头矮矮的他每次都坐第一排。

他在家里的墙壁上贴了课程表，然后根据课程表安排自己的课程预习、复习时间。其精细的计划安排，甚至家访的老师看到以后都很惊讶。

到了周末，青春期的男生们穿着刷洗得白白的回力鞋上街玩耍，赵政国从不参与。

让少年赵政国内心窃喜的是，他在体育运动中结交了一帮男孩子，"学习时从不被打扰，在外面也不被欺负"。

自律之外，"父母的言传身教很重要"。

小时候，有位邻居从县委大院的池塘里抓来一条鱼，藏在鞋子里让赵政国帮忙偷偷带走，不料被母亲碰上，回到家中，赵政国被罚下跪，还要挨柳条打屁股、写检讨。

邻居家养了一群小鸡，赵政国好奇它们是怎么飞的，便抓来一只从家对面的楼房上扔下，小鸡一下掉到地上摔死了。妈妈得知后让他写好检讨，然后带他去邻居家当面道歉。

和今天的网瘾少年一样,有段时间,赵政国乒乓球打到上瘾,就连躺在床上都想着"怎么发球才能使球旋转得更快"。

他至今还记得,深夜里,妈妈戴着1000多度的近视眼镜在煤油灯下伏案学习写字的背影。有个假期赵政国和其他几个体操队的同学连续几天练习体操,因而放松了学习。一天晚上他看见妈妈留的纸条,上面歪歪斜斜地写道:"小青(注:赵政国小名),你要自觉点学习。"一张留言条让赵政国感受到母亲的殷殷期盼。

自律的背后,"还需要梦想的支撑"。

高中毕业后,赵政国成为一名"上山下乡"的知青,开始了日复一日面朝黄土背朝天的乡间劳作生活,但赵政国始终怀抱一个"大学梦"。他夜晚点上黑黑的柴油灯坚持做题,有人来了还要赶紧藏起来,因为怕被指责不安心务农。

1976年,赵政国成为湖南怀化303厂一名车工,工作之余他借来一本微积分,在宿舍墙壁写满了公式,几个月内就自学完全部知识。

恢复高考让蛰伏蓄力的赵政国迎来曙光,他第一志愿报考了中国科大数学系,但被近代物理系录取。带着一个木头箱子,穿着厂里的工作服,赵政国就去报到了。那是他第一次出远门,却一步从小县城的家门跨入了国家最好的科技大学的校门。

中学是行为习惯养成的重要时期,要立志,还要培养严谨的作风。

赵政国记得,数学老师胡启文要求大家作业写得工工整整,很多同学常常是在草纸做完再誊写到试卷。

成绩优异的赵政国每次都直接作答，却不免有疏忽之时。数学大题里有一小步，"三减一"被他答成"一"，结果整道题目的分数都被扣掉了。这也成为他铭记了半个世纪的教训。

赵政国在欧洲核子研究中心工作时的故事广为流传。

一段时期他曾负责一个大型粒子探测器的组装测试，他做了一张详细的检查表，小到一个螺丝钉，大到每一项具体工作，每做好一件，他都要求研究人员在清单上画一个钩，以避免在成千上万的部件组装和检测中出任何差错。

2007年，该中心大型强子对撞机（LHC）发生严重事故。远在国内的赵政国听到消息就立即怀疑到是加速器最后一部分出问题，因为他知道当时为了赶时间，唯有这一部分没有做最后的仔细检查。这也让他扼腕感叹，"没有严谨的科学态度，再多智慧也无济于事"。

"为孩子们留一点自主学习的空间"

赵政国8岁时，在县城街道负责妇女工作的母亲在自家院子里办起制斗笠的工厂，组织县城的劳动力破篾、织斗笠。觉得好玩，他在一旁观察，很快就学会了一些成年人才能操作的破篾技术。

一直到14岁，赵政国靠闲暇时破篾养活自己，他每月可以挣十几块钱，假期能挣到20块。"没有影响学习，反而锻炼了动手能力。"上高中后赵政国把所有破篾的工具扔到家后面的渠江里，他外婆因此很生气，质问他为什么，他的回答是"从此我要在学校好好读书"。

如今，已是中科院院士的赵政国观察到中学教育的一个怪象：十几岁的孩子被各种学习任务所支配，没有足够空间独立思考、学习、玩耍。

赵院士一个朋友的小孩，非常聪明，成绩也一直很好，但才11岁就被各种各样的课程和作业包围，很多习题大学老师看着都费劲，每天晚上作业要做到十点以后才能睡觉，自己掌握的时间空间无处可寻，"长此以往铁人都疲了，何况是个孩子"。

"我常常想，现在的中学生要不要学得这么深？"反观赵政国自己当年的校园教育，学得浅，但从很多人多年经历来看也够用了；而愿意学的人，还可以学得再深一些。"被动接受、完成任务，反而丧失学习的主动性"。

在赵政国的中学时代，因为没有多少作业，"吃不饱"的他就自己找来各种书，"做题目变成挑战，解完很高兴"。

他至今保存着一本中学时从新华书店翻来的《平面几何》和《立体几何》，每个题目都在纸上解答后贴在书上，薄薄的小册子变成了厚厚的一大本。

每当遇到难题时，赵政国总是主动找老师请教，而且不止问一个老师，直到答复让他满意为止。

赵政国说，除了课程重、学的内容过深，在高考指挥棒下，很多人为了拿高分反复刷题，做一些偏题怪题，同样值得警惕。"投入大量时间只为提高那么一点点分数，对真正的创新能力提升是没什么用的。"

他曾接触过多个真实而惨痛的案例：一个朋友的孩子考上国内某著名高校，因为习惯了中学时被老师、家长管得死死的，所有的时间都被规划安排得满满当当，进入大学宽松自由的环境便不知所措，开始翘课打游戏，到后来甚至考试都不想去考了，面临被劝退的局面，家长伤心欲绝还浑然不知苦果是如何酿下的。

在赵政国看来，国内的中小学教育基础还是很扎实的，但习题性教学、灌输性教学太多，西方更多的是启发性教学，讨论中、实战中学东西，"值得借鉴"。

赵院士的女儿在瑞士读小学二年级时，老师就曾让他们五人一组搜集有关"猎豹"的材料，孩子们分工协作，上网搜索、图书馆查询还四处求教，当小组成果在课堂上一展示，让人眼前一亮，"国内要到了大学阶段才会这样"。学习物理电学知识中的零线、火线、地线时，老师带着他们到发电厂参观，"课本上演练半天，现场一看就通了"。

"主动学习和被动学习效果天壤之别"，这位因为对疑似"上帝粒子"的发现做出直接贡献而享誉世界的科学家就此呼吁，"为孩子们留一点自由想象、飞翔的时间和空间"。

（雷宇、刘振兴，2019年4月18日上午，中国科技大学赵政国院士办公室）

赵政国院士简介

赵政国，1956年12月出生于湖南靖县，国际知名的高能物理、实验粒子物理学家，2013年当选中国科学院数学物理学部院士。

他于1978～1988年在中国科学技术大学学习并获理学博士学位。此后在中科院高能物理研究所、瑞士联邦苏黎世高等工业大学（ETHZ）担任博士后和研究助理职务。1997年受聘中科院"百人计划"到中科院高能物理研究所，任北京谱仪量能器组组长，物理一室主任，北京谱仪实验负责人。1998

赵政国院士

年获国家杰出青年基金。2001～2008年在美国密歇根大学做访问教授和研究员，从事强子对撞机上的D0和ATLAS实验。2008年入选中组部"千人计划"，任中国科大教授。因在BES和ATLAS实验上的突出贡献，2012年入选美国物理学会会士。2014年获何梁何利物理学奖。

赵政国是中组部首批"千人计划"入选者；他长期从事粒子物理实验研究，在探测器研制、建造、运行，物理分析以及组织领导大型国际合作等方面有丰富的经验；任北京谱仪实验负责人期间，主导北京谱仪的能量精确扫描，打下Higgs粒子的测量基础；在ATLAS实验中，主导建造精密缪子谱仪，成为以后测量双玻色子及Higgs粒子的重要工具，为发现"上帝粒子"做出直接贡献；在探测器研制、建造、运行，物理分析以及组织领导大型国际合作方面有丰富的经验。

延伸阅读

赵政国：散发强大磁场的帅才

从下乡知青成长为国际高能物理学界的知名学者，在国外已享盛名时却卖掉别墅回到母校，带领队伍参与国际最前沿的工作。

赵政国是个理想主义者，在这个以速度为荣的年代，他开始思考怎样慢下来，尤其是创造宽松、自由的科研环境让年轻人"静"下来、"慢"下来。

"文化大革命"时，他是上山下乡的知识青年，因为科学梦，走上了研究之路；恢复高考后，他是进入象牙塔的理想青年；现如今，他是活跃在国际高能物理学界的知名学者，怀揣着对国家和母校的深厚感情，作为中组部首批"千人计划"入选者，回国效力。

让人折服的"灵魂人物"

2012年，全世界都在为新发现的疑似"上帝粒子"而激动，随着国内媒体的报道，大家才知道，中国科学技术大学教授赵政国的研究团队在其中做出了直接贡献。实际上，赵政国这个名字在科学家云集的欧洲粒子研究中心早已广为人知。

时间退回到 2001 年，赵政国作为访问学者初到美国，就被派往欧洲粒子研究中心从事强子对撞机的建设工作。过完圣诞节的第二天，就带着密歇根大学的研究团队到达欧洲。

到达研究场地后，设备搭建现场堆满了杂物，而负责清理场地的工作人员一周后才来。时间观念很强的赵政国与负责调度此事的欧洲粒子中心科学家约尔格·沃恰克（Joerg Wotschack）为此发生了小摩擦。

"不打不相识"，后来，两人成了好友。当赵政国结束在欧洲粒子研究中心的工作，返回中国时，约尔格·沃恰克在给所有同事的邮件中用"政国回国了，这意味着我们的灵魂人物离开了"，来表达对这位中国科学家的敬佩和赞美。

翻看赵政国的履历，这样高度评价的背后，并非无迹可寻，他的严谨出自对知识执着的热爱，因为有过艰苦经历的磨砺，让他更加珍惜。

1956 年，赵政国出生于湖南靖县（今湖南省怀化市靖州苗族侗族自治县）。高中毕业后，成绩优异的他成了一名知青，被中断的大学梦并没有阻挡住他精神前进的步伐。插队期间，赵政国白天劳动，晚上就着柴油灯学习。

插秧、伐木、兴修水利、半夜睡在田地里看管稻田……两年的知青经历，赵政国记忆犹新，"那段时光锻炼了我的毅力和意志力，也深深体会到人民才是创造历史的真正动力"。

1976 年，被招工到湖南怀化 303 厂的赵政国，当了一名车工。在车间里，赵政国借了一套微积分的书籍，宿舍的墙上被他写满了公式，短短几个月，他就自学完了微积分知识。

1977年的一个清晨，赵政国与往常一样在工厂里晨跑，工友潘爱华兴冲冲地跑来告诉他，要恢复高考了，赵政国非常兴奋。机会总是眷顾有准备的人，参加完高考的赵政国被中国科学技术大学近代物理系录取。

面对失而复得的读书机会，他倍加珍惜。4年后，赵政国提前本科毕业（当时本科学制5年）并考取科大研究生继续深造。1988年，获得中国科大理学博士学位，成为科大核与粒子物理实验学科的第一位博士。此后，赵政国分别前往中科院高能所和瑞士联邦苏黎世高工（瑞士联邦苏黎世高等工业大学）从事博士后研究工作。

保持一颗"不靠谱"的好奇心

"人大约在14岁之前对世界有着天然的好奇，而过了这个年龄，好奇心就容易逐渐淡薄或消失。如何保持寻求未知答案的好奇心是值得探索的一个问题，对自然界未知的探索是人类社会发展进步的主要动力。"赵政国至今还记得女儿小时候对自己导师梅镇岳先生的提问。有一次，梅先生在赵政国家中吃饭，一只蚊子飞到赵政国女儿的手边，女儿便眨着眼睛问梅先生，一只蚊子是怎么来的？梅先生哈哈大笑，拍着小家伙的头，对她的好奇表示了赞许，并鼓励她自己去找出答案。"事实上孩子们不断寻根问底问的许多问题，是至今还没有答案的重大科学问题。"赵政国说。

儿时看见铅字打字机，操作起来十分不方便，他就大胆地问打字员能否只需要通过讲话，文字就可以打印出来。"如今的语音技术正好解决了这个问题，证明小孩的许多奇思妙想是可以实现的"。

好奇心是开启科学研究旅程的一把钥匙，赵政国手持这把钥匙，开启了实验高能物理世界的一扇扇奥秘之门。从品学兼优的学生到下乡知青，从工厂工人到国际高能物理学界的知名学者，多年来，"求真、求实、求完美"的科研信念，让赵政国保持了一颗科学研究的"赤子之心"。

"做学问就是要按照自己的思路，一步步来，不能急躁，重要的是保持一颗对未知的好奇心和对科研的热情。"天道酬勤，工作给他的回报，是接连不断的科研成果。

在瑞士联邦苏黎世高工从事博士后研究工作期间，赵政国所在的团队在 pion 和核散射 S 波散射长度的实验上做出了重要贡献，这项实验是目前世界上此项物理量测量精度最高的实验。

1995 年，39 岁的赵政国作为第一个入选中科院高能物理所"百人计划"的学者，1997 年正式到位工作，担任北京谱仪负责人、中国科学院高能物理所实验物理中心主任。不仅全面负责 BES 实验和 τ - 粲物理的研究，在轻强子谱学、粲偶素物理和粲物理方面做出了重要贡献，他的团队还成功进行了 R 值的测量，为当时间接寻找 Higgs 粒子和精确检验标准模型做出了重要贡献。

1998 年，赵政国获得国家杰出青年基金；2005 年，赵政国获得"国家自然科学二等奖"；2012 年，赵政国当选为美国物理学会会士，评委会给他的评价是"在北京正负电子对撞机上对强子相互作用截面的测量和粒子物理实验研究方面发挥了杰出领导作用，在欧洲核子中心的 ATLAS 试验中对探测器建设和物理分析方面做出了重要贡献";2013年底,赵政国当选为中国科学院院士。

面对取得的一系列成绩,赵政国将之归结为"对未知世界的浓厚兴趣、同事和学生们的共同贡献,以及良好的团队合作"。

带领团队成长的"催化剂"

同为中国科大近代物理系教授的刘衍文说,"赵老师有着很强的凝聚力"。从中国到瑞士、美国,从知青到学术带头人,赵政国身上总是散发出一种无形的磁场,将周围的人吸引在一起,凝聚成一股力量。

当年在农村插队时,知青们轮流做炊事员,相比繁重的农田劳动,给大伙做饭无疑是最好的休息。每逢这个机会,赵政国总是主动放弃,留给体力稍差的女生。

渐渐地,赵政国赢得了农民和知青间的广泛赞誉。"成功的因素有很多,做人是很重要的一环",这也是赵政国从家庭承接的传统。

在高能物理所当实验室主任期间,有一年,部门得到了5万块钱奖金,在个人工资普遍不高的20世纪90年代,这无疑是一笔巨款。赵政国与部门成员商量后决定,给所有年轻的研究人员每月增加100块奖金,直到5万块钱用完。多年后的今天,每次赵政国回高能所,都有同事轮流请他吃饭。

"一个人要有很强的凝聚力,第一要求你本人在所从事的领域里要绝对优秀,第二要求你始终要有集体的观念,第三要求你不看关系看成绩,同时还要有人情味儿。"

2006年圣诞节,在美国的赵政国收到了现为中国科大物理学院执行院长刘万东教授的长信,在信中,刘万东希望他回到母校,重振科大粒子物理与原子核物理专业。

中国科大粒子物理与原子核物理专业是赵政国的导师梅镇岳先生亲手建立起来的,其时正面临着人才队伍青黄不接的现状。经过两年的准备,赵政国放弃了在密歇根大学的职位,卖掉了在美国的别墅,全职回归母校,作为首批"千人计划"入选者,成为中国科大的一名教授,领衔中国科大实验高能物理团队。

从2008年回到母校中国科大的短短5年时间,赵政国便已经在中国科大的高能物理领域建立起一支实力雄厚、颇有潜力的年轻人才队伍,集中了韩良、刘衍文、黄光顺、彭海平、刘建北等十数位高能物理领域的优秀年轻人才,并且带领队伍参与到国际最前沿的科研工作中。

"高能物理这个学科的研究对象是大科学装置,团队合作是我们的基本特征。"这是他常对学生说的一句话。他以身作则,将年轻人的利益放在前面。在他的团队中,成员们都有一个信念:"我不是一个人在战斗,我背后有一整个团队的支撑"。

一位"细腻"的严师

赵政国是位"细腻"的严师。

"细腻"体现在因材施教上。对自己的每个学生,他都会悉心交流,仔细观察,根据学生的兴趣和特长进行分类培养,"对科研有兴趣的学生,我会引导他怎样做好科研；而对科研没有兴趣的学生，我会为他设计一条适合他发展的职业之路"。

赵政国对学生很严厉。曾经有两个博士研究生，虽然答辩得到了在场答辩委员会的一致认可，但有些超时。第二天，赵政国重新安排了一场内部答辩，要求学生一定要在规定时间内完成，"我就是想让学生知道严谨的重要性，因为这可能会让他们受益终生"。

赵政国笑称这是"师承"。当年，导师梅镇岳先生对他也是这么严格要求的。读研究生期间，梅先生要求赵政国每周与他通一封信，将自己一周内所做的工作、遇到的问题、怎样解决的都在信里一一陈述。毫无例外的，梅先生每次都认真回信。6年中，从未间断。

"梅先生对我的影响是一生的"。有一次，赵政国做实验需要变压器，可是他跑遍了整个北京城也没找到合适的，梅先生就对他说，"把我家的电视机拆了吧，那里面的变压器能用"。最终，赵政国并没有拆掉老师的电视机，可是老师为人师表的育人态度却深入骨髓。

每周三是赵政国和学生的"聚餐日"。过去，赵政国会带着学生去食堂，由于担心在公共场所会打扰别人，赵政国将聚餐地点改在了办公室特别改造的会议室。利用中午吃盒饭的时间，学生们什么都谈，工作、学习、生活、感情，连过年回家的见闻，学生都会与他分享。

教育的过程是潜移默化的，"行"的作用要大于"言"。黄光顺是赵政国当年在中科院高能所指导的博士生。2011年，在赵政国的邀请和引荐下，黄光顺入选中科院"百人计划"，加入中国科大，成为近代物理系的一名教授。

"直到现在,他在宏观上仍然对我有一些指导,但他保持了一贯的谦和。他是一位值得信赖的老师、朋友和同事。"黄光顺很感激导师,赵政国坚持让他直呼其名,而不是称老师,"虽然当时觉得很不习惯,但这的确建立了我们之间半师半友的关系,对我们在工作中的平等讨论很有帮助"。

赵政国是个理想主义者,在这个以速度为荣的年代,他开始思考怎样慢下来,尤其是创造宽松、自由的科研环境让年轻人"静"下来、"慢"下来,脚踏实地,一步一个脚印地学习、工作和成长。因为"谨而慎之,方能从容应对,科研如此,人生亦如此"。

(根据《中国教育报》2014年4月18日第05版刘守华报道整理)

一问一答

问：您怎样理解中学阶段的学生主动学习和被动学习？

赵：我认为，现在的孩子没有正确认识自己的兴趣或者得到足够的思考空间。我们缺乏的是启发性教学、讨论式教学、实践式教学，但我们还是在进行一些为了应付考试的习题性教学、灌输性教学。中学的孩子虽然接收的知识量很大，却没有足够的空间去独立思考、发展创造。大量填灌式教育导致他们到大学就放松了。孩子需要自我管理，需要培养独立生活的能力。

问：您认为，学生在中学阶段进行体育锻炼对于学习和成长有什么样的帮助？

赵：在中学阶段，学生一定要加强体育锻炼，因为这能带来综合素质的提升。第一，它能增强体魄，身体素质强了有助于减轻心理压力、提高学习效率。第二，体育富有竞争性和目标性，比如我打乒乓球，就一直在想如何赢球，所以我躺在床上也在思考，正手、反手该怎么打；还有游泳时，我经常给自己定一个目标，比如说我要游一千米，那我就一定坚持游够一千米，哪怕再疲惫也要靠毅力支撑下去。第三，它可以增强团队协作意识，体育运动往往不是个人项目，需要团队协作。

问：您曾经提到："没有严谨的科学态度，再多智慧也无济于事"，能不能结合您的经历来谈一下这个问题？

赵：中学时，我经常因为粗心导致考分被扣掉，但是进入研究阶段不一样了，题目做错了可以改，但做研究工作是一个求真求实的过程，非常精准、贵重的仪器，可能失败就在某一个螺钉、焊接口，或者某一个想法不到位，以致"千里之堤，溃于蚁穴"。所以，科研要求实、求真，尤其在步入精密、精细阶段后，事实会教育你绝对要严谨。

第二辑 中学生读后感

希望自己的人生被"双轮驱动"

"兴趣是最好的老师",相信这句话每位中学生都听过。可有位院士说:"今天完全以高考分数为导向的中学教育,学生被考试压着,而不是被学习兴趣所牵引。"这是我在《院士的中学时代》(第二辑)中印象最深的一句话,杜祥琬院士的观点。

他认为人生的动力靠两个轮子驱动,一个轮子是社会需求,一个轮子是个人兴趣。需求好像是个前轮拉着你走,兴趣好像是个后轮,推着你走。在他醉心于物理研究的一生中,正是兴趣促使他执着于此,成为"两弹一星"核心科学家,为国家做出巨大贡献。

反观我身边的同学,很多人从还没有上小学时,就被父母送进各种培训班,上了中学,也是一味地拼命学习,目的是取得一个好看的高考分数考入好的大学。努力学习获得好成绩,这没错,但我总觉得少了点什么。

我的理想是当一名医生,这个想法从小学到现在都没有变过。为了接近这个理想,我对医学相关的信息都非常关注,看了很多描写医生职业的电影、电视剧和纪录片,也到北京友谊医院观摩过肝移植手术,到北京儿童医院做过志愿者,帮助病人挂号,给住院小患者送图书。我总想和别人也谈谈理想,但是问过好多同学,大部分同学说不太清楚以后做什么。遇到能够说出自己明确理想的同学，我就觉得特别投缘，有明确的目标的人和其他同学不同。

我常想，为了学习而学习，没有自己的兴趣，这样的人生是不是会很迷茫？读完杜祥琬院士的故事，我更深刻意识到，一个有理想的人应该从自己的兴趣出发，不断探索，努力去实现自己的一个个目标，让"两个轮子"都起作用，平衡向前，今后才有能力为国家、民族、社会做出贡献。

《院士的中学时代》是一套非常容易阅读的书，书中的主人公虽然都是科学巨匠，但他们的故事和体会都是中学时代沉淀下来的，能够引起共鸣和思考。而且在每一位院士的文章后面都有一个延伸阅读，通过阅读他们有趣的故事，使我对他们中学时代奋斗的历程有了更多了解。

例如，回顾自己的学习之路，马志明经常跟学生说："读书要从薄到厚，从厚到薄。自学，永远比老师教的效果要好。老师教的内容一般印象都不深刻，就像走路一样，人家带着你走，七遍八遍也记不住路，自己走一遍就知道路了。"

这是《马志明院士：从炊事员到数学家》中的一段话。在这篇文章中，这位数学家讲述了他对数学的兴趣是中学时从一本数学书开始的，高中时培养自学的能力让他学会了从一本"容易看懂"又"费点劲"的书开始研究数学，自学的乐趣不仅为他迈进大学奠定了基础，更不断激发他对数学的兴趣。半个世纪后回首，马志明院士认为自学能力依然重要。

当然，《院士的中学时代》这套书中的前辈与我们的成长环境和经历都非常不同，他们小时候大都生活不富裕，物质缺乏，而我们现在都不用为衣食担忧，家长大都能满足我们的教育物质需求。不过，奋斗和拼搏无论在什么年代本质都是一样的，都需要自己内心向上的动力、不懈的坚持、长时间的付出。

他们对于我，过去是遥不可及，到现在感觉可以通过自己的奋斗去接近他们，这是这套书带给我的收获。他们从事的研究领域不同，奋斗的方法与过程不同，但都有一个共同的特点，就是在他们的中学时代都有刻苦、钻研、执着、勇于进取的精神。这种精神将指引我在未来的学习的道路上不断探索，双轮驱动，最终实现自己的理想。

北京一〇一中学高二，庞熙若

勤奋比天赋来得更重要

"遇到困难就要看你努不努力，努力才能让事情变得简单。"读到杨叔子院士这句话时，我的心"咯噔"了一下。遇到困难，谁都想"迎刃而解"，但你采取积极的态度去应对了吗？不拼命钻研，不可能把复杂的事情简单化。通过阅读《院士的中学时代》（第二辑），我从众多院士的故事里，读懂了很多道理，"勤奋"是无一例外的法则。

院士，是指某些国家所设立的科学技术方面的最高学术称号，所以能成为院士的人只有极少数。那么，在大家眼中"遥不可及"的院士，他们的中学时代又是怎样的呢？

令我欣赏的人便是杨叔子院士，他是一个极其优秀和自律的人。他从5岁开始，就随家人逃难辗转多地。没有条件学习，就创造条件克服困难，身遇逆境，却没有荒废学业。"生于乱世、长于乱世"，动荡的岁月拉长了杨叔子院士的中学生活，中学前前后后读了8年。

细细读完杨叔子院士的故事，我感触良多。是什么样的意志力让他战胜一切困难？是怎样的一份坚持让他在行业中突围？后天的勤奋最重要！同样在中学时代，我从来就没有感觉到什么叫"生活窘迫"，父母给我创造了最好的学习条件，自己还时常任性，缺乏一股"冲劲儿"和独立思考，遇到事情容易退缩。在逆境中磨炼意志，在顺境中更要让自己保持清醒的头脑，抓紧学习、提升自我。

书中提到，杨叔子院士是一个偏科的学生，语文、数学、外语成绩几乎满分，但是物理、化学却远不及格，中考时还险些落榜。但是，一位能学好语数英的学生，会学不好物理化学吗？尽管后来迎头赶上了，他仍感慨万千。遇到和自己当年情形相仿的学生，总想帮一把，却有心无力。"今天的硬性标准，不能扬长避短，牺牲了一部分有禀赋的孩子。"

其实，我也是一名偏科的学生，我的语文极其不好，但数学英语好，我的"偏科"竟然和杨叔子院士如此相似。最终，杨叔子院士克服了自己的弱项，后来还成了著名的机械工程专家、教育家。

有了杨叔子院士的励志经历，我相信自己可以在不懈的努力下，学好语文。自己偏科的主要原因是不够专心、努力、勤奋。我觉得，只有给自己先定一个小目标才会有动力，要先脚踏实地好好去做，少说闲话多做事，不受他人的影响，否则一切都将是痴人说梦。

当今社会，物欲横流，容易让人迷失方向，甚至焦虑不安。书中有一个细节，杨叔子院士在博士学位论文答辩前加入了"另类"的要求，先背《老子》《论语》……他说，"背是形式，真正想要的是在潜移默化中让学生浮躁的心宁静下来，让人的精神升华起来"。

杨叔子院士认为，"没有人文的科学是残缺的，没有科学的人文也是残缺的"。这其实就是所谓的文理不分家，要先育人才能造器，两者相辅相成。

因为平时足球训练安排得比较紧凑，我会使点"小聪明"，希望可以蒙混过关，这种侥幸的心理其实挺危险的。学习成绩与个人天赋有关吗？杨叔子院士觉得："需要一些天赋，但后天可以补救。"甚至，后天的勤奋更为重要。不能半途而废，似是而非，而是要拼命钻研，把所有的事情想透。

在球队里，有一些队友会认为，只要踢好球，学习并不重要。如果能当上职业球员，以后就是一劳永逸。但是在我看来，并不是这样。一个球员的基本素养，是需要他不断地学习去汲取养分，提高自己的球商。知识和技能是融会贯通的，勤奋会给天赋插上展翅高飞的翅膀，让球员在球场上的"拼搏"更加淋漓尽致。

我梦想可以成为职业球员，但现实还有很大的差距。哪怕以后无法将踢球作为自己的职业，我觉得努力付出了，肯定能成为对社会有用的人。

中学是人成长的关键时期，对人生观、价值观和学习方法的养成有着重要的影响。《院士的中学时代》这本书，很好地诠释了院士们在这个时期的"学习秘籍"，让我们学得来、够得着。处在中学时代的我，只能以更加勤奋的姿态去迎接一切挑战，记住自己的初心、理想，使青春年华不留遗憾。

广州市执信中学初二（2）班，张澍霖

兴趣产生无限动力

当我读完《院士的中学时代》这本书后，心中久久难以平静。我在思考这样一个问题：为什么有的人在中学打下良好的基础，多年之后能够成为院士？为什么有的人在中学成绩那么优秀，却没有当选为院士？仔细梳理院士的成长历程，发现他们身上都有一个共同的特质，对自己喜欢的学科，就像饥饿的人扑在面包上，乐此不疲。

科学家爱因斯坦说过："兴趣是最好的老师。"是的，兴趣，使人不怕吃苦；兴趣，使人废寝忘食；兴趣，使人执着而愿意付出努力。人一旦对某种事情产生了兴趣，就会主动去求知、去探索、去实践，并在求知、探索、实践中产生愉快的情绪和体验。

数学家马志明院士至今感念，带自己走上数学这条道路的，是中学张芳老师给了他一包数学书。他从一本"容易看懂"又"费点劲儿"的书开始了自学，越学越高兴，逐渐尝到了自学的乐趣，也增加了对数学的兴趣。凭借着对数学的浓厚兴趣，他才有了令人瞩目的成就。他研究狄氏型与马氏过程的对应关系取得了突破性进展，并在2006年当选为国际数学联盟副主席。

同样是院士，杜祥琬也是因为兴趣与物理结缘。阅读了《知识就是力量》等多种期刊后，他对天文学产生了浓厚的兴趣。他说："兴趣服从需要，需要产生兴趣。"他认为，个人的兴趣要服从国家、民族和社会的需要；同时，在国家需要的学习和研究中，钻研进去才发现，这些新知识、新领域、新课题非常富有挑战性。

杜祥琬凭借着对宇宙奥秘极其向往的精神，对天文学的兴趣，才成为了应用物理、强激光技术和能源战略专家，并多次获得国家科技奖。

看到齐康院士的名字，我感到格外亲切，因为他是我妈妈的博士生导师。我时常听妈妈讲齐康院士中学时代的故事。齐康的父亲齐兆昌，是我国著名的建筑学家，圣保罗教堂、南京大学西南大楼、东大楼、小礼堂，都是他的作品。小时候的齐康钟爱绘画，土木工程专业出身、改行从事建筑的父亲，发现了他的这个天分，就教他用比例尺绘画。齐康的第一堂建筑课，就从测量自家的房间开始。

齐康院士小时候，他的父亲要求他背《古文观止》，如今他写文章时会自然带上几句文言。齐康院士回忆说："一次写议论文《论学习法》，最后结论开头一句我用了'一言以蔽之'。当时国文教师赞叹不已，我心里乐滋滋的，更增加我学习古文的兴趣和信心。"

1949年，18岁的齐康面临三种选择：一是上军政大学直接参加革命；二是像他姐姐一样学医；三是学建筑，继承父业。他根据自己的兴趣爱好选择了第三条路。考进南京大学工学院建筑系，自此再也没有离开这个让他引以为豪的专业。如今他已是中国科学院院士、法国建筑科学院外籍院士，他设计的人民英雄纪念碑、毛主席纪念堂、南京侵华日军南京大屠杀遇难同胞纪念馆，吸引无数人前来参观。

《院士的中学时代》这本书就像一艘航船，带我从狭隘的地方驶向生活广阔的海洋，延展生命有限疆域。同时也让我明白：院士的中学生活跟我们现在的中学生活没有什么两样。他们之所以能够成为院士，完全凭借着各自的兴趣爱好，通过自身刻苦努力的学习，终于成为某个领域的泰斗。他们对人类的贡献，亦如红日初升，其道大光；河出伏流，一泻汪洋。

由此可见，在中学时代，对所学知识感兴趣会增强我们的学习动力，倘若大学期间老师对我们做学问的方法加以引导或强化，我们每个人都有可能在某一领域有所建树。这是我的读书心得。

湖北华一寄宿学校八（六）班，刘浩瞳

成如容易却艰辛

乍听"院士"这个称号,总觉得遥不可及,唯有膜拜。可是读了《院士的中学时代》(第二辑)后,我感觉中学时代的院士就是我们普通中学生的一员,只要努力奋斗,也许我们也能成就传奇。

这本书揭秘了十一位院士的成长经历,令我眼界大开。杨叔子院士,五岁时就随着父亲背井离乡、到处逃亡。幼时,父亲就告诫他将来一定要发愤图强、为国效力。他始终谨记父亲的话,专心科研,为此与家人一同吃了三十年的食堂,令我震惊不已,而原因仅仅是"时间太宝贵、不够用"。这种为了科研惜时如金的做法我们做得到吗?相比之下,我们这些中小学生成天围着爸妈,要吃要喝还要出远门旅游的想法实在有些惭愧。还有杜祥琬院士,对我触动很大。他学习成绩极好,五年级便具备了跳级上初中的能力。如果是我,肯定会毫不犹豫地跳级上初中,这是多么值得骄傲的机会呀!可是他做出了令我们意想不到的决定——放弃。我百思不得其解,可他给我们的答案是"自己还没有真正学习六年级的知识,并提出了盖一栋楼不能缺一块砖头,缺了的东西,必须补起来"的理念。小小年纪,竟有这般想法,真不简单!反思自己的学习之路,经常是遇到难题,就习惯性地跳过,或是不经深入思考就问家长、问老师,特别缺乏一股刨根问底的钻研精神、不畏困难的挑战精神,以致现在我都快得了"难题恐惧症"。还有身处贫困、却酷爱数学的马志明院士,"少年英雄"朱中梁院士……这本书以故事的形式将八位院士成长的故事、品质的闪光点娓娓道来、引人入胜、令人深思，成了鼓舞我励志前行的案头书。

"看似寻常最奇崛，成如容易却艰辛"，院士成功光环的背后，更多的是异于常人的艰辛努力、为国奉献的奋斗之心。作为新时代的一名初中生，我们是祖国的花朵和未来，应该以院士们为偶像，学习他们的精神品质，刻苦学习、努力奋斗，让梦想之花盛开在中华民族伟大复兴的宏伟征程中！

武昌水果湖第二中学一年级，柯子玥

千里之行，始于足下

中学时代，是人生中的"黄金"时期，是我们树立目标，塑造品格的关键时刻。我们该怎样度过这一关键时期呢？《院士的中学时代》系列丛书中，众多院士讲述了自己丰富多彩的人生故事，以亲身经历告诉我们，该怎么度过宝贵的青少年时期。

院士，是中国科学研究者最高的头衔，是至高无上的荣耀。以前我一直以为，院士们小时候的生活条件一定很优越。走进书中，细细品读后才发现，院士们的一生却充满艰难坎坷，并不一帆风顺。其中令我印象最深的是杨叔子院士，他的成长经历让我感到非常震惊，他的意志品格深深镌刻在我的内心深处。

杨叔子院士在1980年成为华中工学院机械系的学科带头人，他研制出"钢丝绳断丝定量检测系统"。作为机械人工智能的专家学者，获得了国家乃至国际上的许多奖项。能取得这些伟大的科研成就，是因为他拥有一个善于独立思考的头脑和勇于坚持的精神品格。

在杨叔子五岁那年，日本侵略者逼近江西湖口。逃难中，父亲将游子思乡之情化作山河破碎的悲愤。父亲吟诵的那些铮铮作响、悲愤交加的诗句刺痛了杨叔子的心，激励他一定要自力更生、奋发图强。"天才是奋斗出来的"这个观点在杨叔子的身上得到了充分证明。尽管身处乱世中，他也不曾荒废自己的学业。他接受父亲的教育，用《诗经》《古文观止》等经典为自己打下了深厚的文学基础。在那样的环境下，他沉下心来努力学习，坚持不懈，补弱项、强强项，不断打牢各学科基础。通过不懈的努力，他终于考入了九江同文中学。

杨叔子院士"生于乱世，长于乱世，成于乱世"的经历，深深地感动了我。读完杨叔子院士的故事，我不禁掩卷沉思：我们现在的条件比杨爷爷那时好得多，但这却无形中让我们在面对突然来临的苦难时毫无应对力，就像处逆境中"周身皆针砭药石，砥节砺行而不觉"；处顺境内"眼前尽兵刃戈矛，销膏糜骨而不知"一样，所以我们要付出比杨叔子更大的努力，或尝试将自己置于逆境中，不断地磨炼自己坚强的意志，塑造自己坚韧的品格。

杨叔子院士之所以能取得伟大的成就，除了因为他有着坚持的精神品格以外，我认为，还与他在长期的学习过程中逐渐形成的独立思考的能力分不开。学习过程中，为了弄清楚除法的算法，杨叔子不放弃，独立思考了半个多学期，终于找到了答案、弄清楚了除法的规律。正是中学时期的这股"冲劲"和"倔强"，为他日后的成功奠定了基础。

杨叔子院士小时候独立思考弄懂了除法的故事启示了我：只有自己独立思考，才能真正地深入地理解知识、把握规律。反观现在，作业帮等作业神器的兴起无疑会让中学生在做作业时形成依赖性，会使其独立思考的能力不断退化。所以我们在中学时代就要养成独立思考的习惯，就像杨叔子院士说的"早想明白了才不至于迷失方向""中学时就应养成独立思考的习惯"。

也许你不是最聪明的，但你是最勤奋的；也许你不是条件最优越的，但你是最坚持的；也许你不是思维最敏锐的，但你是最乐于独立思考的。中学是人成长最关键的时期,让我们以院士成长的故事为"镜",接受院士的教诲,在中学时代谱写青春华章。

武汉市光谷实验中学703班,刘培源

天生我材必有用

"一时一世，总会有些挫折，但是你的志向必须要高一些、远一些，有时得失其实对于人的一生来说，跨过去就只是一瞬间。"这一句话是来自《院士的中学时代》一书。

这本书让我记忆最深的就是描写朱中梁院士的文章。1936年4月，朱中梁出生在江西南昌一个知识分子家庭，可以说他的童年是在战火纷飞、颠沛流离中度过的。可他在如此艰难恶劣的环境下竟能成为一名有名的院士，是怎样的意志使得他如此成功呢？看完后答案就浮现在我的眼前了。

"好的向往牵引成才方向"这一句话是本文的第一句话，也让我受益匪浅，是啊！这句话启示我们上进，启示我们从小需要立下鸿鹄之志。这个志向在人生路上时刻警示着我们：努力向上，奋勇拼搏，这是我们的责任。只有慢慢地进步才能迈向志向，完成志向，让自己的人生无悔，青春无悔。

同时，本文另一个吸引我眼球的标题是"网瘾少年"，写的是朱中梁院士小时候因极度迷恋康乐球而成绩大幅下降，可是最终因朱中梁院士自己的控制力，使自己又回到拔尖学生的行列。在现在的社会，难道没有许多网瘾少年吗？事实上多了去了，在这里我不断思考一个问题：为什么老师、家一定要禁止我们打游戏呢？这令我十分不理解，我认为游戏认为是可以愉悦身心、开发大脑的。只要能够控制好时间那不就是益处多于坏处吗？

在读这本书之前，我曾有过一个问题：人为什么要学习呢？学习有什么好处呢？我也被一个个事例所迷惑，仿佛掉入无尽深渊无法自拔。

这一个个真实的事例是：马云曾数学没及格，但他创立了阿里巴巴；比尔·盖茨曾在大学辍学，可还不是成了世界首富吗？如果像这样，不如放弃劳累的学习，早点步入职场不是更好吗？我不知道答案，也无处寻找答案，直到我读完这本书。

通过资料我才知道，比尔·盖茨辍的是哈佛大学，那是何等名校，可见他付出巨大的努力，而且他的母亲是一位有名的银行家，还是一家公司的董事长。这背后巨大的平台和资源我们怎么能偷换概念说是因为辍学而成功的呢？那些导向成功的因素怎么不去考虑呢？

其实，学习是最公平的途径，所以，我们在现有的环境中努力抓住学习机遇，努力学习。这样才会获得无形翅膀在梦想的天空中翱翔。

这本书十分精彩，有着很多深刻的人生哲理。我们需要不断学习，不是所有人都是天才，只有相信自己，立下志向，不断努力。这样才会在黑暗中找到光明，奋进不止。

天生我材必有用。

蕲春第二实验中学，杨诚

未来可期　奋斗不止

步入中学，繁重的学习任务和忙碌的日常生活给我带来一种无形的压力。我和普通中学生一样，每天在教室里反复背诵着枯燥的知识点，在无休止的上下课中细细品味中学时代的"酸甜苦辣"。年年岁岁，周而复始，我时常思索自己前进的方向何在。正当我为迷茫的未来感到苦恼时，《院士的中学时代》（第二辑）给我怅惘的生活点燃了一盏明灯。

书中记叙了多位院士中学时代的经历，展示了他们成功背后坚韧不拔的奋斗历程。这些宝贵的人生经历对他们后来的辉煌功绩产生了深远影响。他们的感悟解答了我心中很多疑惑，其中杜祥琬和戚发轫两位院士给我留下了较为深刻的印象。

诸葛亮在《诫子书》中写道："非学无以广才，非志无以成学。"这句话强调了学习和志向的重要性。然而如今的中学生将学习目标功利化，从前途的角度去获取知识，而不是被"兴趣"这名老师引导着前进。杜祥琬中学时代和全班同学在学校文艺会演的舞台上合奏《良宵》《步步高》等，那时候看的书、唱的歌对他人生观和价值观的形成有一定影响，他将人生动力比喻为两个轮子："一个轮子是社会需求，一个轮子是个人兴趣；需求好像是个前轮拉着你走，兴趣好像是个后轮推着你走。"与其每天被成绩、考试压着，不如培养自己的兴趣爱好给枯燥的中学时代添上绚丽的一笔！让这些丰富的兴趣爱好牵引我们的成长，陶冶情操，增长见识，锻炼能力来达到不断完善自我的目的。"中学时代就是要活生生，要朝气蓬勃！"

我和很多学生都有一个疑惑："学习成绩和个人的天赋有关吗？"同样一个知识点，有的人学习慢，有的人接受得快，有的人不仅能掌握还会灵活运用，而有的人付出高出别人一倍的努力，收获的成果却微乎其微。这样的矛盾衍生出"别人家的孩子"，这一类人不仅学习成绩优异，德智体美劳全面发展，别人不管怎么努力都只能仰望他们的背影。家长们常常念叨，不要让孩子输在起跑线上，但"起跑的位置"真的有那么重要吗？中学时期的戚发轫就属于"笨孩子"一类。他总是喜欢看书，努力完成作业，成绩却总比不上那些常看小说又爱玩的人，结果"既没学好，又没玩好"。但是他凭着强烈的求知欲和甘愿为梦想不懈奋斗的勤奋，最终成为中国工程院院士，成为"神舟"号飞船总设计师。他说："有些人生来天赋极好，但是成功的人也各有各样。"戚发轫常常回味一个问题，不断查找资料，并暗下决心要付出比别人更多的精力。他回忆起自己的中学时代，感慨道："不是最聪明的，但是最努力的。"可见勤奋占成功的比例更大。"金无足赤，人无完人"，我们应将缺陷的悲愤转化为前进的动力，并朝着一个方向发力，一步一个脚印，只要坚持下去，再长的路，总会有到达的那一天！

第一个青春是上帝给的，第二个青春是自己创造的。如果说人生是由一个个选择的路口组成，那么中学时代就是一个决定未来沿途风景的关键岔路口。这一段青春韶华，稍纵即逝，唯有把握点滴，珍惜当下，才能不负青春大好时光。

感谢书中的院士们，他们用自己的生命与热情铸就了祖国的钢铁事业，并通过自身经历影响了一代又一代青年人的成长，激励我们不断前行。"乘风破浪会有时，直挂云帆济沧海"，未来可期，奋斗不止！

蕲春县第二实验中学，游蕾

奋斗的青春最美丽

在外界眼中，院士是一个有着神秘色彩的精英群体，是世俗眼中的"天才"人物。然而今天阅读了《院士的中学时代》（第二辑）这本意义深刻的书，我才知道他们也不是神，不是生来就聪慧，而是靠着奋斗的精神一步步换来了今天的成就。

我们正值青春年华，是智力发展的黄金时期，拥有大量的时间和精力，如此宝贵的时间，我们要用奋斗挥洒青春，用汗水收获别样的青春足迹！

奋斗的青春就要立志成才，方成大器。朱中梁院士在中学那段青葱岁月里一直要求自己必须名列前茅，但因为一个游戏而上了瘾，他痛定思痛，终于从"球瘾"中拔了出来。而当他真正全身心投入学习中，虽然有时也会去玩，但他慢慢看淡了，觉得再有趣的事情也不过如此。而他这一个小小的目标竟成为高远的志向，像一枚时时敲响的警钟，时刻提醒他做祖国的栋梁之材，为国效力。在志向的指引下，朱中梁的高中三年都是在刻苦学习中度过的，最后在1999年当选为中国科学院院士，实现了理想。

志向永远像一盏明灯，指引我们成功的方向。

奋斗的青春就要有足够的兴趣和探索欲，方能体会学习的乐趣。刘经南院士读了一个与自己兴趣相差甚远的专业，但是他觉得"拿好分数，是一个学生应该做到的"，所以门门课程都是高分。之后他发现该专业里面有很多探索性和挑战性的东西，对该专业产生了兴趣，由此开始了自我提升之路。

最终，他于1999年当选为中国工程院院士。他说，从高中到大学，他都以兴趣来引导自己学习。但是，现在的小学生太累，围着考试升学率团团转，却单单不知道自己的兴趣点，为应试教育疲于奔命，只是盼到大学的"解放"，然后进入另一轮"被选择"。且有相当部分学生的学习目标有些功利化，不是用兴趣和自由探索来引导自己的学习，而是为了考试、考研究生或为了将来找个好职业而学。他强调"一个有理想的人，应该从自己的探索欲出发，充分挖掘和发挥自己的最大潜力"。

兴趣永远是最好的老师，永远是你前进路上源源不断的动力。

我们现在还只是处于人生的起点，我们拥有美丽的青春，欠缺的是奋斗的志向和兴趣点，希望我们都能从这本书中，看到院士们的光芒，看到光明和力量。我们要以他们为楷模，潜心学术，摒弃急功近利；不一味追求"高分人生"，避免满分错误，做一个不停止进步和探索的人，实现真正的人生价值——对民族和国家的价值。

如果把人生比喻成一场需要耐心、恒心的马拉松长跑，一定要把志向和兴趣作为奋斗的动力。未来的路还长着呢，倒掉鞋底作祟的沙子，继续我们的风雨征程！

奋斗的青春最美丽！

蕲春县第二实验中学，高嘉仪

院士的中学时代

• 第三辑 •

雷 宇 ◎ 编著

中国青年出版社

图书在版编目(CIP)数据

院士的中学时代. 第三辑 / 雷宇编著. — 北京 : 中国青年出版社, 2021.5

ISBN 978-7-5153-6365-3

Ⅰ.①院… Ⅱ.①雷… Ⅲ.①院士—生平事迹—中国 Ⅳ.①K826.1

中国版本图书馆CIP数据核字(2021)第066512号

责任编辑：彭　岩

*

中国青年出版社 出版 发行

社址：北京东四十二条21号　邮政编码：100708
网址：www.cyp.com.cn
编辑部电话：(010)57350407　门市部电话：(010)57350370
三河市君旺印务有限公司　新华书店经销

*

710×1000　1/16　15.75印张　160千字
2021年5月北京第1版　2021年5月河北第1次印刷
全套定价：118.00元

本书如有印装质量问题，请凭购书发票与质检部联系调换
联系电话：(010)57350337

丛书顾问

杨叔子，原华中理工大学（现华中科技大学）校长，著名机械工程专家、教育家。教育部高等学校文化素质教育指导委员会主任。

章开沅，华中师范大学原校长，著名历史学家、教育家。

特别致谢

中青校媒

华中师范大学美术学院

编委会主任

张坤　张桂华

编委会副主任

张澍　陈立　董时

主　编

雷宇　王兵

副主编

彭四平　王美君　张爱

编　委

贺茂林、陈思汉、胡　林、曾　佳、谢婷婷、郭　哲、王桑田、张　晗、刘振兴、姚　雪、汪　锐、龙俊逸、杨　林、陈　佩、刘　玥、漆秋豆、付　泉、黄阳旸、王雅兰、唐婉婷、石卓航、严　烨、宋志鑫、封智涵、蒲国鑫、庄　稼

黄伯云

梅花香自苦寒来。

珍惜时光，
让每一天都
过的值。
李曙光
2019.5.20

仰望天空
脚踏实地
与爱同行
努力奋斗
永不言弃

施兹伦
2019.4.17

风正一帆远,
树直百年材。

19.03.15

努力学习

敢于创新

赵梓表

二〇一九年二月廿五日

院士的中学时代（第三辑）

黄旭华院士：在国家需要中找到人生方向……431

宋振骐院士：决定人生高度的，除了脑力还有体力……453

赵忠贤院士：相信自己可以把冷板凳坐热……473

刘宝珺院士：做个思维活跃的"多面手"……491

殷鸿福院士：批判性思维要从中学抓起……513

赵梓森院士：好专业比名牌大学更重要……535

施蕴渝院士：追求理想的过程中没有性别之分……559

贲德院士：要吃得了生活的苦……579

李曙光院士：每个孩子都有自己的"花期"……593

陈孝平院士：老实人才是最聪明的人……617

第三辑中学生读后感……640

后　记……659

拿破仑有句名言,"不想当将军的士兵不是好士兵"。黄旭华还想再加上一句——"只想当将军的士兵也不是好士兵"。中学时也曾"一再输在起跑线上"的"中国核潜艇之父"寄语今天的青少年一代,"行行出状元,要做各自岗位上的将军"。

黄旭华院士：
在国家需要中找到人生方向

弃医从工三十年，深潜海底龙宫赫赫无名，
以身许国一甲子，托举国之重器从无到有

今天的青少年一代或许难以想象，被外界誉为"中国核潜艇之父"的黄旭华院士中学时代却"一再输在起跑线上"。

在那个硝烟四起的年代，即使是身在家境殷实的杏林之家，黄旭华也曾几度无学可上——小学毕业后辍学半年多，初中只读了两年半，高中仓促毕业，在军车炸药箱上坐了整整七天到重庆"寻一张安静的书桌"，一年后才考入大学。

回首过往，这位鲐背之年的老人更愿意用"梅花香自苦寒来"来概括自己的世纪人生。

弃医从工追逐科学救国梦，荒凉孤岛潜心科研龙宫探险，他和我国科学家团队不到十年便实现了毛主席"核潜艇，一万年也要搞出来"的誓言。而他自己也成长为我国第一代攻击型核潜艇和战略导弹核潜艇总设计师。

中学时代背井离乡、历经烽火的求学路培养了他坚韧不拔的品质，让他日后面对恶劣的科研环境仍甘之如饴；项目攻关的紧张时刻，他用音乐排解困顿，少年时的兴趣爱好让他终身受益。

这位2013年"感动中国"年度人物常常走进青少年之中现身说法：今天的幸福生活不是从天而降，青年兴则国家兴，青年弱则国家弱。青年一代必须清楚自己肩负的历史使命，"在国家需要中寻找人生方向"。

一波三折的求学路

黄旭华的中学时代是在战乱中度过的。

1926年3月，黄旭华出生在广东省汕尾市一个杏林之家，原名黄绍强，在九个孩子中排行老三。父母开设药房救死扶伤，享誉乡里。

高小毕业时，恰逢全面抗战爆发，他一度长达半年无学可上，辍学在家。

得知县城聿怀中学搬迁后落脚揭西山沟五经富的消息，黄旭华正月初四背起行囊朝新校址进发，徒步山路四天，脚都磨出了血泡。

爬过最后一个山头，目之所及让他不禁心凉，几个四面透风的草棚就是他要找的学校。

聿怀，语出《诗·大雅·大明》，"维此文王，小心翼翼，昭事上帝，聿怀多福"；意为笃念，有"胸怀广阔"之意。

这所迄今130多年历史的学校，在民国时期就已是汕头一带最负名望的中学，而今更有"一校五院士"之美誉。

即使在大山中最艰苦的环境下，学校依然能开出语文、数学、外语、物理、化学全部课程，甚至还有动物学、植物学等课程。

烽烟之下，坚持学习。白天上课，每当日寇飞机响起，老师便拿起小黑板带着大家往外跑，"冬天藏在甘蔗地里，夏天躲在大树底下"，读书上课就像"打游击战"。

文化课之外，球类比赛、歌唱比赛、话剧表演等课外活动丰富多彩，黄旭华曾在篮球比赛中获得一枚奖章。抗日浪潮下，"狂呼社""叱咤社"等学生社团应运而生。

师生每餐只有稀饭，有时把油条剪成片蘸着酱油当菜吃；煤油都是奢侈品，晚上就用墨水瓶装豆油、菜油当照明灯自习，夙夜匪懈。

学校不断搬迁，度过了两年多初中生活后，黄旭华决定投考桂林中学。北上梅州，因错过考期前行受阻，只好在广益中学栖身一载。

兵荒马乱中，他与家人失联，曾在出租屋中连饿三天差点没命，"全身冒冷汗"之时，家中汇款奇迹般到来。

1941年初夏，黄旭华经过整整两个月的晓行夜宿，终于抵达桂林，并顺利通过桂林中学的入学考试。

在这个大后方的文化中心，名流云集，也给学校输送了大量优秀的师资。

英语老师柳无垢是柳亚子之女、宋庆龄秘书，这位姑苏才女欧美阅历深厚，教学理念先进，每次她课堂的下课铃响时，总让同学们意犹未尽。任教师时还常出入美国驻桂林领事馆，在课堂上带来许多时政要闻和"二战"进程的消息。

戴眼镜的数学老师许邵衡曾是大学教授，数学课深入浅出，让黄旭华深深地爱上了这门课程，毕业时把大代数整理成厚厚一本讲义保存至今。正是许老师的指引，黄旭华学好了数学，物理、化学成绩也变得出色起来，为报考交通大学奠定了理科基础。

桂林中学实行半军事化管理，学生们剃光头、统一军服，每人一支木制步枪。有个同学偷偷出门还被关了禁闭。

紧张而严苛的学习中，黄旭华和很多同学结下了深厚的友谊。同学强自强家境好，曾带来一罐瓶装的猪油和大家分享，"吃饭时舀上一勺，香死了"。

在国家需要中找到人生方向

黄旭华父母搬离相对富庶的老家揭阳,到海丰最苦、病人最多、最需要医生的地方开医馆,遇到穷苦病人就免费医治。杏林之家的耳濡目染,使得黄旭华从小立志继承父母职业,悬壶济世。

然而,日寇的肆意横行击碎了他的儿时梦想。

地方排演抗日话剧《不堪回首望平津》,13岁的黄旭华因为长相秀气男扮女装饰演逃亡小姑娘。

有一次演出时,传言日军要在附近登陆,但整个广场的观众没有一个离开。剧中汉奸被抓到的那一刻,饱含热泪的观众们高喊"杀!杀!"的情景在黄旭华脑海中留下深深的烙印。

在桂林中学,每当警报响起,大家纷纷跑进山洞,"警报一天不解除,就要在山洞挨饿一天"。

面对日军狂轰滥炸,桂林满城烟尘、一片废墟,少年黄旭华忍不住求教柳无垢老师:"为什么日本鬼子想炸就炸、想杀就杀?为什么中国这么大,却连个安心读书的地方都没有?"

"因为我们国家太穷太落后了,穷国落后就要受人家的欺负,受人家宰割。"柳无垢回答。

身边的同学彭先祯也选择了投笔从戎。这位即将奔赴杭州筧桥中央航校的英武少年临走前倾吐心声:"天下兴亡,匹夫有责。"

"我不学医了,我要学航空,学造船。"黄旭华内心发出呐喊。校园里,他借"旭日荣华"一词改名"黄旭华","寓意中华民族如旭日东升般崛起"。

1944年6月,仓促毕业后的黄旭华坐在一辆军车的炸药箱上颠簸七天来到重庆,进入国民政府为流亡学生开办的大学特设先修班。

生于海畔,耳闻目睹日寇登陆沿海、杀害渔民,面对中央大学航空系和交通大学船舶系的录取结果,他毅然选择后者,从此开始了一生探寻保卫祖国海域、抵抗外辱的人生道路。

1958年,苏联断然拒绝我国核潜艇工程帮助请求,赫鲁晓夫嘲笑中国"搞核潜艇简直异想天开"。

核潜艇能潜在海底几个月,即使国家受到毁灭性核打击,只要还有一艘核潜艇,也足以给敌人以同样毁灭性的还击。

牵系国家安危,毛主席说出了鼓舞一代人奋斗终生的话:核潜艇,一万年也要搞出来!

没学过甚至从来没见过核潜艇的模样,黄旭华和同事们顶着基地葫芦岛的风沙和"文革"时的批斗,从友人自国外带回的两个美国"华盛顿号"核潜艇的儿童玩具模型起步,开始了白手起家的国之重器探索历程。

此后经年,中国陆续实现第一艘核潜艇下水,第一艘核动力潜艇交付海军使用,第一艘导弹核潜艇顺利下水,成为继美、苏、英、法之后世界上第五个拥有核潜艇的国家。

作为中国第一代攻击型核潜艇和战略导弹核潜艇总设计师,曾经三十年赫赫而无名的黄旭华最终也迎来了自己人生的高光时刻——他两度获得国家科学技术进步奖特等奖，成为中国工程院首届院士。

"只有把个人的抱负和国家的需要紧紧相连，才能实现真正的人生价值。"多年后，他在给中学生做报告时如是分享。

为了工作保密，黄旭华30年没回家，父亲、二哥逝世他都未能奔丧。直到1987年《文汇月刊》刊发《赫赫而无名的人生》，母亲含泪细看，认定主人公就是多年未归的三儿子黄旭华。

有人问黄旭华，忠孝不能双全，你是怎么理解的？这位2013年度"感动中国"人物的答案是："对国家的忠，就是对父母最大的孝！"

"只想当将军的士兵也不是好士兵"

小时候，黄旭华目睹父亲弹奏扬琴，常常模仿父亲弹奏一二。中学时，他自学了口琴，和同学一起组建起乐团；也曾拉过一段时间小提琴，最后因为练习耗时太多放弃了。

在研制核潜艇最困难、最紧张的时候，黄旭华总能在音乐中舒缓压力、获得灵感，"音乐对于陶冶情操很有帮助"。

音乐之外，体育同样让他受益良多。

中学时篮球得过奖章，当过乒乓球的三级运动员，长期坚持锻炼让他扛过了"文革"中白天养猪、彻夜研究的日子。而今94岁高龄，他依然每天坚持上班，在与记者一个多小时的交流中，思路清晰、中气十足。

反观今天的中学生，时间被考试科目安排得满满当当，"把同学们束缚得太死了"。

2018年，黄旭华外孙被保送清华大学，还获得了全国物理竞赛一等奖。在家长们眼中，这绝对是"别人家的孩子"。

然而黄旭华认为，相较于各学科交叉研究的需求，现在的学校教育"太专业了"，外孙在中学成长中"放弃了很多"，比如文学修养不够，"那么多名著，那么多人生道理对一个人的性格培养很重要"。

他曾在北京一个竞赛上，看到从全国各地汇聚的中学生们，一个个戴着眼镜、弱不禁风的样子，不禁扼腕叹息："理想的教育不是这样，德、智、体、美要全面发展。"

面对中学生求教"学习方法"，他追忆往昔，总结一个人的发展主要有三个因素：第一个是天资，第二个是勤奋，第三个是机遇。他认为自己不算太聪明也不是太笨，成功的背后更多是勤奋和面对机遇下的坚持。

"看准方向、坚持到底很重要。"多年来与年青一代接触中，他注意到一个现象：不少人不安于自己的工作，总是这山看着那山高，频频跳槽。"也许他可以发财，但他事业上不可能有大的成就。事业上要有大的成就就要看准，要坚持下去，一个人能够工作的时间并不多，要坚持做好。"

这个自认为"不聪明也不太笨"的长者用一生为此写下注脚——从1958年我国研制核潜艇的"09"工程诞生至今，很多人来来走走，而他一经踏足便是60年光阴，痴心不改，被誉为中国核潜艇从无到有、从有到精的唯一的全程参与者和见证者。

黄旭华院士所在的研究所里一直流传着一段逸事。一次出差，难得有闲暇逛街，看见一种花布料子不错，他专门买回家准备给夫人做一件衣服。夫人见后又喜又气，因为这种花布衣服自己已经穿了好几年，长期沉醉在科研中的黄旭华硬是没印象。

同样可以为"坚持的力量"佐证的是，曾经的科研基地葫芦岛"一年两次风，一次刮半年"，种下的树苗不过几天就被吹跑。一代代的接力奋斗中，而今的葫芦岛已成为中国优秀旅游城市、国家级园林城市。

拿破仑有句名言，"不想当将军的士兵不是好士兵"。黄旭华还想再加上一句——"只想当将军的士兵也不是好士兵"。他寄语今天的青少年一代，"行行出状元，要做各自岗位上的将军"。

（雷宇、刘振兴、江婷，2019年1月18日上午，武汉，黄旭华院士办公室）

黄旭华院士
简　介

　　黄旭华，1926年3月生于广东省汕尾市，我国第一代攻击型核潜艇和战略导弹核潜艇总设计师，中船重工集团公司719研究所研究员、名誉所长。1994年当选为中国工程院院士。

　　1945年考入国立交通大学（今上海交通大学）。1949年，毕业并成为中共预备党员。当年七月，进入上海市委党校学习，先后在上海军管会船舶建造处、上海招商局（海运局）工作。1954

黄旭华院士在现场

年,调到上海船舶工业管理局,选送参加苏联援助的几型舰船的转让制造和仿制工作。1958,调到北京海军,任核潜艇研究室副总工程师。1961年11月,被任命为国防部第七研究院〇九研究室副总工程师。1965年起,任新组建的719研究所副总工程师。1983年,被任命为第一代核潜艇的总设计师。

他在核潜艇发射运载火箭的多次海上试验任务中,作为核潜艇工程总设计师和副指挥,开拓了我国核潜艇的研制领域,被誉为"中国核潜艇之父"。由于在核潜艇领域的突出贡献,黄旭华被评为2013年度"感动中国"十大人物,并荣获2017年度何梁何利基金科学与技术成就奖、第六届全国道德模范敬业奉献类奖项。

延伸阅读

许身报国的"深潜"传奇

2017年11月17日,全国精神文明建设表彰大会在京举行。

当晚,央视《新闻联播》报道:习近平高兴地同代表们握手,亲切交谈。当他看到93岁的中船重工719研究所名誉所长黄旭华和82岁的贵州省遵义市播州区平正仡佬族乡草王坝村原党支部书记黄大发时,习近平握住他们的手,请他们坐到自己身旁。两人执意推辞,总书记一再邀请,最后两人在总书记身边坐下。现场这一小小细节,感动全场,大家长时间热烈鼓掌。

总书记请老人坐在自己身边的暖心举动,感动了全国人民,同时也让大家记住了黄旭华这个名字。然而,曾经在近30年里,8个兄弟姐妹都不知道黄旭华在搞核潜艇,父亲临终时也不知他是干什么的,母亲从63岁盼到93岁才见到儿子一面。

如今,黄旭华身兼数职:中船重工719研究所名誉所长、首批中国工程院院士、我国第一代攻击型核潜艇和战略导弹核潜艇总设计师。在业内,他被誉为"中国核潜艇之父"。

与惊涛骇浪做伴的"深潜"研究

1958年,我国批准核潜艇工程立项。核潜艇是集核电站、导弹发射场和海底城市于一体的尖端系统工程。其中,核动力装置、艇体结构及艇型等7项难题号称"七朵金花"。这一年,黄旭华被秘密地召至北京,加入了研制导弹核潜艇的29人的小队伍,成员平均年龄不到30岁,他们迅速开始了我国第一代核潜艇的论证与设计工作。那时中苏关系尚处于蜜月期,依靠苏联提供部分技术资料,是当初考虑的措施之一。

1959年,苏联提出中断对中国若干重要项目的援助。赫鲁晓夫访华时傲慢地说:"核潜艇技术复杂,价格昂贵,你们搞不了!"毛泽东听后发誓:"核潜艇,一万年也要搞出来。"为攻克难关,黄旭华和同事们别无选择,只能一步一步地摸索向前。

幸运的是,友人从国外带回两个美国"华盛顿号"核潜艇的儿童玩具模型,玩具"窗户"掀开后,里面是密密麻麻的设备。他没想到,这两个玩具,竟然和他们凭着零零散散的资料、完全靠想象画出来的核潜艇图纸基本上一样。有人开玩笑说,中国的核潜艇研制工作是从一个核潜艇玩具模型开始的。

1965年春,专司核潜艇研制的"中国核潜艇总体研究设计所"在渤海湾的一个"一年两次风,一次刮半年"的荒岛成立,黄旭华也随即开始了他的荒岛人生。顶着来自"文化大革命"的各种干扰和批斗,白天养猪,晚上设计，他带领着研究所的设计人员克服常人所无法承受的各种困苦，攻克一个又一个的技术难关。

为了艇上千万台设备，上百公里长的电缆、管道，他要联络全国24个省市的2000多家科研单位，工程复杂。在没有任何参考资料的条件下，黄旭华和同事们大海捞针一般从国外的新闻报道中搜罗有关核潜艇的只言片语。黄旭华至今还珍藏着一把"前进"牌算盘，在没有计算机之前，研制核潜艇的许多关键数据就是用这把算盘算出来的。黄旭华说，为了保证数据准确，常常是两拨人一起算，结果一致还好，不一致两边都要重新算。

由此，黄旭华和同事们在没有外援、没有资料、没有计算机的"三无"情况下，创造了世界核潜艇研制史上前所未有的速度：1970年，中国第一艘鱼雷攻击型核潜艇下水。中国成为世界上第五个拥有核潜艇的国家。

1988年4月29日，中国核潜艇按设计极限在南海首次进行深潜试验。所有参试人员明白，中国只有常规潜艇下潜经验，而核潜艇要复杂得多、危险得多。20世纪70年代末，美国的"长尾鲨号"就是在深潜试验时，下去后再没有上来，全艇160多人葬身海底。

"一个扑克牌大小的钢板，承受水的压力是一吨多，100多米长的艇体，任何一个钢板不合格、一条焊缝有问题、一个阀门封闭不足，都可能导致艇毁人亡。"黄旭华这样形容深潜试验的危险性。

试验开始前，有几个艇员偷偷给家里写信，"万一回不来，未了的事情，请家里代为料理",实际上是遗书。黄旭华亲自和艇员们座谈,缓解紧张情绪。最后,他语气坚定地说:"我要和大家一起参加极限深潜试验,下潜300米!"这句话立即威震全场,让悲壮气氛一扫而光。

终于,试验成功了!中国不仅创造核潜艇下潜新纪录,而且在此深度下,核潜艇的耐压艇体结构和海通系统安全可靠,全船设备运转正常。黄旭华,这位世界上第一位亲自参与核潜艇极限深潜试验的总设计师,即兴挥毫:"花甲痴翁,志探龙宫,惊涛骇浪,乐在其中!"一"痴"一"乐",尽显其对核潜艇事业的痴迷,报效祖国的赤子之心。

"不孝子"离奇失踪的岁月

中国的核潜艇事业从荒岛上起步。一首打油诗这样描述该岛:风沙大,姑娘少,兔子野鸡满山跑。

在这样的艰苦条件下,黄旭华带领同事当"挑夫"。他利用出差的机会,从外地带肉、油、米等食品返岛。最厉害的"挑夫"曾经一个人带回重达150斤的包裹,最壮观的场面是大人小孩浩浩荡荡30多人的接站队伍。

物质生活一贫如洗,科研手段和科学设施也是一片空白。一代艇上马时,我国的科研水平和工业生产能力并不足以支撑核潜艇研制。但研制工作"三项原则"明确指示:要立足国内,从现实出发,在主要战术技术性能上力求配套,可以作为战斗艇交付使用。要求与现实形成了尖锐对立,是等待条件成熟再干还是"人定胜天"地蛮干下去？黄旭华提出"骑驴找马"策略：即便驴都没有，也要两条腿先走起来。

从1958年到1986年，由于工作内容涉及国家机密，黄旭华没有回过一次老家去探望父母。在为数不多的家信中也只能告诉父母自己在北京工作，但单位、地址和具体内容只字未提。

20世纪70年代，黄旭华的父亲病重，他未能回家；父亲去世时，他忙于工作，也无法回去奔丧；至死，父亲也不知道在北京的儿子在干什么。每逢春节，家里的人聚在一起，只有他这个"三哥"永远缺席，大家都会对他有所埋怨："不知道在做什么，忙得连娘老子都不看了！"

为研制核潜艇，黄旭华曾"隐姓埋名"近30年。那些年，黄旭华就如"人间蒸发"一般。"对于父母，三儿子就是一个北京的信箱号码。"每提及此事，黄旭华眼含泪水。

1987年，上海《文汇月刊》登了一篇题为《赫赫而无名的人生》的长篇报告文学，详细介绍了中国核潜艇总设计师的人生经历。文章通篇只说"黄总设计师"，并未提及具体名字，但文中提到了黄总设计师的夫人李世英。

黄旭华把当期杂志寄给了母亲。老母亲这才终于知道了一直不知踪迹的三儿子是在进行一项惊天动地的大事业，喜极而泣。她把所有的子女都叫到身边，叮嘱他们："三哥的事情，大家要谅解、要理解，不要再埋怨他。"

得知家人的理解，黄旭华哭了，他说"对国家的忠就是对父母最大的孝"。1988年，两鬓斑白的黄旭华回到广东老家，母亲已93岁。

黄旭华的妻子李世英说，婚后不久，黄旭华就离开了家，直到6年后才聚到一起。"他在家的时间很少，就算在家也什么都不管，是个甩手掌柜。"他从外地回家，女儿问他："爸爸，你到家里出差了？"

"他这辈子，连双袜子都没自己买过，全忙在工作上了。"据李世英说，黄旭华生活简单随意，从不计较。"他嫌理发排队浪费时间，即使头发很长了也不去理。我就买了剃头刀，给他理发好几十年了。"黄旭华由衷地说，"我很感谢她，这么多年能理解我、支持我，还甘愿挑起生活重担。"

黄旭华曾被评为"感动中国"2013年度人物，评委会的颁奖词是：时代到处是惊涛骇浪，你埋下头，甘心做沉默的砥柱；一穷二白的年代，你挺起胸，成为国家最大的财富。你的人生，正如深海中的潜艇，无声，但有无穷的力量。

与总书记"挤坐"在一起的道德模范

现在，每个工作日清晨，黄旭华依然会出现在他的办公室。"现在不行了，看书要老花镜和放大镜叠在一起才行。"尽管如此，他依然坚持整理自己几十年研究核潜艇的个人资料，按学术、讲话、生平等进行归类。

从1958年开始研制核潜艇，1970年中国第一艘攻击型核潜艇下水，1988年完成中国第一代核潜艇深潜试验和水下运载火箭发射试验后，黄旭华把这个使命般的接力棒传给了新一代核潜艇研制人员。在他心里，核动力专家赵仁恺、彭士禄，导弹专家黄纬禄，都是"中国核潜艇之父"。他说，在全国千千万万人的大力协同下才有了中国第一代核潜艇。

多年来，他过着雷打不动的规律生活。早上6点起床，6点半去打太极长拳，7点钟吃饭，再去上班。毕竟已是耄耋之年了，"我现在只能上半天班，只做'场外指导'，让年轻人放手去干"。

在核潜艇总研究所，黄旭华送给年青一代的科研设计人员"三面镜子"。他说，核潜艇科研人员必须随身带上"三面镜子"，一是"放大镜"——扩大视野，跟踪追寻有效线索；二是"显微镜"——放大信息，看清其内容和实质；三是"照妖镜"——鉴别真假，汲取精华，为我所用。

年逾九十的黄旭华依然精神矍铄，到底有什么长寿秘诀？黄旭华笑着说："保持孩子气，忘记年龄。"在许多人印象中，科学家总是严肃刻板的，可黄旭华不一样，他永远笑容可掬、和蔼可亲。他的老同事们说，即便是在当年批斗喂猪、极限深潜时你也很难看到他严肃的表情。

2017年，黄旭华荣获第六届全国道德模范敬业奉献类奖项。11月17日，全国精神文明建设表彰大会在京举行，与会代表得到中共中央总书记习近平的接见并合影留念。老人没有想到的是，习近平拉着他的手，请自己坐到他身旁来，于是执意推辞，习近平却一再邀请，说："来！挤挤就行了，就这样。"

"总书记给我的印象是特别平易近人,尊重和爱护老人,尊重知识分子。"总书记的会见,让黄旭华又一次感受到党和国家赋予的使命与荣光。他激动地说,"我做梦也没想到,总书记竟然把我请过来坐到他身边,还问了我的健康状况。"

从此,中华儿女认识了一直"深潜"茫茫人海中的"中国核潜艇之父"黄旭华!

(根据《中华儿女》2017年12月28日报道整理)

一问一答

问：您在中学时如何处理兴趣爱好与学业的关系？

黄：在学校时，学习还是主要的，爱好起辅助学习的作用。我们潮州人喜欢音乐，我在聿怀中学生活很苦，住草棚，早饭只吃一碗稀饭，几片油条加点酱油。学校的环境原来很好，因为日本的侵略，我们后来不得不到山沟里学习。所以学生们自然而然有了这样的想法：一是对敌人感到愤慨，二是发奋要好好读书。

问：对于今天的青少年来说，有时候虽然看准了人生方向，但是难免要面对挫折，怎样去迈过这个坎儿？

黄：这要和社会主义核心价值观联系起来，我认为最重要的是追求人生价值。如果你的人生观与你的人生价值一致，你摔倒后就爬起来，总结经验、继续前行。科学技术的发展没有平平淡淡的道路，不可能一帆风顺，特别是探索未知的时候。我们现在强调"创新"，在科学道路上，更多的情况是障碍重重，荆棘丛生。

问：管理学上有一个观点，行业领袖不一定是最聪明的人，但一定是在这里面熬的时间最长的人。您怎么看？

黄：我举的这个例子不一定恰如其分。刘邦当皇帝时，有人问他跟张良、萧何、韩信相比有哪些特点。刘邦回答道，论管理自己比不上萧何，论政治也不比张良，论军事不如韩信，但是他们只管各自的，没有把大家统筹起来的能力。

我们核潜艇有三驾马车：潜艇、反应堆、导弹，马车不仅有车，还有壮马，但是要把三者统筹起来，怎么让马听命于你，赶马的马夫不能只管各的。

就如同心脏之于人，虽然重要，但不能代表整体，五脏六腑都不能少。

"光有为学之心，你不讲方法不行，你没有身体基础也不行的。"半个多世纪的求学治学生涯，宋振骐见惯了不少像快板剧中"小王"一样的学生，认为一味地坐在那里学习就是学习，"你为什么坐在这里学不进去啊，成绩为什么起不来啊，你身体不好"！

宋振骐院士：
决定人生高度的，除了脑力还有体力

排演《不做啃书匠》受到周总理接见，一生践行"三个好"

"有个同学叫小王，他的身体总在晃荡"，唱起半个多世纪前和同学一起排演反映"不读死书、不死读书"的快板剧《不做啃书匠》的台词，宋振骐院士不禁有些手舞足蹈。

面对记者，他一口气讲了三个小时，声音依然清脆激昂。让人浑然忘却眼前的这位老人已经83岁了。

他始终激情满怀地行走在各地科研院所和煤炭矿区，甚至眼下计划跨界写一本新时代政治经济学著作，来阐释产业布局和民族发展的关系。

"'三好'首先是要身体好"，宋振骐院士一直笃信并践行毛主席在20世纪50年代提出的"三好"理论，"身体好，学习好，工作好"。

从一个旧社会工人家读不起书的穷小子到我国煤炭与煤矿领域第一个中科院院士，他说，"决定人生高度的，除了脑力还有体力"。

究其一生，犹如一枚硬币的两面。

一面，是国家命运转变为他提供了成长的机遇；另一面，他将青春理想和国家前途相结合，成就了自己的远大前程。

苦难是成才的财富

旧社会工人的孩子能读中学了，人生一下子看到新的希望

1935年，宋振骐出生在湖北汉阳兵工厂的一个工人家庭。

抗战爆发后，随着国民党的节节败退，工厂不断内迁。从记事起，宋振骐就为生活所迫，拾柴、捡炭，从大食堂饭桌上和剩菜缸中捞取残羹糊口。

在贵州桐梓，父亲闹事被关在监狱里面，母亲一边给人做保姆，一边在街上挑着担子卖米粉。记忆中，裹了足的小脚母亲总是走得飞快，宋振骐和哥哥一路跟在后面。

逃难到重庆后，父亲进了当地的兵工厂。一位姓李的厂长对工人很好，办起了子弟小学。

饥馑的童年时代，宋振骐根本就不读书。有一次逃学带着弟弟摸螃蟹被抓，学校在升旗时，当着全校教师学生的面，把他和弟弟吊起来打，这成为他心中永远的痛。

逃难的大学生宋鸿福在子弟小学任教，经常到宋振骐家蹭饭，他愿意资助小振骐读书。从此宋振骐就认了宋鸿福做"干爹"，改名宋振骐。

工人的孩子能读中学了，人生一下子看到新的希望。

三年级以前总是勉强及格的宋振骐的成绩噌的一下子上来了。全校小学有800多人，"七门功课加起来，我是全校第一名。"

"苦难是成才的财富，"追忆往昔，宋振骐说，在红通通的炉灶内扒煤块，下雨天到山上采蘑菇，夜里到水中摸鱼捉螃蟹，把人的能力锻炼出来了，"摸鱼不是随便摸的，流水、死水、鱼在哪里，都是要动脑子的。"

1948年，宋振骐考进了重庆市立第一中学。相对于当时的三中（重庆南开中学），一中是一所贫民中学。穿棉袄，系草绳，吃大碗，是这里的传统。

学校一度搬到沙坪坝的山洞中。大一点的同学带着学弟学妹，上山砍木头，打蛇，做二胡。作曲家刘天华的曲子《病中吟》《良宵》唱出了穷困少年的忧愁和对美好生活的向往。

艰苦的生活中，同学之间互帮互助，结下了深厚的友谊。学校平时吃的都是莴苣叶子空心菜，一个月才打一次牙祭。高两届的王斑玉学长帮厨，就偷偷叫上宋振骐进去吃点猪肠子补油水，"那时候感觉非常美好"。

当时，学校里聚集了一批好老师，很多甚至是从知名大学来到这所穷人孩子的学校。

同班同学周唯生的母亲教语文。这个当时30多岁的老师，讲文学的美，讲人的感情，也讲对光明的追求。宋振骐至今能背诵毛主席所有的诗词，喜欢读《风雪夜归人》《牛虻》，"都是这位好老师打下的基础"。

音乐老师李启华，完成了对宋振骐音乐的启蒙，也给了他人生的启蒙。全学校有一架钢琴，只有10个人有机会去练，演过话剧的宋振骐就名列其中。每礼拜一次的学习，李老师教他学会了五线谱，也教《钢铁是怎样炼成的》，教学生反饥饿反内战。

成绩一直处于排头，连续两次跳级，五年时间读完中学。宋振骐中学时代唯一的遗憾就是没有入团——新中国展现出一派蓬勃生机，同学们都在追求进步，但要入团就要告诉党组织亲生父亲和养父的关系，"会让养父不好想"。

决定人生高度的，除了脑力还有体力

"光有为学之心，你不讲方法不行，你没有身体基础也不行的"

1956年，正在上大学的宋振骐和班级同学一起自编自演创作了快板剧《不做啃书匠》。剧中还原了一个"一心一意学习，但是学习方法不注意，不知道要锻炼身体,最后一无所成"的啃书匠形象。

这部剧目几乎演遍北京市的大学和中学。在中南海怀仁堂演出后,受到了周恩来总理的接见和表扬。宋振骐至今清晰地记得周总理的话,"哎呀,我好久没有和年轻人在一块了,我要再这样的话,我就和你们的啃书匠一样了"。

不读死书,不死读书。宋振骐自己就是最好的践行者。

校园里,宋振骐如饥似渴地学好每一门课。他爱读毛主席的书,特别是《实践论》《矛盾论》及有关军事战略部分,注重研究学习方法,喜欢思考、类比、归纳、推演。

学《理论力学》时,由平面运动刚开始进入刚体转动,宋振骐就推出了刚体转动的运动学、动力学和能量原理的全部方程式。

好强的年轻人当时还暗自窃喜,以为是自己的发现和创造,后来一看书才知道里面全都有了。"虽是无知的表现,但却锻炼了独立思考的能力。"

宋振骐学生时代的考试和今天大有不同,每门课都有口试。进到考场抽签,好几十个题中抽上三四道。

"你想像现在考试弄机会带个小抄,是不行的。"宋振骐笑言,"必须全本书都清楚。"笔试的题目都做对了是3分;提出的问题都答对了是4分;最后再答对一个额外的题,才能拿到5分。

如何提高效率,宋振骐的第一个方法是统筹安排,"在通看的基础上定学习计划"。所有书全部看一遍,懂的,不懂的,该问老师的,自己要解决的,心中有数了再定学习计划。

他见惯了不少同学一上来就着急忙慌地开始看书做题，眉毛胡子一把抓，到临考前才惊觉内容没复习完，"重点就抓不住了"。

其次是倒逼控制时间。今天要读多少，打个钩，严格控制时间。最后本来定的每天要用10个小时，"只用了6个小时，就赚了4个小时复习巩固成果"。

还有一个绝招是"举一反三"。不是每一个习题都做，但同样一道题，用几种方法去求解，显然做的时间就少了，知识点又能连到一起了，效率反而更高。

临场考试之前，宋振骐总是胸有成竹，只要重要的公式背一背就行。"考试从来没有失误过，都是5分。"

勤于动脑，也要勤于锻炼。

近日，一篇《47岁马化腾成首富：决定人生的，不是智力，而是体力》的网文成为众多媒体转载的热点话题。

文章列举了今天青少年一代眼中的时代偶像：腾讯马化腾、今日头条张一鸣、小米雷军等，他们除了拥有智力之外，都是"精力充沛，斗志满满"。

"光有为学之心，你不讲方法不行，你没有身体基础也不行的"，半个多世纪的求学治学生涯，宋振骐见惯了不少像快板剧中"小王"一样的学生，认为一味地坐在那里学习就是学习，"你为什么坐在这里学不进去啊，成绩为什么起不来啊，你身体不好"！

于他自己而言，中学时开始打篮球、拉二胡、弹钢琴，经年不辍。令他成名的经典理论"同矿压抗衡"的研究过程是最好的佐证。

在开滦矿区,他带领学生分三班24小时连续观测几百根支柱。每天在井下工作10多个小时,晚上还在灯下从纷繁的数据中探索岩压的奥秘。就这样,他带着学生整整奋战了100天,"没有充沛的精力体力,根本不可想象"。

年青一代要找到自己的学习动力

人只有树立远大理想,才能有远大前程

1953年,宋振骐中学毕业。

他各科成绩全是5分,又爱好音乐、文艺,在同学们眼中,前途无限。在选择报考学校和专业时,他被新建立的北京矿业学院(今中国矿业大学)吸引住了。

"采矿是同千变万化的岩层做斗争的光荣事业",他郑重地在报考志愿书的第一、第二、第三志愿栏上都写上了"采矿系"。

从此,宋振骐开始了60余年与矿山相伴的人生旅程。他始终以矿山采场为自己最大的实验室,每年一半以上的时间在矿区一线。1991年11月,因为发展采矿工程学科理论及应用于工程实践上的"系统的"和"创造性的"工作,宋振骐成为我国煤炭与煤矿领域第一个中科院院士。

他的母校中国矿业大学向青年学子如是推介——宋教授的成才之路再一次证明:人只有树立远大理想,才能有远大前程。

这恰似一枚硬币的两面。

一面，是国家命运转变为他提供了成长的机遇。新中国的成立，国家的蒸蒸日上，让一个看不到人生前途的少年走进了大学校园。

另一面，他将青春理想和国家前途相结合，在一辈子"同千变万化的岩层做斗争的光荣事业"中为国家"工业的粮食"——煤炭开采保驾护航，成就了自己的远大前程。

长期和青少年一代的接触中，在这位老院士的眼里，今天的年青一代优点不少：知识面广，学习新事物、新技术很快。

但他也关注到一个现象，不少学生中学阶段非常努力成绩很好，但是一到上大学或者读研究生就松懈下来，"突然发现自己很累了"。

"不是他们的学习方法不对，是他们学习的动力不行。"宋振骐院士分析，今天的教育中，充斥的观念是为了考试升学而学习，市面上最流行的就是考题、模拟题，怎么保证题做得越多，将来分数越高，"更多的是为了考试的教育，考学第一，分数挂帅，不是为了成人的教育"。

青少年一代该怎么找到自己的学习动力呢？

宋振骐认为重要的还是改造当前的教育。要学习毛主席的"三好"理论，"身体好，学习好，工作好"。

在他看来，对于今天的青少年，激励了几代人的"为中华之崛起而读书"的召唤依然具有重大的现实意义。

"小学生还很懵懂，到了中学，正是人生观、世界观养成的关键时期"，他把目光投向了这样一代人。

他呼吁上中学的孩子必须读历史，读中国的过去、今天和未来，知道这个曾经饱受苦难的民族从哪里来，告诉他们今天遇到的很多困难，应该研究这些困难，然后找到新出路。

他甚至开出具体的药方，"不妨让中学生看一看《国家命运》，看一看《毛泽东》，看一看《延安颂》"。

但他同时也意识到，年青一代人生动力的培养绝不是灌输，因为自己的孙子现在也不怎么看这些红色影片了。"他可能看国外的大片，可能玩游戏，可能干别的东西，这就是今天的孩子们的特点。"

这位一直走在创新路上的耄耋老人说，为中华之崛起而读书，面临着新的时代背景，对于教育工作者，对于教育管理部门，提出了新的课题：教育的方式方法怎样跟今天的新时代去结合，"这关乎一个国家和民族的未来"。

（雷宇、胡林，2018年3月12日，山东科技大学青岛校区宋振骐院士办公室）

宋振骐院士简介

宋振骐，1935年3月10日出生于湖北武汉，矿山压力与岩层控制专家，中国"实用矿山压力与岩层控制"理论的开拓者和奠基人，煤炭与煤矿领域内第一位中国科学院院士。

1957年7月，毕业于北京矿业学院（今中国矿业大学）采矿系地下开采专业，同年留校工作。1967年进入山东矿业学院采矿系工作，先后担任助教、讲师、副教授、教授，系主任兼所长。1979年组建了中国煤炭系统高等院校第一个"矿山压力和岩层控制工

宋振骐院士

程"研究和实践的山东矿业学院（今山东科技大学）矿山压力研究所。1991年当选为中国科学院院士。

宋振骐创造性地建立了"以岩层运动为中心"，包括岩层运动和矿山压力的预测预报、控制设计（决策）和控制效果判断为一体的理论体系，在建立和完善"以岩层运动为中心"的"实用矿山压力理论"，以及在应用该理论指导煤矿安全生产及机械化发展等方面做出了重大贡献。

他主持并完成了包括"六五""七五"国家重点科技攻关项目等20多个项目的研究任务，先后被授予"全国煤炭工业劳动模范""国家级有突出贡献的中青年专家""全国五一劳动奖章"等荣誉称号，当选第八届、第九届全国政协委员，先后担任国际岩石力学学会（ISRM）中国组成员，国际岩石力学局（IBSM）成员，中国煤炭工业劳动保护学会常务理事，顶板防治专业委员会主任等职务。

延伸阅读

"我的路"——献给青年朋友们

1935年我出生在汉阳兵工厂的一个工人家庭。抗战爆发，随国民党节节败退，工厂内迁。从记事起就为生活所迫，拾柴、捡炭、从大食堂饭桌上和剩菜缸中捞取残羹，什么样的苦都吃过。

1946年到重庆，父母为了让我读书，认了小学教师做"干爹"，从此随了他的姓，改名宋振骐。

1949年11月重庆解放。怀着翻身的喜悦和献身"与千变万化的地层做斗争"的煤炭事业的向往，考入中国矿业学院，开始了大学生活。由于当时井下条件比较艰苦，喜欢这个专业的人很少。但吴子牧院长的讲话："艰苦和有危险的事业才是祖国人民所需要的，敢于献身的青年人也是最光荣的"激励了我们，通过井下实习和劳动，与工人同甘共苦的情谊鞭策着我们，使自己立下了为艰苦光荣的煤炭事业终生奋斗的意愿。

我如饥似渴地学好每一门课，特别是数学、力学。我很爱读毛主席的书，特别是"实践论""矛盾论"及有关军事战略部分。注意研究学习方法，喜欢思考、类比、归纳、推演。例如做一个抛体力学题，我要同时运用运动学、动力学和能量守恒原理三种方法求解，收到举一反三之利。

记得学理论力学，由平面运动刚开始进入刚体转动，我就推出了刚体转动的运动学、动力学和能量原理的全部方程式，还以为是自己的发现和创造，后来一看书，才知道全都有了。虽是无知的表现，却锻炼了独立思考的能力。

在学校除了学习，我还是文体活动和社会工作的积极分子。我是班上的学习委员、院民乐队长、系篮球队长。1956年周总理号召向科学进军，我就参加了学生科学技术小组，担任了院首届学生科学技术协会主席。这些活动锻炼了身体、意志，培养了为同学服务的精神和组织工作能力，也强迫自己改进了学习方法，争取到各门功课全五分的成绩。成了历届优秀生、"三好学生"，出席了北京市"三好学生"代表大会。

为了响应毛主席"三好"号召，1956年我们班还自编自演创作了快板剧"不做啃书匠"，几乎演遍北京市的大学和中学。在怀仁堂纪念"一二·九"运动演出后，受到了敬爱的周总理的接见和表扬。一直到现在老同学们相见，都以此为自豪。丰富多彩的大学生活，为自己在参加工作后能借助于党和人民提供的教师舞台，把自己锻炼成一位光荣的人民教师，入选中科院学部委员奠定了基础。

1957年8月，我以优秀毕业生的称号留校，走上人民教师的岗位。回忆几十年的工作历程，感到欣慰的是，我始终把学生看成是科学的未来、祖国的希望。坚持了德、智、体全面发展的教育方针。注意用毛泽东思想，特别是毛主席的哲学思想指导行动，坚持走教学、科学研究与生产劳动（即成果向生产力的转化）相结合的康庄大道，达到了出人才、出成果的双重目的。

三十多年来，我始终坚持带领学生深入煤矿生产第一线，特别是那些比较艰苦、有一定危险和需要有创造性活动的地方学习、劳动，从事科学研究和生产实践。在1958年至1962年全国水力采煤机械化高潮中，我和学生们参加了第一个水采矿井（羊渠河一矿）的试生产。在淮南谢一矿首先系统地开展了水采顶板活动规律的实测研究。在隆隆的煤水声中，经历了煤层和顶板垮塌、煤流埋冲的险境。1963年开始带领学生们为回采工作面采煤机械化而奋斗。我和学生们不顾煤壁片塌、顶板冒落的危险，研制试验了装煤犁、金属支柱的支设和回撤装备。煤炭工业部张霖芝部长亲临参观，并在全国煤展会上展出。我和同学们一起为使工人同志脱离顶板垮塌事故的威胁而进行的顶板活动实测研究工作，即使在"文化大革命"的动乱时代也没有间断过。

我国第一个现代化矿井（开滦范各庄矿），10个钻孔长达4年观测，取得的10万个岩层运动数据的整理分析，以及用于解释采场上覆岩层运动和矿山压力显现规律的研究，是我带领毕业生做的，这一研究是世界采矿历史上绝无仅有的。我国国外引进和后来国产的综采工作面的顶板活动和矿压显现规律的研究，以及它们与普采工作面的对比也是我带领毕业生做的。

1976年，兖州第一对矿井（南屯煤矿）投产，多次发生近百米工作面塌垮的大事故。我带领学生和现场同志一起不顾顶板来压时刻惊雷般的声响和塌垮的危险，经历近百个日日夜夜的苦战，抢夺并整理分析了30多万个顶板活动数据，终于摸清了开采顶板运动的规律，找到了需要控制的岩层范围和控制的办法，从此排除了相应的顶板事故。

1980年，通化松树镇矿迫于坚硬顶板威胁而采用"刀柱式"开采法，引起强烈的矿山压力显现和大量瓦斯积聚，造成近百人伤亡的重大瓦斯事故。我和学生们不顾再次发生事故的危险，到现场通过实测研究分析，摸清了顶板活动规律，大胆改用了长壁推进，垮落法控顶，从此避免了底板和底部相邻煤层破坏和鼓出，涌出大量瓦斯等强烈矿山压力显现，从此排除了该矿类似事故的可能性。

1984年南桐矿务局鱼田堡矿五年垮塌工作面总长达3000多米，严重威胁生产，每年用数万立方米坑木控制顶板，经济损失达数百万元。我和研究所的同志带领毕业生深入现场实测研究，改变了支护方式和支护手段，排除了长期不断的顶板事故和沉重的经济负担。

30多年来，我和我的同事们带领学生解决类似问题的足迹涉及全国相关局矿。哪里有危险，我和学生们就到哪里去学习和锻炼。正是长时期的实践不断加深了我对煤矿工程学科理论和为煤矿开采技术现代化服务的决心。也正是长时期的深入实践使自己比较深刻地认识了煤矿采场不断推进，煤层地质条件多变，上覆岩层运动和矿山压力不断变化等工程特点，从而提出了以研究岩层运动为中心，建立融合矿山压力和岩层运动预测预报（摸清敌情）、控制设计（决策）和控制效果判断（监控）为一体的实用矿山压力理论体系，把生产现场决策，推进到针对具体煤层和开采技术条件定量发展阶段的战略目标，并突破了一些相应的难题。

30多年来，我和学生们与煤矿领导、技术人员、工人紧密结合，利用从生产现场这个"天然实验室"得到的数以百万计的矿压显现动态信息和实践经验，比较深入地分析和研究了采场上覆岩层运动及矿山压力分布和显现的规律，揭示了它们之间的关系。我还以此为基础提出和实践了利用矿山压力显现推断矿山压力分布，预测预报上覆岩层运动的"井下岩层动态预测研究方法"，从而为接近实际地建立岩层控制设计结构力学模型（包括决定需控制的岩层范围及其结构组成、确定结构参数和结构支承边界条件、确定支承压力分布等），以及建立支架围岩力学关系方程（即顶板位态方程）等奠定了基础。

近10多年来，我们还深入地总结分析了全国成百起重大事故发生的原因和条件，在发生各类典型事故的工作面取得成功控制经验的基础上，提出了顶板安全控制的准则和相应的力学保证条件。这些理论和实践研究成果，使我国采场顶板控制设计达到科学定量的领先水平。

"实践是检验真理的唯一标准"。任何工程理论是否能立足和发展，除了看它立论的实践基础，更要看它能否在指导工程实践中接受检验。为此，从1978年建立3人研究室起，我们始终坚持教学、科学研究和生产实践相结合，一直把研究成果向生产力转化放在首要的地位。

近10多年来，为普及推进"实用矿山压力理论"在生产现场的应用，我们多次举办全国煤矿的矿山压力培训班，深入全国各个省、市、局、矿，联系实际地向领导和工程技术人员宣传、讲学，协助现场组织矿压实测研究队伍，并直接在事故严重的局矿30多个工作面应用示范，取得了排除事故、创造直接经济效益三千多万元的成果。

与此同时，我们加速了相应测试仪表和支护手段的研制和生产，有关产品武装了全国近百个局矿，为全国煤矿大幅度降低顶板事故发生率，取得重大经济社会效益做出了贡献。今天，我们的3人研究室已经发展成为拥有4000多平方米自筹大楼，近200万元自筹实验研究装备，有近百名研究和工作人员同时工作的实体研究所，实现了基础工资、奖金依靠研究成果向生产力转化的利润自筹，成了煤炭战线和高教战线上的先进单位，受到教育部、国家科委的奖励。

近10年来，在研究所工作过的40多名研究人员，绝大多数都是在大学和研究生时代共同工作的学生，其中77届、78届曾经在我组织的学生科技小组工作过的毕业生，有一半在国外取得了博士学位。目前，在矿压研究所工作的，都获得了教授或副教授的职称，主持了矿山压力研究所和各个研究室的工作。

我自己也在这条道路的发展过程中，得到了各级领导和各方面同志们的支持和帮助，获得了"省优秀教师""全国煤炭工业劳动模范""全国五一劳动奖章获得者""全国高校先进科技工作者"等诸多荣誉，并在1991年11月以发展采矿工程学科理论及应用于工程实践上的"系统地"和"创造性地"工作，入选中国科学院学部委员。

（资料来源：《世界煤炭技术》1994年02期，作者：宋振骐）

一问一答

问：从不读书、勉强及格到全校第一名，您认为是什么原因让自己在读书上突飞猛进？

宋：我小时候根本就不读书，因为饭都吃不饱。从小我就爱动，上发电厂捡煤炭，跟人捡柴，摸鱼。摸鱼也不是随便摸的，流水、死水、鱼在哪里，都是要动脑子的，这些经历显然把人的能力锻炼出来了。工人的孩子能读中学了，人生一下看到新的希望。给我读书的机会，我的学习积极性就立刻提升了。

问：成绩的提升离不开好的学习方法，中学时期，您总结了一些什么样的学习方法呢？

宋：我的学习方法定得很细。我是在通看的基础上再定学习计划，譬如我安排学习这门课程三天，每天12个小时，就把握好时间，通看、通读一遍，每门课读多少、做多少自己都要清楚，同时今天读了多少，我都会打个钩，控制时间。另外，我做题不是每一个题都做，而是三个方法一起做一个题，这样可以举一反三。最后临场考试之前，都要背一背重要的公式。

问：您怎样看待身体锻炼的重要性？

宋：中学阶段，我是篮球校队的队员，后来一直是北京矿冶学院篮球队的队长，也是班上的文艺委员。每周六，我都带着同学们跳交际舞，交际舞中的三步、四步还有探戈舞步我都会。1957年，我当时是一名工人，要画流程学画画，既锻炼体力又锻炼脑力。光有为学之心，没有身体基础也不行。毛主席说"三好"：身体好，学习好，工作好，而"三好"中首先是要身体好。身体好才能学进去，成绩才能提高。

曾有人让他给年轻人传授些成长秘籍，他讲的是句大实话：如果能把生计与个人兴趣结合起来，不失为一个理想选择。

赵忠贤院士：相信自己可以把冷板凳坐热

一本科普杂志成为与科学结缘的起点

77岁的物理学家赵忠贤，是辽宁新民人。曾有人让他给年轻人传授些成长秘籍，他讲的是句大实话：如果能把生计与个人兴趣结合起来，不失为一个理想选择。

他自己的经历恰是如此。

研究高温超导是赵忠贤的兴趣，也是他的职业，并为他在科技界赢得诸多荣誉和称号：我国高温超导研究的奠基人之一、中国科学院院士、第三世界科学院院士，1989年、2013年先后两次获得有着我国自然科学领域最高奖之称的国家自然科学一等奖，2017年1月又获得象征科技终身荣誉的2016年度国家最高科学技术奖。

一辈子专注超导这一件事，厚积薄发，成果、荣誉纷至沓来，一切似乎顺理成章。然而回首往事，赵忠贤却说自己年轻时，从来没想过自己能拿什么奖，甚至上了大学，也未曾想过自己最后能成为一个科学家。前不久，在中科院一场"讲爱国奉献，当时代先锋"主题活动上，赵忠贤说，他只是沿着自己年少时的兴趣轨迹，肩负时代赋予的责任和使命一步一步走下去的。

一本科普杂志成为与科学结缘的起点

赵忠贤生于1941年，从某种意义上说，他这一代人是最早一批"祖国的花朵"——20世纪50年代，电影《祖国的花朵》火遍大江南北，电影插曲《让我们荡起双桨》随之广为传唱。

他对于科学的热爱，也是在这种"又红又专"的环境下渐渐培养起来的。

1956年，他初中毕业，升入高中。正是那一年，党中央发出"向科学进军"的号召，制定了新中国成立后第一个发展科学技术的长远规划，"这对一个中学生（兴趣选择）的影响是很大的。"赵忠贤说。

一本苏联杂志中译本的《知识就是力量》，就这样闯进他的高中时代，成了他与科学结缘的起点。

在那个学理工很时尚、科学工作受人尊敬的年代，他借由这本科普杂志，以及在学校里受到老师的影响和参加一些课外活动而喜欢上了科学。

如今算起来，赵忠贤从事探索高温超导体研究已有50多年，有人说他把冷板凳都坐"热"了。在他看来，板凳并不总是冷的，"（对超导研究）越钻研却越有兴趣，已经喜欢上它了，甚至是'有瘾了'"。

如今，已经79岁高龄的赵忠贤，依然愿意和年轻人一起工作在科研第一线。他说，这种科研工作的确是几十年如一日，能坚持下来，绝不是来自外力的强迫，而是因为简单的热爱。

1959年，赵忠贤如愿考上中国科学技术大学，虽然那时学校的硬件条件不如现在，几百人上大课，坐在角落里面甚至听不清楚，暖气还没来的时候，大家就集体跺脚取暖。但这并未阻挡大家求学的热情，"老师依然认真地教，学生依然如饥如渴地学"，上大课一样可以学得好。

有一次，"两弹一星"元勋钱三强先生来学校做报告，学生们就坐在操场上，中国科学技术大学首任校长郭沫若在临时搭的台子上主持会议。就在那次会上，钱三强讲了苏联第一颗人造卫星的情况。

那是1959年，距离这颗人造卫星发射已经过去了两年，但在场的年轻人听到里面的故事,依然掩饰不住兴奋,这其中就包括赵忠贤。

他至今记得,钱三强做报告时提到,当第二次世界大战还没有结束,苏联政府就从前线调回一批年轻人,让他们到后方学习,那同样是一个艰苦的环境——有时候就在走廊里上课。后来,这批人中很多人成了苏联导弹研制与航天事业的骨干。

这些让还是大学生的赵忠贤意识到,对待科学除兴趣和热爱之外还有一份责任感与使命感。

后来,赵忠贤从事探索高温超导体50年,他说,之所以坚定选择高温超导作为终生研究的目标,主要有三个理由:一是它是科技前沿,有重大的科学意义。二是它一旦成功,有很大应用价值。三是在探索过程中,它还能解决跟超导有关的其他问题。

不做"满分学生",用多余时间开阔视野

在学生时代,赵忠贤始终有感于前辈名家的治学精髓,钱三强、华罗庚等老一辈科学家都曾在他的成长道路上留下印迹,不管是他们的演讲报告,还是授课金句,对赵忠贤那一代的中科大学生在学习和工作上都很有影响。

比如,钱三强先生曾经提到过,他喜欢"四分的学生"。治学之道正与这"四分"紧密相连。

赵忠贤说:"当时我们听了(四分学生的说法)很高兴,因为五分太花精力了,不过于看重分数,就有多余的时间去开阔视野。"

再如，华罗庚先生针对治学问题，曾经写了一篇题为《天才在于勤奋，聪明在于学习》的文章，其中写了四点：独立思考；练好基本功——拳不离手，曲不离口；读书要从薄到厚，再从厚到薄；锲而不舍，勤奋刻苦——顽强刻苦的精神。

这四点对那一代学生的学习和工作影响深远。这其中的"独立思考"，赵忠贤还从一位大学老师那里找到了佐证。这位老师是物理学家张宗燧，张先生给赵忠贤上数理统计课时，讲到"系综"问题，直言他不同意某一个著名学者的观点。

"这个（直言）对我们大学生来讲，是很遥远的事。却给我们留下一个深深的印象，即科学是在交流、讨论和质疑过程中创新发展的。"赵忠贤说。

多年的科研和学习过程，赵忠贤深受老一辈科学家治学的影响。黄昆先生治学之严谨同样令赵忠贤敬佩。

黄昆先生在获得国家最高科学技术奖的发言中讲道："科学研究贵在创新，要做到'三个善于'，即善于发现和提出问题，善于提出模型或方法去解决问题，善于做出最重要、最有意义的结论。大多数开创性研究并不是想象的那么复杂和深奥，关键是确立少而精的目标。"

赵忠贤参加工作以后，就此给自己定了三个学习的方向：一个是通过书本学习；一个是在老同志的帮助下学习；一个是在实践中学习。尤其是最后一点，他认为，对年轻人来说至关重要，年轻时往往知识储备较少，唯一的优势就是不断在实践中去学习。

他曾经一边做薄膜，一边唱《洪湖水浪打浪》，最后用于实验的皮管爆了，弄得满地水，虽然出了洋相，赵忠贤却在如何完善和改进实验设备方面受到很大的启发。在多次实践中，他产生过一些新的想法，如萌生了"怎么解决两层金属超导薄膜之间绝缘层的短路问题"，以及移植其他领域的技术到超导领域，最终得以实现。

现在年轻人基础很好，关键是要安下心来做事

至今，赵忠贤的办公室里，还挂着"两弹一星"元勋彭桓武先生手写的一首词，词牌名《喜迁莺》，上阕写景：平湖静，小河浑，册府半装新。檐前竹上蜡梅薰，花信又初春。下阕抒情：去复还，研兼教，几代师生耕造，为中华物理生根。超导贺高温。

其中，"去复还"，说明出国又回来；"研兼教"，是指做研究和教书……寥寥数语，把老一辈科学家为中华物理生根的志向表现得淋漓尽致。赵忠贤记得，彭先生曾经说过"一代人做一代人的事"，要通过"几代师生耕造"，来实现中华物理生根的理想。

赵忠贤说，他这一代不仅目睹了"两弹一星"的成就，还亲历了改革开放40年来科学体系的建立。"中国科技发展举世瞩目，最令我欣慰的就是'我奉献了'。"

相比之下，当代科研的条件和基础无疑有了质的提升，然而，有的年轻人却迷茫了。今年，中科院物理所庆祝成立90周年时，请赵忠贤对所里的

年轻同事讲几句，他想了想，说："现在年轻人基础都很好，设备一流、经费充裕。关键是要扎下根来安下心做事。"

做什么事？在赵忠贤的眼中，需求是科学研究的最大动力：一个是国家需求，一个是科学发展的需求，两者都服务于国家发展和人类文明进步。

1986~1987年，中、美、日三国科学家共同拉开"超导大战"的帷幕。那时，赵忠贤领导的超导研究团队不分昼夜地在实验室工作，最终在这一波研究热潮中，独立发现液氮温区超导体，并首次向世界公布元素组成，在全世界掀起高温超导研究的热潮。

在他看来，搞科研最忌"急功近利"和"短平快"，设置短平快的目标，会有所收获，但很难做出像样的东西来。

"现在全国有这么多的科学技术人员，这么多的团队。一个人或者一个团队，花十年、二十年的时间，解决一个重要的科学问题，或者解决一个核心的技术问题，加起来那还得了吗？"赵忠贤说。

（邱晨辉、徐怀）

赵忠贤院士简介

赵忠贤，1941年出生，辽宁新民人，1964年中国科学技术大学毕业后到中国科学院物理研究所工作至今。1991年当选中国科学院院士。2016年度国家最高科学技术奖得主。

50多年来，除参加国防任务的几年外，他一直从事超导研究，是我国高温超导研究的奠基人之一。为高温超导研究在中国扎根并跻身国际前列做出了重要贡献。

超导临界温度很低，广泛应用受到影响，寻找液氮温区的高温超导体甚至

赵忠贤院士

室温超导体一直是科学家长期的梦想。在百余年超导研究史中，出现了两次高温超导重大突破，赵忠贤及其合作者都取得了重要成果：即独立发现液氮温区高温超导体和发现系列 50K 以上铁基高温超导体并创造 55K 纪录。

赵忠贤是国际上最早认识到柏诺兹和穆勒关于"在 Ba-La-Cu-O 中存在可能高达 35K 超导性"（后获诺贝尔奖）的重要意义的少数几位学者之一。该工作与他多年坚持的"结构不稳定性可以导致高临界温度"的思路产生共鸣。1987 年 2 月，赵忠贤及其合作者独立发现液氮温区高温超导体，并在国际上首次公布其元素组成为 Ba-Y-Cu-O，推动了国际高温超导研究热潮。1987 年获得第三世界科学院 TWAS 物理奖，这是中国科学家首次获此奖项。1989 年因"液氮温区氧化物超导电性的发现"获国家自然科学奖集体一等奖（排名第一）。

> 延伸阅读

最高科学技术奖获得者赵忠贤：
一生只做一件事

今年 76 岁的赵忠贤院士头顶着太多光环——2016 年度国家最高科学技术奖、两次国家自然科学奖一等奖、两次国家自然科学奖二等奖、第三世界科学院 TWAS 物理奖，以中国科学家身份首次获得"马蒂亚斯奖"。

他是我国著名物理学家、我国高温超导研究的奠基人之一。50 多年痴迷于高温超导研究，他将我国超导技术从一穷二白提升到世界前列。从一名风华正茂的小伙子成了满头华发的古稀老人，即便斩获国家最高级别的科技奖，他也没有躺在功劳簿上睡大觉，而是继续带着学生活跃在一线。"我这辈子只做一件事，那就是寻找更好的超导材料。"这位大科学家献身科学的拳拳之心，让人感动。

近日，赵院士向记者讲述了他长达半个世纪的"超导人生"。

生于辽宁的赵忠贤，身材魁梧，说起话来声音洪亮。和他聊天的话题首先还是从他获得国家最高科学技术奖说起，但赵忠贤却哈哈一笑。"那都是过去的事了。"

拿奖第二天就钻进实验室

2014年年初，赵忠贤和他的团队再度以40K以上铁基高温超导体的发现问鼎国家自然科学一等奖，此前，这一奖项已经连续空缺3年。2015年赵忠贤获得国际超导领域重要奖项"马蒂亚斯"奖。今年1月9日，他又荣获2016年度国家最高科学技术奖。拿到2016年度国家最高科学技术奖获奖证书的第二天，赵忠贤就一头钻进了实验室。"超导是我一辈子的爱好。上瘾了。停不下来。"

对于拿奖，赵忠贤显得很淡定。"我第一次蒙对了，第二次也蒙对了，第三次能不能蒙上，我就不知道了。"

"那你每次都蒙对也不容易啊。"记者说。"那就是我运气好啊。"赵忠贤说，他这辈子只做一件事，那就是寻找更好的超导材料。

有人对赵忠贤说，"一生能有一次机会获得国家自然科学一等奖已是终身荣幸，你居然拿了两次。"他说，在做研究时从来不是冲着拿奖去的，纯粹是兴趣。"说实话，我做科研从来没想过要拿奖，能拿奖只是顺带的结果。能拿奖很好，但不要当科研目标，科研是要为人类文明长河做贡献。中国人口占世界1/5，中国人就应该有志气为人类文明做贡献。"

76岁的赵忠贤并没有躺在功劳簿上睡大觉，依然带着团队成员，包括他的4名学生活跃在实验室。超导研究经常要自己磨样品，在毫米量级甚至更小的样品上接引线。赵忠贤对名利看得很淡，"你上了岁数，如果大家说，这老头还不错，我就很高兴了。"

483

科研结果曾被质疑

赵忠贤从中科大毕业后进入中科院物理研究所工作。1976 年,他将自己的研究方向集中在高温超导领域。他参与发起和组织了两年一届的全国高温超导研讨会,并坚持了十年。

赵忠贤平时话不多,但只要说起老本行超导,他的话匣子就被打开了,再也停不住。他跟记者"科普"说,超导是指某些材料在温度降低到一定数值时电阻会突然消失。具备这种特性的材料,被称为超导体。但最让科学家头疼的就是超导现象一直与极低的温度密不可分。很多材料虽然有可能变身为超导体,但它们的临界转变温度实在太低,接近绝对零度(-273 摄氏度)。1968 年,美国物理学家麦克米兰根据传统理论断定,超导体的临界转变温度一般不能高于 40K(-233 摄氏度左右)。40K 在物理学界被称为"麦克米兰极限"。

赵忠贤年轻时就有股初生牛犊不怕虎的冲劲。1977 年,36 岁的赵忠贤在《物理》上撰文,指出结构具有不稳定性又不产生结构相变可以使临界温度达到 40—55K,甚至 80K。"当时大家都认为是天方夜谭。"

1986 年 4 月,瑞士科学家穆勒和柏诺兹发现钡镧铜氧化物在 35K 时出现超导现象。9 月底,赵忠贤看到这些论文后,敏锐察觉到,这可能是一个突破口,当时美、日的实验室也在搞,大家都明白,谁能在这场超导大战中拔得头筹,谁就能在高温超导领域写下划时代意义的一笔。

1986 年 12 月,赵忠贤在钡镧铜氧系统重复柏诺兹和穆勒的结果之外,同时看到了 70K 的超导迹象。这一结果颠覆了超导极限 40K，立即引起了国际上的关注和震动。"在科学上如果一个实验成果不能重复，那么即便它真实存在，也会被认为站不住脚。"由于当时没人能够重复 70K 迹象，海外有学者质疑中国的结果，来信和打电话施压。

"只能想尽办法，力争能重复实验结果。"那段日子赵忠贤心力交瘁。"压力真的很大，甚至有学者建议我们收回公布的结果。"他感觉自己在一个月内头发都白了很多。

因祸得福拿出世界级发现

1986 年到 1987 年那段时间，他最长有 4 个月没回家，吃、睡都在实验室，昼夜不停地干，饿了就煮面条吃。"当时整晚不睡觉，像打了鸡血一般。我们之间经常相互鼓励说，你别看这个东西现在不超导，但你研制出来的下一个样品可能就超导。"当时实验室的电话只能接，不能打出去，唯一的电话在楼道里，有时美国同行打来电话，因为跟国内有时差，已是深夜，他也要接。就这样他过了 2 年昼夜不分的日子。

"我家老大，我当时要带他，又要看书。为了能看书又能带孩子，我就想了一个办法，铺一张床单在床上，然后撒一大把爆米花。儿子就到处捡爆米花吃，捡完了，我再撒一把。"

"当时我们的条件真的很差，连个像样的炉子也没有，自己拿铁丝编了个炉子，我从别处淘回来的废旧设备中自制了一台液压器，我管它叫土炮。连测量液氮温区的磁化率也非常困难。"

就连他做样品用的材料也是 1956 年生产的，杂质很多，但没想到正是因为有杂质，才启发他替换杂质中的元素，因祸得福。赵忠贤意识到，钡镧铜氧化合物中出现的 70K 超导迹象很可能是因为稀土材料中杂质影响。于是，他采用掺杂和替换的方式制备样品。

1987 年 2 月 19 日深夜，赵忠贤在钇钡铜氧中发现了临界转变温度 93K 的液氮温区超导体，实验结果可以重复。整个实验小组都喜极而泣。此时，他已经 48 个小时没有睡觉。"这是一个世界级突破，从 -268.8 摄氏度的液氦温区提高到 -196 摄氏度的液氮温区，意味着制冷难度和成本的大幅度降低，液氮的价格只有液氦的几十分之一，可以像热水瓶一样打一瓶。"

1987 年 2 月 24 日，中科院召开新闻发布会，宣布赵忠贤的重大发现，赵忠贤一"战"成名。

搞科研有"大和"也有"小和"

1987 年 3 月 18 日晚上，美国物理学年会在纽约举行，46 岁的赵忠贤作为五名特邀嘉宾之一做了 20 分钟的报告，这是那个年代中国科学家在国际舞台上少有的亮相。这也标志着中国的高温超导研究跻身世界前列。"当时我到酒店之后还有很多留学生找到我，他们说在这样的国际会议上能看到中国专家的身影，真的很激动。"

最终，因为将超导材料转变温度从液氦温区提高到液氮温区，赵忠贤于 1989 年问鼎国家自然科学一等奖。

然而在这波热潮过后，超导研究却陷入低潮。更理想的高温超导体又不知该去哪里寻找。赵忠贤的团队坐了20年的"冷板凳",很多人离开了超导研究,有人下海,有人调整了研究方向。

但赵忠贤不急不躁。他打了个比方,搞研究就像打麻将。你不见得每一次都能和牌,有时有小"和",有时有大"和"。搞科研也是这样,每天总感觉更接近真理,一旦发现新现象、做出新材料、提出新问题,多有意思。"我享受着搞科研的乐趣,并且我们还经常能'和牌'。"

没过多久,他又"和牌"了。2008年3月28日,经过长达数年的实验,超导转变温度52K的镨铁砷氧氟做出来了,团队全体成员非常兴奋。"不仅是临界温度从26K升到52K,突破了40K的麦克米兰极限,还意味着时隔20多年之后,高温超导材料终于有了除铜氧化合物家族之外的另一群家族新成员。"直到今天,赵忠贤所创的纪录,依然无人攻破。

赵老说,他这辈子只做一件事,那就是寻找更好的超导材料。

至今爱滑雪漂流

在赵忠贤的书架上,摆着一张十分显眼的照片。照片上,他身着红白色滑雪服,双臂夹紧滑雪杆,正在滑雪。虽然今年已经76岁高龄,但这位院士从来"不服老",他喜欢挑战和刺激,不光去滑雪,他还喜欢漂流、打球。

很多人不知道,这位治学严谨的科学家在音乐上有很深的造诣,他会吹小号、拉手风琴,跟很多音乐家都有很深的友谊。赵忠贤告诉记者,中国传统音乐作品,有两个他特别喜欢。一个是小提琴协奏曲《梁祝》,另外一个就是王立平为《红楼梦》作的曲。他经常把这些歌放给别人听。国外的音乐家，像莫扎特、威尔第的作品他都很喜欢。"我觉得科学和音乐都需要创造。你要是写一个曲子，这一段像张三的，那一段像李四的，那肯定不行。"

回顾自己50载科研岁月，赵忠贤引用了普希金的诗句："逝去的，都将变成可爱。"对于年轻的科研人员，赵忠贤也给出了自己的忠告。

第一，要脚踏实地。年轻人思想是很解放的，没什么条条框框束缚，加上有激情，再脚踏实地，就能够做出成绩。

第二，要真正喜欢上它，还要坐得起"冷板凳"。"你要真正喜欢它，把搞科研做出瘾来，这样你就不会觉得苦。现在社会上各种诱惑很多，但既然选择了科研这条道路，就要安下心来，不要心猿意马。"

（资料来源：金陵晚报2017年9月1日）

相比荣誉，他更为看重的却是："从小学三年级到中学，这个阶段对于一个人日后的发展非常重要，会影响一生的走法。"

刘宝珺院士：做个思维活跃的『多面手』

一专多能往往能让人触类旁通

"不要认为一个网络段子对于科学就没有影响。"

要成为一名有建树的科学家,深耕所属领域的知识固然重要,但同时,在谈到个人成长问题时,87岁高龄的著名地质学家、中国科学院院士刘宝珺对中国青年报·中青在线记者强调:"我们应该涉猎广泛,把各方面的东西联系起来,一专多能。"

刘宝珺自中学时代接触到"全面发展"的教育理念后便一直很推崇它,他自己也是这种教育理念的受益者。

由于对物理、化学学科触类旁通,作为一名地质学家,刘宝珺的主要学术成就之一,是将地质学中沉积成岩、岩相、构造的分析和物理化学热力学结合起来,提出了"沉积期后分异作用与成矿作用"理论。鉴于他在地质研究领域的突出贡献,1996年刘宝珺在第三十届国际地质大会上获得了世界地质科学最高荣誉——斯潘迪亚罗夫奖,成为100年来世界上获此殊荣的第20位地质学家。

但相比荣誉,他更为看重的却是:"从小学三年级到中学,这个阶段对于一个人日后的发展非常重要,会影响一生的走法。"

战火中立志"科学救国"

刘宝珺出生于天津。从懂事起,他的记忆里就充斥着凶神恶煞的日本兵。

1937年"七七事变",北平和天津相继沦陷,6岁的刘宝珺听到了南开中学被轰炸的炮声。等到他读初中时，他所在的河北省立天津中学里已经有日本教官入驻，并且强迫中国学生学习日语。

"当时有个教官叫五十川省吾"，70多年过去，刘宝珺依旧能够准确无误地说出只与他们相处一年多的教官名字。"他穿着军装来上课，一双马靴在台上踱来踱去，特别厉害，上课吓得学生冒冷汗。"

刘宝珺记得，被日本兵控制的学校不得不按照东京时间调整作息，日语被列为主要科目，日本教官"哇啦哇啦"骂起人来特别狠。但哪怕心里再恨，刘宝珺在街上遇到日本兵也必须鞠躬行礼。这个初中生和他的同学们甚至不得不在棍棒下为日本军方修飞机场、运送物资、种水稻和挖战壕。

尽管他们明着挖战壕，然后再偷偷填上，但还是咽不下当亡国奴这口气。"那个时候中国老师已经没把我们当孩子了，把中国清朝以来的屈辱史讲得很细。我们知道列强已经欺负中国到无以复加，一定要亲身让中国富强起来！"

这段受压迫和欺辱的少年经历，让刘宝珺坚定了日后的"走法"——科学救国。事实上，这也是他们这一代人的选择。刘宝珺说："我们必须关心中国的前途，大家都在思考要投身到哪一领域救国，要么搞实业，要么学技术，很少有人想将来要赚钱或者当官。"

高中毕业于南开中学的刘宝珺本来有机会去南开大学念化工，或者去燕京大学念化学，但选志愿前夕他收到一封在清华大学读地质系的学长的来信，信上说："你来清华读地质。中国有960万平方公里的土地，要养活5亿人口……我们要发展重工业，资源不够……国家很需要地质人才！"

最后刘宝珺便去清华学了地质专业。和他一样，南开中学与他同级的一百来人中，绝大部分同学最后都选择了自然科学或者医学这类专业。

"开放式"教育培养"多面手"

1945年日本投降，抗日战争结束。在苦大仇深中浸泡了8年的刘宝珺开始真正体会到中学时代的乐趣。

"我们的校训是'允公允能，日新月异'，当时的校长是张伯苓先生。"刘宝珺特别为自己的母校南开中学自豪，"这里培养出了六十几位院士和两位总理。"

在这所推崇大公无私、德智体全面发展、理论联系实践的学校里，刘宝珺遇到了颇具才情的老师，被培养成了思维活跃的"多面手"。

"那个时候没有统一的大纲，老师们都自由发挥。"刘宝珺非常享受这种充满发散思维的课堂。他的英语老师李木是一位翻译，在上英语课时对外国文学作品信手拈来；教历史的苏子白老师讲起历史故事滔滔不绝，"学期完了课本只讲了两页"；教语文的高老师走路都拿着书看，对俄罗斯、法国和英美文学了如指掌，上课经常给大家介绍世界名著……

刘宝珺在这种活跃的学术氛围内度过了高中时期。同时，他还特别积极参与校园活动和社会实践。

"当过体育干事""加入校篮球队"是令这位成就斐然的老院士极为骄傲的经历。"我的老学长、气象学家叶笃正院士还跟我说，他们曾经从天津走路去山西调研,下乡采访,了解民情。"刘宝珺乐呵呵地回忆。

活跃的学术氛围,以及那些与学术活动看起来不沾边的事情,在刘宝珺看来都是非常宝贵的财富。他深信:"教育不是管制,而是要为学生提供创造和自由发展的环境。"

在这种环境下,刘宝珺成为热爱数理化、精通外语、迷恋文学、擅长运动、乐于交际的"多面手"。良好的理科和语言基础为他日后从事科学研究做了良好的铺垫;强健的身体让他能够经受得起地质考察工作的艰辛;文学等其他爱好丰富了他的精神世界。

就像南开中学校训要求的那样,刘宝珺不但努力进取,为国家建设做贡献,同时也成为一个拥有"完全人格"的全面发展的人。对此,他十分感念自己的中学时代。

穿自己补的篮球鞋

与彼时南开中学中生活优渥的同学不同,刘宝珺的父亲本是南开大学的数学老师,但当时微薄的工资不足以供3个孩子读书,所以便转入薪资水平较好的中学教书。

那时刘宝珺在南开中学住校的伙食费一个月8块钱"基本交不上"。而他的两个弟弟干脆改成走读,"中午带一块饼子、一块窝头,再到食堂舀一碗酱油汤就着吃"。

但即使饭吃不饱,刘宝珺也要打篮球。在注重体育文化的南开中学,身材高大的刘宝珺是出了名的篮球健将。"我五叔也是南开中学毕业的,他是'南开五虎'之一。"刘宝珺所说的"南开五虎"是 20 世纪 20 年代中国篮坛的传奇人物,在这批人的熏陶下,南开中学的篮球文化代代相传,受五叔激励的刘宝珺篮球打得自然不会差。

从初中到高中再到大学,刘宝珺总是能杀进校篮球队,但他没穿过一双真正的篮球鞋。"过去我们都穿自己补的鞋打篮球,我也自己纳。"刘宝珺笑着说,一个身高一米八几的壮汉手拿锥子补鞋底的场景让他恍同昨日。

后来,五叔把自己已经穿破洞的旧篮球鞋传给了刘宝珺。这下可算有双"真正的篮球鞋"了,把刘宝珺欣喜坏了:"我给鞋打了一块补丁,同学看见了羡慕得不得了呢!"

成长在物资极度匮乏的环境中,即使连一双篮球鞋都买不起,刘宝珺也从没把赚钱设定成自己的人生目标。他毕业于清华大学机械专业的大弟弟刘宝璋,毕业于南开大学半导体专业的二弟弟刘宝瑢,以及他们许多的同龄人都是如此。

所以,谈到现代年轻人的价值取向时,年近 90 岁的刘宝珺似乎有点看不明白了,他困惑地问记者:"我们这些老人有时候有点忧愁,怎么现在大家都要去当明星、搞金融,选择学物理的比例那么低?"

本着广泛涉猎的原则,思维依旧活跃的刘宝珺最近也开始学习金融知识,"我也明白现在年轻人生活压力大,买房、结婚、生子……"

刘宝珺年轻时就一点也没考虑过个人生活问题吗?

"当时真没想过个人利益,只考虑国家需要。我们的第一个任务是把日本兵赶出去，第二个任务是让中国富强起来。"刘宝珺说。

但他忧愁的是，现在不少人似乎没那么爱国了。中国科协曾邀请刘宝珺去给全国的科技记者做讲座，他讲的主题就是：科学家的爱国精神。

刘宝珺明白，和老一辈科学家不同，没有了做亡国奴的危机感，以及被欺辱后强烈的反抗和自救意识，当代年轻科学家自然不会和自己有相似的心路历程。但作为被爱国情怀激励的一代，刘宝珺深知家国担当对科研工作者的重要性。

他有时觉得，似乎现在对中国过去所受的耻辱讲得不够，无法引起大家忧国忧民的意识。有时认为现代人对中国传统的文化不够自信，甚至存在误解。

但到底该如何去解开自己的困惑呢？87岁的刘宝珺还是改不了忧国忧民的习惯，他依然在寻找答案。

（张茜）

刘宝珺院士简介

刘宝珺，男，汉族，1931年9月生，天津人，中共党员，曾任成都地质矿产研究所所长，研究员，1991年当选中科院院士。曾牵头地矿部攻关项目"南方岩相古地理图集"。

在沉积地质、盆地分析、层控矿床、全球沉积地质、油气储集层的成岩作用与岩相古地理，以及生物成矿作用等领域成就突出，首次发现世界罕见碳酸盐风暴岩。

刘宝珺院士

发表论文100余篇，出版专著20多部，被誉为"中国沉积学奠基人"之一。

为科学救国选择地质，在极端艰苦环境下寻访矿藏。后转战环境资源保护，为叫停南水北调西线工程奔走十余载，在汶川大地震等灾后重建科学决策中尽献肺腑之言。

曾任四川省科协主席、全球沉积地质计划中国委员会主席、第九届全国政协委员。曾获李四光地质科学奖、全国优秀科技工作者等称号，我国首位"斯潘迪亚罗夫奖"获得者。

延伸阅读

最忆南开

渤海之滨，白河之津，南开中学巍巍而起。

学校自建校之初就十分注重校风，梁启超曾经盛赞南开中学"校风之佳，不仅国内周知。即外人来参观者，亦莫不称许"，甚至在一次南开演讲中称"假使全国学校悉如南开，则诚中国之大幸"。

首任校长张伯苓在任46年，被誉为中国现代教育的一位创造者，他以"允公允能，日新月异"作为南开校训，其办学思想反映了时代的特性，但又超越了时代：

允公是大公，而不是小公，小公只不过是本位主义而已，算不得什么公了。唯其允公，才能高瞻远瞩，正己教人，发扬集体的爱国思想，消灭自私的本位主义。允能者，是要做到最能，要建设现代化国家，要有现代化的科学才能，而南开学校的教育目的，就在于培养有现代化才能的学生，不仅要求具备现代化的理论才能，而且要具有实际工作的能力……所谓日新月异，不但每个人要能接受新事物，而且要成为新事物的创始者；不但要能赶上新时代，而且要能走在时代的前列。

1947年9月，刘宝珺考入人才云集的南开中学男中部。南开中学有男校女校，刘宝珺进入男校高一乙班，该年级共两个班，每班约50人，开设有国文、几何、代数、英语、地理、历史、生物、化学等课程。

南开中学采用"不言之教"的方式，让学生在自我反思、自我修复的过程中，实现自觉自治精神的塑造。高一新生刘宝珺印象最深刻的是进校门的东楼楼道北侧，立着一面一人高的整容镜，上面木框镌有几行镜箴："面必净，发必理，衣必整，钮必结；头容正，肩容平，胸容宽，背容直。气象勿傲勿暴勿怠，颜色宜和宜静宜庄"——由素有南开校父之称的严修亲笔书写的这四十字"容止格言"，用意良深。少年宝珺和同学们经过此地，不禁伫立镜前肃然衣冠，久而久之，便形成了生活方式的指导规范。

张伯苓当时身兼南开系列几个学校校长，却甘居淡泊，只拿南开中学校长一份工资。他深知南开"要做中学之模范"，必先得学问之聚集，大师之聚集，因此不惜重金延揽名师大家，陶孟和、马千里、王昆仑、张中行、熊十力、范文澜、舒舍予、何其芳、杨石先、董守义、罗常培、左景福等我国著名的教育大师都曾执教南开中学，可谓群贤毕至，少长咸集。他们热爱南开，思想深邃，业务精湛，在提升教育水准、塑造学生健全人格方面，在南开中学教育史，乃至中国近现代教育史上留下了深刻的印记。

作为私立学校，南开使用的教材、教案既不由教育官府主管，也不由学校指定，而是全凭任课老师做主，授以老师极为开放的教育自主权。刘宝珺记得历史老师苏子白上课，像极了说书先生，风格尤为传神——中国历史在他的脑子里像打蜡似的滑过，从朝代赓续到江山易主，从帝王将相到草根民俗，从辞章墨宝到花鸟虫鱼……苏子白用他丰富的知识体系呈现每一个历史时期的皇皇气象，将学生的课堂注意力完全吸引到中国的整个历史上来。学生们津津有味地听了一个学期，课本居然才讲了一页多。发现快考试了，他才被催促着说了一下提纲和考前重点，"你们准备准备考试，自己去看吧。"不少学生对这门课产生了浓厚的学习兴趣，考试成绩还都不错。

初中国文出众的刘宝珺，在高二时遇到了对他影响极大的国文老师高玉爽。高老师大高个儿，山东口音浓重，虽近视得厉害，但走路都在看书。他饱读古今中外诗书，常常引经据典舌灿莲花，上课风度尤其潇洒自如。刘宝珺高二时爱上欧洲文学就得益于他的讲解，当时欧洲黄金时代最有代表性的作家，如英国狄更斯、法国巴尔扎克、俄罗斯屠格涅夫，他们笔下的代表作品在高玉爽的娓娓道来中，为刘宝珺打开了一扇惊喜的世界文学之窗，为此他还专门买来《大卫·科波菲尔》《孤星血泪》《父与子》《欧也妮·葛朗台》等经典名著慢慢品咂。对于中国文学作品，从诸子百家到汉唐诗赋，从宋词元曲到清代小说，再到民国时代白话文作品，高老师亦是信手拈来，将中国文学的大雅之美融化在课堂之内，让语言节奏的珠玉之声滴落在学生的心尖之上。自忖国文优秀的刘宝珺既兴奋又陶醉，但更打心底佩服这位老师独立的思考和见解，不唯书，不信古，不把课本知识当作教条来讲解，不强迫学生必须接受自己的主张。

这种以兴趣启蒙为导向的授课方式，对刘宝珺后来走上科研道路，乃至

教书育人都有极深的影响——

一个人在学术上要有成就，首先你必须对你所研究的东西有兴趣，没有兴趣你就钻不进去。过去一阶段，我们在学校里边比较强调爱国，国家需要的，就是你奋斗的目标，这句话说得也不错，但是如果他对所学的东西没有兴趣，钻不进去，你想创新根本不可能，最多是努力完成一个任务而已。考试也可能成绩比较好，但最后他不会有很大的成就，因为他钻不进去嘛。

我觉得中学老师尤其重要。尤其重要在什么地方？因为他要讲得好，他可以把这门学科的真谛讲得很深，而且他真是把自己研究的东西跟你交流，也可以触发你的兴趣。

我觉得现在的教育有一个大的缺点，就是太应试了，为了考试，为了上大学而来学习，引不起他个人的兴趣。所以即使他考上很好的学校，他也不会有很大的成就，因为他的兴趣在考高分，而不是本身学的东西。

较之初中时期，刘宝珺认为南开最厉害的地方在于真正弘扬了科学文化精神，教师用启发式教学激活了学生学习的天性，使学生自然而然地热爱钻研。因此，高中时代的刘宝珺几乎是一发不可收拾地爱上了数学、物理、地理、历史、国文等众多科目。

数学、物理都是自然科学的基础，南开自然科学课程普遍使用英语原版教材，学生念的物理是英文版《达夫物理学》，数学是英文原版《3S 几何》《龙氏三角》《范氏代数》，物理、化学实验室都在南楼（即范孙楼），那是学生做实验、动脑动手的地方。学生们需要扎实的英文根基才能学得了物

503

理、几何、代数等自然学科，这既对学生的综合学习能力提出极高要求，亦考验英文教师的知识内功。刘宝珺高二的英文老师田秀峰擅长英文语法，给学生们打下了深厚的语法基础；高三英文老师顾子范毕业于圣约翰大学，发音漂亮，英文写作尤佳，经常直接坐在打字机前给美国领事馆敲文件。南开复校第一事便是提高学生英语水平，英语一科定为高中每周八小时，初中七小时，在这样的英语教育环境下，学生养成了办英文壁报的传统，往往每周都有新的英文壁报出炉。刘宝珺英语的底子正是源自南开时代地道、纯正的英文系统教育，后来高考英文超过80分，得以在清华大学免修英语。

初中时，刘宝珺觉得地理纯属靠死记硬背地名、湖泊之类的名词，因此兴趣不大。到了南开，地理老师田鹏在第一堂地理课上，就以"中国分为南北两部分，以秦岭—淮河为界"为开场白，改变了刘宝珺对地理仅是描述性学科的认知。德国人最早提出中国南北分界的概念，毕业于北京师范大学的田鹏以中西并蓄的视野，将分类学引入中学教育，这在20世纪40年代的中国中学教育中非常罕见，待到刘宝珺进入清华大学接触地质学，再一次加深对地理分类学的认知时，不由感喟于当年南开给了自己第一把进入地质世界的钥匙。

人格培养是南开教育的精髓，"允公允能，日新月异"是南开精神的灵魂，学校在德智体美劳五育并进的全面综合教育中，无不强调着"公""能"二字的重要价值。如南开专门设立了"公""能"两类奖章，以表彰具有爱国爱群之公德、服务社会之能力、现代化之才能的学生。由于每年在全校仅颁发"公""能"奖章各一枚，能获得奖章者往往成为全校尊敬和瞩目的对象，刘宝珺曾因成绩出众两度获得"能"的徽章，至今仍倍感光荣。

再如南开重视学生的自治意识，注重社会服务培养，每班有班会，年级有班会联合组织，全校有学生自治会组织。通过发扬民主实行自治，学生们选举自己爱戴的同学担任学习干事、体育干事、公共服务干事等，管理各级学生组织中自己的事务，从而在实际工作中培养"公"与"能"的才干，以造就"通力合作、互相扶持，成为活泼勤奋、自治治人之一般人才"。刘宝珺在高一时被选为了公共服务干事，主要负责在合作社帮忙卖铅笔，以锻炼自身的实践才干。

新剧是南开美育教育和人格教育的重要组成部分。南开新剧第一次公演的剧目就是张伯苓自编、自导、自演的《用非所学》，此后校庆周年纪念日公演新剧，便成了南开的传统，南开新剧团被胡适称为"中国顶好的"话剧团体。1934年南开中学建成了"瑞廷礼堂"，被《大公报》和《益世报》称为"中国第一舞台"，这在当时的戏剧专业院校，乃至全中国也是绝无仅有的。在南开新剧的影响下，津京一带一些大中学校和专业剧团纷纷改编和演出南开新剧。一时间，以天津为中心的话剧活动，传及华北、东北，从而推动了北方的话剧运动。在刘宝珺的印象中，当时南开话剧团每年都会公演校友曹禺的话剧《雷雨》《日出》，在天津公开售票，上座率颇高。

在五育并进的教育体系中，张伯苓曾言"不懂体育者，不宜当校长"。

他认为近代中华民族之大病有"愚、弱、贫、散、私"五端，其中"弱、散、私"三病均可通过体育来根治，因此高度重视学生的体育教育，几乎是"强迫式"地鼓励学生参加各种形式和层次的体育竞赛，以致南开历史上曾涌现出许多优秀的运动选手和实力雄厚的运动队。发展体育事业的先驱、我国著名体育教育家董守义曾执教南开，他带领的"南开五虎"篮球队在1930年一举夺得第四届全国运动会冠军，四届蝉联全国冠军。南开学生们流传着一句口头禅"三点半，操场见"——下午三点半，一定要放下手里的书本，到操场上活动活动筋骨。南开校友、有着我国"物理学之父"称谓的吴大猷曾这样描写南开中学的运动氛围：

当时学校那里有体育馆，只有室外大操场。寒风吹得耳朵生了冻疮，脚也生了冻疮，但仍然要忍着疼痛将脚挤进鞋子去上体操。苦，人人都觉得苦，但大家还是咬紧了牙关接受了这样一种"训练"，从未听到哪个同学要求改变这一训练方式。后来这种"体操"，改为"体育"，内容也有了变化……南开中学每日在第一节课与第二节课之间，即10时至10时20分之间，全体学生在操场上按班级位置排列，作15分钟柔软体操。

刘宝珺在南开期间体育尤其突出，因此被体育部主任韩勉之老师慧眼识得，除了担任班级体育委员，还加入了校篮球队打后卫，在垒球校队做投手，此外还练了很长一段时间110米高栏，为他此后从事地质工作练下了一个好身板。

南开中学注重对学生艺术人格的陶冶，各种培养并展示学生才华的社团林立。自小爱好音律的刘宝珺，到南开后更是如鱼得水，除了参加京剧社，还在国乐社学会了二胡、京胡和扬琴。让他尤为难忘的是加入了著名的南开合唱团，在天津公演《黄河大合唱》时，作为男中音独唱了《黄河颂》选段。

刘宝珺在初中见惯了循规蹈矩的学生，到了高中后发现南开学生活跃得厉害，个性突出，尤其追求精神之独立自由。班上一位教授国文的老学究上课乏味，学生们不买他的账，要么逃课，要么直接翻窗溜出去看电影，有一次上课甚至只来了五个人，老学究气急跺脚，让刘宝珺带头寻人，结果一个也没找回来，也只能作罢。学校当时有两个食堂，一个是学生自治会办的，每月伙食8块钱，多是供应玉米面窝头；另一个是校外商人承包的，每月伙食6、7块钱，一桌四菜，还能吃上白面大米。学生们一边支持自己的自治会食堂，一边馋着商办食堂的饭菜，后来几个调皮学生晚上带头溜到商办食堂把电线铰了，拿了一书包的大白馒头和辣椒酱跑回宿舍，一群小鬼头生起煤炉，把烤熟的馒头片就着辣椒酱当夜宵吃，边吃边乐，好不自在。虽然商办食堂经常断电，但学生们彼此护得厉害，老板惮于一群学生人高马大的架势，往往也不敢查。

性情温和的刘宝珺不属于调皮捣蛋，活跃异常的学生，虽然有时也对出格者的勇气心生羡慕，但是懂事的他把心思更多地放在了自己的兴趣和学业上。南开对学业的要求是出了名的严格，高一学年末的会考会刷掉四分之一成绩不合格者，到了后来，刘宝珺索性把此前好玩的心思全部收了起来，专心致志念书，南开三年开阔了他的眼界，开启了他的脑力之门，为他打下了人文社会科学和自然科学的扎实根基。

内战时期，国民党依靠大量发行法币应付财政开支缺口，导致社会通货膨胀，刘家生意一落千丈，在内外交困的日子里，父亲刘学信每月从微薄的教书收入中挤出五、六块钱作为刘宝珺住校的生活费，正在长身体的大男孩经常一个月都吃不起一顿肉。母亲鲍氏有一次实在心疼大儿子念书辛苦，又知道他嘴馋，于是狠下心花钱买了一块猪头肉带着四个猪蹄，做了满满一盆红烧犒劳刘宝珺。多年后刘宝珺依然记得那顿母亲的家常，里面凝结着艰辛岁月里全家节衣缩食，盼他出息的期望。

天津解放战争结束后，学校复课，刘宝珺进入了高二下学期。国民党的彻底溃败和天津解放，优渥生活的结束，使这个17岁的青年感受到自身和这个国家的命运即将面临翻天覆地的变化，他第一次真正认真思考未来的前程。

年轻的刘宝珺不谙政治，从未接触过红色革命思想，亦不知晓共产党的执政理念，在那样一个特殊的历史背景下，他觉得自己唯一能做的是好好读书，立志学一门对国家、对自己有用的技术——在他看来，充实自己、学到本事总是有用的，如果还惦记着吃喝玩乐，不仅经济上更加窘迫，而且未来得不到好的结果，实际上是一种更看不到前景的苦恼。因此，从高二下学期到高三，刘宝珺不再参加任何兴趣社团活动，埋头读书异常刻苦，每天几乎只睡三四个小时，经常钻在自己喜欢的数学、物理等功课里，乐此不疲。临近全国解放前半年多，班上十几个地下党的同学都去了解放区，剩下的学生自忖不是闹革命的料，便把念书当作唯一的出路，备战大学考试。

高三毕业前，刘宝珺的成绩已是全年级的佼佼者，当时他学什么都不费劲，脑子又转得快，学习效率很高。南开中学按照学生高中三年加权分数的排名，排名靠前的可以直接保送南开大学、燕京大学等知名学府，排名全年级前十五名的刘宝珺被保送到燕京大学化学系。保送通知书寄到家中，刘宝珺却改了主意——当时比他高一级的南开好友李锡仲、朱家榕已就读清华大学地质系，在和刘宝珺的多次通信中，动员他报考清华大学地质系。二人在书信里充满激情地告诉他，新中国各项建设百废待兴，作为国民经济重要支柱的地质事业急需栋梁人才，希望他投身地质，在地质科学领域建功立业。

"国家需要"，这句话深深地打动了青年刘宝珺。他渴望用知识改变自身命运，用科学救国的理想为新诞生的国家政权贡献力量，因此最终放弃了保送机会，根据自己的志向和兴趣，在高考志愿上郑重填报了清华大学地质、文学、数学三个专业。好强如他，笃信自己可以凭借实力考上中国大学顶尖学府，成就自己的一番事业。

考大学的科目含英文、国文、数学、物理、化学，1950年9月，刘宝珺以390分的成绩考入清华大学理学院地质系。刘宝珺所在的南开中学四个毕业班100余人全部进入大学，其中清华大学16人，北京大学29人，还有些保送至南开大学、燕京大学。当年清华在津门第一批次录取9人，其中南开占据5人席位，刘宝珺就位列其中。刘学信是在当地报纸发状元榜，登出儿子名字时才知道他报考了清华地质系，对于刘宝珺瞒着家人报考清华地质专业，刘学信并未多言，他尊重这个最为器重的长子为自己人生做出的选择。他用心血栽培的三个儿子，宝珺考入清华地质系，宝璋1952年考入清华机械系，宝瑢1957年考入南开半导体专业。对于事业郁郁不得志的刘学信来说，这是他生命中最值得骄傲的华章。

半个多世纪后再度回忆南开三年求学生涯，耄耋之年的刘宝珺依然对往事如数家珍，对南开充满感激与自豪之情。在他心中，南开中学自成体系的包容之心，弥足珍贵的育人气象影响了自己一生。南开给予了自己修齐治平的家国情怀，奠定了自己科学研究的扎实根基，培养了自己丰富生动的爱好志趣，让一个少年在成才的路上目标明确，理想坚定，行动有力，有所作为。

（资料来源：刘宝珺院士学术成长项目工程小组，周图伽）

中学时，殷鸿福最喜欢的小说人物是孙悟空。懵懂少年一度很纳闷："为什么善于七十二般变化的美猴王一定要服从唐僧呢？实在看不出唐僧有什么好处。"阅历经年，殷鸿福渐渐看透了其中的人生哲理："信念重于力量。唐僧是信念的代表，孙悟空是力量的代表，力量没有信念的指导就很难走到西天。"

殷鸿福院士：批判性思维要从中学抓起

从少年时的"书呆子"

到不断创新确立中国地质断代"金钉子"

多年后回望自己的青葱岁月，殷鸿福院士也曾反思，"错走了一条'死读书'的路"。

在上海著名的育才中学六年，他一心埋头书本，两耳不闻窗外事，被同学戏称为"书呆子"。大学死记硬背了一肚子知识，游学欧美时，才发现原来很多奉为圭臬的学科内容早已被颠覆扬弃，幡然悔悟，"书呆子式的学习方法不管用，必须转变。"

"为什么我们的诺贝尔奖那么少？"身处大学校园半个多世纪，见证了几代学子的成长，这位已过耄耋之年的大学老校长忧心自己身上的悲剧依然在不断上演，"我们的学生没有批判性思维，盲目崇拜课本权威，原始创新力被扼杀了。"

他提倡，批判性思维要从中学时代抓起。

"书呆子"式的中学时代

中学时代的殷鸿福仍是现在很多读死书学生的缩影。

1946年，殷鸿福考入上海育才中学。这所由英国人创立的学校，当时由上海工部局直接管理，课程教学"中西并包，汉英兼采"，办学质量声名远播。

6年的中学生活，殷鸿福总是学校、家中两点一线，除了在操场跑跑步没什么其他爱好，一门心思地勤学苦读。

即使回到家里，也没有太多空闲。在英国驻上海领事馆做翻译的父亲，希望他继承自己的职业，自小便开始教他英语，几乎每天布置一篇英语作文。

身在上海大都市，下课时间，同学们聊起十里洋场的故事，他不闻不问，也不感兴趣，总盯着自己的书本，就是交的朋友也跟自己差不多，"都是埋头读书的"。因此还被同学们戏称为"书呆子"。

在全年级三个班近百名学生中，殷鸿福的功课门门都领先。但他自知"是稍微聪明，但不灵活"的那一类，"学得比较死，全靠投入的时间长。"

"书呆子"也有自己的学习秘籍——巧记笔记。

他常常提前预习，头脑中有了印象，等上课老师讲到相关内容时每句话记下关键词，下课后再趁热打铁，将老师讲的内容全部串起来。多年后与年轻人分享成长心得时，他常说"好记性不如烂笔头"。

此外，"英语学多了慢慢也能悟出一些，有的词根相同，有的后缀相同；数理化里也有一样的规律。"

中学是看野书的年代，他读完了中国古代四大名著，也曾看过《基度山恩仇记》，还有一些科普书。最奢侈的事情，是跑到福州路《中国青年报》在那里的发行站看书。"但他绝大部分时间还是花在课本上"。

地理老师黄杰民给这"书呆子"封闭的学习生活中投进了一缕新的阳光。

黄老师中等个子，上课带着一点上海腔调，知识讲解之间时常穿插风俗趣闻。讲到西北地区干旱少雨时，他描述得绘声绘色："相传这里的人一生洗三次澡，出生、结婚、去世分别洗一次。"

有时，黄老师指着中国地图上深深浅浅的标记，告诉他们这里埋着中国的矿产、那里流淌着中国最长的河。

同学们听得津津有味，殷鸿福对地理也产生了一点兴趣。他开始阅读地理书籍。在殷鸿福家中，至今珍藏着一张 1947～1948 年版的世界地质图。这背后，还有一段逸事。

初中时，有一次殷鸿福到大饼摊买早餐，偶然间看到小贩手上拿着一本没有封面的《世界地图册》，准备裹上刚出锅的油条大饼。他跟小贩商量，将一家人的早餐都买了大饼，换来了这本图册。

没有人会想到，当时偶然产生的一点朦胧兴趣，最终却改变了他的人生轨迹。

"吃不了苦，难成大事"

同学们眼中的"书呆子"也有少年意气的时候。

高二那年，"抗美援朝"战争激起国人的满腔热血，担任班级团支部委员的殷鸿福报名申请奔赴前线。然而因为未及成年需父母签字才能生效，殷鸿福的从戎报国梦最终化作泡影。

到了高三，班上开始出现一些"风言风语"："别看他们是团干部、先进分子，他们考大学还不是清华、交大的电机、机械（当时的热门专业）！"

放学路上，殷鸿福和几名班干部"立下赌约"，报志愿时偏偏不填这两所学校，选专业也要"选一个苦的"。

国家百废待兴，迫切需要地质人才，殷鸿福把艰苦专业和个人兴趣做了一点结合——选中地质矿产与勘探专业，最终以超过当年清华大学录取分数线的成绩进入了彼时刚刚筹建的北京地质学院。团支书颜振民也报考了当时被视作"冷门"的水利专业，支委赵伟民则留校做了一名辅导员。

当年，殷鸿福在《中国青年报》上发表文章《正确选定志愿，使我学习得好》，他就报考专业现身说法："在考虑升学志愿时，要从国家的需要出发，也要慎重考虑自己的条件，不要让旧的思想习惯支配自己，也不要被不正确的言论所迷惑。"

到北京上大学后，习惯了上海百米左右就有一个车站的殷鸿福发现自己"不会走路"。到野外实习时，山刚刚爬一半他就汗流浃背、气喘吁吁了，"根本没办法集中精力听老师讲解"。

殷鸿福下定决心，"一定要过了走路爬山这一关"。每到周末，他就去山上考察，来回往往要步行四五个小时，脚都磨出了血泡。久而久之，练出来一副铁脚板。

动荡的"文革"时期，很多人都无心学术。没有经费，他从40元的生活费中挤出经费做科研；借了相机跑到距离学院很远的地质部、中国科学院图书馆拍不外借的资料；苦学英语、德语、俄语和法语，学术卡片做了几千张，学习笔记厚厚一大摞。

50岁那年，殷鸿福带病爬上海拔4000多米的岷山，下山时摔倒在乱石丛中，一条腿粉碎性骨折，膝关节五分之一的骨头没有了，很多人认为"殷鸿福的野外考察生涯就此终结"。

然而，经过医治和锻炼，接下来的20年，他继续攀爬大自然的高山峡谷，也开启了自己科研人生的"大爆炸"。

"大学培养了我不怕吃苦的品质"，回首过往，殷鸿福坦言苦练走路的经历"磨炼了意志，锻炼了坚韧性"，让自己受益一生。

在一些高校演讲时，殷鸿福常常告诫年青一代，第一要有理想，不要把人生白过了；第二要不怕吃苦。"治学不吃苦不行，体力上能吃苦的人往往学习上也可以（吃苦）"。

孙子一辈中出现的"佛系"青少年现象让他不解，"社会永远需要有理想、吃得起苦、不怕摔跤的青年人，要从小干出大事来，这样社会才会有进步"。

中学时，殷鸿福最喜欢的小说人物是孙悟空。懵懂少年一度很纳闷："为什么善于七十二般变化的美猴王一定要服从唐僧呢？实在看不出唐僧有什么好处。"

阅历经年，殷鸿福渐渐看透了其中的人生哲理："信念重于力量。唐僧是信念的代表，孙悟空是力量的代表，力量没有信念的指导就很难走到西天。"

"批判性思维要从中学抓起"

中学时，殷鸿福在旧地理书上看到，我国的矿产储量只有一个估计数字，矿产地图上只画着半个中国，有着无数山脉和盆地的西部半壁却看不见，一度以为是中国矿产太少了。

上大学后，当他看到东北调查矿产报告，才明白"祖国的矿产原来是这样的丰富"。

"书本不可全信"，他开始渐渐意识到，"知识要与实践结合"。

大学里的周末，殷鸿福常常和同学结伴到西山勘察。有时，课还没上完，他们野外的考察已经提供了答案。

真正给他带来心灵震撼的，是20世纪80年代初游学欧美时的发现，"美国教科书的内容竟然和中国完全不一样"。

譬如，当时国内的生物教材上，大部分是动物、植物的内容，还停留在分类学概念。而美国的教材已经主要是"细胞、分子、DNA、遗传"，从知识的根源开始学习，从理解入手。"以往依靠书本死记硬背的模式都被颠覆了。"

"不迷信书本，不迷信权威"，惨痛的教训让殷鸿福开始独立研究的道路。他的科研成名作——中国"金钉子"的确立可以为此写下注脚。

地质学上用"金钉子"作为代名词进行地质年代划分，距今2.5亿年的

"金钉子"是二叠纪、三叠纪以及中生代、古生代的界线，一度成为各国地质学家研究的焦点。

1986年，时为副教授的殷鸿福在国际学术会议上与国际二叠纪—三叠纪界线工作组主席 T.Tozer 当面交锋，推翻了近百年来确定的化石标准，提出将我国浙江煤山作为全球层型剖面和点位。坚持十多年考察论证后，"金钉子"终落我国。

"现在高考分数高的学生很多，可有批判性思维的太少了。"多年的观察中，殷鸿福院士发现今天的中学教育依然处在一个怪圈中：学生认为，老师说得都对；老师也认为，课本写的都是标准答案。

在欧美课堂，他曾目睹一个学生在听课中打断老师，提出自己的疑问。"这在中国，学生敢吗？不敢，那是要受到批评的。"

"中学时代是思维养成的关键时期"，他认为培养批判性思维要从中学抓起，当前的教育方式让学生知识面很广，但不善于从根源处找到问题，也就没有了原始的创新。中国多年来鲜有人在自然科学领域摘得诺贝尔奖桂冠，"最根本的就是批判性思维欠缺导致的原创力不够"。

"现在被认为离经叛道的，不一定没有其合理内核，就算你认为它是错的，但是里面也可能有一部分对的，这些东西将来把它剥离出来，也许就颠覆了现在的观念。"殷鸿福建议，在中学时代，老师应该多举办讨论会，让学生能大胆地发表意见，"每个东西都启发他想一想'为什么这样，是不是对的，对在哪'，养成批判性的思维方式。"

退休之前，殷鸿福每年都会给地质专业的大一新生开设《普通地质学》课程。他曾向学生提问：是科学界公认的地球年龄46亿年是真理，还是基督教提出的一万年是真理？让他欣喜的是，有敢于向权威挑战的同学站起来，说基督教的看法也有一定的道理。

他坦言，自己更看好有批判性思维的人，未来他们在事业上可能走得更远。

（雷宇、杨洁、封智涵，2019年3月15日下午，中国地质大学（武汉）殷鸿福院士家中）

殷鸿福院士
简　介

殷鸿福，1935年生于浙江舟山，地层古生物学及地质学家。1993年当选为中国科学院院士。

1956年，本科毕业于北京地质学院，并继续攻读硕士。曾任中国地质大学（武汉）校长、教育部地球科学教学指导委员会主任。国际地层委员会三叠纪分会副主席、国际二叠纪—三叠纪界线工作委员会主席、国际地质对比规划359项主席。2018年全国最美教师获得者。

1958年8月
南祁连山帐篷前

他推动了古生物学与地质学全面结合系统介绍间断平衡论、新灾变论、事件地层学提出地质演化突变观。发表了我国首部生态地层学专著。提出生物—有机质—有机流体生物成矿系统，在此基础上推动建立了我国生物地质学学科体系。

殷鸿福曾发表化石描述近300种，图版80多幅；系统总结出中国及东亚的三叠纪，并首次提出国际二叠纪—三叠纪界线新定义、界线事件的火山成因说等，确立了中国浙江长兴为全球二叠纪—三叠纪界线层型（金钉子）。其代表作有《生物地质学》《地质演化突变观》《中国古生物地理学》和《扬子及其周缘东吴—印支期生态地层学》。

延伸阅读

中国地学教育的"金钉子"

83岁的殷鸿福教授,是中国科学院院士、著名地层古生物学家、地质教育家。他先后倡导和开创了古生物地理学等一系列分支学科,提出了中国的地球生物学学科体系和发展战略;他领导科研团队克难攻坚,使浙江煤山被确立为全球地质年代划分的一个标准——即"金钉子"。他从小立志中国地质事业,曾获科技部野外科技突出贡献奖。他扎根地学教育,用初心成就生命演化之美,在高等教育的园地里,辛勤耕耘,默默付出,谱写了立德树人、无私奉献的美丽篇章。

投身地学寻求真知

殷鸿福1935年出生于浙江舟山,1945年进入上海育才中学就读。1952年,他以高分第一志愿报考了北京地质学院当时被视作"冷门"的地质矿产与勘探系。1953年5月26日,他在《中国青年报》发表名为《正确选定志愿,使我学习得好》的文章。他写道:"我以自己终身做一个地质工作者给祖国服务,而感到幸福和自豪。"

1956年,殷鸿福大学毕业后,师从著名地质古生物学家杨遵仪教授攻读研究生。为了撰写论文，他曾发着39摄氏度的高烧在贵州山区搜集资料。他用这些亲自收集的资料，在论文中向当时由权威定下的"雷口坡组属于拉丁期"的标准挑战。后来，又首先提出了华北三叠纪海侵。

1961年，殷鸿福从北京地质学院研究生毕业后留校任教，正式开始地质教学与科研的旅程。在没有科研经费的情况下，他硬是从自己每月40元的生活费中挤出钱来搞研究，一张35毫米的胶片要拍4页材料，每周数次到离校很远的图书馆查阅资料，风雨无阻。在这期间他学习了英语、德语、俄语和法语，做了几千张学术卡片，记下了几十本学习笔记，拍摄了几十卷胶卷的资料，撰写了近十篇当时无法发表的研究论文。

1978年，43岁的殷鸿福晋升为武汉地质学院讲师。由于他专业扎实，1980年便晋升为副教授。1980年3月至1982年3月，他作为高级访问学者赴美访学。在美国期间，他先后在美国自然历史博物馆、史密斯逊研究院工作，并先后在纽约科学院、耶鲁大学等25所大学和研究所讲学。一些科研合作者极力留下他，他都婉言谢绝。

1985年，年过半百的殷鸿福带队赴秦岭山区工作。为了追索二叠纪—三叠纪界线，一天，他带病爬海拔4000米以上的岷山，下山时因体力不支，摔倒在乱石丛中，一条腿粉碎性骨折。但是依靠顽强的毅力，两年后，他又重新活跃在野外工作中。2009年，他获得科技部野外工作突出贡献奖。

1993年12月，是殷鸿福人生中最为难忘的日子，他凭着多年的研究积累，当选为中国科学院院士。1994年起，他担任中国地质大学（武汉）地球科学学院院长。1996年10月～2003年7月，他任中国地质大学（武汉）

校长。此外，他还当选为第九、十届全国政协委员。

将"金钉子"定址中国

从 20 世纪 60 年代初开始，殷鸿福就在贵州开始从事三叠纪地层学及古生物双壳类和腹足类的研究，建立了贵州省三叠纪生物地层框架，并把嘉陵江组的时代定为早三叠世。

全球界线层型剖面和点（GSSP）俗称"金钉子"，是全球确定唯一的点位，被视为一个国家地层科研水平的反映，许多学者都以争取在其本国国土上建立界线层型为荣。由于是三颗断代界线金钉子之一，并且在界线处发生了地球历史上最大规模的集群绝灭，二叠纪—三叠纪界线的研究备受国内外学者的重视，并成为国际地质界研究的热点。

直到 20 世纪 80 年代中期，国际二叠纪—三叠纪界线划分一直采用伍氏耳菊石出现作为三叠纪的开始。殷鸿福自 20 世纪 70 年代开始，就在华南广大地区开展了二叠纪—三叠纪界线的研究。通过对国内外资料的分析研究，他认为耳菊石的地理分布具有局限性，不宜作为全球的对比标准，并在 1986 年于意大利召开的国际二叠纪—三叠纪界线工作会议上，提出以微小欣德牙形石的首次出现作为三叠纪开始的标志。

1993 年，殷鸿福在加拿大卡尔加里召开的国际二叠纪—三叠纪界线工作组会议上，确定了 4 个国际二叠纪—三叠纪界线层型候选剖面，其中浙江长兴煤山位居榜首。1996 年，他联合中、美、俄、德九名投票委员，在国际刊物上联名推荐以煤山 D 剖面 27c 层之底作为全球二叠纪—三叠纪界线层型剖面和点。

1996年国际上一些人抵制煤山。殷鸿福为争取煤山剖面所在地浙江长兴县正式开放，进行了大量工作，争取了多数科学家的支持。1999年9月，国务院正式批准开放长兴县。自1999年10月至2000年11月，先后对煤山剖面进行了界线工作组、三叠纪分会、国际地层委员会三轮投票，均以很高赞成率获得通过。并在2001年2月由国际地质科学联合会确认，正式树为全球层型剖面和点位（GSSP）。该成果获得国家自然科学二等奖。

三叠纪是殷鸿福从事地质研究的支点，殷鸿福先后在华北、祁连山、秦岭和青藏等地区从事三叠纪地层和古生物研究。20世纪70年代末，通过在陕西渭北地区三叠纪的研究，发现了典型的海相双壳类——正海扇等，首先提出了华北地区存在三叠纪海侵的观点。在丰富的野外第一手资料的基础上，建立了西北地区第一个海相中生界地层系统，即祁连山区海相三叠纪地层系统。

经过近十年的努力，殷鸿福系统重建了秦岭地区三叠纪地层系统，并在秦岭地区首次发现了海相拉丁阶及上三叠统，重塑了秦岭晚古生代裂陷史和印支期运动史，这些成果对于正确认识秦岭山系的地质演化及指导该区三叠纪中所蕴含的丰富的金矿床的勘查具有重要的理论和实际价值。

从古生物学到地球生物学的转身

殷鸿福于1982年最早向国内介绍用古生物地理论证微板块和地体的活动，并于1988年出版了《中国古生物地理学》专著。1994年《中国古生物地理学》英文版由牛津大学出版社出版后,在国际古生物学学界引起了高度重视,国际著名期刊《科学》发表书评予以高度的评价,2000年该书获湖北省自然科学一等奖。

从达尔文、莱伊尔时代开始,地质学界和生物学界一直以渐变论占主导地位。20世纪70年代末,美国学者提出了持生物演化突变观的间断平衡论,殷鸿福于1982年撰文向国内同行介绍这一演化理论。他认为这一观点符合科学研究的量变到质变规律,并结合自己多年来在华南二叠纪、三叠纪研究中获得的大量实际材料和证据,于1988年作为第一作者出版了《地质演化突变观》一书。著名科学家钱学森曾两次来信与他探讨问题,并指出:"地质演化突变观说明了马克思主义哲学的正确性。"

20世纪80年代末,殷鸿福首先将地质微生物活动与矿床学结合起来,主持了微生物成矿的研究。经过多年来的实践,他提出了生物—有机质—流体成矿系统的理论体系。

殷鸿福主张把传统古生物学与地球历史环境联系起来,把生物和其所生存的环境的相互作用作为研究对象。他带领团队,从1982年开始有计划地开展了生物地质学方面的研究。1994年,他发表《生物地质学》一文,明确提出要"走生命科学与地球科学学科交叉的道路"。

同一时期,国际上兴起了新学科地球生物学,作为地球科学与生命科学的交叉学科与地球物理学和地球化学一起构成了研究地球系统三大物质运动(生命、物理和化学)的学科体系。殷鸿福的研究工作与国际接近同步。2008年,生物地质学研究项目启动26年后,获得国家自然科学二等奖。在此基础上，他又带领团队继续发展新兴的地球生物学，提出了地球生物学初步的学科体系。

目前，殷鸿福已完成了中科院地学部委托的"地球生物学"，进一步开展"深部地下生物圈"和"极端环境地质微生物"的学科发展战略研究项目，旨在发展具有中国特色的地球生物学，依据中国占优势的地层学和古生物学，以及新兴的地质微生物学，形成在国际上有创新特点的地球生物学学科理论和方法体系。

实干彰显"美丽"风范

在教学和科研中，不管山有多高，路有多远，殷鸿福都要亲自到野外考察。他常对学生们说："科学是实事求是的，我不亲自去野外考察，怎能拿出充分的证据让别人相信我的论证呢？"他到过世界屋脊、茫茫戈壁、云贵高原、西南边陲、秦岭山区、南海之滨，他住过帐篷，也住过条件极差的小客栈，足迹踏遍了祖国的山山水水。

殷鸿福深信：十年树木，百年树人，教书育人是教师的天职。他从不摆院士的架子。连续多年，他都会给地质学专业的大一本科生讲授《普通地质学》这门课。许多本科生在听完殷鸿福院士的《普通地质学》后都这样评价，"他讲课十分严谨、细致，并且对学生特别热情"。他还一直是《科学方法论》全校研究生课的主讲人之一，深受欢迎，被邀在武汉诸高校演讲。

除指导了一批又一批的大学生外，他还培养了约50名博士和硕士。在研究过程中，他一方面要求学生重视野外地质实践以掌握扎实的第一手资料，另外又能放手让学生自己去"闯"，以培养学生的创新精神，最后他严格把关，对于一些细小的学术问题都从不马虎，以培养研究生的严谨的科学作风。

童金南是生物地质与环境地质国家重点实验室主任，他也是高考恢复后首批考入中国地质大学（武汉）的大学生。1982年，他开始在地大攻读硕士研究生，成为殷鸿福的"开山弟子"。"老师的人格魅力和科学精神对我的求学以及今后的为人师都影响深远，他是我的一盏明灯。"童金南说。

出生于1983年的宋海军，2003年被中国地质大学（武汉）录取。宋海军至今都清楚地记得殷鸿福为新生们主讲《普通地质学》时在课堂上说：地质科学，是开启地球奥秘的钥匙，我们就是要找到这个钥匙。在童金南的培养下，宋海军攻读博士学位，到海外留学，留校任教，目前已经成为专业领域的年轻教授，是国家优秀青年基金获得者、教育部青年长江学者。

王奉宇从小就喜欢石头，2014年填报大学志愿时，就毫不犹豫地报考地质学专业，选定宋海军作为"导师"，在假期野外探究时，发现了稀见的三叠纪腕足动物化石新属种，发表于国际学术期刊上。不久前，他入选中国大学生2018年十大年度人物。

从殷鸿福到王奉宇，四代地质人，时间长度跨越了近70年，"接力"谱写了一曲薪火相传地质之歌，在校内外传为佳话。

殷鸿福不仅从事地质教学与科研工作，还投身到科学普及工作中。他每年都会到大中小学从事科普讲座，广受欢迎。他出版的《寻找恐龙的伙伴》《生物演化与人类未来》等科普书，有的还再版。在他看来，科学普及与科学教育、科学研究同等重要，参与科普工作，也是院士肩负的责任和义务。

回首六十年的治学之路，2018年度"全国最美教师"殷鸿福有太多的感悟。他经常说："问道争朝夕，治学忌功利。"这一方面是对学生们的勉励，另一方面也是自勉。在教学与研究的道路上，他是意志坚定的攀登者，他总是把登上的山顶作为开辟新路的起点，一步步从宇宙洪荒的地球深处走来，使自己由沙砾逐渐演化成民族的脊梁。

（根据中国地质大学（武汉）党委宣传部陈华文、徐燕报道整理）

一问一答

问：回顾中学阶段，您觉得对您影响最大的是什么？

殷：中学阶段我受到的影响最大的主要有两个方面，一是学校教育和家庭教育，二是团的影响。

首先，学校教育和家庭教育，在英语和地理方面为我打下了很好的业务底子。学校很重视英语，我们英语课的教材是全英文的，老师教学大半是英语授课；地理老师黄杰民讲课十分生动，让我对地理产生了兴趣，并且开始阅读地理书籍。在家中，父亲很重视培养我学习，会给我布置课外作业，基本每天一篇英语作文。

其次，团的影响，其实不是狭义的团，而是整个国家形势的影响。这让我树立了理想，为实现中国崛起的理想，所以后来考虑国家的需要，我报考了北京地质学院的地质矿产与勘探专业。

问：在中学阶段怎么培养批判性思维呢？

殷：现在的中学生存在死记硬背的现象，认为老师说的、课本上的全都是对的。我认为，这是因为课堂上缺少一定的时间和安排去让学生提出问题，学生课外学习的机会也较少。

虽然中学的课本是非常精简、经典的，但是有些东西将来还是有可能被推翻，我觉得老师不应该把课本都当成经典，应当让学生知道课本上的东西，也不一定是完全正确的。只有让学生们知道这个观点，他们才会敢想，不然他们可能从来都不敢去想。

我建议，我们的老师少讲一点，多和学生搞一点讨论，在讨论中启发学生遇到一件事首先想一想为什么这样，是不是对的，又对在哪儿。同时，老师要注重培养学生的原创思维，从他们思维养成的小学、中学阶段抓起，更善于引导他们从根源处找到问题。

正是中学时代重视培养动手能力,为后来厕所旁的简易实验室里,拉出了中国第一根实用型光纤"埋下了重要的伏笔"。

今天青少年所处的时代环境不一样了,经济条件越来越好,家长都愿意把最好的东西给孩子;但是另外一面,可能给孩子的东西都是一个很好的成品,不需要再去做矿石收音机,也不需要再去做模型,"锻炼、磨炼的机会少了"。

赵梓森院士：
好专业比名牌大学更重要

偏科少年爱好发明创造，
兴趣指引"中国光纤之父"的人生方向

赵梓森院士至今清晰地记得，十多岁时带着弟弟花了几天时间制作矿石收音机，最后爬上高高的屋顶，却没有接收到信号时的失落。

彼时的青春少年无法想象，半个世纪后，自己凭借创新让千家万户用手机就可以实现千万里的通话，成为"中国光纤之父"。

经年之后回首，他感慨正是中学时代重视培养动手能力，为后来厕所旁的简易实验室里，拉出了中国第一根实用型光纤"埋下了重要的伏笔"。

年少时制作矿石收音机、航模飞机、小马达的经历，尽管常有失败，但他在玩的过程中发现了兴趣，培养了创造能力。而为了兴趣的他，放弃名牌大学两度高考，只因为"学不适合我的专业，将来工作了也不会做出成绩"。

赵梓森多次鼓励今天的学生在初中之前应该多玩，在玩的过程中发现兴趣，培养创造能力。但他直言，所说的玩"不是沉迷电子游戏"。

面对青年学子的成长之惑，耄耋老人殷殷寄语："兴趣是最好的老师，指引人生的方向。"

偏科少年
动手能力强为科研创新埋下伏笔

1932年2月，赵梓森出生在上海一个普普通通的家庭。父亲是百货公司的售货员，母亲靠做缝纫活儿、销售小商品贴补家用。

母亲小时候曾被卖给一个医生家里当丫鬟，医生家不一样的生活让她感受到了知识的重要性。虽然夫妇俩都没有读书，但在时势多艰的岁月中，供养家里的八个孩子都上了大学。

母亲怀孕7个月生下赵梓森，由于早产，幼年的赵梓森个子很小，稍有风吹雨淋就会生病。两次伤寒，还差点夺去他的生命。

少年赵梓森早早就意识到，人活在世上，一定要有一副好身板儿。在学校里，他爱上了美术、雕刻、集邮、做模型飞机、打乒乓球……更多的时间，他泡在足球场上，练就了好球技，身体也越来越结实。

有一次上海虹口公园有一场专业比赛，正上初中的赵梓森和几个同学一起去看球赛，中场休息时，一群懵懂少年就自己跑到场中踢球，三四个同学都抢不到赵梓森的球，有专业运动员看着有意思专门跑过来抢，结果赵梓森每次都能挑球从运动员的腰间溜过，赢得全场一片掌声。

儿时，兄妹八人，家中负担沉重。年少爱玩的日子里，买不起玩具，赵梓森就想方设法自己制作。

看到别人有玩具飞机，自己的零花钱不够，胶水贵，他就买丙酮和废弃的乒乓球壳融合来制作胶水；买不起螺旋桨，就找来木块自己削；把竹子劈开削细成竹丝弯起来再糊上纸，做成机体。

没想到，这个"比一个小孩还大"的模型飞机，在上海学生模型飞机比赛上获得第六名。

尝到甜头的赵梓森越发对手工制作着迷。他带着弟弟尝试组装矿石收音机，买不起半导体，就把矿石敲碎后用火加温使铜氧化，自制检波氧化铜，然后钉上弹簧指针，装上耳机。

然而当他们兴高采烈地爬到屋顶去检测时，却没有收到任何信号——原来，能检波的是氧化亚铜半导体。

看似"小打小闹"的发明创造，让赵梓森的数理化成绩变得非常优秀，"制取氢气，就涉及化学问题；做模型飞机，不懂几何就不行；做小马达，更离不开物理"。

初中化学老师龚叔云的激励同样影响了这位"中国光纤之父"终生。因为欣赏他勤动手、爱钻研的好品质，龚老师曾专门写信鼓励已经读高中的赵梓森。信中那句"你以后一定会成为科学家"的话语，无数次萦绕在追梦少年的心头。

他也展示出了一个典型的偏科少年让人忧心的一面。

需要背诵的英语、历史、地理等文史类学科，他常常距离及格线都很远，数理化班级排名前几位，但一综合，就跌到了倒数。中考时，赵梓森勉强考上上海一所很差的高中。

"不读书，你将来的工作就是去扫马路。"母亲的警告振聋发聩，让赵梓森终于意识到，"即使你不喜欢你也要学，起码要及格，否则你就考不上大学，没有实现梦想的基础"。

两次高考
"好专业比名牌大学更重要"

赵梓森的高考经历，既波折又励志。

1949年新中国成立，高中毕业的赵梓森面临考大学这一重要的人生抉择。

中学时成绩并不突出，他不敢报考学费便宜但难度较高的公立大学理工科。而且，3个姐姐都上了学费昂贵的私立大学，这个懂事的男孩为减轻家庭负担，最终报考了公立浙江大学农学院。

进入学校后，他发现二年级全是细胞学、生物学等需要大量记忆的课程。苦苦坚持了一年，赵梓森得出一个结论，"自己根本不是念农学院的料"。

他下定决心，重新高考。

让赵梓森至今感念的是，尽管家中经济拮据，开明的母亲还是支持了自己的想法。

第二年，赵梓森考上了复旦大学。"报的是物理系，结果因为成绩没达到，被录到中文系。"

这一次，赵梓森更加坚定了自己的选择，放弃复旦，辗转来到私立的上海大同大学电机系学习。

1952年，全国高校院系调整，大同大学被合并到上海交通大学。赵梓森如愿找到了自己感兴趣的电子通信学科。"由于专业都是自己喜爱的，所以门门课程都是优秀。"

"好专业比名牌大学更重要。"多年后，面对青少年高考专业如何选择的提问，赵梓森用自己的成长历程现身说法，"要了解自己，找到适合自己的专业，将来一定有前途，兴趣是最好的老师。"

在他的建议下，成绩并不是太优秀的女儿高考后没有选择读名牌大学的普通专业，而是报考了南京邮电学院的信息专业，"因为专业学得好，本科毕业后很快就在美国找到了工作"。

大学毕业后，赵梓森被分配到武汉电信学校（武汉市邮电科学研究院的前身）做了一名中专教师。走上讲台初为人师的赵梓森，才发现自己的大学并没有读好。"当时课程改制，大学只读3年，许多重要课程被压缩，教书后发现学生所用的苏联教材我自己都不懂。"

课余时间，赵梓森就在家里自学，从大一的课程开始，重学微积分、概率论、外语，一直把研究生课程都学完了。

为了看懂外国杂志、与外国人讨论交流，赵梓森每天增加记忆20个单词，把前一天背过的单词再背一遍，上午下午各背一次，三个月下来背完了一本简明英语字典。

"虽然我没有读过研究生，但实际上就相当于研究生水平了。"几年后，赵梓森对自己充满自信。

领导见他喜欢科研，又把学校3个实验室交给他负责。整天泡在实验室里的他如鱼得水，乐此不疲。

指导学生做实验之余，他就做自己感兴趣的实验，常常思考这个实验为什么会这样？如果用别的方法能不能做？"这样我的知识水平很快就提高了。"

赵梓森的同学中流传着一个"4年和40年"的故事。

在一次上海交大的同班同学聚会上，有位学习成绩一直排在他前面的同学惊讶于赵梓森院士的成就，毕竟大学里通信知识教得少，他又没上过研究生，毕业后分配的单位也只是一所中专。

"你学4年大学有什么用啊？我是40年天天都在学。"他就此解密，一个能够有所成就的人，并不是只靠大学的四年来学习，而是在工作后坚持不断地学习。"只要你有本事，中国正在建设阶段，不怕英雄无用武之地。"

赵梓森至今清晰地记得，当时一起到学校的年轻老师，很多觉得在中专教书很容易，平时都在打牌、下象棋，但自己每天晚上在家里一学就是几个小时。

是什么力量促使自己40年如一日坚持学习钻研？赵梓森的回答只有两个字，"兴趣"。

"土法"创新
年轻人理论与实践不可偏废

中学时代锻炼了动手能力，毕业后坚持学习打下了扎实的理论基础，犹如齐飞的"两翼"，很快就助推赵梓森迎来了人生的高光时刻。

1969年国家邮电部将立项研究多年而长期鲜有突破的"大气激光通信项目"转给武汉邮电学校。

项目紧急，而实验所需的重要设备平行光管要一年以后才能到货。赵梓森从小练就的"土法上马"大显身手，他采用太阳光做平行光源来代替平行光管进行校正，仅用两天就有所突破了。

一年多工夫，项目组里激光大气传输通信距离从 8 米飞跃到 10 千米。当大家欣喜万分时，赵梓森却很淡定，大气传播光通信技术受天气影响大，一旦碰上雨、雪、雾等天气，就无法完成通信，"总不可能下雨下雪，老百姓不打电话吧"。他意识到，搞大气传输光通信就是走死胡同，必须寻求新的方法。

1972 年底，赵梓森从一本外国杂志上看到美国正在研究"光纤通信"——利用玻璃丝进行通信。他在湖北省图书馆翻阅大量资料后，了解到美英等发达国家已经在研制光纤通信技术并取得了初步的成功，敏锐地意识到，用玻璃丝搞通信，可能会引起一场通信技术的革命。

今天人们习以为常的光纤，在当时很多专家看来都是"天方夜谭"。认准的事自己干，在单位厕所旁的清洗室里，他们搭建了一个简易实验室。利用一台破旧机床、几盘电炉、几只烧瓶，开始研制工作。

功夫不负有心人。历经一次又一次的失败和挫折后，1976 年 3 月，赵梓森团队拉出一根 7 米的玻璃细丝，这是中国第一根石英光纤。

1979 年，中国第一根具有实用价值的低损耗光纤面世。三年后，中国老百姓真正开始用光纤打电话。

2018 年，武汉邮科院研发的光纤，一根可实现 67.5 亿对人同时通话。中国成为继美国、日本之后的世界第三大光通信技术强国，市场份额占到全世界一半以上。

在和青少年交流时，赵梓森常鼓励大家勇于创新，争做创新型人才。

赵梓森认为，在创新性的研究中，理论和实践的能力都很重要。"我并不是单单的数理化好,也不是单单的喜欢动手,而是两者结合得很紧。"

如何培养创新的能力?赵梓森建议,今天的青少年虽然被天天上课给"框"住了,但可以带着求知、寻找问题的方式进行学习,甚至怀疑。为什么会是这样?可不可能是那样?老师讲的是否有道理?用这种方式学习,相信能培养出创新的能力。

"初中之前小孩子不玩,创造能力就没了。"赵梓森鼓励时下的初中生要多玩,不是普通的玩游戏的玩,就像自己当年做航模、做收音机,是在玩的过程中,不断地去创造、去创新,不断碰到问题,不断去解决问题。

赵梓森也注意到,今天青少年所处的时代环境不一样了,经济条件越来越好,家长都愿意把最好的东西给孩子;但是另外一面,可能给孩子的东西都是一个很好的成品,不需要再去做矿石收音机,也不需要再去做模型,"锻炼、磨炼的机会少了"。

自己最初捣鼓光纤时,也曾被人讥讽"异想天开",这让赵梓森笃定,"发烧友"式的实践适合搞创新,就在于不人云亦云,敢于提出个人看法,有时还需要奇思异想。"一旦迷恋,废寝忘食。"

(雷宇、王雅兰、胡林,2019年2月25日,武汉邮科院赵梓森院士家中)

赵梓森院士简介

赵梓森，1932年2月4日生，广东省中山市人，光纤通信专家。1995年当选为中国工程院院士。

1953年毕业于上海交通大学。国家光纤通信技术工程研究中心技术委员会主任、武汉邮电科学研究院高级技术顾问、邮电部科技委委员。

早在1973年就建议开展光纤通信技术的研究，并提出正确的技术路线，

赵梓森院士

参与起草了我国"六五""七五""八五""九五"光纤通信攻关计划，为我国光纤通信发展少走弯路起了决定性作用。在20世纪70年代末，组织研制生产出我国首批实用化的光纤光缆和设备。作为技术负责人、总体设计人，先后完成了我国第一条实用化8Mb/s、34Mb/s和140Mb/s等6项国家、邮电部光缆通信重点工程，其中有3项工程获国家科技进步奖二等奖。在20世纪90年代，领导开发的光纤通信产品大面积推广应用，取得显著经济效益。

作为我国光纤通信公认的开拓者之一，因发展中国的光纤通信技术和工业所做贡献，1997年被IEEE（电气与电子工程师协会）授予"会士"荣誉称号。

延伸阅读

耄耋老人的快乐科研路

青山掩翠,碧水笼烟。在位于东湖之滨的武汉邮电科学研究院院士室里,我又一次见到了热情幽默的科学家赵梓森。

三年前的那个夏天,我第一次见到这位瘦小的老人。在此之前,严肃、不苟言笑就是我对科学家们的整体印象。但赵梓森完全出乎我的意料。耄耋之年的他精神矍铄,风趣幽默,丰富的肢体动作伴随着生动诙谐的语言,精干而又可爱。

时隔三年,院士室的摆设变了,赵梓森脸上的皱纹变深了,但是不变的仍然是他妙趣横生的话语和积极乐观的态度。

作为中国工程院院士,赵梓森有着很多科学家共有的特质,那就是热爱科学。但与众不同的是,他的科研之路,更多的是建立在快乐和"玩"上。

赵梓森被誉为"中国光纤之父",这是武汉邮科院人最津津乐道的事。但很多人并不知道,这个"光纤之父"是他"玩"出来的。

"小时候玩得太厉害了!"回忆起自己的童年时代,赵梓森露出顽童式的笑容。小时候的赵梓森兴趣广泛,对一切新鲜的事物都充满了好奇。他爱玩的东西很多,而且都玩出了名堂。美术、雕刻、集邮、拉小提琴、打乒乓球、踢足球,都是他心仪的活动。除此之外,他还做过模型飞机、小马达、氢气球、干电池。小小年纪的他用偷偷节省下来的钱去买酒精灯和试管,找老师要些药品制作氢气和氧气,做成了在20世纪四五十年代少有的氢气球。他还做成了矿石收音机,兴致勃勃地爬上屋顶去收信号。对于赵梓森来说,研究的过程是最快乐的。这个乐于挑战未知事物与困难的贪玩少年,深得老师们的喜爱。化学老师特意写信给他,鼓励他长大以后成为科学家。这封饱含期望的信,让幼时的赵梓森深受鼓舞。

对这段童年往事,赵梓森曾感慨地说:"没有一个科学家是不热爱科学的,但怎样才能热爱科学呢?依我看,热爱科学的性格是在儿童时代养成的。要引导少年参与各种科技制作活动,培养他们对科学的兴趣。我经常工作学习一整天都不觉得累,因为工作学习已经成为我的乐趣,这是我获得成功的重要原因。"

赵梓森的"玩"建立在对科学的热爱上,所以他总能在"玩"中发现新问题。新中国成立初期,22岁的赵梓森大学毕业后被分配到武汉电信学校当老师。这是武汉邮科院的前身——武汉邮电学院升级为大学前的一个中专学校。那时学校不大,教书任务也不重,给赵梓森留出很多业余时间。白天没有课的时候,他就钻进实验室研究各种实验;晚上别人在下棋打牌时,他就看书。用赵梓森的话说,"二十出头的年纪,小青年一个,对什么都好奇。"1956年,苏联的大学用书译本出版,大学毕业的赵梓森居然看不太懂。他自感大学时学到的知识浅薄，于是花了三年时间，用苏联的大学用书将相关课程重新学习了一遍，还特别学习了数学系的一些课程，这为他后来的光纤研究打下了扎实的理论基础。1958年，中国开始了"大跃进"运动，武汉电信学校由中专学校升级为大学。由于数学教师不够，学校让赵梓森担任教学培训班的教师，他成为教大学老师的老师。

因为喜欢搞研究，赵梓森在武汉邮电学院里逐渐小有名气。"文革"期间，一个有关大气激光通信的项目从北京邮电研究院下放到武汉邮科院，但进展甚慢。那时的武汉邮电学院由军代表管理，出于对赵梓森的信任，军代表决定让当时还是"臭老九"的他来啃这块骨头，并提升他为研究室副主任。这正中赵梓森下怀——对一切未知事物，他都乐于探索。

赵梓森带着好玩的心理，开始了项目的研究。当时武汉有一座最高的标志性建筑——水塔。贪玩的赵梓森把水塔当作"试验田"，不亦乐乎地爬上爬下做大气激光通信实验。赵梓森和同事们用了不到两年的时间就完成了大气激光通信的课题。原来最多只能传输8米的大气激光通信，赵梓森和他的同事将这个距离延长到10千米。

但是赵梓森在研究中发现，大气激光通信会因雾、雨等天气的影响而中断。于是，他又苦苦思考新方案。20世纪70年代初期，赵梓森听说玻璃丝可以通信，美国还成功地做出了30米的玻璃丝样品。为此，赵梓森特意到北京拜访刚从美国访问回来的科学家钱伟长。在钱伟长那里，赵梓森得知美国正在秘密发展光纤通信。这坚定了赵梓森研发属于中国自己的光纤通信的决心。1979年，在赵梓森和同事们的不懈努力下，武汉邮科院拉出了中国第一条实用光纤。至此，赵梓森"玩"出了一个"中国光纤之父"的头衔。

"中国光纤之父"是"玩"出来的不假，但可别就此以为赵梓森的成功是信手拈来的。在最初接手光纤通信的项目时，困难远远超过了想象。绝大多数人不知道也不相信光纤－玻璃丝可以通信。然而，和很多科学家一样，赵梓森有着一股钻劲和韧劲，一旦确立了目标就绝不放弃。

"文革"期间，想了解外国情况根本不可能，更别谈到国外去借鉴学习了，赵梓森只能跑到湖北省图书馆寻求信息。"图书馆里只有一本资料，全英文版。当时的大学不学英语，我通过自学勉强能看懂资料。可是图书不能外借，更没有复印机这样先进的东西，只能一页一页手抄之后带回去给同伴讲解。"回忆起当时的困难，赵梓森记忆犹新。

"除了信息的闭塞外，原材料的缺乏也给当时的研究造成不少困难。做玻璃丝得有四氯化硅这种原材料，但国内没有，又不能去国外买，只能自己制作。不仅要做四氯化硅，还要制作做四氯化硅的仪器，仪器做成还需有测试成功与否的测试仪器、激光器、探测器、通信机等。"重重困难让很多人望而却步，却没有动摇赵梓森钻研科学的韧劲。他找武汉大学化学系教授帮忙，绞尽脑汁地用蒸馏法、吸附法……一切能用的办法都被赵梓森用上了。

现在的项目研究，往往是国家拨款单位支持，大家千方百计地保证项目的顺利。但在那个特殊的年代，赵梓森面临的最大难题是很多人不相信能做出光导纤维。没有金钱支持，没有领导重视，几乎一切都从零开始，甚至还常有人设置障碍,但这并没有影响他搞研究的决心。

除了这些困难之外,光纤通信的研究条件也十分艰苦。很多研制过程都有毒、有危险,需要冒着极大的风险。有一次做激光实验时,一次意外差点冲瞎了他的眼睛,他被紧急送进医院抢救;还有一次实验,赵梓森遇到了氢气回火爆炸,幸好有保护装置,才没有生命危险。"实验室就好比战场一样,一时不慎就随时都有生命的危险。"但是赵梓森挺过来了,"科学研究不是个轻松活儿,但再难也不能放弃!"

在赵梓森的领导下,光纤通信研究一步步取得了成功。1979年,中国的第一条实用光纤在武汉邮科院诞生。这个历史性的诞生凝结着赵梓森无数晶莹的汗水和艰辛的努力,也让赵梓森成为中国光纤通信领域公认的开拓者,"中国光纤之父"的称号由此流传开来。但是赵梓森并不喜欢这样的头衔,更愿意归功于别人。"那是我们很多同事一起经历过无数次艰难险阻做出来的成绩,功劳是大家的。"

好奇与探究的天性不仅让赵梓森在科学上取得了成功,而且让他的业余生活丰富多彩。几乎每个认识他的人都慨叹,这位"贪玩"快乐的老人,简直就是金庸笔下那个武功盖世而又童心未泯的"老顽童"。

2004年光博会上,赵梓森应邀做光纤通信报告。在台上他一点鼠标,投影银幕上弹出一个让观众垂涎三尺的画面——一个热气腾腾的盛满蹄花的大碗。台下顿时笑成一片。风趣的赵梓森想借此表达,光纤到户不仅需要光纤宽带这个空碗,更需要像蹄花肉这样实实在在的内容。也即尽管光纤入户能带来诸多好处，但目前由于缺少光纤播放需要的高清晰节目，光纤与普通宽带相比没有太大优势。这样浅显的解释，让不懂光纤的观众也听得津津有味。而他的机智诙谐，更曾在很多场合令人捧腹不已，以致中国杂技艺术家协会主席夏菊花建议他去当相声演员。

赵梓森电脑上弹出的三维画面是亲手做的，堪称专业水准。"画个碗太简单了，米老鼠也是小菜一碟。"在赵梓森的电脑里，保留着青少年时代大量的得意之作。无论是工人素描、劳动模范速写、卡通画，还是水彩画、油画和雕刻，丝毫不逊色于大学美术专业学生的习作。而接触到时髦的三维动画，缘于在复旦大学教书的弟弟有次提到三维动画中立体人头难画，人头中又属耳朵难画，这激起了赵梓森的兴趣。经过研究，他认为难画的原因是当时使用的软件 3DS 不便于修改，于是引入 Auto-CAD 与之结合，一个月后画出了惟妙惟肖的三维人头，连耳郭里细微的脉络都清晰可见，让人佩服不已。

小提琴也是赵梓森的"副业"之一。"你看我脖子上凸起的茧块，就是常年拉小提琴拉的。"赵梓森指着脖子笑着对我说。年少时的赵梓森爱好小提琴，且琴技不俗。他常说，拉小提琴可以陶冶情操，更能锻炼意志。而这种坚持的毅力与科学研究的韧劲是相通的。直到现在，住在邮科院社区的邻居们，每天都能听到他家传出的悠扬琴声。

2008 年奥运火炬传递到武汉时，赵梓森看着电视上的奥运火炬，突发奇想，决定自己也要当回奥运火炬手。他做了个与真火炬同样大小的硬纸片火炬，里面装上了小风扇、红色发光管与塑料条，远看就像真火炬一样。他还印了件祥云图案的文化衫穿在身上，举着自做的火炬在小区院子里喜滋滋地照了张相。"我是冒牌火炬手。"照片上，这位年近八旬的"老顽童"看上去十分可爱。

与赵梓森说话，总能感觉到他充满了活力。"在院里，我们常常看到赵老忙碌的身影。他说话做事总是风风火火，一刻也闲不下来。"武汉邮科院的人这样形容赵梓森。

从武汉电信学校的教师，到武汉邮电学院的讲师；从武汉邮科院研究室副主任，到武汉邮科院副院长兼总工程师，几十年来，赵梓森成了武汉邮科院的一面旗帜。退居二线后，赵梓森仍然兢兢业业地坚守在岗位上，担任高级技术顾问，参与院发展规划的审定，为院里的科研把关。赵梓森说："我从不喜欢无所事事地闲着。如果每天都在学，每天都有一点点进步，多年积累下来，水平就会很高。"

光纤通信技术是世界新技术革命的重要标志，这一领域的人才一直十分抢手。冲着"中国光纤之父"的名头，国外曾有不少人欲高薪聘请赵梓森出国研究，都被他婉言谢绝了。因为他要将自己的一生所学奉献给祖国。赵梓森说，因为国家及省市领导给予了他极大的荣誉，更因为他离不开与他一起走过艰辛历程的同事们，这种同甘共苦的经历和情谊弥足珍贵。所以，他愿意终生奋斗在武汉邮科院的工作岗位上。

赵梓森今年已经80岁了，但是工作日程仍然安排得满满的：参与审定院科研发展规划和科研检查,做学术报告和讲学,参加国际会议和学术交流,整天忙得不亦乐乎。就在我结束采访的第二天,赵梓森又要应天津市科委之邀,飞往天津做学术报告了。我请他多注意休息,赵梓森却笑呵呵地说,一切的忙碌都源于他心底对科学的那份热爱。

(资料来源:余智梅,《国企》2011年5月)

一问一答

问：青年时代最难忘的人？

赵：最难忘的人就是我妈妈。我父亲是百货公司的售货员，我母亲开了个小商店，卖牙膏牙刷，家里没有钱，我妈妈她踩缝纫机做活去赚钱让我们念书。最后家里有八个兄弟姐妹全都考上大学了。为什么？我的妈妈出生在清末民初，家里很穷，自身没有读过书，被卖给了医生做丫头。到医生家里一看，这医生是有知识的，原来知识那么重要，有知识那么了不起。妈妈就说我家里的子女，所有的子女，我无论如何要让他们上大学，所以我妈妈很伟大，了不起。

问：现在有一些学生沉迷于网络生活，您在中学时最痴迷的是什么？怎么处理兴趣和爱好的关系？

赵：那时候没有网络，我的爱好就是做模型飞机、拉小提琴。做模型飞机使我喜欢数理化，拉小提琴使我喜欢音乐。小时候，我做的模型飞机还在上海的比赛中获得了第六名。老师不教我们做模型，学校也没有，是出于个人的爱好。做模型飞机至少有两个困难：第一，胶水很贵。做模型飞机的丙酮胶水，实际是赛璐珞（塑料）融化在丙酮里，丙酮挥发，胶水就变成固体。而我后来发现，乒乓球和丙酮经过处理可以替代丙酮胶水，节省了费用。第二，螺旋桨也很贵，所以我就自己把木头削成螺旋桨。做机身则是用竹丝，用竹头的丝弯起来，再糊纸。这个竹丝也得自己做。

20世纪50年代我自己做电视机，因为没有钱。那时候不是这种电视机，是大真空管的屏幕。像"发烧友"一样，搞科技时会沉迷进去，迷到可以忘记吃饭、忘记睡觉，迷得什么时候都在想自己的问题。有一次我在马路上，边走边想科学问题，结果一脚踩到修马路的沙坑里面了——就迷到这种程度。

问：把薄弱的学科慢慢补起来的过程，要突破一些什么样的东西？

赵：工作之后我在中专里当老师，很多大学生都在我们中专当老师。其他一些老师晚上不备课，就在打扑克，下象棋；我课余都在抓学习。当时苏联的大学教科书翻译成中文卖到中国来，我拿来一看却看不懂。我读大学的时候，国家需要建设，我们的课程因此非常精简，很多重要的知识也都被精简掉了。我突然明白，原来大学几年根本没有怎么学到东西，因此我决定在课余把大学的课程全部重学一遍，而实际上最后我已经学到研究生的课程了。在这三年期间，我把英语单词重新背，每天增加20个单词，每天要背两次，一次早晨一次下午。

问：您怎么看这些年教育科学界热议的"钱学森之问"？

赵：因为很多基本的东西，大家都已经创新了，要再创新就很难了，没有一些大的基础设施就无法深入。比如牛顿发现了地心引力，他看到苹果落地，就可以了，不需要很多设施。而现在你想发明，没有一些大的装备很难，因为基础的东西大家都已经发现了。这已经不是牛顿看苹果掉地上的时代了。所以要创新很难，但并不等于绝对不能，也有少数的创新并不一定需要装备。

"一个人任何时候做任何事都会遇到很多困难,不要相信'一帆风顺'。关键在于遇到困难后是退缩还是坚持。"在这位中科院"十大女杰"看来,在科研领域里男女是平等的,不要觉得自己是女性就顾虑重重、优柔寡断,永不言弃才能超越自我,"人在追求理想的过程中没有性别之分"。

施蕴渝院士：追求理想的过程中没有性别之分

中学时代"从不开夜车"，在阅读中学习为人处世与其说施蕴渝是一位坚持不懈追逐儿时梦想的科学家，不如说她是一位在科学界栉风沐雨的创业者。

她本想凭优异成绩圆梦北大，却被中学领导推荐结缘科学名校中国科大，从此个人成长与学校命运、国家命运紧紧绑在一起。

她在"肩负共和国厚望"的校园里埋首苦读，在校址南迁之际直面困顿、筚路蓝缕，从"无仪器，无经费"的窘境中起步，在结构生物学的跨学科探索之路上开启山林。

正如这位年逾古稀的老院士同青年一代分享的感言，"登山的快乐并不仅仅是到达山顶的一刻，而是在整个不断攀登的过程中。"

回首过往，中学是她成长成才的一段重要时光——学习用功却"从不开夜车"，遨游书海领悟为人处世之理，良好的生活、学习习惯让她终身受益。

中学时代"从不开夜车"

独生子女一代从书籍中学会为人处世的道理，

这应该是教育重要的一部分

1942年，施蕴渝出生在一个知识分子家庭。父亲施士元是受居里夫人指导的中国物理学博士，中国核物理学和核物理高等教育的开创者和奠基人之一。

施蕴渝在南京当时最好的中学之———南京师范大学附属中学（南师附中）度过了终身难忘的六年时光。学校秉持"嚼得菜根，做得大事"的校训，建校百年来，培养了包括袁隆平在内57位两院院士，还有巴金、胡风、严济慈、彭珮云等文学家、政治家。

初中阶段，学校按年龄大小实行男女分班制，施蕴渝等年龄最小的一批学生组成了混合班。

和今天的中学生作业繁重截然不同，在施蕴渝的记忆中，在这所以"善育英才"著称的学校里，初中时课业不多。

下午放学后，她常常很快便能写完作业回家。饭后七点多钟，母亲就催着孩子们洗洗脚上床睡觉了，"从不记得晚上还要做功课"。

即使到了高中住校，负责任的老师专门辅导晚自习，宿舍里也是规定了九点钟熄灯睡觉。

中学时的施蕴渝不太会玩，"连毽子都不会踢"。因为评三好学生对体育成绩有要求的缘故，施蕴渝练起了短跑，校运会接力赛上，她跑最后一棒。直到现在还坚持每天体育锻炼。

唯一的课外爱好就是看小说。

学习之余，她读了《三国演义》《西游记》等国内经典著作，苏联小说《钢铁是怎样炼成的》以及《悲惨世界》《巴黎圣母院》等许多西方经典名著，还看了《居里夫人传》，甚至还一度对柯南·道尔的侦探小说产生了兴趣。

居里夫人这位来自波兰的穷学生，在巴黎阁楼上埋头苦读，在艰苦的环境中潜心科研，功成名就依然淡泊名利，被施蕴渝当成一生学习的榜样。

她甚至从父亲的书架上找来了英文小说《海蒂》，听父亲讲海蒂的故事。小海蒂用真诚、善良感化和帮助周围的人的故事，让她懂得了应该如何关爱他人的道理。

"从书籍中学会为人处世的道理，这应该是教育很重要的一部分"。她认为，而今独生子女一代更应该从经典图书中汲取人生的养分，这是网络影视内容无法替代的。

书籍匮乏的年代里，同学们能找到的小说在班上"漂流"，一人只有一两天时间阅读，"狼吞虎咽"的读书方式培养了她快速阅读的能力。以至于多年后，英美留学归来的年轻科学家都感叹渐入高龄的施教授在浩瀚文献中提取重要信息之快，"其实背后的道理和规律都是相通的"。

虽然酷爱小说，但施蕴渝懂得张弛有度，到了睡觉时间，即便看到精彩的情节也会及时停下，"不然第二天会昏昏沉沉，影响学习"。

现在青少年对手机等电子设备严重依赖，常常沉溺其中直到深夜。施蕴渝以自己的成长经历劝诫，在中学阶段养成良好的学习习惯、生活习惯，"中学生要从自身培养自制力"。

得益于当年的好习惯，而今施蕴渝也总是要求自己的学生"不要开夜车"，以免第二天跟不上老师的节奏，因小失大。"实际上就会倒逼自己去提高效率，我要提前把作业做完，可能还想看一看小说，那就更要把时间抓紧，它能够让人集中精力每次做好一件事情。"

"被功课死死压住是教育的失败"

她欣赏"鼓励式教育"，"孩子受到表扬就会想着要做得更好"

施蕴渝至今清晰地记得，在高中地理课上，丁文卿老师讲述马达加斯加岛的自然特征、风土人情，"幽默风趣，这个名字也有意思，一下就记住了"。

在这所"慎聘良师"的学校，有着一群优秀的老师，其中很多人都是当时整个社会少有的大学生。生动有趣的课堂教学激发了施蕴渝探求未知事物的好奇心。

她的各门功课都很好，但最喜欢的还是数学和物理。她如是评价自己，"不是因为聪明，而是对数学、物理充满兴趣，愿意主动去学习去探寻"。

中学时好不容易才开始有家里给的零花钱，施蕴渝常常跑到新华书店搜寻各种参考书，能找到的题目尽可能都做了。遇到难题找老师、同学讨论交流，学习氛围浓厚。

在解答平面几何题目时，一群好胜心强的花季少年展开了竞赛，看谁的解题思路更快更好，在学习提升中也结下了深厚的友谊。

施蕴渝渐渐养成了一个好习惯——记笔记特别快，上课时边听课边动脑，用红笔标出重要内容，不懂的地方打上问号，课后及时求教，"极大地提高了听课效率"。

"所以中学老师最重要的，是激发学生的兴趣"，施蕴渝感慨，对孩子们来说，都是从一张白纸开始，最主要的是要使他觉得学习是他喜爱的，是有兴趣的东西。

近年来在中学和大学演讲时，她表达了对于今天的基础教育中"抄写式"和"死记硬背式"教育的忧心，"弄一大堆功课把学生压得死死的，让学生觉得很厌烦，那就是教育的失败"。

数十年教书育人生涯中，施蕴渝发现，年轻人最容易有逆反心理，如果被逼着被动学习，容易失去对学习的兴趣。近年来高校屡屡爆出曾经高考成绩优秀的学生厌学的案例就是教训。

在她看来，孩子们主动学习的过程，是一种思维的训练、能力的训练，当年那种"吸引式""鼓励式"教育似乎更值得借鉴，"孩子受到吸引、受到表扬就会想着要做得更好"。

可以佐证的是，几年前一次中学同学聚会上，大家一盘点，正是得益于当年的教育，同学们毕业后有的当了工程师、医生、教师、足球教练，有的甚至成了院士、国家气象局副局长、国家测绘总局副局长，还有茅盾文学奖得主、著名的画家，"不同的人都能得到恰当的生长，在各自岗位上发出光和热"。

"附中同学间结下的深厚友谊，伴随我的一生。"施蕴渝说，许多人从5～6岁开始认识，到今天近80岁。几十年来不论各人从事什么职业，不论地位高低，大家始终相伴而行。教育学生团结友爱，尊敬师长，尊重他人，这也是南师附中给予自己的宝贵财富。"这种爱的教育是十分重要的。"

学校教育之外，家庭教育同样重要。"要培养孩子的自尊心，让孩子觉得自己能够做到最好，而不是遇到困难就轻易放弃。"

生在书香家庭，施蕴渝父母工作繁忙，对孩子们的学业管得很少。但是父亲乐观开朗、淡泊名利，母亲认真负责、关爱他人，潜移默化中让她养成了自信、自立、自强的品质。

她印象最深的是父亲花半天时间教她骑自行车，自己觉得学会了就骑着上街，"结果一下子就撞到一辆板车上"。在父亲的鼓励下，她没有气馁，后来多骑了几次，自然就会了。

"人在追求理想的过程中没有性别之分"

无数研究和案例证明，在各个年龄阶段，女生不比男生差

父亲施士元晚年回顾往事时，认为居里夫人"那不屈不挠的性格、那严谨的工作作风、那对科学执着追求的精神，让我终身受益"。

这种精神也深深影响到施蕴渝。热爱科学，长大当一名物理学家的梦想从小就在小女孩内心扎下了根。

1960年，施蕴渝以优异成绩考入中国科学技术大学。填志愿时她想报考北京大学，但高中校长建议她选择刚刚建校的中科大。"科学报国"的年

代，施蕴渝和很多有志青年一样，想学核物理专业，最后被分到生物物理专业。"但我至今很庆幸，因为生命系统是最为复杂的系统，更具有挑战性。"

入大学时，恰逢三年困难时期，同学们常常吃不饱、穿不暖，但都深感"肩负祖国和人民的希望"，学习热情高涨。

时任外交部部长陈毅元帅当时专门到中科大讲话，对同学们充满期待，"你们都是科技大学的学生，只有把科技搞好了，国家富强了，我作为外交部部长说话才硬"！

彼时，钱学森、郭永怀等老一辈学者身体力行，放弃国外优越条件回来报效祖国，参与创办中国科学技术大学。著名的老一辈物理学家严济慈亲自到中科大授课，寒风刺骨，五百人的大教室却常常座无虚席。

得知庄则栋等震惊乒坛的"五虎将"参加世界乒乓球锦标赛，中科大首任校长郭沫若用稿费买来一台只有十几英寸的黑白电视机，师生们挤在大礼堂观看比赛，中国夺冠时大家欢呼雀跃的情景至今让人心潮澎湃。

20世纪70年代初，回到学校做助教的施蕴渝甚至"不知道科研怎么做"，"无仪器，无经费"，她从此起步，先后在生物大分子计算机分子动力学模拟和生物核磁共振领域成为开创者。

有人说，做女人难，搞科研难，做女科研人员难上加难。回首自己的成长历程，这位国内女院士人生字典里"从没有女孩不如男孩的概念"。施家没有男孩，三姐妹也从未觉得女孩和男孩有什么区别。

"在各个年龄阶段，女生不比男生差。"事实上，对施蕴渝而言，这样的案例近在咫尺——父亲的博士生导师是诺贝尔奖得主居里夫人，他的得意弟子中有"原子弹之母"吴健雄。

在中科大执教半个世纪，一个现象让她扼腕叹息：进校的学生中，不管是学习能力还是组织能力，很多女孩子都非常出色，一个班上大部分人一起出国留学，等到学校人才引进时，却发现绝大部分都是男性，"女孩很少了"。

"一个人任何时候做任何事都会遇到很多困难，不要相信'一帆风顺'。关键在于遇到困难后是退缩还是坚持。"在这位中科院"十大女杰"看来，在科研领域里男女是平等的，不要觉得自己是女性就顾虑重重、优柔寡断，永不言弃才能超越自我，"人在追求理想的过程中没有性别之分"。

（雷宇、刘振兴，2019年4月17日上午，中国科学技术大学施蕴渝院士办公室）

施蕴渝院士
简　介

施蕴渝，1942年4月21日出生于重庆，分子生物物理学家。1997年当选中国科学院院士，第三世界科学院院士。

1965年，她本科毕业于中国科学技术大学，并进入原卫生部中医研究院担任实习研究员；1970年进入中国科学技术大学工作，先后担任助教、讲师、副教授、教授；自1979年起，

施蕴渝院士中学时期

她先后在意大利罗马大学物理化学系、荷兰格罗宁根大学物理化学系、法国巴黎第十一大学 C.N.R.S 酶学及生化结构实验室、法国 NANCY 大学 CNRS 理论化学实验室进修或合作研究；1997 年当选中国科学院院士；1998～2003 年担任中国科学技术大学生命科学学院首任院长；2001～2010 年担任教育部高等学校生物科学与生物工程教学指导委员会主任；2009 年当选为第三世界科学院院士。

施蕴渝在中国国内率先开展了蛋白质结构与功能计算生物学研究，领导了中国科学院结构基因组研究项目，为中国的结构生物学的发展，为中国结构基因组研究在国际上占有一席之地做出了重要贡献。

延伸阅读

"我的成长历程"

我出身于一个知识分子家庭。父亲施士元是清华大学物理系第一届毕业生，1929 年毕业于清华大学，1932 年获法国巴黎大学博士学位，是居里夫人为中国培养的物理学博士。1933 年回国后长期担任中央大学（1949 年后改成南京大学）物理学系教授。他是中国核物理学和核物理高等教育的开拓者和奠基人之一，中国最早从事核谱学研究的学者之一。母亲长期担任中学教师，后来担任中学教导主任。父亲的乐观、开朗、淡泊名利及永远求新的精神，母亲的认真负责，以及对子女、对周围其他人的平等态度，影响了我一生的为人处世。父母培养我自信、自立、自强。1937 年抗日战争爆发，父亲所工作的中央大学由南京西迁重庆。我于抗战时期 1942 年 4 月 21 日出生在重庆。1945 年抗战胜利，随父母迁回南京。我在南京师范学院附属小学、附属中学，这两所南京市最好的小学与中学度过了难以忘怀的童年及青少年时期。保持了 60 多年的小学、中学同学间的纯真友谊伴随我的一生。

中学老师生动的讲课，引起我对科学的好奇，以及对自然科学的热爱。成为物理学家是我中学时代的梦想。居里夫人传记中所描述的，她作为波兰来的穷学生,在巴黎阁楼上的苦读,在提炼铀的过程中的追求科学真理的执着精神,特别是淡泊名利的人生态度,让我受益终身。

1960年我考入中国科学技术大学,我的志愿是近代物理系,研究核物理,但是学校将我分到了生物物理系。走进中国科学技术大学校门,正值三年困难时期,条件很艰苦。粮食定量,三顿饭都吃窝头。中国科学技术大学是1958年为适应国家科学事业发展的需要,特别是适应国家对尖端科技人才的需要,由中国科学院创办的一所新型大学,实行全院办校、所系结合的方针。中国科学院一批知名的科学家在中国科学技术大学讲课、任职。时任中国科学院生物物理研究所所长的贝时璋教授兼任中国科学技术大学生物物理系的系主任。他认为该校的生物物理系,要办得与别的大学的生物学系不一样,学生要学好数学、物理、化学、生物,还要学无线电电子学。我在中国科学技术大学打下的坚实的数理化基础,使我在今后科研中能在交叉学科领域发挥作用。

1965年,大学毕业后我被分配到原卫生部中医研究院担任实习研究员。1970年2月调入中国科学技术大学,并随中国科学技术大学从北京迁至合肥。中国科学技术大学迁校过程损失了90%的仪器设备,且一批中国科学院的兼职教师留在了北京。我与中国科学技术大学一批年轻教员在合肥一起艰苦奋斗,努力拼搏,开始了中国科学技术大学的第二次艰苦的创业过程。我于1979~1981年,作为访问学者被教育部公派到意大利罗马大学化学系,以及意大利CNRS结构化学实验室学习计算生物学与核磁共振波谱学。1985年作为访问学者到当时国际上该领域一流的荷兰格罗宁根大学物理化学系，师从H.J.C.Berendson和W.F.VanGunsteren学习蛋白质计算机分子动力学模拟；师从R.Kaptein和R.Bolenece学习生物大分子二维核磁共振波谱。但是回国后，由于当时中国科学技术大学地处合肥，条件很差，作为毫无知名度的年轻教师，申请科研经费十分困难。1981年回国，1985年才申请到第一笔国家自然科学基金面上基金。1987年在"863"计划经济支持下，才买了第一台可做蛋白质计算机分子动力学模拟的计算机。

1994年才有了第一台可做生物大分子核磁共振波谱研究的核磁共振谱仪。尽管如此，我们也没有气馁，从20世纪80年代起到90年代末，我们开展了系列的生物大分子分子动力学模拟的研究，并取得了成绩。到90年代中期，我开始将主要精力集中于生物大分子核磁共振波谱研究。从80年代中期在荷兰学习生物大分子二维核磁共振波谱，到90年代中期有条件可以从事生物大分子核磁共振波谱研究，整整十年过去了。这正是国际上生物大分子核磁共振波谱技术飞速发展的十年，而这十年我们没有条件开展这方面的工作。由Ernst发展的多维核磁共振波谱理论、实验方法及在生物学中的应用，该研究方向多年来一直深深吸引着我。面对落后的形势，我们决心迎头赶上。科研的道路从来就不平坦，需要人们努力奋斗，永不言弃。我和我的同事们、学生们在过去的十七八年中在运用生物核磁共振方法研究蛋白质结构，动力学与功能方面跨出了坚实的步伐，解析了系列重要蛋白质的溶液结构，研究揭示蛋白质相互作用及其功能意义。为促进生物大分子核磁共振波谱研究在中国的发展做出了贡献。尽管未能实现儿时成为物理学家的梦想，但我为能在生物物理学这一交叉学科领域从事研究与教学感到庆幸。因为生物系统的复杂性，充满未知，使得该领域更富挑战性，更吸引人。

我衷心感激多年来在不同场合支持帮助过我的前辈和家人，感激多年来和我一起努力奋斗的同事、学生。在人生艰苦奋斗的历程上大家相互扶持、相互鼓励、相互学习，我个人的任何成绩都与他们分不开。

自1970年起至今，我在高等教育工作岗位上已经工作40多年。1984~1996年，担任中国科学技术大学生物系副系主任，主管科研工作；1997~2002年，担任中国科学技术大学生命科学学院首任院长。从2001~2010年，我担任教育部高等学校生物科学与生物工程教学指导委员会主任，为促进全国生物学人才培养、教学改革、课程建设贡献了力量。中国科学技术大学建校之初，钱学森、华罗庚、严济慈等老一辈的科学家亲临学校给本科生讲基础课，他们是很好的榜样。

作为大学老师，走上讲台，面对学生，特别是面对本科生，唤起学生对科学的热爱和兴趣，培养本科生、研究生，这是教师的职责，也是我喜爱的工作。

人生是短暂的，不知不觉已经70岁了。我非常喜欢我所从事的科研、教学工作。生物大分子世界，充满了未知，充满了挑战。人总是要老的，我能在第一线工作的时间不会太长了。所以我格外珍惜目前的时光。我目前的愿望是能和我的学生在一起，争取能在第一线再多干一段时间。我们年轻时，想干，但没有条件，现在条件好了。科学不断在发展，新事物不断出现，需要我们不断学习。我年纪大了没有学生学得快。但我仍然在努力学习。其实一个人最重要的是永不满足，是敢于面对自己不懂的东西，敢于超越自己，学习本身也是乐趣。我相信学习对减缓大脑衰退有好处。我还坚持每天跑步、做操，保持有规律的生活，因为健康是一切的基础。

（2012年9月1日，施蕴渝院士在中学同学聚会上的交流。）

一问一答

问：您读中学时母亲是学校教导处副主任，作为学生，自己的父母在学校当老师是什么感觉？

施：也没什么特别的感觉。虽然她是教导主任，但对我们来说更是一位好管家。我家有三个女儿，我跟姐姐差六岁，跟妹妹差七岁。父亲工作忙，没怎么管我们。那个年代好像也没怎么管学习，我母亲就管我们吃好饭、睡好觉。

问：您从小有一个梦想要做一位科学家，这背后有没有您父亲的影响？

施：父亲从来没跟我们说这些事，不会有人告诉你将来要干什么，家庭环境对未来的想法是潜移默化的。我们家很自由，父亲真正管我的时候，花了半天时间教会我骑自行车，我觉得也挺好的。

问：您曾说培养创新型的人才需要重视大学里面的基础教育，那高中阶段的教育是不是更需要重视呢？

施：中学比大学更基础。我认为中学基础教育应该是全面的，不仅是学习，也要养成好的习惯，培养兴趣爱好。如果我未来要当作家，我就要学好语文知识和文史哲，但是理科也不能放下。

问：您刚刚讲到了青少年阶段培养这种自尊自信是一件特别重要的事儿，而对您自己来说，有没有这方面的受益？

施：我觉得确实有受益。女儿曾跟我说："您不要老是批评我们。"我仔细回想，我的父母确实很少批评我们。孩子的自尊心实际上是很重要的，你要让他相信他自己可以做到最好。如果孩子在学校里面经常受到表扬，这个小孩就会觉得自己挺光荣，然后就想做得更好。这样，他才会对学习更有兴趣。

尽管每天需要在上学路上耽误三四个小时，但贲德的功课一点也没被耽误。谈起考满分的诀窍，贲德觉得自己有两大优势："一是记忆力好，那是从艰苦条件锻炼出来的记忆力；二是理解力强，好多同学听了以后，脑袋里没印象，我理解后记得很牢，学一遍差不多就会了。"

贲德院士：
要吃得了生活的苦

没有电的环境让他养成了
"书看一遍就得尽量记住"的习惯

中国工程院院士贲德是位响当当的雷达专家。

20世纪70年代，贲德作为主要技术负责人之一，成功研制了我国第一部超远程相控阵雷达；20世纪80年代起，贲德又带领一大批科研人员，成功研制出机载脉冲多普勒火控雷达，填补了我国在该领域的空白，为我国的空中"战鹰"擦亮了眼睛，成为我国机载脉冲多普勒雷达的开拓者和学科带头人之一。

这位也是在艰难困苦中摸爬滚打出的雷达专家如今已80岁高龄。讲起自己的小时候，贲德说得最多的一个字就是"苦"，"我把当时经历的事情说给年轻人听时，很多人都不太理解，觉得那是小说里才有的故事"。

光脚跑去上学

1938年4月，贲德出生于吉林省九台市（今长春市九台区）的一个贫苦农民家庭，在家排行老二，上有一位姐姐，下有两个弟弟。家里日子过得艰难，晚上连灯也不舍得点，长大些的贲德就天天去地里干农活儿。即便念了小学，贲德也是一有空就往地里跑。和现在时间被补习班、兴趣班塞满的小学生相比，贲德当时过得相当轻松。"那时候主要是干活儿，东北农村的农活我都会。"现在他还能把二十四节气农谚流利背出。

因成绩优异，贲德小学毕业时被保送至县里唯一的一所中学，即当时的九台县级中学，这让全家又喜又忧——忧的是，学校离家有10公里路，如果在学校住宿，每月需要交7.5元的伙食费。

"家里困难得连吃饭都成问题,哪有钱交伙食费?"贲德记得,当时父亲跟他说,"按照家里的情况你没条件念书,但你念得又挺好,不念可惜了,下面你能不能念下去,就看你能不能吃苦,克服困难。"所谓的困难,就是每天徒步往返20公里去念书。对于一个刚刚小学毕业的少年,这确实是一个挑战。

每天天不亮贲德就起床,带上个苞米饼就跑去学校。一路是乡间沙石路,贲德脚上的布鞋没几天鞋底就被磨烂了。再后来,贲德索性拿着鞋光脚跑路,等快到学校时再把鞋穿上。脚上磨出的厚厚老茧,至今仍未完全消去。

等到了冬天,这20公里的路就更难熬了,贲德只有一件空心棉袄,棉袄里面连个背心都没有,东北冬天的风一吹,冷透了。他就使劲跑,好让自己热乎点。

"现在想想都有点后怕,当时上学时天不亮,回来时已天黑了,路上连个人都没有,就我一个10多岁的小孩儿在拼命跑。"后来,跑步成了贲德的一种习惯,很多年来都是每天清晨起来跑步3000米。现在的他看起来依然很有精气神儿,走起路来可以说健步如飞。

"强迫自己记住"

当时那么艰苦为什么还能够坚持下来?那时的贲德想得很简单,"我的家庭这么困难,父母还含辛茹苦地供我念书,我没有理由不好好念,不然对不起我父母。"

也因此，他格外珍惜课堂上的时间，一秒都不敢溜号，紧盯着老师。老师讲什么东西都一定要听明白并记在脑子里，别人下课都去玩，他不去，要么复习，要么就写作业。"不然回到家天已黑了，家里也没有电，什么都干不成了"。晚上躺在炕上，贲德也不忘回忆一遍今天所学的内容，默背课文，或用手指在身上比画着练习俄语。

慢慢地，贲德养成了"书看一遍就得尽量记住"的习惯，可以说过目不忘，一堂课的内容基本上都能印到脑子里。按照他的说法，他的记忆力就是在没办法的情况下被锻炼出来的，"强迫自己记住"。

尽管每天需要在路上耽误三四个小时，但贲德的功课一点也没被耽误，后来他在1954年顺利考入吉林市第二高中。那时高中的大考、小考满分均是5分，贲德几乎所有课程都拿到了5分。谈起考满分的诀窍，贲德觉得自己有两大优势，"一是记忆力好，那是从艰苦条件锻炼出来的记忆力；二是理解力强，好多同学听了以后，脑袋里没印象，我理解后记得很牢，学一遍差不多就会了"。

所以尽管高中学习紧张，但贲德却学得游刃有余，还空出不少闲暇时间。这种时间，他就用来看书，"别人晚自习写作业，我就拿小说来看，每周能看厚厚的两本，看了不少古今中外的名著，比如托尔斯泰的《战争与和平》、屠格涅夫的《春潮》等。"他最喜欢的书是《三国演义》，来来回回翻了三四遍，最敬佩书中睿智的诸葛亮，但他并不认为自己是个聪明的人，"只能算是个勤奋的人"。

尤其1957年考入哈尔滨工业大学后，课程更难了，周末别人出去玩、看电影,贲德也没有钱买电影票,干脆就扎在图书馆中啃专业书,一看就是一天。"不读书就没法搞科研,没法解决工作的问题。"在贲德看来,书就是一个宝库,里面有无穷无尽的宝藏,既能长知识,还能陶冶情操和性格。

要吃得了生活的苦

在已成功研制了我国第一部超远程相控阵雷达,并成为我国机载脉冲多普勒雷达的开拓者和学科带头人后,贲德本可以坐享功成名就后的"清福",但他又着手做起一种新雷达的研究课题。即便到了耄耋之年,贲德的目光依然敏锐地捕捉着科技发展的新动向,最近还在研究琢磨云计算、大数据,自己去看书、搜集资料。"不学怎么行,新东西不断出现,你不学就没有发言权。"贲德说。

除了课题研究,贲德目前还在带博士生。

在他看来,现在年轻人的生活环境跟他那时完全不一样:一方面现在的生活条件好了,年轻人艰苦奋斗的精神不如老一辈;另一方面现在年轻人的竞争压力大,"我们那时候正好相反,生活艰苦,但学习还是刻苦努力,竞争压力相对小些"。

贲德强调说:"学习不是件容易的事,想学好就要刻苦钻研,要吃得了学习和生活的苦。"

(孙庆玲)

贲德院士
简　介

贲德，1938年4月出生于吉林省九台市（今长春市九台区），雷达专家。2001年当选为中国工程院院士。

1962年毕业于哈尔滨工业大学，曾任信息产业部电子十四所副所长，现任十四所科学技术协会主席，科技委副主任。

他长期从事雷达系统的研究与设计工作。20世纪60年代中期开始从事相控阵雷达课题研究。70年代初作为主

贲德院士

要技术负责人之一，承担了我国第一部大型相控阵雷达的研制任务，参加了方案论证、工程设计、组织生产、安装调试全过程，出色地完成了任务，为突破相控阵体制，掌握相控阵技术这一尖端项目做出了突出贡献。80年代初担任研制机载脉冲多普勒（PD）火控雷达的总设计师，这是一项难度极大的任务。在深入研究机载PD理论的基础上，提出了正确的研制途径。

在其带领下，经过艰苦的探索，突破了PD关键技术，主持完成了雷达工程设计，解决了雷达在地面试验和飞行试验中出现的各种技术上和工程上的难题，使PD雷达体制得以突破，是雷达领域中的重大成果。先后获得原电子部科技成果特等奖两次，国家科学技术进步一等奖一次，并荣获光华基金特等奖及南京市第二届十大科技之星称号。

> 延伸阅读

听贲德院士讲述"我的科技人生"

2017年6月12日上午,哈工大校友、中国工程院院士贲德来到哈尔滨工业大学(威海)功学楼202报告厅,为广大师生做了一场题为"我的科技人生"的专题讲座。

贲德院士1962年毕业于哈尔滨工业大学,在电子工业部第十四所长期从事雷达系统的研究、设计、开发工作,是我国机载火控雷达的研制创始人和学术带头人之一。1992年被中国电子学会授予"会士"称号,是我国PD火控雷达领域的奠基者和学科带头人,同时也是一位杰出的行政管理专家。讲座中,贲德院士讲述了自己与哈尔滨工业大学的渊源、自己的求学与工作经历,令人受益匪浅。

进入十四所后,贲德在1964年接下了研制当时世界最先进的雷达——相控阵雷达的艰巨任务。由此开始了自己的雷达事业。从1971年到1978年,贲德作为主要技术负责人之一,始终奋斗在科研工作第一线。雷达安装阶段,在荒无人烟的大山上,面对着恶劣的环境和住宿条件,他没有丝毫动摇。而长达7年的研制过程中,家庭的经济负担也使他一度陷入困境,但他将任务看作人生的突破点，化压力为动力，最终圆满完成了任务。

1980年，贲德迎来了他科技人生中的第二次挑战——研制最先进的火控雷达。当时他犹豫过，甚至想过不接这个硬骨头。但当时，飞机上的雷达只能往上看，看不到低空飞行目标，唯一的解决办法就是研制出先进的火控雷达。思考再三，贲德还是接下了这项任务。他以认真严谨的态度和坚持不懈的毅力对待科研中的每一个难关。为了探索全新的领域，他从基础知识开始学起；为了看懂外籍文献，他自学英语，争分夺秒地记单词、学语法。一次次的克服困难之后，等待他的便是成功。

贲德院士注重锻炼身体、磨炼意志，至今仍坚持每天跑步3公里。1938年出生的他已近80岁，但身体各项指标没有异常。结合自己的故事，贲德院士向在座的同学们提出了三点建议：一是要以学习为重，在快速发展的时代必须要有过硬的本领和知识，才能在竞争中立于不败之地；二是要做一个品德高尚的人，品德是一个人处事的根本，厚德才能载物；三要保持身体健康，身体是革命的本钱。

（资料来源：张玉芹　于凯　哈尔滨工业大学（威海）校报第303期第二版）

2019年4月10日下午，中国工程院院士贲德做客湖州师范学院胡瑗大讲堂，讲座中的精彩语录如下：

"敢想、敢做、敢干"与"严格、严肃、严厉"

"进入第十四研究所工作,我们都要穿军装,纪律很严肃。接第一个任务时不敢说自己不会,但好在天无绝人之路,我在图书馆找到了研究振荡器的俄文专业书,开始自学!"

"8月份的南京不仅热,蚊子还很多呢!每天深夜,为了躲避蚊子的叮咬,我就把头伸到蚊帐外来看书。"

"新振荡器的性能指标全部合格,初战告捷,信心大增!当时提倡'敢想、敢做、敢干'与'严格、严肃、严厉'的'三敢三严'精神,就是既要有实践精神又要有科学态度。"

任何一件事都不容易,要吃得了苦

"关于相控阵雷达的期刊都是英文杂志,而我只认得26个字母,语法也一窍不通!工作上需要英语,我就潜心看语法书,学习单词也是争分夺秒,吃饭排队拿着英文卡片背,就连上卫生间的时间也不放过。"

"差不多十年的时间,我在星期天、节假日都没休息过。雷达试飞成功后的第二天我就因心肌炎住进了医院,但我没有时间疗养。我深知,这个雷达非常重要,没有它,再强的战斗机也不能打仗!"

"军委副主席刘华清在一起吃饭的时候打趣说:'电视剧《杨乃武与小白菜》中上刑场前要喝断头酒,今天我们也喝断头酒,PD雷达搞不出来要杀头。'我从来没有把它当作一个玩笑,只抱着'提脑袋保成功'的念头!"

寄语新青年:好品德、好本领、好身体

"在当前的竞争时代,做人首先要有好品德。一个人的善或恶、好或坏、成或败,都是由品德决定的,要做到真诚、勤奋、敬业、勤俭和博爱。"

"做事要有好本领。当今世界,经济发展很快,新技术也不断出现。有本事,才能从事新技术。求学阶段一定要珍惜学习的宝贵时间,学好本领,用本领面对未来的人生。"

"要有好身体,健康的体魄。养成良好生活习惯,适当锻炼身体,有平衡的饮食和坦荡的胸怀。健康体魄还包括心理健康,要有爱心和包容之心,能经得起成功的考验,也扛得起失败的挫败感。"

(资料来源:微信公众号"湖州师范学院")

一问一答

问：雷达事业贯穿了您的一生，能否跟我们分享雷达对您本人的意义是什么？

贲：这个问题其实很简单。与其说是意义，不如说是我坚持这份事业的工作动力。它是工作的需要，我选择了这份工作，那我对它负有责任！国家培养了我，我也应该刻苦学习、努力创造，为国家、社会做力所能及的事，这也是国家的需要，是对国家的回报！

问：您现在处于耄耋之年，但依旧站在雷达研究的前线，能说说雷达事业给您带来的幸福感吗？

贲：当你事业干成功了，就有成就感、幸福感了。像学生一样，考试考得好就很高兴嘛！我们搞雷达研制，雷达做出来了，各项指标全部合格，对国家安全有一定作用，心里也很高兴呀！这是我努力的结果，也就有了幸福感与成就感。

问：今天我们听了您的科技人生，那能与我们分享您工作之外的生活吗？

贲：工作以外的生活，挺单调的，没什么业余爱好。在年轻时，受家庭经济条件的限制，别人去看电影，我就留在家看书或参加些体育活动，我会溜冰、滑雪，也擅长各种球类运动。刚到南京上班那会儿，每天早晨都会跑三公里，现在年纪大了，只要不出差，我每天也坚持散步，也能走它个五六公里呢！

李曙光的一个"秘密武器"就是做作业"坚持独立思考"。做作业时，不管遇到多大难题，他始终独立思考解答，从不问别人。在他看来，如果遇到难题就去问老师或其他同学，听完别人的讲解看起来自己也会做了，但是这道题依然"算是白做了"，因为"思维没得到训练"。

李曙光院士：每个孩子都有自己的『花期』

从害怕考试的"丙等生"到文体兼修的"全优生"

让很多人不敢相信的是，摘得中国科技领域最高荣誉桂冠的李曙光院士，小时候也曾遇到考试就害怕，是个长期在及格线上徘徊的"丙等生"。

从害怕考试的"丙等生"摇身变成文体兼修的"全优生"，李曙光完成了黑天鹅式的逆袭。在与中学生交流时，他曾以荷花自喻："春天山花烂漫时，我在水中眠；夏天才露尖尖角，迟开也鲜艳。"

这位老院士常常现身说法寄语青少年一代，有的人年少有为，也有人大器晚成，"只要努力，每个孩子都有自己的'花期'"。

从害怕考试的"丙等生"到文体兼修的"全优生"

李曙光小时候，母亲曾说他"跟同龄的孩子比，脑瓜子不行"。

直到小学四年级，李曙光都是个"害怕考试"的孩子，甲、乙、丙、丁四个等级，他每次考试的成绩基本上都是丙，相当于刚刚及格。他一度极其自卑，朋友圈也都是一群调皮的孩子。

四年级时，李曙光和一群孩子玩摔跤，不慎摔伤导致手臂骨折，休学半年，无奈之下只好选择留级。不料复学之后，李曙光突然有了顿悟的感觉，学习变得容易起来，成绩一跃进入班级前三，还因此成为少先队员。

他惊奇地发现，成绩好了，学习的自信找回来了，连朋友圈都不一样了。"都是一帮学习好的，一放学今天到你家明天到他家去做作业，做完作业再一起玩。"

在天津市第十七中学度过的 6 年时光里，李曙光始终保持班级第一名的成绩，有时候老师们也百思不得其解："李曙光作为学校里的团干部课外活动那么多，晚上还要参加'大炼钢铁'，为何成绩却没掉下来？"

这跟他学习中逐渐养成的好习惯分不开。

李曙光从小爱看小说，家附近有当时全市最大的新华书店。上小学时，他下午放学后就溜到里面，捧上一本小说细细品读，直到天黑才回家。到了中学，他又成了学校图书馆的借书常客。

除四大名著外，他还读完了《暴风骤雨》《铁道游击队》《林海雪原》《钢铁是怎样炼成的》。小说中身体残疾依然奋斗不息的保尔的名言，"当你回首往事的时候，不会因为虚度年华而悔恨，也不会因为碌碌无为而羞耻"，成为他人生的座右铭。

上初二时，有一次，李曙光将小说带到家里，夜里翻阅时因为深陷故事情节之中，每读完一章就特别好奇想知道下一章的内容，不知不觉看到凌晨三点。

第二天上课，李曙光晕晕乎乎、瞌睡不断，完全听不进老师讲的课。他马上警觉起来，必须自我控制，改掉爱看小说的"毛病"。

从此，他给自己立下规矩：无论什么样的小说，只有等到放假才借来看。"任何事，影响到学习我就不干"。

李曙光的另外一个"秘密武器"就是做作业"坚持独立思考"。

做作业时，不管遇到多大难题，他始终独立思考解答，从不问别人。

"因为做作业的目的不仅是巩固课堂知识,更重要的是锻炼人的科学思维能力。"

在他看来,如果遇到难题就去问老师或其他同学,听完别人的讲解看起来自己也会做了,但是这道题依然"算是白做了",因为"思维没得到训练"。

多年后,他告诫年轻学生,分析问题的思维能力是在平时作业中训练出来的,每独立完成一次作业就会得到一次思维训练,久而久之思维能力就会提高。

他举例说,中学学的几何定理会渐渐被遗忘,"有的学完就忘记了,有的学了却没用上",然而这并不意味着白学了,中学的几何学最重要的是培养、训练我们的逻辑思维能力。我的科学思维能力就源于坚持做作业过程中的独立思考。

德智体全面发展的中学时代

中学便开始接受社会磨炼的李曙光观察到,如今中学教育只关心孩子的智力发育而忽视劳动和体育教育,让孩子一心扑在学习上,课余最多练练钢琴、学学画画。而这些习惯于"衣来伸手饭来张口"的孩子们都没有真正接触和了解社会,遑论吃苦精神的培养。

李曙光院士的中学时光是"教育与生产劳动相结合"的年代。学校贯彻勤工俭学方针,学业的间隙,他们曾到华北缝纫机厂的大炉班当铸工,用

18 磅的大锤砸铁块，忙完一个上午，吃饭时端着碗的双手颤个不停；下午下班洗澡时，衣服一脱，全身都被铸铁的黑沙子染黑了。艰苦的劳动使他体会到当工人之不易。

周末他还在劝业场商店当过售货员，不打算盘用口算，一站就是 8 个小时。他甚至到公安局侦查科当助手，帮助破案，才知道"原来破案并不像小说写的那样"。

"做什么事情都有它艰苦的一面，也有自己的专业技能和规律"，回首青葱岁月，李曙光感慨接触社会百业，能够"对整个社会建立起一个系统的认知，而不是只会读死书"。

当时的中学的体育教育要求每个学生的体育都通过"劳卫制"标准（即苏联的"准备劳动与保卫祖国体育制度"），需要坚持锻炼才能达标。

校园里，体育中的佼佼者比学习上的尖子生更受同学欢迎。那时李曙光每天早晨要跑步锻炼，下午 4 点半放学后还要锻炼一个半小时，如踢足球、练体操，或举重等项目，直到晚 6 点吃晚饭。

李曙光至今感念，上小学时自己身体很弱，经常扁桃体发炎导致高烧。经过中学阶段的锻炼，身体素质显著提高，扁桃体再也不发炎了，"使我能健康地高强度工作 50 多年"。

这所男校最具特色的是游泳项目，一批体育老师兼任市业余体校的游泳教练，并将全市的游泳苗子吸引至此。学校每年组织全校水球比赛，每个班级都能建立起自己的水球队伍。

射击场上的宝贵一课

射击场上的一段往事让李曙光终生难忘。

高二那年,喜欢运动但是跑跳能力不强的李曙光,凭着好视力和臂力优势进入学校刚刚成立的射击队,"头一次光荣地挤进了校队"。

不久,李曙光代表学校参加了天津市举办的射击比赛,参赛项目是无托小口径步枪卧姿50米射击比赛。按照规定,"十发打够85环就能申报国家三级运动员"。

赛场上的李曙光沉着冷静,每打完一枪就把弹壳放到靶纸相应位置,观察弹着点距靶心偏离多少,思考着下一枪该如何修正。前面九枪,全都是9环甚至10环,打出了83环的好成绩。

就在此时,他思想上开起小差,想着最后一枪随便打个二三环就稳拿三级运动员了,心里美滋滋的,于是呼吸加快,心跳加速,托枪的手再也稳不住了,因时间到,慌忙中扣动扳机,眼前的一幕让他瞠目结舌——这决定成败的最后一枪,子弹脱靶了。

就这样,李曙光与近在咫尺的荣誉失之交臂,这也成为他青少年时代最"惨痛"的一次教训。

此后的人生道路上,他总是时时警醒自己,"做任何事情不能有私心杂念,不能过于注重个人名利,不然思想就会不专注,做事就会出问题"。

专业兴趣是可以培养的

高考前的一段插曲似乎是一首命运跌宕的"交响乐"。

高三下学期,学校获得两个留苏预备生名额,校长找来学校成绩最优秀的李曙光和另外一名同学谈话,按照要求,需要一人报文科一人报理科。这让眼前的两个理科生一时无从取舍。

最终,李曙光主动打破僵局选择了文科,将数理化全都放在一边,找来历史、地理课本抓紧背诵。

天意弄人。备考一月有余,校长突然找到他,通报消息:"中苏关系紧张,文科留苏计划取消了。"因此,李曙光还要参加国内高考,校长让他决定是考文科还是考理科。

此时,距离高考只剩下一周时间。李曙光五味杂陈,他仍决定考理科,这样一个多月的文科复习都白费了,他也只能临阵磨枪,快速复习,"第一天看物理,第二天化学,第三天数学……最后一天休息"。

似乎是上天的一个"玩笑",却成为检验李曙光平时学习效果的"试金石"。多年后,李曙光在大学校史馆看到了自己当年的高考成绩单——物理100分(满分),化学92分。

高考填志愿时,李曙光的理想是将来做个飞机设计师。初二那年起,李曙光加入天津少年之家航模小组,这成为中学时代一直伴随他的最大爱好,

"渐渐对航空事业产生了浓厚兴趣"。

高考前,他计划第一志愿报北航,但中学校长建议他考虑报考中国科学技术大学。当他得知空气动力学领域权威——钱学森任成立不久的中科大力学系主任,便听从建议,毫不犹豫地将第一志愿改为中科大。

彼时中科大在天津招生不填专业,学什么要听从分配,李曙光在其后的四个志愿中一律填报航空院校或航空专业,以期招生老师看到后能将他分到力学系。

然而当他兴高采烈地到中科大报到时,却被告知被录取到地球化学专业。"自己本想上天,这下入地了。"梦想化为泡影,李曙光痛苦得彻夜难眠。

他思考了很多,有两个理由说服了他,使他最终选择了服从分配。

一是中科大的专业设置都是国家急需的,"国家需要航空事业,也需要地球化学",他作为中共预备党员应当服从国家需求。

二是自己对于航空的爱好,其实也是因为参加航模组后对它有了深入的了解,才慢慢培养出了兴趣。"现在对地球化学没兴趣,恐怕是因为盲目和不了解,今后通过学习,对地球化学了解了,也可能产生兴趣。"

"所谓专业兴趣并非天生而来,而是可以通过学习和钻研,培养出来的。"从此他摆正心态努力学习,1963年还被评为中科大首届优秀学生。

此外,李曙光还指出,"成就感是产生和巩固兴趣的重要因素"。

1976年开始的国家铁矿科研会战中,李曙光任中科院鞍山-本溪铁矿科研队弓长岭黑富矿科研组组长。当时"弓长岭东南区深部是否存在富矿"存在争议，李曙光提出"用多元统计的数学方法做一个弓长岭富矿体的空间演化趋势面分析"来判断东南区深部是否存在富矿体及存在部位。

李曙光这项研究成果预测该区第 25 勘探线负 500 米处存在富矿。这一预测结果被当时的国家冶金部接受，并调千米钻进行钻探验证。结果就在他预测的位置上，一钻打出了 13 米厚的富矿层。

"那一刻才真正感觉到，我还能用地球化学方法为国家做点事。"学有所用，巨大的成就感让李曙光对专业研究产生了更大的兴趣，从此掀开了科研人生中不断绽放光彩的新篇章。

（雷宇，2019 年 5 月 20 日下午，北京，中国地质大学李曙光院士办公室）

李曙光院士简　介

李曙光，1941年生于陕西咸阳，地球化学家。2003年当选中国科学院院士。

1965年，他毕业于中国科学技术大学地球化学专业，并留校任教。1983～1986年，在美国麻省理工学院地球与行星科学系进修。曾先后多次赴德国马普化学研究所、香港大学做访问学者。

李曙光长期从事同位素年代学及同位素、痕量元素地球化学研究。最早发现超高压榴辉岩的多硅白云母含大量过

李曙光院士

剩氩，证明了超高压变质与退变质矿物之间存在 Sr — Nd 同位素不平衡，还首次精确测定了榴辉岩中金红石的 U — Pb 年龄。他最早通过测定大别山榴辉岩年龄获得华北与华南陆块在三叠纪碰撞的结论，首次测定出大别山超高压岩石的二次快速冷却曲线，并通过 Pb 同位素示踪揭示了超高压变质岩多岩板、多阶段的快速折返机制。系统研究了大别山碰撞后岩浆岩的地球化学特征，给出了鉴别加厚下地壳熔融的新的地球化学指标，建立了山根去根过程的两阶段模型。

2012 年调入中国地质大学（北京）后，组建了同位素地球化学实验室，建立了 Mg、Fe、Cu、Zn、Hf、Ca 等非传统同位素分析方法，开展了 Mg 同位素示踪深部碳循环的地球化学研究，发现了板块俯冲变质，脱水过程不导致变玄武岩 Mg 同位素分馏，碳酸盐岩和硅酸岩可发生 Mg — O 同位素交换反应，和太平洋板块俯冲导致的深部碳循环造成中国东部上地幔大尺度 Mg 同位素异常。

延伸阅读

李曙光院士：科学人生的大道理与小事情

20世纪70年代参加国家铁矿科研会战。自1983年以来，长期从事变质同位素年代学即造山带化学地球动力学研究。最早通过测定大别山榴辉岩年龄，获得华北与华南陆块在三叠纪碰撞的结论，并在超高压变质同位素年代学、冷却史和折返机制研究中做出重要贡献。2005年获何梁何利科学技术进步奖，2010年获国家自然科学奖二等奖。

人的一生应当怎样度过，才算是值得？人生价值当如何去体现？若不是去做一个混碗饭吃的人，又要有什么样的理想和抱负？

年过七旬的李曙光，常常将这样的问题抛给青年学子。这些问题背后，则是他关于世界观、人生观和价值观的大道理与大智慧。

无论坦途或是坎坷，李曙光始终都能在大道理中寻找到力量，让他在科学之路上坚定前行。

"上天不成，反而入地了"

第一志愿，中国科学技术大学；第二志愿，北京航空航天大学；第三志愿，西北大学航空系；第四志愿，哈尔滨工业大学航空系；第五志愿，南京航空学院。

这是1960年李曙光考大学时，在志愿表上填写的内容。

上中学时，李曙光参加了天津少年之家航模小组。"玩了近6年的航模，知道了不少航空知识，也就渐渐对航空事业产生了浓厚的兴趣。"高中毕业，他下定决心要做飞机设计师。

原本，已经为自己设计好人生道路的李曙光，想要第一志愿报考北航。后来，他从中学校长处得知，钱学森先生在刚刚成立不久的中科大力学系当主任。校长建议成绩优秀的李曙光报考中科大。

"钱学森是空气动力学领域的权威，那好，我就第一志愿填报中科大。"李曙光觉得，既然要学航空，就要到最好的地方去，于是毫不犹豫更改了志愿。

当年中科大在天津招生时，要求只填报学校，不填志愿，去哪个专业一律服从分配。"我想让招生人员明白我喜欢航空，希望能把我分配到力学系去。"为了表达自己对航空事业的强烈爱好，李曙光就在中科大之后填了一溜航空院校和专业。

然而，世间之事似乎总不能尽如人意。李曙光万万没有想到，他如愿走入中科大校门时，却被告知要到地球化学专业报到。

"我的心一下就凉了。"李曙光在中科大宿舍里度过的第一个夜晚彻底失眠，"中学六年想的就是航空。现在可好，上天不成，反而入地了。"

回想那个难忘的夜晚，李曙光记忆犹新，当时只感觉自己的理想似乎就此破灭了。可是，面对如此巨大的思想冲击，他也只是用了那一夜的时间，就想开了这突如其来的变化，卸下了思想包袱。

今天的很多青年学子也许很难理解，让他打开心结的，首先是一些关于人生观、价值观的大道理。在高中毕业时加入中国共产党的李曙光想到，自己的成长离不开党和国家的教育培养，服从组织需要怎能仅仅停留在口头上。

"国家既有航空事业，又有地球化学专业，说明它们都是国家的需要。我们没有任何资格跟党在这个问题上讨价还价。"李曙光想明白了，既然国家需要他做地球化学，那就应该服从分配。

虽说要服从分配，但若是对地球化学真的没有兴趣怎么办？李曙光回想起，自己对于航空的爱好，只不过是因为参加航模组之后，对它有了深入的了解，慢慢培养出了兴趣。

"现在对地球化学没兴趣，恐怕是因为盲目和不了解。"李曙光也想通了，所谓专业兴趣并非天生而来，而是可以通过学习和钻研，培养出来的。

"专业变化的问题解决得这么痛快，就是这些大道理起了作用。"迈过这道坎，李曙光再也没有动摇过，全心全意扎进地球化学专业。

科研会战展拳脚

李曙光深知，要想培养出专业兴趣，只是对地球化学领域有所了解还远远不够。产生实质性的兴趣，需要更扎实的基础知识和实验技能。

为此，他在大学期间发奋努力，各门课程都取得了优异成绩。1963年，他被评为中国科学技术大学第一届优秀学生。1965年毕业后，他留校在近代化学系地球化学教研室任教。

与那个年代毕业的很多大学生一样，接连而至的政治运动，中断了李曙光的学术研究。这一耽误就是8年。

直到1972年，李曙光才得以再次开展教学、科研工作。他先后参与铜陵铜官山铜矿的尾砂综合利用研究、中科大矿物岩石鉴定方法课程的教学和实验室建设、领导建立硅酸盐岩石化学分析实验室并开设相关课程。

"那时候憋着一股劲儿，想追回'文革'中失去的时间。"李曙光的拼搏精神不减当年，如饥似渴地学习，甚至跟着广播重新学起了英语。

对于年轻气盛的李曙光来说，他更希望自己能够利用所学，解决一些实际问题，施展一番拳脚。"只有获得成就感，才能带来发自内心的兴趣和对专业的热爱。"在他看来，这样的兴趣才足够实在和坚定。

终于，李曙光迎来了机会。1976年至1980年，他参加了国家铁矿科研会战，被任命为中科院"鞍山－本溪铁矿科研队弓长岭磁铁富矿科研组"的组长。

科研队进驻鞍山开展工作后发现，在弓长岭的东南区，已勘探的深度500米以上部位都是氧化贫矿。这一地区深部是否可能存在富矿？对此大家争论不休。

此时，李曙光想到，几年前因为对数学在地质学中的应用问题很感兴趣，他曾花大量精力自学大学期间未曾学过的线性代数、多元统计和计算机语言等课程。

"我能不能利用多元统计的数学方法，做一个富矿体的空间演化趋势面分析？"李曙光的想法得到了支持，矿厂向他开放所有资料。完成统计分析工作后，他预测，在弓长岭东南区第25勘探线负500米处存在富矿。这一预测被冶金部接受，并调千米钻进行钻探验证。

结果就在李曙光预测的位置上，一钻打出了13米厚的富矿层。"那时才真正感到，我还能在地球化学领域为国家做点事。这种成就感让我一下子提起了更大的兴趣，后边的工作越做越带劲儿。"李曙光愈加感到，地球化学领域海阔天空，是可以让他大展拳脚的舞台。

实践出真知

1983年，中科院公派李曙光前往美国麻省理工学院（MIT）访问进修，在国际著名地球化学家、美国科学院院士S.R.Hart的研究组学习同位素年代学和地球化学。这次留学经历，成为李曙光科学生涯的重要转折点。

"我们常说要攀登科学高峰，首先得知道高峰在哪儿啊。"接触国际领先的科研团队，李曙光眼界大开，对前沿基础研究和顶尖科学家的工作感同身受，认识到国内的差距。更重要的是，他亲身体会到了严肃的科学态度、严密的科学方法。

挑选矿物样品，是地球化学实验的一项基础工作，看似是一件很小的事情，但却非常枯燥。"趴在显微镜下一颗颗地挑。为了挑出一组合格测年样品，常常要三班倒地挑一个月。"李曙光说，这是国际通行的实验规范，然而在国内，当时很多人都不会认真地去做。

在地球化学领域，测任何样品都要非常新鲜，不能有丁点蚀变。只有经过细致的挑选工作，样品才能代表真正的原始信息。"这是人人都懂的简单道理。但为何还有很多人测错地质年龄？"在李曙光看来，这都是不老老实实在显微镜下做这种艰苦工作的结果，科学实验来不得半点侥幸。

对于科研，李曙光亦总结出很多的大道理。比如在他看来，科学家一定要有不甘平庸的创新意识，也因此需要敏锐的嗅觉。

去麻省理工学院（MIT）进修前，指导教授Hart让李曙光作新生代玄武岩的地幔研究。"比我先出国的三个同事都做这个题目，我还拿那些样品去重复研究没啥意思。"李曙光坚持自己的想法，带着很多太古代的绿岩带样品前往，打算作老地幔研究。

他的学术挚友、著名地质学家孙贤鉥建议，"秦岭造山带"作为中国南北方的地质分界线意义重大，希望李曙光在美国期间也能做些这方面的工作。

在此建议下，李曙光考虑到大别山是秦岭造山带的一部分，又在家门口，就前往秦岭、大别山采样，并在大别山绕拔寨采到一块特殊的镁铁质变质岩石——榴辉岩，带着它去美国学习、研究。

在 MIT 期间，李曙光学习到 Sm-Nd（钐-钕）同位素测定方法，用此类同位素对榴辉岩定年非常合适。1985 年，他就测定了这一榴辉岩的 Sm-Nd 年龄。

为了弄清楚榴辉岩年龄的地质意义，李曙光在阅读变质岩文献时看到，1984 年在阿尔卑斯山和挪威西部发现柯石英的重要进展，意味着陆壳可以俯冲至地下至少 90 公里深度。"陆壳俯冲"概念的提出，引起了国际地质界的震动。

李曙光马上意识到，他第一个测定的大别山榴辉岩 Sm-Nd 年龄，有指示华北和华南陆块碰撞时代的重要地质构造意义。

1986 年回国后，李曙光放弃了已有多年积累的太古代地幔研究，集中精力研究超高压变质岩和大陆深俯冲的题目。1987 年，他申请了自己的第一个国家自然科学基金项目，系统研究大别—苏鲁造山带的榴辉岩 Sm-Nd 年代学。

1989 年，大别山榴辉岩年龄测定的论文发表在《中国科学》上。同年，大别山也发现了柯石英。李曙光成为大别山陆壳深俯冲研究中，第一个发表同位素年龄的人。

作为世界上最大的一个超高压变质带，大别山的陆壳俯冲成为国际研究的热点。十多个国家的地球化学家纷纷进驻大别山，一场科研竞赛也就此展开。

"全世界的竞争，只有第一，没有第二。"要想成果产出第一，必须投入超过别人。为此，李曙光将全部精力投入大别山的研究，集中兵力打歼灭战。强烈的求胜欲望和对于兴趣的痴迷支撑着他，"在这个行当要出成果，工作与生活就不可能分开"。

回想起来，李曙光说自己的科研转向可谓"有心栽花花不开，无心插柳柳成荫"。在这个方向上，他一做就是20年，成为其后半生科研的重点，并取得一系列重大成果。发表在国际顶级杂志上的3篇代表性论文，引用量均过百，已成为这一领域的经典文献。

李曙光常常用他的亲身经历告诉学子们，科学问题更多是在科学实践中发现的，不可能空想出来。除此，科研成果还要经得起检验。

李曙光最早测定报道的大别山榴辉岩Sm-Nd同位素年龄是240百万年，属于早期三叠纪。这一年龄在国内引起很大争议，很多人不承认。国内有不少人采样重测，得出的结果五花八门，差距极大。

"但是，所有国外研究室得出的数据都支持我的结论。后来国内引进高精度离子探针，才证明了我的结果正确。"争论了10年之久，李曙光得出的早期三叠纪碰撞时代的结论最终得到公认。

这得益于李曙光在MIT期间严格的样品挑选工作。在严密的科学方法面前，科学并无诀窍可言，只有一丝不苟的精神。也正是如此，才成就了李曙光一生最重要的学术贡献。

科学家的境界

回顾自己的科学人生，李曙光有不少感悟。近年来，他去过很多所大学，与年轻学子分享他对于做人、学习和从事科研的心得，也曾在不同场合呼吁科学家要重视声誉。

对于科学家的声誉，李曙光认为是由学术水平、对科学发展的贡献和在科研工作中的为人及道德操守决定的。简单来说，无非也就是做学问和做人的要求。

"科学研究有两重性，既是追求真理的探索行为，又是一种谋生职业。"在李曙光看来，作科学研究的人，也因此会有两种不同的境界。

第一种境界，是将追求真理、探索自然奥秘作为自己毕生的志向；而第二种境界，仅仅是将科学研究当作养家糊口的手段，发现和创造则在其次。李曙光认为，只有在第一种境界下，才能称其为科学家。"追求真理是第一位。如果将二者颠倒，道德操守又不严，就会产生学术不端行为。"

李曙光告诉记者，中科大校训"红专并进"对他一生有重大影响。"红专"是20世纪60年代的提法，在他看来，其实讲的也就是既要学会做人，又要学会做事的道理。

在很多人眼里，李曙光的感悟都是大道理。但他始终认为，这些道理其实并不空洞，因为"世界观、人生观的问题并不抽象"，而是会通过一件件的小事情"落实到对待科学工作的态度上"。

（资料来源：郝俊，《中国科学报》2012年6月25日）

一问一答

问：如何从小培养自控能力呢？

李：要明白自己的身份——学生，学习是第一位的事，别的都是业余爱好。要全面发展，但同时学习不受影响。我坚持最久的爱好就是航模，初二加入了天津少年之家航模组，为什么会坚持这么久呢？因为可以增长知识，了解飞行原理、飞机结构等。而且如果你要模型飞机会飞得好，就要掌握基本的数理化知识，那么数理化的成绩就会好起来。

问：最近这几年，在整个教育科学领域里谈得比较多的话题就是"钱学森之问"，认为如今优秀的人才越来越少、越来越难出现，您对此有何看法？

李：我不太同意"现在优秀人才越来越少"的看法，好像只有西南联大才能出一批人才。那时在西南联大是出了一批比较杰出的科学家，这些科学家的贡献大部分是在美国留学期间做出的。如果按照这样来看，我们今天在国外做出贡献的人也不少。

其次就是名气，一些人被称作大师，是因为那时候的人才少，其中做得不错的人就能算得上是大师。这部分人中，一些可能本身并没有在科研上发现新东西，但是他们属于开创者。

今天的情况确实不一样了，但现今科技界的杰出人物也很多。我曾形容我们这一代是"过渡的一代"，"文革"期间我们耽误了十年，直到50多岁我们还是在追在赶，真正的目标是要做到世界一流。虽然我们这一代最好的年华已经过去了，但是我们可以培养人才，我们去国外进修，再回来改进我们的教学。

只上过一年中学，从赤脚医生一步一个脚印走到中科院院士。

陈孝平院士：老实人才是最聪明的人

用一生为这个"聪明与老实"
的人生成长辩证法写下注脚

"为什么是陈孝平?"

一个只读了一年中学,从乡村赤脚医生走出来的年轻人,最终成为"中国外科之父"裘法祖院士的衣钵传人。很多人不禁要问,"那么多优秀的年轻人,为什么挑中了他?"

这如同一个硬币的两面。

很多成功者常常感恩于自己遇到了一位好老师,"但好老师面前有那么多学生,为什么偏偏是你走得更远呢?"

"师徒两院士"传奇佳话背后,陈孝平至今清晰地记得恩师一次感喟中流露出的答案,"看准一个人,五年八年还不行,没有十年二十年考验看不出来"。

这位湖北医学界目前唯一的科学院院士难以忘记恩师的谆谆教诲,"老实的人才是最聪明的人"。并且用一生为这个"聪明与老实"的人生成长辩证法写下注解。

人生职业大体莫过如此。

"小学五年级突然知道用功了"

他常常是班里倒数第一第二,家里唯一的办法就是用棍子打。

1953年6月,陈孝平出生在安徽阜阳一个贫困的平原小村庄,兄妹5人,他是家中的长子。

20 世纪 50 年代末开始的那场三年自然灾害中，漫天黄土、满地蝗虫的景象，构成了陈孝平童年记忆里最深重的底色。

陈孝平上的淮新小学就在村里面，房子都是破破烂烂的，老师大多是当地小学毕业生，初中毕业的就算大知识分子了。"那个时候我们敬仰的对象就是有文化的人。"

父亲在合作社当小职员，母亲是地地道道的农村人，还是文盲。小学里没什么家庭作业，父母各忙各的事，完全是散养。

陈孝平说自己小时候似乎是稀里糊涂过来的。小学前几年，常常是班里倒数第一第二，从来没有考过第一，家里唯一的办法就是用棍子打。"成绩好没有表扬，但是成绩不好肯定是要挨棍子的。"

命运的转折充满了偶然。

五年级时家乡发大水，区里中学下派抗洪的一位王老师经常到陈家歇脚，他拍着陈孝平的小脑袋鼓励："好好读，考中学考到我们学校去。"

就像内心突然被一束光照亮，陈孝平一下子知道用功了。

他约了几个小伙伴每天晚上开小灶自学，因为家离学校比较远，中间一段路空荡荡的瘆人，就干脆带着干粮住在学校里。

和今天的教育培训言必谈钱截然不同，让陈孝平感佩的是，彼时那些老师的敬业精神。

几盏煤油灯下，小伙伴们集体自习。只要有人在，老师们就一直陪着。记忆很深的是数学老师，自己的水平也很有限，就帮大家一起琢磨题目。

1965 年，陈孝平以全区第二名的成绩考上了区里的曹集中学，同时一起备考的几个小伙伴也都考上了!

学校距离家有 30 里地,小孩子走路需要大半天的时间。两个星期放一次假,吃饭的米面自己背。因为个子小,村里比自己大几岁的邻居小哥哥有时候就帮着背,走一段歇一歇。

当时乡村校园生活的艰辛,今天的青少年或许难以想象。

睡觉是用农村建房的土坯围两排大通铺,到了冬天,两个同学搭伙,铺点稻草,一个人的被子放在下面垫,另一人的一起盖,半个月一轮换;最高兴的是夏天,凉席一放就能睡。

所谓的菜,就是自家用黄豆做的豆瓣酱,一吃半个月,发霉是常事;父亲每次给他 3 块钱,偶尔可以买一次食堂炒的青菜。

然而,到了这个集镇上的中学,陈孝平却有种"刘姥姥进大观园"的感觉。"街上都是漂亮的大房子,还有好多商户,大开眼界。"

让人兴奋的是,这里的老师水平也高了。有的是高中毕业的,有的是师范毕业的,"懂的东西太多,突然之间,感觉像是遇到了专家"。

初一时,学校开的课程很少,只有语文数学,物理化学都没有。班上有个叫陈刚的同学,非常聪明,读第一学期的时候,就把第二学期的书全部看完了;第二学期又把初二的数学题全部做完了。这个小考侥幸考了学校第二名的少年只有追赶的份。

校园阅读丰富起来,陈孝平最喜欢看的是《西游记》,还有《水浒传》《三国演义》。他看了很多《西游记》的连环画,特别喜欢孙悟空,有创造性,敢作敢为;水浒中最喜欢的一个人是林冲,这个八十万禁军教头"不管在什么位置上，都任劳任怨，这是一般人做不到的"。

校园里的体育活动也多起来。

乒乓球运动员荣国团为国争光的故事广为传播，体育老师教大家玩起乒乓球：几块砖在中间一拦当球网，山上就地取材的木头板子割成球拍。

陈孝平进步很快，第二个学期进入到校队，场地从室外搬进了木头房子里，球拍也变成有胶皮的了。

县里举办中学生乒乓球比赛，老师带着六七个学生走了四五十里路去参赛。漫天风雪，手脚冻得冰冷冰冷的，但这也是农村孩子第一次进城。半个世纪后回想，陈孝平印象中依然是青涩年华里周围同学满眼羡慕的目光。

一年之后，"文化大革命"开始，陈孝平的中学时光刚刚开篇，一切又戛然而止。

"农村天地成为人生的另一所学校"

陈孝平对于新奇的事常自己模仿、自己创造，乡间野趣中，
激发了他无穷无尽的想象力和创造力。

在人民公社的生产小队，13岁的陈孝平开始了日后被很多人称为"另一所学校"的生活。

返乡的陈孝平被分配负责割草、喂牛。每天要走到10里路外的野地里割草，30斤的草料背回来就算一天的任务。

对于十几岁的小孩来说，开始感觉很重，但活越干越熟练了，体力也锻炼得越来越好了。开始要花四五个小时干活，后来一两个小时就完成了。剩下的时间，几个孩子就到水里去游泳摸鱼，有时候还会带一串鱼回家。

不需要专门训练，大自然就是最好的学校。江湖里的野路子，让陈孝平练出了一身好水性。涨洪水时，家附近的淮河两岸距离四五里，比长江很多地方还宽，大人们在岸上吓得直叫唤，而几个孩子在水里却越游越高兴，还常常比试着一只手托举衣服，一直游到对岸去了。

为了安全起见，阻止儿子偷偷下水游泳，陈孝平的母亲想了个办法，用锅灶下面烧的黑烟灰往他肚脐上一抹：就看锅灰还在不在，在就没事，如果肚脐上的锅灰消失了，说明下水了，接着就是一顿打。

除了玩水，陈孝平还有一个爱好：爬树。几个调皮的小伙伴常常比赛看谁能爬上最高的树，并且比谁能把树枝压得更弯。爬树后就掏鸟蛋，布谷鸟的窝很低，因此很容易把小雏鸟拿回去，但常常养不活。

最快乐的当属"摸秋节（就是中秋节）"。按当地的习俗，这一天晚上，允许相互之间到任何一家地里去偷东西，孩子们只要看哪一家向日葵、玉米棒长得好就掰几个下来。

有个表亲长辈专门种瓜，陈孝平就去讨他喜欢，经常晚上跟着到瓜地里抓刺猬，他们先挖一个陷阱，月夜下的少年屏住呼吸，心怦怦地跳，一直等到刺猬掉进坑里。

经年之后，见惯了后辈们在钢筋水泥丛林里的生活，陈孝平不禁感慨昔日在乡村的童年才是真正的童年，才会像鲁迅笔下的闰土，知道如此之多的新鲜事。

大坝上的定位测量仪,逢年过节时的皮影戏……陈孝平对于新奇的事自己模仿自己创造,乡间野趣中,培养和锻炼了他无边无际的想象力和创造力。

譬如享誉全世界的"陈氏肝脏双悬吊技术",就能从陈孝平儿时的小手工中找到"伏笔"。肝脏手术中有一个关键步骤,需要将肝脏悬吊起来充分暴露,传统肝脏悬吊技术用坚硬的器械盲穿悬吊,极易引发大出血。陈孝平想出建立肝后间隙通道,沿通道放2根软条带,一根向左拉,一根向右拉,操作简单又安全。

因为方法"太土气",他甚至很长时间不敢拿出来讲,直到国外有专家在杂志上发表类似的技术后,他才将自己的方法公布于世。"这不是传统书本上的东西,完全是自发想象出来的"。

1969年,国家大规模培养基层赤脚医生。每个队都要派出一个人学医。怕打针、看到医生都会发抖的陈孝平被推了出来,经公社医院短暂培训了三个月,陈孝平成了来往于田间地头和走村串户的"赤脚医生"。

跟着老师到田间地头挖中草药,从最初的感冒、腹痛,到逐渐可以处理稍复杂的疾病,这段经历让陈孝平感受到了作为医生的责任和魅力。

然而,对于彼时的少年陈孝平而言,最大的梦想是"能够去当兵"。

"就觉得穿军装戴军帽很神气,打枪、打炮很过瘾。"他一度报名参军,但是年龄不够没有被录取。

生活的剧目中总有那么多阴差阳错。

1970年,县里推荐"工农兵学员"到蚌埠医学院学习,公社领导开始选定了一位姑娘,但她要求进城当工人,17岁的陈孝平作为"替补"得到了这个改变命运的机会。

他至今记得突然收到通知的那个夜晚,应要求连夜到县医院做体检。当时公社离县医院有35公里,平时不苟言笑的父亲带着他骑单车赶路,到达时已是凌晨5点。

很多年后,当年带他做体检的医生追忆,当时大家都在议论,"说你是癞蛤蟆想吃天鹅肉,小学生水平还想去上大学,等着自己跑回来吧!"

这个"赤脚医生"最终没有"跑回来"。抗震棚里背英语,别人休息的时间仍在学习,陈孝平一步一个脚印走进了专业医疗队伍。

1979年,乘着改革开放的春风,陈孝平考上同济医学院研究生,师从我国外科医学奠基人、被誉为"中国外科之父"的裘法祖院士,人生从此掀开新的一页。

"老实的人才是最聪明的"

> 同事间渐渐流传出一个玩笑,"两个手术台,一个台子上睡狗,另一个台子上睡陈孝平"。

回望逝去的中学时代,在农村这所学校里,陈孝平也有今天青少年一代无法想象的收获,"最大的资产就是多年来养成的吃苦耐劳精神"。

夏天为了排涝，吃住都在田里，没有抽水机，只能用盆子一盆一盆往外泼；四处都是野蚊子，驱蚊装置简直就是天方夜谭，蚊子叮人都觉得是正常的，每个人身上全都是大毒包，一片红肿奇痒难耐，有人还因此得了疟疾。"再苦再累，都没有怨言。"

还有"集体精神，这个是现在所没有的"。

彼时的生活环境中，公社、生产大队、生产小队，所有东西都是集体的。大家有什么困难都是一起去做，一起去克服，是一个整体，只要有人号召，大家都一起去了，不同于今天大家习以为常的"凡事都想着讨价还价"。

这样的历练滋养了陈孝平的整个科研生涯。

20世纪80年代，陈孝平读研究生时，做动物实验，十几条狗的吃喝拉撒，全部都是自己负责。为了给狗补充营养，就到食堂找师傅要剩骨头；大便小便臭得一塌糊涂，自己打扫。有一天一个教授看到后惊讶地问，"你怎么受得了？气味太难闻了！"但当时的陈孝平丝毫没有认为是在吃苦。"我做的研究，这些事情就应该我干，关键是这一点。"

做肝移植手术试验，开完刀后连续两个星期都要观察。陈孝平常常就住在医院的实验室里，手术结束后睡在狗的旁边。同事间渐渐流传出一个玩笑，"两个手术台，狗睡一个台子，陈孝平睡另一个台子"。

勤则不匮。从医40年，在肝脏外科领域，陈孝平施行和指导施行各种肝胆胰手术2万余例，其中包括肝癌7000多例，多次打破该领域手术禁区，在世界创立了3项中国人的原创手术方式。时至今日，每次手术之前，他依然会亲自看片子制定手术方案、手术之后还要一天三次查房，危重病人还会夜查房。

2014年12月4日，全球科技领域顶级权威杂志 Nature（《自然》），介绍了陈孝平在肝胆胰外科领域中取得的成就。文章评价道，"陈孝平教授对肝胆胰疾病的治疗做出了救世贡献，是国际肝胆胰技术改进和创新的领导者"。

他也感慨于今天年轻一代的"娇生惯养"，一点苦都吃不了。比如让他去加个班，他不愿意；晚上值班睡觉，病人不好叫他看看，连病床都不愿意跑。他用自己观察的案例告诫年轻一代"集体意识缺失，会吃单打独斗的亏"。

有个医生每次开刀开不好，就把周围人员全都骂一遍，钳子摔得满地都是，最后大家都躲着他走。外科手术都是团队的工作，他一个人干不下去了只能换地方，最后没干两年就退休了。"实际上他技术很不错，成就也很高，就是没有集体精神，这一部分人最后很难走得远。"

但是这一次抗击新冠肺炎疫情最前线的见证，刷新了他对"80后""90后"的看法。"年轻医生绝大多数都是自愿报名参加，他们不叫苦不叫累，防护服一穿，数个小时就坚持下来了，不再是娇滴滴的一代了，真正体现了国家有难、匹夫有责的个人担当。"

陈孝平曾经的母校蚌埠医学院，一个名不见经传的地方院校培养出四位院士，校园里一直秉持一个理念，"传授给学生一把有温度的手术刀"。而自己的恩师裘法祖更是提出"德不近佛者不能为医"。

陈孝平说，自己成为裘老的第一个博士后，有机会长期接触，学到的最珍贵的东西，就是"做个好医生"。

听到年轻医生问，"我为什么要做？对我有什么好处？"陈孝平常常袒露心声，"你只要做对别人、对社会有用的事，至少在你良心上自我感觉是好的。比如说我哪一件事情做错了，或者哪个病人出什么事情，就会懊悔很长时间，这是医者的良心和责任"。

"三不计较"，是陈孝平时常对学生念叨的话：不能计较时间，医生的时间是属于医院和病人的；不能计较金钱，学医之人贪图金钱就会出大事；不能计较一时的得失。

陈孝平曾经的一个病人肝脏上长了肿瘤，她就诊了不少医院，医生都说需要开刀，但是她都因为害怕而拒绝了。到了同济医院，陈院士让她躺在床上，摸摸肚子，听一听，她就决定留下来做手术。过了三四年后，当陈院士再次遇到她，她说陈院士你知不知道我为什么在你这里开刀？"因为我看了一圈，没有一个人给我摸过肚子，只有你给我摸了肚子、做了检查。"

"最老实的人才是最聪明的人。"四十年后回首，裘老的教诲犹在耳边——做人要老老实实，欲速则不达，千万不要把自己的聪明才智用到不该用的地方，否则就会走上歪路。

而他也用自己的一生为这个"聪明与老实"的人生成长辩证法写下注解。

（雷宇、常宇，2020年8月，同济医院陈孝平院士办公室）

陈孝平院士简 介

陈孝平，1953年6月出生，籍贯安徽阜南。1973年毕业于蚌埠医学院，1982年和1985年分别获同济医科大学医学硕士和博士学位。现任华中科技大学同济医学院附属同济医院外科学系主任、肝胆胰外科研究所所长等职务，2015年当选中国科学院院士。

从事外科临床、教学和研究工作40余年，在肝脏外科领域，施行和指导施行各种肝胆胰手术2万余例，含肝

陈孝平院士

癌 7000 多例。在裘法祖、吴孟超和汤钊猷等前辈的工作基础上，他在肝癌外科治疗和肝移植方面做出了系统的创新性成果：提出新的肝癌分类；提出大肝癌可安全切除的理论；建立 3 项控制肝切除出血技术和 1 项肝移植术。这些理论和技术已应用到临床，效果显著。

曾获得国家科学与技术进步奖二等奖、国家级教学成果奖二等奖、教育部提名国家科技进步奖一等奖、中华医学科技奖一等奖、何梁何利科学与技术进步奖、中国抗癌协会科技奖一等奖、湖北省科技成果推广奖一等奖、湖北省科技进步奖一等奖各 1 项，并获得中国肝胆胰外科领域杰出成就金质奖章。先后被评为全国教学名师、全国卫生单位先进个人、卫生部有突出贡献的中青年专家、全国"五一劳动奖章"和全国医德标兵。

延伸阅读

陈孝平院士：做人民的好医生

"做人要知足，做事要知不足，做学问要不知足"，裘法祖院士的这句名言早已成为华中科技大学同济医学院附属同济医院肝脏外科教授陈孝平的座右铭。作为裘法祖院士培养的第一个博士生，他倾尽全力为患者解除病痛、潜心科研、教书育人，一步一个脚印实践着心中的理想——做个人民的好医生。2015年底，陈孝平荣膺中国科学院院士，这既是激励他继续前进的动力，也是对他职业生涯的肯定。

"不看片子不做手术"

陈孝平的一天是这么过的：早上7点到医院，用1~2个小时处理紧急突发情况，包括病房里和学术上的，一般9点半进手术室，有时连续2~4台手术。每天除了早上查房，下午、晚上也一定要去病房转转，这早已成为陈孝平多年的习惯。一个手术患者，术前、术中、术后，他一天至少要检查3次。晚上则常常在办公室写文章到深夜。患者有什么异常，年轻医生随时可以找到他。"看看当天做手术的患者情况如何？看看明天要做手术的患者准备如何？不去看看，总觉得心中少了一块似的，睡也睡不安稳。"陈孝平说，"这也不是谁要求的，只不过以前跟的老师都这样做，久而久之，自己也就这样做了。"即便是出差在外，他也会晚上准时打电话回病房了解患者情况。出差归来第一件事就是马不停蹄拖着箱子去病房看看患者，顾不上回家。

20 世纪 90 年代初，肝脏外科还没有重症监护病房，重病号做完手术只能直接住在手术室里观察。陈孝平索性在病床旁搭一张床，睡在那里，随时观察患者术后情况，随时抢救治疗。熟悉陈孝平的患者都知道，他还是个"B 超医生"。他对所有主刀的患者，都要亲自看 B 超的动态影像，而不是只看纸质报告。每个星期二是他固定的读片时间，他说："一个好的外科医生，应该先看片，再看报告。因为外科医生不仅要对疾病有明确诊断，更要了解肿瘤的确切位置，其与周围器官的关系。有目的地做手术，才能避免不必要的损伤。"陈孝平对每一个术前患者，不仅亲自检查看片，还要求把各种检查结果带进手术室，随时使用，避免失误。于是，陈孝平为患者付出了更多的时间和精力。

高玉林是名 60 岁的山东乡村教师，2002 年发现肝硬化，2006 年初查出肝癌。2006 年 5 月慕名来找陈孝平给他做了肝移植手术，手术很成功，结束的时候已经是晚上 6 点。一出手术室陈孝平匆匆喝了口水，马上又去看刚回病房的老高，观察手术后的各项指标情况，给出医嘱，还特别嘱咐护士们操作要轻，尽量不发出声音，"老人家经历了这么大的手术，让他好好睡睡吧"。得知高家经济困难，陈孝平千方百计节省医疗费用。在陈孝平及医务人员的精心治疗下，老高康复出院。高玉林回家后，2007年5月20日发现胆管阻塞，辗转几个大医院病情都没能有效控制，陈孝平得知后，又把高玉林接到同济医院，再次为他进行胆管手术。因为老高多次手术后解剖变异，加上粘连严重，陈孝平手术中反复看片子，思考解决方法，手术从早上开始一直到下午做了整整6个多小时。陈孝平笑称："这是我一辈子遇到最难的一次胆总管探查术。"手术做得很成功，2周后老高就下床走路了。

"做医生要有聪明的头脑，更要有温柔的心肠与充满爱的双手。"陈孝平常常对团队成员这样说。一次，陈孝平查房时，看到一名医生做腹腔穿刺，将患者的衣服大大敞开，当时是冬天，虽然病房有暖气，陈孝平察觉患者因为恐惧仍然感到冷，他立即疾步上前为患者盖好衣服，只露出操作部位。事后他严厉批评那位医生："你知道吗，患者术后体质很弱，加之又是冬天，腹穿时除操作部位外，其他部位不必要暴露，否则患者可能因此增加痛苦。"陈孝平告诫年轻医生，"患者不是冰冷的操作仪器，知道怎样真正体贴患者，才能算是一个好医生"。

至今，陈孝平已经做了一万多例肝脏疑难手术。他每天分秒必争，不肯懈怠，因为对他而言，挽救患者的生命就是医生的全部。

"患者的疾苦让我不懈地创新"

20世纪80年代，中国人因为营养状况不佳，中国仍然是世界上的肝病大国，肝癌的发病率极高，让从事普外专业的陈孝平为患者揪心。

肝脏是人体内最大也是最重要的器官之一，血供丰富、功能复杂，因而肝脏外科也以难度大、危险性高，"手术禁区"多著称。1973年，陈孝平大学毕业参加工作，刚工作的6年里从未看见一台肝切除手术。选择肝脏外科作为主攻方向，陈孝平颇有点知难而上、舍我其谁的胆略和勇气。

2009年11月3日，一场不寻常的手术正在进行。同济医院外科手术室，一位普通的母亲为割肝救子日行十公里减去脂肪肝，正在接受亲属间活体肝移植。与手术同步，中央电视台全程直播"暴走妈妈"的手术，全国亿万人为术中母子揪心。手术台边，陈孝平"坐阵"，率30多位医护人员全力以赴。这场肝移植手术历经漫长的14个小时，最终母子平安。在业内，器官移植是外科手术的"王冠"，肝移植更以手术难度高被称为"王冠上的明珠"。在国内，亲属间辅助性部分活体肝移植从理念到实践，都由陈孝平首创。

早在20世纪80年代，陈孝平在国际上第一个提出了"亲属间活体肝移植"的理念；2008年，陈孝平主刀，国内首次亲属间活体肝移植手术获得成功。早在1982年至1985年，他就提出，良性肝病全切肝脏没有必要，患者只需37%左右的肝脏就可能维持功能的新观念。这样，供肝体积小，供者的安全系数更大一些。他心里的目标是：这位母亲不仅要安全手术、健康恢复，更要正常生活。

然而，更艰难的挑战降临。正常肝脏有一根胆管，1厘米粗细；但切下这位母亲肝脏时，医生才发现，肝内胆管竟然有4根，根根细比铅笔芯！这在医学上被称为基因变异，该基因变异极为常见，存在于超过一半的健康人身上，这就给医生手术带来更多不确定因素。考虑这位母亲胆管太细，部分缝合效果最佳。在国内，能做这种手术的医生凤毛麟角，而类似手术，陈孝平已做过上百例。这一次，要同时缝合4根，陈孝平沉着应战。直到晚上，最后一根胆管才缝合成功，而手术远没有结束。但是，最难的关头过去了，陈孝平一直悬着的心放下大半。

对医者来说，普爱精神与奉献精神正是陈孝平医学创新精神的内核，他因此敢于在肝脏外科领域打破种种禁区。在寻找简单、安全、有效的出血控制技术中，"陈氏肝血流阻断法""陈氏肝脏双悬吊技术"等开创性的以陈孝平本人命名的手术术式颇为引人瞩目。

2014年12月4日，全球科技领域顶级权威杂志《自然》评价，"陈孝平教授对肝胆胰疾病的治疗做出了救世贡献，是国际肝胆胰技术改进和创新的领导者"。陈孝平的不断创新，简化了肝切除的方法，提高了肝切除的安全性，极大地推动了我国肝脏外科手术技术的发展，使我国肝脏外科领域在国内外处于领先水平。这些研究成果已在国内60多家地市级以上医院推广，临床应用2万多例，社会效益显著，并于2004年获国家科学技术进步二等奖。

"培养更多的好医生"

对于教学的意义,陈孝平这样打着"小算盘":"当医生,我每天最多看 20 个患者;如果我培养了 200 个学生,他们都能成为好医生,那每天就有 4000 个患者受益。当桃李满天下的时候,你会觉得自己是世界上最幸福、最富有的人。"原来,这就是陈孝平数十年坚守教学第一线的"秘密"。

陈孝平先后主编教材、专著及参考书 20 余部。培养了博士后 3 名,博士 30 多名,硕士 60 多名,完成本科生教学 2500 学时。每一堂课前,陈孝平都会认真备课,查询课程相关的医学新进展,亲自制作教学课件,力求让学生们在每一堂课里都能学到尽可能多的知识,激发他们献身医学事业、勇攀科学高峰的兴趣。在外科实习的学生公认最"怕"、也最欢迎的事情就是陈孝平每天一早的教学查房。每次查房开始,其他病区的学生得知消息都会争相来参加。因为陈孝平喜欢提问,而且问题也都是大家平时经常遇到又没特别注意的。有学生答不上来,陈孝平就会从基础知识出发,给大家一步一步提示,深入浅出地使问题逐步明朗。最后大家恍然大悟,原来一切如此"简单"。

"兴趣是最好的老师。"陈孝平总结 30 余年的教学心得后有感而发,"一些老师常会抱怨自己有时是对牛弹琴。我听后有这样的感触,如果我们真的是对牛弹琴的话,不是牛不好,而是你的琴弹得不好,你为什么不根据学生的需要来组织教学呢？我认为在教学过程当中老师很关键，我也一直在琢磨如何尽力激发学生的潜能，激发他们的兴趣和求知欲望。"

陈孝平主讲的《外科学》是一门理论和实践性很强的临床学科。学生学习过程中对外科理论的理解和应用以及对临床技能的掌握是本课程的重点，也是难点。在长期的教学实践中，陈孝平和同事们充分吸收国内外医学教育的经验，着眼于培养高素质创新人才，对现有外科学教学体系进行了系统化改革和创新，形成了全新的外科学教学体系。2005年，《外科学》被评为国家精品课程，陈孝平主持的教改项目"以'名教师、名教材、名课程'为依托，建立创新性的外科学教学体系"获国家教学成果二等奖。

陈孝平常语重心长地劝告学生："做人，就要做老实人，老实人不会吃亏。"在他看来，医学是门特殊的科学，面对的是"人"，来不得半点马虎、大意。学生经常会出现急功近利或者遇到困难就裹足不前的负面情绪。针对这些，陈孝平在医疗实践和实习指导中身体力行、言传身教，告诫学生不要因为短期内可能会"吃亏"而要一些小聪明，走一些所谓的捷径，要以诚待人，踏踏实实地学习知识，苦练本领，从长远来看，绝对不会"吃亏"。正是有这种理念的灌输，陈孝平和他的学生们都会亲力亲为做一些别人看不上的"小事"，比如给患者换药。他常说："'医疗无小事'，作为一名外科医生，不管是教授，还是医学泰斗，你首先是位医生，即使是换药这种'小事'也要自己做到正确掌握每一个细节，并从蛛丝马迹中找出异常情况。"

"高等院校是培养人才的地方,教学工作永远是学校工作的主旋律。倾其心力培养学生是教师的天职。只有这样才对得起国家和社会的期望,对得起学生信任的托付。"陈孝平如是说,如是做。第二届全国高校名师奖、"宝钢优秀教师"特等奖、国家教学成果二等奖、湖北省教学成果一等奖……2006年,陈孝平接二连三地与这些教学的最高荣誉"邂逅"。

临床、科研、教学,"医学三栖教授"陈孝平在他钟爱的医学事业上取得了丰硕的成果,践行着对生命的终极关怀。面对接踵而来的荣誉,他一如既往地平静:"要做个人民的好医生,我的路还远着呢。"

(蔡敏)

一问一答

问：野养的过程中也有野趣，回过头看，对您的科研道路也有很多助力吧？

陈：现在的小孩都是在父母的照顾之下，一家几个老人一起照顾一个孩子。家长说这个不好那个不好你不要去碰。所以你的想象力没办法去实现。

我们那个时候没有这样的。我讲一个比较危险的经历。我那时候三四岁的样子，母亲在农田里干活，有一个老奶奶，老奶奶照看了十几个小孩。那个时候调皮爱动，然后我就去找我母亲，走到路边就睡着了。后来我们邻居的一个老大哥看到我在路边睡着了，就把我背回来了。怎么说危险呢？因为那个时候我们那个地方有很多狼，那一次幸亏没有被狼发现，发现就没命了。这是一次比较危险的经历。当时在农村就是这样一种情况，现在我经常会跟他们开玩笑说是野养的。

问：前期我们跟医院很多人交流，对您有一个评价，"敢于创新"。怎么理解？

陈：现在的医学是从外国传到中国的，所以很多人觉得西方人讲的任何东西都是对的。

我很不愿意听到这个话，美国人怎么怎么讲，德国人怎么怎么讲，日本人怎么怎么讲，这个话我听到很不习惯。为什么不能说我们中国人某某某专家怎么说？为什么我们不可以这样讲？多年下来之后，我们有充分的条件，可以做到我们给他们讲。

第一，我们病例多，我们经验比他们多。

第二，改革开放之后，所有硬件条件他们有的我们都有。

第三，中国人的脑袋不比他们差。中国人的脑袋想问题，要相信中国人的智慧。你如果任何东西都盲目地跟随盲目地崇洋媚外的话，这个对年轻人是不可取的。

哪怕这个手术它有 1% 的死亡率，你现在还有改进的方法。你把它降到 0.5%。0.5% 的死亡率降到百分之零点几，这都是你技术创新的动力。能做到这个点，这就是进步，因为我是从这个角度来看问题的。

问：作为医学界的院士，这样一场大疫之后，你最想跟青少年分享的一句话是什么？

陈：大家从小要有志向，我们国家有一句话叫国家有难，匹夫有责。这句话要深入到每个人的心中，一旦遇到这种困难的时候，大家都要心往一处想。

第三辑 中学生读后感

今天，00后依然要"为中华之崛起读书"

我是一个军事迷，也喜欢历史，所以《院士的中学时代（第三辑）》一书中有关我国第一代核潜艇总设计师黄旭华院士的文章一开始就深深吸引了我。

我很好奇是什么样的动力，让他隐姓埋名在一张白纸上"画"出了我们国家核潜艇从无到有、从有到精的过程。

要知道，我国的第一代核潜艇都已经退役，但黄旭华院士年逾九旬，还未"退役"，依然在关注着核潜艇事业。

书中的文章给出了答案——他一辈子的志向就是在国家的需要中找到人生的方向。

我记住了一个细节，黄旭华院士年轻时弃医从工，还改名明志，借"旭日荣华"将自己的名字改为"黄旭华"，寓意中华民族如旭日东升般崛起。也正是心中有光，当人生不如意，遇到各种波折时，黄旭华院士都能咬牙挺过来，用超过一个甲子的光阴，如潜艇一般不着痕迹地守卫着祖国。

黄旭华院士那一代人有强烈的救国使命，如今的祖国已经是世界第二大经济体，尤其在2020年抗击新冠肺炎的战疫中，我们的国家体现出了强大的优势，迅速控制了疫情。那么我们出生在千禧年之后的这一代，成长在温室中，又该为什么读书呢？宋振骐院士的访谈让我受益良多。

在宋振骐院士看来，对今天的青少年来说，激励了几代人的"为中华之崛起而读书"的召唤依然具有重大的现实意义。

作为一名中学生，我特别注意到宋振骐院士说，"小学生还很懵懂，到了中学，正是人生观、世界观养成的关键时期"，他建议，上中学时，必须读历史，读中国的过去、今天和未来，知道这个曾经饱受苦难的民族从哪里来。

宋振骐院士，还给中学生列出了书单，比如《毛泽东》《延安颂》，还有《国家命运》，作为一名历史爱好者，我要把这些书读一读，如宋振骐院士所说，更了解我们的国家。

《院士的中学时代（第三辑）》讲了10位院士的故事，他们中很多人研究的领域都非常深奥，我似乎还不能太理解，但我印象深刻的是，很多院士，他们的年轻时代有一些共性，一个是能吃苦，各种各样的苦，有生活的艰苦，有冷板凳的不易，而支撑他们持之以恒的，既有强国的梦想，也有骨子里不服输的劲儿；一个是都有自己喜欢的领域，并能一直往下钻研；再一个，很多院士都有丰富的业余生活，有的擅长打篮球，有的会拉小提琴，总之，都有自己调节情绪的方法。

这些，或许就是他们的成长记忆，也是我读此书的收获。

北京四中初中 2019 级 9 班，余詠昕

掌握学习方法远比"死读书"重要

当我从《李曙光院士：每个孩子都有自己的"花期"》文章中读到"直到小学四年级，李曙光都是一个'害怕考试'的孩子，甲、乙、丙、丁四个等级，他每次考试的成绩基本上都是丙，相当于刚刚及格"，我感到十分震惊——院士是国家设立的科学技术方面的最高学术称号，而李曙光院士最开始只是一个每次考试都刚刚及格的孩子，是怎么成为一个院士的！

通过阅读《院士的中学时代》我找到了答案。李曙光院士在他的中学时期时有一个"秘密武器"，就是做作业时"坚持独立思考"——做作业时，不管遇到多难的题目，他始终独立思考解答，从不问别人。

我觉得正是因为他独立思考了这些题目，他才能真正地把这些题搞懂、搞会。如果看到一个题目很难，都不仔细思考一下，就去问老师、问同学，即使他们给你讲了，那也只是将这一道题搞懂了，而不是将这一种类型的题融会贯通。

反观我，以前，在学校里我又何尝不是这样，常常因为一道题看着有点难度就放弃不做，要么要家长帮忙解答，要么干脆等着老师报答案，直到后来考试，没有一道题是原题，都是变式，而我，因为只是把答案记录了下来，所以很多地方都写不出来，导致我考了很低的分数！从那天以后，我便开始学会独立思考，无论是多难的题，都要坚持自己去理解，把自己的思路想出来，再去请教父母，告诉他们自己的思路，请他们讲一下题目。这样，我就把很多以前自己觉得特别难的题目都做了出来，考试时，会做的题目越来越多，分数也开始慢慢上涨！

除了坚持独立思考，我从《院士的中学时代》中还知道了各种各样的学习方法：多读书、多发展兴趣爱好、遇到困难要努力去克服……中学是我们人生中的一个转折点，正是我们学习的黄金时期，而《院士的中学时代》这本书写出了不同院士在中学时期的不同表现，展示了他们好的学习方法，虽然时间相隔数十年，但他们的这些表现似乎和现在我们这些在中学的学生也相差无几，而这本书所诠释的这些院士在这个时期的"学习秘籍"让现在的我们也可以去参考，去学习，去制定更好的学习方法，让学习变得快乐而有趣！让我们的青春年华不留遗憾！

武汉市十一初级中学初二（3）班，熊湛

没有人能随随便便成功

"成功的花,人们只惊慕她现时的明艳,然而当初她的芽儿,浸透了奋斗的泪泉,洒遍了牺牲的血雨……"和许多读完《院士的中学时代》(第二辑)的书友一样,合上书卷的那一刻,我的内心充满了尊敬、景仰与膜拜。感动于这些院士的奋斗经历,感激每一位院士对我们青年一代的谆谆教诲,感恩于这个英雄群体为我们撑起了强大的祖国,亦感谢作者为我们带来了这样一本好书。

毫无疑问,这本书中的每一位院士,都是当之无愧的"全民偶像"。他们每一个人身上,都有无数的闪光点,都在各自的领域实现了自身的价值。换句话说,他们都很成功。借用著名作家冰心的这句话来开篇,其实是在感动感激之余,想说说我的另一种思索——"没有人能随随便便成功"。

读完这本书,最令我印象深刻的,是"一生只做一件事"的赵忠贤院士。他用毕生的心血,只做了一件事:高温超导研究。生于1941年的赵忠贤院士,如今已经79岁高龄,而高温超导研究这件事,他做了五十多年,至今仍在继续。为何与科学结缘?其实源自赵老在中学时代偶然看到的一本苏联杂志译本《知识就是力量》。借由这本科普杂志,他开始参加一些课外活动并逐渐接触到了科学领域。五十载岁月倥偬,从青葱少年到耄耋老人,他的一生都在寻找更好的超导材料。

在高潮时,他两次获得国家自然科学一等奖,面对鲜花和掌声,他却在拿到2016年度国家最高科学技术奖获奖证书的第二天，就一头钻进了实验室。于低谷处，他曾经坐过二十多年的"冷板凳"，在专业研究领域"颗粒无收"，团队成员有的"下海"，有的调整研究方向，去了其他热门领域。只有他不急不躁，矢志不渝地坚守着他热爱的这项事业。

现实生活中，人们往往只在意那个辉煌的结果，只看到了那一圈圈耀眼的光环，却少有人会关注那些辉煌背后的隐忍与艰辛，更少有人能有这种"板凳坐得十年冷"的精神境界。

赵老说："我觉得，我一辈子就做了一件事，但是并不枯燥，因为超导研究充满挑战与发现。能将个人的兴趣与生计结合起来，是最理想的选择，这有多快乐！"这句话何尝不是在劝勉我们，要选择一个符合自我兴趣发展的方向，并为之去不懈追求、奋斗终生呢？

很多人习惯性把这些院士的成就，归功于他们天才般的智商和对待科研事业无比的热忱。但读完这本书，我更知晓，这些院士在成功之前，不仅付出了胜过你我十倍百倍的努力，还曾遭遇过比我们如今艰难千万倍的挫折与坎坷。

前行路上，没有人能随随便便成功。感谢院士们，用自己毕生的艰苦奋斗，为我们点亮了一座座前行的火炬与灯塔；感谢本书的作者，让我们看到了成功背后的别样人生。若有凌云之志，此后，便不管千山万水，只顾风雨兼程。如同赵忠贤院士这般，一生能做好一件事儿，足矣！

湖北华一寄宿学校八（7）班，程子诺

勤奋是成功唯一的捷径

如果问什么算成功，我们都会认为能获得院士殊荣就是巨大的成功。因为院士是我国科学技术星空的耀眼明星，是受人敬仰的学术领域泰斗。

在读《院士的中学时代》前，我认为院士都是那种天资聪颖的超人，读了《院士的中学时代》后，我才知道他们现在的成就有很多青春的烙印，但青年时期的出类拔萃，并不是禀赋异常，而是靠勤奋与坚持，咬着牙跑到队伍最前面的那几个人。

殷鸿福院士，在中学时期功课门门领先，他自我定位是稍微聪明，但不灵活，属于学得比较死的那一类，全靠投入的时间长。

提起中学时代的学习方法，他说自己并没有过目不忘的天赋，常常提前预习，头脑中有了印象，等上课老师讲到相关内容时，每句话记下关键词，下课后再趁热打铁，将老师将讲的内容全部串起来，多年后与年轻人分享成长心得时，总说"好记性不如烂笔头"。

艰难困苦，玉汝于成。贲德院士小学升初中，每天徒步往返20公里去念书，天不亮就起床，带上苞米饼，一路是乡间泥石路，他脚上的布鞋没几天鞋底就被磨烂了，后来贲德索性拿着鞋光脚跑，等快到学校时再把鞋穿上，那时脚上磨出的厚厚老茧，至今仍未完全消去。

相比过去，我们现在上学物质条件优越太多，科学研究基础进步太大，所以更没有理由放弃攀登科学巅峰的理想。赵忠贤院士在中科院物理所庆祝成立 90 周年时，就告诫年轻人，"关键是要扎下根来安下心做事。"

如果说每个院士都是演绎了一个学术成功的神话，那么院士在我们中学生眼里就是神一般的存在，读了《院士的中学时代》这本书，我了解了他们的封神之路并非一帆风顺，更不是唾手可得，而是一个个凡人通过勤奋获得成功的励志故事。

是的，每个人都希望自己成功，但不是每个人能成功；走向成功彼岸的路有很多条，但唯一的捷径就是勤奋。

正如黄旭华院士总结一个人的发展，主要有三个因素，第一个是天资，第二个是勤奋，第三个是机遇，他认为普通人都是不算太聪明，也不是太笨，成功的背后，更多的是勤奋和面对机遇时的坚持。

罗田县实验中学 707 班，徐振霖

《领风蔷薇》

读了《院士的中学时代》，我想到了一种花——蔷薇。

在未读这本书之前，我所认识的院士是严肃的，读完这本书以后，才知道才学之人亦是风趣幽默之人。也明白成功并不是一蹴而就的，磨难与风霜才能使一个人伫立在芸芸众生。

书中令我印象深刻的是黄旭华院士，他报效祖国、无私奉献的崇高品格让我赞叹；他那敢为人先、勇于探索的精神让人感动。

在战火连天的年代，他从小耳濡目染父母救死扶伤的道义精神，在颠沛流离中如饥似渴地学习，一波三折的求学之路，战火纷飞山河飘零，在找不到一张安静书桌的草棚里坚定了一生的梦想与目标——设计核潜艇。这在当时是一个几乎不可能完成的任务，没有图稿，没有模型，更没有经验，只有算盘，只有磅秤，只有用超乎寻常的创新思维去构想一个奇异而又从未涉及的世界。

读完这本书思潮澎湃，唯有泪在心中流淌。是的，我们现在国家发展越来越好，大家也都吃得饱穿得暖，再也不受外敌侵略，战火纷飞的画面也只是在新闻或影视作品中才出现。但生于忧患，死于安乐。和平年代的我们怎能寄居温室，更应磨砺不屈不挠的勇气与力量；如果不拼搏一次，美好的未来，多彩的人生就永远无法涉及；如果没有家国情怀，就不能成为一个对国家对民族有用之人。

我时常想，我很庆幸我出生在中国，因为中华民族无论哪一个年代都涌现出一大批为国家为人民燃烧自己，释放光芒的爱国志士。作为一代追风少年的我们应该将理想绑在报效祖国的翅膀上，任它飞翔。我无比期待做一个领风者，在国家中找到人生方向，做一朵爱国之树的花。

理想要靠行动来支撑，就像鲁迅先生所说："哪里有天才，我只是把别人喝咖啡的工夫都用在了工作上。"黄院士在年少时，纷飞的战火也没有扰乱他学习的心志，长大后为了祖国的建设，隐姓埋名几十年，用算盘描绘出核潜艇的轮廓。对于我而言，真的不敢想象在战争年代，会不会因为恐惧和紧张从而弃笔只剩绝望，不敢想象我如果隐姓埋名不为人知，会不会在孤独中失去航向……

一代人有一代人的责任与担当。今天风华正茂的年纪，快速发展的国家，朝气蓬勃的时代，一定会在中国少年心中深深发芽，开出一朵俏丽的花。这本书让我坚定了理想信念，复兴中华，就是你我他呀！

也许这本书没有华丽的辞藻，但领风者的语言朴实有力量，我仿佛从书中看到了拼搏进取，不屈向上，就像那蔷薇一般，静静徜徉在花海，平静而有力量，坚定而有信念，不屈而有勇气。

蕲春第二实验中学八二班，游川蕲

人生的正道

中学时代，如花似锦，在花间枝下有一条条通往不同人生的道路，不同的理想与目标，就会选择不同的人生之路。

中学时代的黄旭华院士选择国家才是人生道路的正确方向，赵政国院士选择良好的习惯是走向人生的正道。有那么一群人，他们内心坚定，意志刚毅，把自己的人生，融入国家之中，他们是谁？他们是院士，最伟大的人，更是最亲近的人，更是我们中学时代的缩影和学友。《院士的中学时代》这本书让我对人生道路的规划与设计有了更加充实的见解。

无论是将军还是士兵，都应该适应国家需求的方向。而黄旭华院士是我所崇敬的"士兵中的好将军"。黄旭华院士在人生起跑线上被时间抛弃了几秒，1924年2月，他出生于一个杏林之家，父母开设药房救死扶伤，可在他高小毕业的时候，全面抗战爆发，他只能辍学在家长达半年。然而，半年学业的荒废，他并没有放弃学习。而是和哥哥一起背着行囊，步行四天来到"几个四面透风的草棚"学习，之后在1941年初夏，黄旭华来到了桂林中学学习，并在英语老师柳无垢的教导和学校半军事化的学习中，他逐渐明白了个人与国家之间的关系，并把自己融入国家之中，为自己的人生做了铺垫。

黄旭华院士的经历让人震撼，我也明白了许多：人生是场马拉松，不在于起跑线，也不拘泥于时间和规则，而在于你所向前奔跑的目标。个人的所为是渺小的，但与国家相联系，为国家所思考，所奉献，所做出的成就就会升华到更高层次，所以我们需要在国家需求中找到人生的方向。

与此同时，赵政国院士又告诉了我，人生路很长，并不总能用成绩解决一切困难，同时也需要好的习惯的辅助。赵政国院士从中学时代开始，一直都十分自律，在"文革"时期，学生可以自由进出课堂，很多人都跑出去玩，可他却不为所动，家中墙壁也贴满了细致的计划安排，到了今天，他也有着好习惯。

我也理解了每个人的一生面对的困难很多，成绩并不能使自己一帆风顺，使问题迎刃而解，还需要好的习惯。好的习惯，甚至比成绩更加重要。好习惯是人生的明灯，它能让自己看清方向，不再迷茫；它是一块垫脚石，能让自己从困难身上越过去；同时它是一面旗帜，为自己人生方向指引一条正道。

人生永远不应该只有眼前的苟且，还要有好的习惯和爱国之情。

蕲春第二实验中学八二班，李攀

奋斗驱萧索，不负少年时

青春如同一条充满未知的道路，焕发着活力的色彩，这条路或平坦或曲折，孤独也好，迷惘也罢，但我们得迈开双脚，每一步都是我们的选择，而在这段犹如黄金般的青春岁月中，我们心中的想法与选择尤为重要，它们影响着我们未来人生的轨迹，而《院士的中学时代》则像明星一般引领着我们找寻到自己的励志航标，为我拨开青春路上迷茫的层层雾霭。

书中10位院士的中学生活与奋斗历程都不尽相同，但他们身上都有着坚强的意志力、永不服输的精神以及克服困难的勇气，"千磨万击还坚劲，任尔东西南北风""宝剑锋从磨砺出，梅花香自苦寒来"就是他们身上那股子不服输，不怕输的韧劲儿的真实写照，他们身上的这些优秀品质都让人深深地折服，其中黄旭华院士的故事让我印象尤为深刻。

黄旭华的中学时代是在战乱中度过的，他从小立志继承父业悬壶济世，日寇的肆意横行击碎了他的儿时梦想，却不能击败他的斗志——要让中华民族如旭日东升般崛起，他从没学过，甚至从没见过核潜艇的模样，为了国家，为了毛主席说的一句话："核潜艇，一万年也要搞出来！"弃医从工三十年深潜海底赫赫无名，30年没回家，他的默默付出使得中国实现了第一艘核潜艇下水。我们总是崇拜着那些熠熠发光的人，觉得他们像是神祇一样的存在，却没想过他们是用怎样的代价换取了闪亮的人生，实现自己的价值。

我是一个按部就班、得过且过的孩子，每次犯错时，我总是把错因归结为外在环境。遇到一点儿小坎儿就失去信心，把前途描绘成黯淡无光的样子，遇到一丁点压力就把自己变成不堪重负的样子。每当遇到难题时常自我怀疑，缺乏勇气，自我懈怠。黄旭华院士说过："一个人最重要的是追求人生价值，当你摔倒后应该爬起来总结经验，继续前行，生活没有平平淡淡的道路，不可能一帆风顺。"他勉励青少年要脚踏实地、不抱怨，他还说"看准方向、坚持到底很重要"。黄旭华院士克服常人所无法承受的各种困苦磨难，甚至是这辈子都没给自己买双袜子，可他用无怨无悔的奉献精神换来了"中国核潜艇之父"的荣称。他的事迹像是给一遇到门槛儿就犹豫的我打了一支"强心剂"，也坚定了我要坚持自己的梦想，走下去的决心。

我常在想李曙光院士问过的一个问题：人的一生应当怎样度过，才算是值得？黄旭华院士几乎把一生都献给了核潜艇事业，他实现了他的人生价值，那我的人生价值应该如何去实现？我知道不能去做一个混日子的人，人没有点追求怎么能行呢？但我的理想和抱负是什么呢？

施蕴渝院士说："人生是短暂的，其实一个人最重要的是永不满足，是敢于面对自己不懂的东西，敢于超越自己，学习本身也是乐趣。"我自认为对文学挺有兴趣，也在思考以后可以去当个作家或者是老师。李曙光院士讲"做任何事不能有私心杂念，不能过于注重个人名利，不然思想就会不专注，做事就会出问题"。对于李曙光院士的见解，黄旭华院士也说过："只有把个人的抱负和国家的需要紧紧相连，才能实现真正的人生价值。"李曙光院士同样用行动回答了这个问题，他想做飞行设计师，可命运似乎给他开了个玩笑，让他到地球化学专业，对于理想的破灭，李曙光院士却想到："国家既有航空事业，又有地球化学专业，说明它们都是国家需要的。我们没有任何资格跟党和国家在这个问题上讨价还价。"我不禁想到葛洪《抱朴子》中的"烈士之爱国也如家"。即有作为的人爱他的国家就像爱自己家一样，李曙光院士是这样，黄旭华院士亦是这样。

于个人要人在少年应有志，志存高远，不负少年时！于国家要生于此时多幸运，愿得此生长报国！东风吹不破少年之志，长留一颗赤子之心。我将以院士为榜样，坚定人生方向，积极进取，让生命之花向阳向上。

蕲春县第二实验中学八（三）班，李之灵

兴趣与责任

《院士的中学时代》讲述的是一代科学家们中学时代的求学成长故事。他们一辈子都在为国家和民族的崛起默默奉献。把他们读中学时所处的时代和我们现在所处的时代相比，中国的综合国力和世界地位发生了翻天覆地的变化。他们少年求学时，并没有丰富可选的阅读书籍，并没有触手可及的科学实验设备，衣食住行也是刚刚满足温饱，但他们都克服了艰苦的求学环境，寻找到了正确的人生发展方向，坚持奋斗了一辈子。他们是如何做到的呢？给我感触最深的是赵忠贤院士的故事。

赵忠贤是研究高温超导的物理学家，他的兴趣启蒙来源于中学时读到的一本科普杂志《知识就是力量》，这是他与科学结缘的起点。沿着这一少时的兴趣，他在老师的带领下参加课外活动，认真学习科学知识，如愿考入中国科学技术大学。在大学里，他聆听到了"两弹一星"元勋钱三强先生等做的报告，他意识到，对待科学除了兴趣和热爱之外，还有一份沉甸甸的民族与国家的责任。赵忠贤沿着自己年少时的兴趣轨迹，肩负时代赋予的责任和使命一步一步地走下去，甘于坐冷板凳，长时间专注于开展科学研究，终于在超导材料研究领域取得了举世瞩目的成就。

从赵忠贤院士身上，我学到的第一个道理，是要寻找到自己的人生兴趣并长期专注保持。现在的我们，与院士们的少年时相比，物质生活条件更加丰厚，可供选择的兴趣点会更多，就更需要学会坚持。比如我，很喜欢历史，小时候喜欢看《上下五千年》等历史读物，上中学后喜欢画历史地图，我希望自己能像赵院士那样把自己的兴趣爱好坚持住，逐渐找到自己的钻研方向。第二个道理是要把个人的兴趣与时代的责任和国家的发展相结合。对兴趣的专注，对科学的坚持，对国家的热爱，这些汇聚到一起，指引出的正是正确的人生方向。当下的中国是一个国富民强的中国，把她建设得更好，是我们这一代青少年的使命和责任。

卓刀泉中学初中一年级，田梓源

《院士的中学时代》给我的启示

进入高中后，由于环境的改变，我在学习和生活上都比较迷茫，对于高中的学习与生活没有较为明确的目标，只是在心里隐隐约约地记得自己要考一个好的大学。一次回初中去拜访何校长的时候，校长赠给了我一本《院士的中学时代》。这本书给了我许多启示，使得我对于我的高中生活和我的未来更加充满信心。

《院士的中学时代》中记叙的内容涉及几十位院士。院士是中国科学技术界的杰出代表，书中每一位院士的中学时代都对我有很大的启发。不过，结合我的生活，对我影响最深的还是杨乐院士、傅廷栋院士和吕志涛院士的中学时代。

杨乐院士认为，学习成才要像跑马拉松，这对于我的启发很大。在学习上，我们有时会因为与其他人的对比而产生深深的挫败感，自己难免会灰心丧气，渐渐就失去了学习的动力。另外，身边的家长总是告诉我们进入大学就轻松了，但高中老师明确告诉我们大学的学习只会更加辛苦。有时想到未来漫长的大学生活的艰辛，我也难免有些受挫。就像是针对我的这些经历，杨乐院士的故事给了我很大的鼓励：学习贵在坚持，学习成才是一场马拉松。跑马拉松，一定要较为匀速、坚持着跑下去，不能因为同伴一时的领先而沮丧，也不能因为前路漫漫而灰心，关键在于，要一直跑下去。

傅廷栋院士中学时独自求学、开垦土地种红薯、点煤油灯看书，条件十分艰苦。后来为了寻找雄性不育油菜，青年时期的他经历了无数次的试验，

——排除过的油菜达几十万株。傅廷栋院士说，"一个人在成长的道路上不仅要有良好的智商、情商，还要有'逆商'。"在初中、高中，我也曾遇到过很多挫折，包括课程压力大、生活不适应等，但是现在回想起来，这些所谓的挫折又哪能算得上真正的挫折呢？它们只是生活中的小风小浪，帮助我迅速成长。在逆境之中，也要坚强。

吕志涛院士始终坚信："勤奋比天才还重要。"这句话给了我很大的鼓舞。我们大部分人都不是天才，所能依靠的只有勤奋。也许天赋确实能决定一个人的上限，但是勤奋，却确确实实地能够提高我们的上限。从贫困小山村一路艰苦求学、并最终于1997年当选为中国工程院院士的吕志涛院士说过，"只要努力，都会有希望"，这位院士的人生本身也体现了这样的道理。中学时代的我，不也正是因为努力和勤奋才获得了在更好的平台继续求学的机会吗？只要努力，未来就会有希望。

如果要总结《院士的中学时代》对我最大的启示，那大概就是要保持积极向上的心态并对自己充满信心吧。这本书告诉我，不要神化院士的人生，杰出的院士们也曾经历中学时代，也曾经历青葱岁月，他们并非遥不可及。只要坚持理想、努力向前，我们也能成为更好的自己！

张伟杰

清华大学材料学院

2020.07.05

（张伟杰，2016年毕业于蕲春县白水中学，2019年毕业于黄冈中学，同年考取清华大学环境工程专业。）

后记

盘点院士的中学时代

"小学印象模糊，大学印象不深刻，唯独中学在我的人生中留下抹不去的记忆。我后来能做点事情，与在中学时代打下的基础密不可分。"中国工程院院士罗锡文曾深情回忆自己的科学起航原点。

怀抱青春、激情和梦想的中学生活到底应该怎样度过？作为拥有中国科学技术领域最高学术称号的院士群体，他们的"学习秘籍"、成长历程和追梦故事对于今天的青少年无疑是一个借鉴。

为此，本报记者在北京、武汉、南京、深圳、合肥多地陆续寻访了几十位院士，并在近日推出的图书《院士的中学时代》中盘点，试图打捞一段不可复制的记忆，还原院士青葱岁月，追慕往昔教育图景，破解英才成长密码。

"他们是星空中最闪耀的群星。"团中央书记处书记傅振邦为《院士的中学时代》一书作序推介。

回望院士们的成长之路，记者发现，他们是科学界皇冠明珠的锻造者，也是我们身边的普通人；他们中有教育世家之子，也有山村农民的后代；他们中有少年成名的"学霸"，也有高考落榜的崛起者；他们曾经爱读《天龙八部》、而今也追《中国好声音》……而中学时代的积淀正是他们厚积薄发的关键所在。

在接受采访时，院士们不止一次公开表示，"中学是人生中最好的时光。"

"人生成长是一场马拉松"

"不要输在起跑线上""不要输在跑道上"……今天的时代，这样的教育理念广为传播，被无数的家长和老师奉为圭臬。

然而，记者采访的院士们则表达了截然不同的观点。

杨乐院士曾算过一笔账：博士毕业到成为一名专门人才，大约要经过8~10年的努力，如果从中学毕业算起，4年的本科，6年左右的硕士博士，加起来差不多20年时间。

阅历经年，杨乐感慨，"努力几个月半年，很多年轻人可以做到，但是20年的奋斗，期间面临身体、家庭、婚姻等重重考验，没有一个理想的支撑，没有雄心壮志是很难实现的。"

"学习成才是一个漫长的过程，一定要有长期努力的思想准备，要有吃苦耐劳的精神。不能只奋斗一段时期，而要像跑马拉松一样，坚持不懈，不断进步，提高自己的水平。"杨乐院士一语中的，成长成才不仅要跑得快，还要跑得远，成功从来不是一蹴而就的事。

初中立志一定要把用中国人名字命名的定理写在未来的数学书上，20多年后，杨乐和同事张广厚的成果被国际上称为"杨—张定理"；高中时，杨乐在书皮上写下"中科"二字，而今与中国科学院已携手走过半个多世纪。

这位数学大家用自己的人生为这场"成长的马拉松"写下了最好的注脚。

盘点院士的中学时代，他们将人生比喻为一场需要耐力、恒心的马拉松长跑，把兴趣、理想与坚持视为这场长跑的动力，是他们最终功成名就的一大原因。

年过古稀之际，成为百年学府武汉大学唯一一名女院士的张俐娜，用自己的人生经历诠释了马拉松的内涵。

年轻时，囿于家庭原因，她难以全身心投入科研，46岁才"半路出家"，开始真正意义上的科学研究。

从一个烧瓶、一支试管到创建国际一流的科研实验室，"大器晚成者"张俐娜凭借世界首创的一种神奇低温水溶剂"秘方"，获得美国化学会安塞姆·佩恩奖，成为半个世纪以来获得该奖项的第一位中国人。

17岁那年，郑永飞走上讲台，开始了长达两年的乡村执教生活。1977年，正式恢复高考，郑永飞与"老三届"同台竞技，不幸落榜了。

有过失落，也曾怀疑自己还能否考得上，但他依旧选择了来年再战，最终跨入了南京大学的大门。

2009年11月，这位刚过完50岁生日的科学家正埋头实验室里继续手头的科研，获选中国科学院院士的消息传来，他成为当年入选的最年轻院士。

而同时期做民办老师的,有人一起考上大学,也有的在打牌玩耍中度过,多年后聚会时,依旧是一个乡村的民办教师,让人感慨命运的乖张和坚持的力量。

"勤奋比天才更重要"

在外界眼中,院士是一个有着神秘色彩的精英群体,是世俗眼中的"天才"人物。

然而,纵观记者采访的十二位院士的奋斗历程,他们无不是靠着勤奋、顽强的拼搏精神继往开来。

从小山村里的穷孩子,成长为中国"预应力大师",吕志涛院士笃信,成才并取得成功靠三个法宝:天才、勤奋和机遇。

于吕志涛而言,他一直深知自己不是天才,而是凭借着百分之九十九的汗水才走到今天。

从小,吕志涛外语课学的是英语,上大学时,学校改学俄语了。全班只有 2 个同学从未接触过俄语,吕志涛就是其中一个,连 33 个俄文字母都不认识。俄语老师总是提问吕志涛,他还为此哭过鼻子。

从此,他几乎每天捧着俄文词典,关键词就用红笔画出来背,扩大词汇量和知识面。100 多页的俄文词典,他反反复复翻看。研究生阶段,吕志涛阅读俄文文献就和中文文献的速度一样快了。

他坦言,千里之行,始于足下,如果没有中学时不放弃学业,一心向学的时光,就不会有从小山村走出的院士吕志涛,"勤奋比天才更重要"。

被外界誉为"世界油菜之父"的傅廷栋院士更是在田野里办公,在田野里成长。

在发现"波里马雄性不育型"油菜之前,傅廷栋经历了无数次的试验,一一排除过的油菜达几十万株。工作时,他常常一吃完饭就扎进校办农场金黄色的油菜地里,"东找找,西找找,看有没有雄性不育油菜"。

"为了不要让自己的梦想睡去",只上过一年半中学的杨焕明院士,在"上山下乡"运动中,四处找书、和人换书(每看完一本就立刻和别人交换)。在做民办教师的间隙,杨焕明自学完初高中的英语、数学、物理全部课程,把县城能找到的书全都读遍了。

当年与他同住一室的工友至今感慨,"他这个人说好每天背30个英语单词,就一定做到!"

至今,这位全球知名的基因组学家还保持着每天读30篇以上的文献资料的习惯,始终站在科研的最前沿。

勤奋并不是苦学。

华中师范大学教育学院院长涂艳国教授在了解到院士的故事后指出,中国提倡"学海无涯苦作舟",实际上,学习应该是一件快乐的事。院士们的坚定选择也立足于兴趣爱好,浓厚的兴趣培育学习的热情与快感,这同样值得重视。

"自由生长方能育精英"

"飞雪连天射白鹿,笑书神侠倚碧鸳",欧阳自远院士对金庸的书籍如数家珍。

这位被誉为"嫦娥之父"的天体化学与地球化学家,毫不讳言自己是"金庸迷",在他眼中,能看野书的中学时代,是一个自由的时代,"坦白地说,我有很多东西是从金庸的小说里面知道的"。

在对院士的访谈中,"钱学森之问"是一个被屡屡提及的话题。自由宽松的氛围,因材施教的方法,是院士们至今念念不忘的"精英教育"模式。

王元院士的老师华罗庚初中考试时,常受到老师的优待:"你出去玩吧,今天的考试题目太容易了,你就不要考了。"

在这位曾担任过10年中国数学奥林匹克竞赛委员会主席的大数学家看来,随着义务教育的普及,我国"有教无类"做得越来越好,能够进入学校的人数远远超越自己当年那个时代,但"因材施教"远远不够,"必须承认智慧的差别,允许精英脱颖而出"。

"孔子三千弟子,也只有七十二贤人,就是100人里只有2.4个人是英才,需要因材施教。"王元介绍,西方国家的教育重视英才,因为造福国家、重点创新要靠英才。

与之相对的是,我国对于英才培养重视不够,7岁的孩子,有的只有4岁的智力,有的早就超过了,按部就班一级级的上学制度和考试制度,对优秀的人才是一种藩篱,"就像穿一样的衣服、吃一样的饭、读一样的书,变成了要齐步走,最后只有向落后看齐,好的学生被扼杀掉了"。

哥伦比亚大学数学系教授张寿武曾师从王元,当时,王元认为自己的研究领域经典解析数论已无出路可言,但看中了张寿武的勤勉和悟性,鼓励他自由选择方向。

在张寿武硕士论文答辩时，王元在其答辩完成后说，"我们也不知道你在说些什么，一个字也听不懂，但考虑到你每天很早就来办公室，很用功，这个硕士学位就送给你了，以后就不能够蒙了。"

至今，这位美国艺术与科学院新科院士常常庆幸，有这样一位老师能赋予自己充分信任，给予了自己足够自由的空间。

作为侵华日军南京大屠杀遇难同胞纪念馆等国内诸多著名建筑的设计者，齐康院士主持设计的建筑多是融科学性与艺术性于一体的巧夺天工之作。

从小接受艺术熏陶的齐康，坦言"科学家应当懂艺术"。中学时，弹钢琴、读小说、学画画的经历，对于他后期的创作影响深远。

面对应试教育的重重藩篱，齐康院士直言，"现在的教育把人教'死了'，思维僵化了。我们要培养懂得'传承、转化、创新'的全面人才。"

说到当下中学教育，齐康摇头，连说了三个"不好"，"钱学森先生晚年时讲了一句话，'中国培养不出人才'，说得有道理。一个人要全面发展，不能专门只学功课，那样要把人'憋死掉'。"

"家国情怀让人淡泊致远"

中学时，郭光灿一心想着要学习，要学好，至于以后学什么专业、有什么目的，他并不清楚，"那时候很单纯，挺傻的。"

多年后回首，郭光灿认为这种单纯也是一个优势，"我那时候只知道有了知识将来能做大事,虽然不知道能做什么,但明白这条路是对的。"

他的成名作可以为此写下注脚:在从事量子信息研究时,孤军奋战的郭光灿在国内坐过十多年"冷板凳",而最终,团队也收获了首先在国际上提出量子概率克隆原理的殊荣。

与青年一代的接触中,郭光灿发现一个现象:现在许多中学生知识很多,思想却变得复杂,做任何事情都带有目的性,"动机非常强烈,参加学校夏令营都计较着能得到什么才决定是否参加,家长们传递的观念也都是希望孩子弹钢琴、学唱歌,将来一举成名。"

他理解今天年轻人的痛苦,自己当年是只知道往一条路上走,就可以心无旁骛,"今天的年轻人已经回不到我那个时代,有时候不是说他不愿意努力,而是他们眼前可以选择的路太多,也容易迷茫,想要在每条路上都有收获,结果分散了精力也扼杀了才华。"

"再给我十年时间,我还能继续往前走。"已过古稀之年的郭光灿希望,今天的中学生也能抛弃功利和杂念,做一个不停止进步和探索的人,真正实现人生价值——对民族和国家的价值。

院士们一生的重大抉择与国家的命运沉浮相伴,家国情怀让人淡泊致远。

1952年,欧阳自远参加了新中国成立后的第一次高考。填报志愿时,家里想让他学医,他自己想学天文,但那时国家要发展重工业,而发展重工业就需要找到矿产资源,因此,"唤醒沉睡的高山,寻找出无尽的宝藏"成了当时最激动人心的口号。

成绩优异的欧阳自远也被这句口号打动了，于是第一志愿填报了北京地质学院。

1957年，苏联发射了人类历史上第一颗人造地球卫星。当时正在攻读矿床学专业研究生的欧阳自远敏锐地认识到，尽管新中国还没有能力开展空间探测活动，但中国总得有人想这些问题。

从此，欧阳自远把研究视野转到地球之外，并从1995年开始全力以赴从事月球研究工作，终于成为中国最顶尖的探月工程的科学家之一。

《院士的中学时代》的出版

本书由中国青年报驻湖北记者雷宇和共青团湖北省委原政研室主任王兵共同策划，得到了中国青年报社原副社长谢湘、中国青年报社原教育科学中心主任堵力的直接关心和指导，得到了共青团湖北省委员会、中国青年报社、中青校媒及中国青年出版总社有限公司的大力支持与资助，华中师范大学美术学院团队为全部访谈对象创作了手绘作品，在此致以谢忱。

杨乐、王元、欧阳自远、齐康、丘成桐、李德仁、傅廷栋、吕志涛、郭光灿、杨焕明、郑永飞、张俐娜、杨叔子、杜祥琬、朱中梁、赵国屏、邓秀新、宋振骐、殷鸿福、黄旭华、赵梓森、施蕴渝、李曙光、赵政国等院士在繁重的科研工作之余接受访谈，题词寄语，对青少年一代的殷殷期盼，展现了老一代科学家沉郁的家国情怀，在此表示无限的敬意！

采编过程中，还得到了中国青年报记者张国、邱晨辉、张茜、孙庆玲等大力相助，专访了马志明、戚发轫、刘经南、赵忠贤、刘宝珺、贲德院士。

承中国青年报驻江苏记者李润文、驻安徽记者王磊鼎力相助，得到了中科院数学与系统科学研究院、中国科学院大学、中国科学技术大学、武汉大学、南京大学、华中农业大学、中国工程院、华中师范大学、中国地质大学、山东科技大学、成都理工大学、同济医院等单位宣传部门的配合支持，湖北高校青年传媒协会广大成员全程参与，付出了辛勤的劳动，中国（江苏）高校传媒联盟给予了友情支援，一并鸣谢！

由于时间仓促，采写者水平有限，疏漏之处在所难免，敬请广大读者批评指正。

编 者

2021 年 2 月